사회복지정책론

기초, 이론 그리고 분석

이상은 저

Social Welfare Policy

Basics, Theories, and Analyses

학지사

머리말

사회복지정책에 대해 공부를 시작하면서부터 언젠가 한 번은 사회복지정책론 책을 발간하겠다고 생각했었다. 내가 학생 때 교수님들도 제목이 정확히 사회복지정책론은 아니지만 모두 사회복지정책론을 한 권씩 저술했다. 전남진 교수님은 『사회정책학강론』, 김상균 교수님은 『현대사회와 사회정책』 그리고 김태성 교수님은 『사회복지정책론』과 『복지국가론』을 저술했다. 각 책은 거의 같은 제목이지만 각 교수님 특유의 학문적 성향이 배어 있었다. 그 책들이 그분들이 유학을 통해 배운 것 그리고 그분들의 생각의 정수라는 것을 느꼈고, 그 책들을 공부하면서 묘한 흥분을 느꼈다. 그때부터 나도 언젠가 사회복지정책론을 써야겠다고 막연히 생각했던 것 같다. 그것도 오롯이 나 혼자서 사회복지정책론을 써야겠다고 생각했었다. 나의 공부 인생이 담긴 책을 쓰고 싶었다. 누군가 나에게 "당신은 무엇을 하는 사람입니까?"라고 질문을 한다면 나는 이렇게 말할 것 같다. "나는 사회복지정책을 하는 사람입니다. 나는 사회복지정책학을 연구하고 지키는 사람입니다." 이것이 나의 정체성이다. 이러한 나의 정체성이 담긴 책을 쓰고 싶었다.

이제 나도 어느새 사회복지정책 공부를 시작한 지 거의 40년이 되었고, 대학에서 교수로서 사회복지정책을 강의한 지도 벌써 20년이 되었다. 그동안 여러 방향에서 공부와 연구를 했다. 한국에서 학부 · 석사 · 박사 과정을 공부했고, 미국에서 박사 학위를 받았고, 또 영국에서 연구년을 보냈다. 한국에서의 학창 시절에는 사회구조적 문제를 비판적으로 바라보면서, 미국에서는 사회복지정책의 효과 평가에 집중해서 공부했다. 영국에서는 정치경제학적 관점에서 복지국가의 비교 분석을 공부했다. 그동안 연구실에 너무 잡다한 분야의 자료들이 쌓였고, 그만큼 나의 머리도 복잡하고 어수선했다. 한 번은 정리를 해서 비워 내야 할 시점이 됐다. 이제 사회복지정책론을 쓸 때가 됐다는 생각이 들었다.

하지만 사회복지정책론을 쓴다는 것은 생각보다 쉽지 않았고 시간도 많이 걸렸다. 우선, 시중에 사회복지정책론 책이 너무 많았다. 이미 수십 종의 책이 발간되어 있었다. 기존의 교과서들과 구별된 사회복지정책론을 쓰고 싶었다. 다음으로, 사회복지정책론이 다루어야 하는 분야와 범위가 너무 넓었다. 사회복지정책은 단순히 복지 분야의 제도만을 다루는 것이 아니라, 광범위한 학문 영역으로부터 진행되어 온 연구들을 흡수해서 종합해야 하는 포괄적이고 종합적 학문이다. 마지막으로, 사회복지정책론은 학부생들이 읽을 수 있도록 쉽게 써야 했다. 때로는 추상적이고 어려울 수 있는 내용을 쉽게 쓴다는 것은 그 자체로 시간이 많이 걸리고 어려운 일이었다. 초고를 다 쓰고 난 이후에도 다시 읽고 수정하는 데에만 일 년이 더 소요되었다.

이 책은 다음과 같은 특성을 가지는 데 초점을 두었다.

첫째, 현대적 사회복지정책론이다. 기존의 사회복지정책론 교과서들은 거의 20세기 중·후반의 사회복지정책의 도입 및 성장기 동안에 이루어진 내용들을 기반으로 하고 있다. 그 이후 20세기 말에서 21세기 초반을 거쳐 사회복지정책 분야의 연구에서 많은 진전이 이루어졌다. 이 책은 이러한 사회복지정책 분야 이론적 논의들의 최신 정보를 종합하여 제공하고자 했다.

둘째, 사회복지 분야의 종합적 개론서이다. 사회복지정책 분야에서 사회복지 역사, 사회복지 사상, 비교사회복지론, 복지국가론, 사회보장론 등 다양한 교과목이 개설됐다. 이 책은 이러한 사회복지정책 분야 중 어느 한 분야에 치중하기보다는 모든 분야의 내용을 다 포괄하여 소개하는 개론서 또는 종합서로서의 성격을 가진다.

셋째, 사회복지정책 분야 지식들의 뿌리를 가급적 소개한다. 사회복지정책 분야의 지식들은 다른 사회과학 분야의 지식들이 그러하듯 절대적 지식이라기보다는 상대적 지식의 성격을 띤다. 기존의 교과서들을 보면 어떤 지식이 어디에서 왔는지, 누가 그렇게 말한 것인지를 밝히지 않고 절대적 지식인 것처럼 제시되어 있는 경우가 많아 학생들이 그 내용을 절대적 지식으로 받아들이고 외우는 경향이 있다. 하지만 사실 그 내용은 어떤 학자가 바라본 세상으로서 상대적 지식이다. 학생들은 보다 그 상황적 맥락에서 내용을 이해하고 비판적으로 바라볼 필요가 있다. 그래야 이에 기반해서 더 나아가 새로운 지식을 창출할 수 있다. 이 책에서는 이러한 관점에서 가급적 어떤 내용을 누가 제시한 것인지 소개하고자 했다.

　이러한 점들에 초점을 두고 책을 저술했다. 그럼에도 불구하고 여전히 아쉬움이 많다. 최신 정보들이 얼마나 체계적으로 잘 정리되었는지, 얼마나 종합적인지, 어떤 지식의 역사를 얼마나 보여 주었는지, 그리고 독자가 얼마나 이해하기 쉽게 제시되었는지에 대한 아쉬움이 많다. 부족한 점들에 대해서는 독자들의 너그러운 이해를 부탁드린다.

　이 책은 혼자서 쓴 단독 저서이다. 하지만 역사적으로 사회복지정책을 연구해 온 많은 학자의 노력이 담긴 책이다. 또한 나의 학문 선후배들의 사랑과 관심과 노력이 담긴 책이다. 학창 시절 필자를 사회복지정책의 길로 이끌어 주셨던 서울대학교 사회복지학과의 전남진 교수님, 김상균 교수님, 김태성 교수님께 감사드린다. 그리고 안정적인 연구환경을 마련해 준 숭실대학교 사회복지학부의 동료 교수님들께도 감사를 드린다.

　마지막으로, 사랑하는 가족들께 감사의 인사를 전한다. 이 머리말을 쓰기 열흘 전에 돌아가신 아버지께 이 책을 바친다. 항상 정성을 다하라 하시던 아버지께 정성스럽게 이 책을 썼다고 말씀드리고 싶다. 또한 항상 집안의 중심을 잡고 나를 지켜 주신 어머니와 아내 정수정에게 감사를 드린다. 그리고 사랑하는 나의 딸 소미, 아들 인찬, 이 책을 통해 아빠가 무엇을 하는 사람인지 볼 수 있기를 바란다.

2022년 2월
저자 이상은

차례

제3부 | 사회복지정책의 분석

제1부

사회복지정책의 기초

제1장 사회복지정책의 개념과 학문 분야

이 장에서는 사회복지정책의 개념과 학문 분야로서의 사회복지정책에 대하여 살펴본다. 먼저, 사회복지정책의 개념에 있어서 사회복지정책의 어의적 개념과 이로부터 나타나는 사회복지정책의 특성을 살펴본다. 그리고 관련 용어로서 사회정책, 사회보장 그리고 복지국가의 개념들에 대하여 사회복지정책과 관련하여 그 사용에 있어서의 특성들과 차이들을 비교 검토한다.

다음으로, 학문 분야로서의 사회복지정책에 대하여 살펴본다. 사회복지정책이 학문 분야로서 사회행정으로부터 사회복지정책으로 역사적으로 발달해 온 과정을 살펴본다. 이 과정에서 사회복지정책학이 하나의 독립학문인지 아니면 응용 분야인지에 대한 이슈를 검토한다. 그리고 사회복지정책학의 주요 탐구주제들이 무엇인지를 살펴본다.

마지막으로, 사회복지정책학의 가치 지향성과 과학 지향성의 이슈에 대하여 검토한다.

1. 사회복지정책의 개념

1) 어의적 개념과 성격

사회복지정책(social welfare policy)은 복지(welfare), 사회적(social) 그리고 정책(policy)이라는 세 개의 단어가 결합하여 만들어진 용어이다. 단어 뜻 그대로 해석하면 사회복지정책은 복지를 증진시키기 위해서 사회적으로 설정한 방침이다. 이 각각의 단어는 사회복지정책의 주요 성격을 잘 보여 준다.

(1) 복지

복지(welfare)는 사회복지정책의 목적을 분명하게 제시한다. 사회복지정책의 목적은 개인들이 좋은(well) 상태(fare)에 있도록 하는 것이다. 개인의 욕구(needs)를 충족하고, 웰빙(wellbeing)과 행복(happiness)을 증진하는 것을 목적으로 한다. 그런데 개인의 욕구는 사람마다 서로 다르고 시대에 따라 달라지며, 또한 끝이 없다. 모든 개인의 욕구를 충족시키는 것은 현실적으로 거의 불가능하다. 사회복지정책이 대상으로 하는 욕구에는 일정한 제한이 필요하다. 그래서 그동안에는 주로 인간의 기본적 욕구(basic needs)를 충족시키는 것을 목표로 해 왔다. 여기에서 기본적이라는 의미는 인간들에게 공통적이고, 인간성을 유지하기 위해 필수적이며, 일정 수준까지로 제한된다는 것을 의미한다(김상균, 1987). 그런데 무엇이 인간의 기본적 욕구를 구성하는 공통적이고 필수적인 항목이며, 또 어느 정도까지의 수준이 기본적 욕구에 포함되는지를 절대적으로 규정하기는 어렵다. 산업화 초기에 인간의 기본적 욕구는 주로 빈곤 구제 수준으로 인식되었다. 하지만 복지국가의 발달 과정에서 기본적 욕구는 개인의 생활 수준의 급격한 단절 없이 이전의 생활 수준을 유지할 수 있도록 하는 수준이어야 한다는 점이 강조되어 왔다. 개인의 욕구는 시대와 공간에 따라 달라지므로, 기본적 욕구 또한 시공간적으로 변화하는 개념이다.

조금 더 구체적으로, 복지를 사람들의 욕구가 충족되고, 사회문제들이 관리되며, 삶의 기회들이 최대화되는 상태로 정의할 수 있다. 복지는 영양, 건강, 주거, 안전, 소득 등에 대한 인간의 기본적 욕구들을 충족시키고, 범죄, 비행, 약물남용, 가족폭력, 아동방임 등의 사회문제들을 통제하며, 사람들이 그들의 삶의 기회들을 최대화하고 목표를 성취할 수 있는 기회들을 창출하고 유지하는 것이다(Midgley, 2009: 6).

(2) 사회적

사회적(social)이라는 단어는 사회복지정책의 집합성(collectivity)을 함축한다. 사회복지정책은 개인적이라기보다는 집합적 성격을 가진다. 사회복지정책은 대표적으로 세 가지 측면에서 집합성을 함축한다.

첫째, 사회적 위험이나 사회문제와 같이 사회복지정책이 대응하는 문제의 성격이 집합적이다. 사회적 위험과 사회문제는 그 발생 원인이나 현상의 성격이 집합적이다. 사회적 위험은 그 가해자나 원인 등의 책임 소재를 명확하게 규명하기가 쉽지 않고 그 원인이 사회구조에 관련되어 있는 경우가 많다. 또한 사회적 위험이나 욕구는 특정 개인에게서만 발생하는 것이 아니라 일련의 사회구성원들 사이에 공통적으로 발생하고, 위험의 발생으로 인한 결과가 사회적으로 심각한 문제로 인식된다. 대표적 예로, 한 노동자의 실업의 경우 그 원인이 해당 노동자의 잘못인지, 사업주의 잘못인지, 정부의 경제정책 때문인지, 외부로부터의 국제적 경제 충격 때문인지 등 그 책임 소재를 규명하기가 쉽지 않다. 그리고 실업은 한 개인이 아니라 상당수의 사람에게서 공통적으로 발생하고, 실업으로 인한 결과는 단순히 한 개인의 개인적인 문제로 국한되는 것이 아니라 사회적으로 심각한 문제로 제기된다.

둘째, 사회복지정책은 집합적 대응이라는 특징을 가진다. 사회적 욕구에 개인적으로 대응하는 것이 아니라 사회적 · 집합적으로 대응한다는 성격을 가진다. 개인의 욕구 충족을 위한 자원 공급 주체로는 개인, 가족과 친지, 기업, 영리 · 비영리조직 그리고 국가 등이 있다. 사회복지정책은 개인이나 가족과 친지와 같은 비공식적 주체들보다는 공식적 집단들에 의한 욕구 충족 활동을 지칭한다. 그중에서도 주로 국가 및 정부의 활동을 지칭한다.[1]

사회복지정책의 주체가 구체적으로 누구인가에 대해서는 논란이 있다. 제2차 세계대전 이후 복지국가에서 국가가 복지에 주요 역할을 담당해 왔기 때문에 일반적으로 사회복지정책의 주체는 국가 또는 정부로 인식된다. 하지만 영국의 티트머스(Titmuss, 1969: 42)는 이미 1955년에 복지의 사회적 분업(the social division of welfare) 현상을 설명하면서 복지 영역이 직업복지(occupational welfare), 조세복지(fiscal welfare), 국가복지(state welfare)의 세 가지 분야로 분화되어 있다고 제시하였다. 직업복지는 기업이나 노동조합에 의해 제공되는 임금 이외의 복지를 말한다. 조세복지는 정부의 조세 감면 등 조세제도를 통해 제공되는 복지이다. 그리고 국가복지는 정부의 직접 지출에 의해 제공되는 복지이다. 조세복지와 국가복지는 국가에 의해 제공되고, 직업복지는 기업이나 노동조합에 의해 제공된다. 티트머스는 복지의 주요한 주체로서 국가뿐만 아니라 기업 및 노동조합을 포함하였다. 이러한 논의들을 통해 볼 때, 사회복지정책의 핵심 주체가 국가라는 데에는 의문의 여지가 없다. 하지만 국가와 함께 기업, 노동조합 그리고 영리 · 비영리의 공식적 조직들도

---

[1] 국가는 좁게는 행정부, 입법부, 사법부 등을 포함하는 정부기관의 개념으로 사용되고, 넓게는 국민과 국토, 정부기관들을 모두 포함하는 개념으로 사용되기도 한다. 또한 정부의 개념도 좁게는 행정부를 지칭하는 것으로 사용되기도 하고, 넓게는 행정부, 입법부, 사법부 등을 포함하는 것으로 사용되기도 한다. 정부기관은 행정부, 입법부, 사법부로 구성된다. 입법부는 정책의 형성에 책임을 지고, 행정부는 정책을 실행하며, 사법부는 정책을 해석하는 역할을 담당한다.

사회복지정책의 보완적 주체라고 볼 수 있다.

셋째, 사회복지정책의 주된 동기 측면에서의 집합성이다. 사회복지정책은 개인의 이익 추구보다는 이타주의적 동기에 기반한다. 시장경제에서 개인들은 상대방으로부터의 대가를 받는 것을 전제로 재화나 서비스를 거래한다. 이에 비해 사회복지정책에 있어서는 상대방으로부터 대가를 받는 것을 전제하지 않고 일방적으로 재화나 서비스를 이전한다. 즉, 교환의 기본 형태의 측면에서 시장경제는 등가교환이나 쌍방적 이전(bilateral transfer)에 기반하는 반면, 사회복지정책은 일방적 이전(unilateral transfer)의 형태를 취한다(Boulding, 1967; Titmuss, 1976: 21에서 재인용). 티트머스는 사회정책의 주된 성격을 이타주의로 규정하고, 경제시장에서의 이기주의에 기반한 교환보다 사회시장에서의 이타주의와 상호적 의무(reciprocal obligation)에 기반한 선물관계(gift relationship)가 우월하다고 주장하였다(Titmuss, 1976: 20-21).

(3) 정책

정책(policy)이라는 단어는 사회복지정책의 변화(change) 지향성을 담고 있다. 정책이란 주어진 목적을 향한 행동을 관장하는 원칙들이다. 정책의 개념은 목적과 그 목적을 달성하기 위한 수단 그리고 이를 통해, 상황, 제도, 실천, 행동을 변화시키는 것을 의미한다. 티트머스는 정책의 변화 지향성을 다음과 같은 예를 들어 설명하였다. 우리는 날씨에 대한 정책(policy about the weather)을 가지지 않는 한편, 혼외아동에 대한 정책(policy about illegitimate children)을 가진다. 왜냐하면 우리가 날씨를 변화시키는 데 영향을 미칠 수 없지만, 혼외아동들의 삶에 영향을 미칠 힘은 가지고 있기 때문이다.[2] 이러한 측면에서 티트머스는 정책이 행동 지향적이고 문제 해결 지향적인 성격을 갖는다고 주장하였다(Titmuss, 1974: 23-24).

---

2) 티트머스의 시대에 인간이 날씨에 영향을 미친다는 것을 생각하기 어려웠을 것이다. 하지만 이후 지구온난화 현상과 이에 대응하기 위한 인간의 과학과 기술의 발달로 인하여 기후와 날씨의 변화에 영향을 미치기 위한 시도들이 환경정책적 차원에서 제시되고 있다. 미세먼지 대책이나 인공강우 대책 등이 대표적 예이다.

〈표 1-1〉 사회복지정책의 어의적 개념과 성격

용어	어의적 개념	사회복지정책의 성격
복지 (welfare)	좋은 상태	• 사회복지정책의 목적 제시 – 개인의 욕구 충족과 웰빙 증진 – 사회문제 관리, 삶의 기회 최대화
사회적 (social)	개인을 넘어서 사회적 관계나 사회성을 지닌	• 집합성 – 사회적 욕구: 사회적 원인, 공통적 현상, 심각한 결과 – 사회적 대응: 국가적 활동 – 사회적 동기: 이타주의와 상호적 의무
정책 (policy)	주어진 목적을 향한 행동을 관장하는 원칙	• 변화 지향성 – 행동 지향성, 문제 해결 지향성

종합해 보면, 사회복지정책은 사회 구성원들의 복지를 증진시키기 위하여 사회적인 위험·욕구·문제들에 사회적으로 대응하여 사회의 변화를 이끌어 내고자 하는 일련의 원칙과 노력이라고 정의할 수 있다.

2) 관련 용어: 사회정책, 사회보장, 복지국가

사회복지정책과 관련하여 사회정책, 사회보장, 복지국가 등의 용어들이 일반적으로 많이 사용되어 왔다. 이러한 관련 용어들은 때로는 거의 유사한 개념으로 사용되기도 하지만 각 개념에 나름의 특성이 있다.

(1) 사회정책

사회정책의 개념에 대하여 살펴보자. 사회정책(social policy)은 사회복지정책과 가장 가깝게 많이 사용되는 용어이다. 사회복지정책이라는 용어는 국제적·보편적으로 사용되는 용어가 아니다. 국제적으로는 사회정책이라는 용어가 더 보편적으로 사용된다. 영국이나 독일 등의 유럽에서는 사회복지정책이라는 용어를 사용하지 않고 사회정책이라는 용어를, 미국의 경우 사회정책과 사회복지정책이라는 두 가지 용어를 혼용하여 사용해 왔다. 그래서 국제적으로는 사회정책이라는 용어가 보편적으로 사용되어 왔고, 사회복지정책이라는 용어는 미국을 중심으로 미국의 영향을 많이 받은 일부 국가들에서 사용되어 왔다. 이러한 사실을 접하는 한국의 많은 독자는 당황스러울 것이다. 한국의 경우에는 미국에서의 사회복지정책이라는 용어를 받아들여 일반적으로 사용하고 있다.[3]

사회정책이라는 용어는 처음부터 합의된 어떤 개념의 규정하에서 사용되어 온 것은 아니다. 국가별로 일련의 사회적 정책들을 발전시켜 오는 과정에서 역사적으로 그 개념이 형성되어 왔다. 그래서 사회정책이란 용어는 국가별로 약간씩 다른 의미를 가지게 되었다. 여기에서는 대표적으로 독일과 영국의 사회정책의 개념을 살펴본다.

① 독일의 사회정책 개념

역사적으로 사회정책(social politik)이라는 개념은 독일에서 시작된 것으로 알려진다(Kaufmann, 2005; 김종일, 2009: 41에서 재인용). 사회정책이라는 용어는 19세기 중반부터 독일학계에서 사용되었고, 1873년에는 사회정책학회가 창립되었다. 독일에서 사회정책은 19세기 중반 이래 급속한 산업화 과정에서 발생된 노동자 문제에 대응하는 정책이었다. 이 시기에 주요한 사회정책으로 「공장법」이나 사회보험 등의 입법들이 형성되었다. 사회정책은 노동정책으로서의 성격을 강하게 가지고 있었고, 또한 계급 간 분배정책으로서의 성격을 강하게 가지고 있었다. 그러다가 두 차례의 세계대전을 거치면서 사회정책의 대상이 노동자계급에서 일반시민으로 확대되었고, 시장의 부정의에 대응하여 일반시민을 보호 대상으로 삼는 정책으로 발전되었다.

독일에서 정책(politik)이란 용어는 정책(policy)과 정치(politics)의 두 가지 의미를 모두 가지고 있고, 이 두 가지를 구분하지 않고 정책(politik)이라는 개념으로 사용한다(Bulmer, Lewis, & Pichaud, 1989: 6).[4] 정책(politik)은 공공에 대한 책임을 수

---

3) 필자가 서울대학교 사회복지학과에서 학부 과정을 다녔을 때 사회복지정책 분야를 전공하는 두 분의 교수님이 계셨다. 전남진 교수님은 미국의 시카고 대학교에서 유학을 하셨고, 김상균 교수님은 영국의 애버딘 대학교에서 유학을 하셨다. 이 두 분이 한국에 들어오신 후 각각 교과서를 저술하셨는데, 『사회정책학 강론』과 『현대사회와 사회정책』이었다. 그 이후 사회복지학과 내에서 사회정책을 교육하고 또한 사회복지사 자격증 시험을 위한 필수과목으로 사회복지정책론이 채택되면서, 그 이후의 모든 교과목과 교과서는 사회복지정책이라는 용어를 사용하게 되었다.

4) 이러한 개념 사용은 독일뿐만 아니라 프랑스 등의 유럽대륙 국가들에서 일반적이다. 프랑스의 politique의 경우에도 정책(policy)과 정치(politics)를 명확하게 구분하지 않고 이 두 가지 의미를 모두 가지는 것으로 사용된다. 예를 들어, 네이버 사전에서 politik와 politique를 찾아보면 정치와 정책이라는 두 가지 의미를 가지는 것으로 제시된다.

행하기 위해 법적 · 물리적 공권력을 바탕으로 이루어지는 국가의 행위이자 국민이 다양한 대안 중에서 가장 합리적인 선택을 할 수 있도록 유도하는 정치행위이다(Kleinhenz, 1970; 이정우, 2013에서 재인용). 즉, 독일에서 사회정책은 자본주의 시장경제의 발전 과정에서 발생한 폐해에 대응하여 사회현상의 개선을 목적으로 이루어지는 국가의 행위로 인식된다.

정리해 보면, 독일에서의 사회정책의 개념은 몇 가지의 특성을 가진다. 첫째, 사회정책이 노동정책적 성격을 강하게 가진다. 현재에도 사회정책에 있어서 「노동법」이 중요한 위치를 차지하고 있고 노사관계정책 등이 사회정책에 포함되고 있다. 둘째, 사회정책이 2차적 분배인 재분배의 영역뿐만 아니라 1차 분배인 시장에서의 분배에 대한 개입을 포함한다. 일반적으로 분배 과정을 시장에서 1차적으로 이루어지는 1차 분배와 시장에서 1차적으로 분배가 이루어진 후에 2차적으로 이루어지는 2차 분배(즉, 재분배)로 구분한다. 독일에서의 사회정책은 시장에서의 1차 분배와 시장 밖에서의 2차 분배 과정 모두에 개입하는 것으로 인식된다. 셋째, 사회정책에서 정책이 정치의 의미를 강하게 가져서 국가의 행위라는 의미가 강조된다.

이러한 독일의 사회정책의 전통은 일본에도 강한 영향을 미쳤다. 일본에서는 전통적으로 사회정책이 노동정책으로, 그리고 사회복지학은 사회복지실천으로 이해되어 분리되어 왔다(이혜경, 2004). 일본은 독일 신역사학파의 사회정책(sozialpolitik) 개념을 수입하였고, 독일 사회정책학회를 따라 일본 사회정책학회를 1897년에 창립하였다. 일본에서 사회정책은 노동정책으로 인식되어 왔고, 일본의 많은 사회정책 교과서가 노동 기준, 노동시장, 노사관계, 사회보험 등을 다루어 왔다. 일본에서는 국제적으로 노동정책을 포함하는 더 넓은 개념으로 사회정책을 사용하는 것을 사회정책의 영미적 개념이라고 부르고, 이에 비해 사회정책을 노동정책과 동일시하는 사회정책(=노동정책)의 개념을 독일 및 일본적 개념이라고 구분한다(다케가와 쇼고, 2004: 38-39). 다케가와 쇼고는 일본의 이러한 현상을 비판하면서, 사회정책 개념이 노동정책 개념으로부터 탈피해야 한다고 주장하였다.

② 영국의 사회정책 개념

영국에서는 전통적으로 사회서비스(social service)라는 용어가 일반적으로 사용되었다. 정부가 제공하는 공공서비스 중에서 시민의 복지를 향상시키기 위한 일련의 급여 및 서비스를 다른 공공서비스와 구분하여 사회서비스로 규정하여 부른 것이다. 이후에 사회서비스와 함께 사회정책이라는 용어가 같이 사용되었다.

영국에서는 사회정책이 다음과 같이 정의되어 왔다. 대표적으로 마샬(Marshall, 1965:7)은 사회정책이란 시민에게 소득이나 서비스를 제공함으로써 그들의 복지를 향상시키기 위한 정부의 정책으로서 사회보험, 공공부조, 보건서비스, 복지서비스, 주택정책 등을 포함한다고 정의하였다. 그리고 티트머스(1974: 29)는 사회정책의 개념에 대한 당시 학자들의 정의들을 검토한 후, 사회정책이 다음의 세 가지 요소를 가진다고 정리하였다. 첫째, 시민에게 복지를 공급하는 자비로운(benevolent) 성격을 가진다. 둘째, 비경제적뿐만 아니라 경제적 목표들을 포함한다. 셋째, 부자로부터 빈자에게로의 재분배 조치를 포함한다.

이러한 영국에서의 사회정책 개념의 사용에서 독일과 다른 몇 가지의 특징을 발견할 수 있다. 첫째, 독일에서 계급정책 또는 노동정책으로서의 사회정책을 강조하는 것과 달리, 영국에서는 시민의 복지를 증진하기 위한 정부서비스로 포괄적으로 본다. 둘째, 영국에서의 사회정책은 시장에서의 1차적 분배가 아니라 2차적 분배, 즉 재분배의 영역에 대한 것으로 개념을 사용한다.[5]

이와 같이 독일과 영국은 사회복지정책이라는 용어를 사용하지 않고 사회정책이라는 용어를 공통적으로 사용한다. 그런데 두 나라에서 사회정책의 개념이 유사하면서도 역사적으로 형성된 나름의 특징들을 가지고 있다.

③ 미국에서의 사회정책과 사회복지정책의 개념

미국의 경우에는 사회정책과 사회복지정책의 두 가지 용어를 모두 사용하고 있다. 일부 사람들은 사회정책을 독일식 사회정책에 가까운 개념으로, 그리고 사회복지정책을 영국식 사회정책에 가까운 개념으로 사용한다.[6] 하지만 또 다른 사람들은 사회정책을 영국식으로 사용하되 그 포괄 범위의 측면에서 사회정책을 보다 넓

---

5) 다케가와 쇼고(2004)는 이러한 영국에서의 사회정책의 개념에 대하여 고용의 시각이 부족하다는 비판를 하기도 했다.

6) 그 예로서 카게와 스퇴츠(Karger & Stoesz, 2002)는 사회정책이 사회가 공인한 사회행동으로서 인간사의 공식적 · 체계적 질서 유지를 위한 정책인 반면, 사회복지정책은 사회정책의 하위체계로서 고용, 소득, 음식, 주택, 보건의료, 사회관계 등 기본적 욕구를 충족시키기 위한 급여를 제공하는 것이라는 정의를 제시하였다(원석조, 2013에서 재인용).

은 개념으로, 사회복지정책을 보다 좁은 개념으로 사용한다. 그래서 미국에서의 사회복지정책 개념은 영국식 사회정책과 동일한 개념으로 사용되기도 하고, 또는 영국식 사회정책보다 좁은 개념으로 사용되기도 한다.

그런데 미국에서는 사회복지정책을 사회정책보다 더 좁은 개념으로 사용하는 것이 일반적인 것 같다.[7] 길버트와 테렐(Gilbert & Terrell, 2013)은 정책 내용의 범위에 따라 공공정책이 가장 광범위하고, 그 다음이 사회정책 그리고 사회복지정책이 가장 좁은 개념이라고 평가하였다. 디니토(DiNitto, 2000)는 사회복지정책을 국민의 삶의 질에 영향을 미치는 정부의 활동으로 규정하면서, 사회복지정책의 범위는 소득보장(사회보장), 영양, 보건의료, 사회복지서비스(아동복지, 가족복지, 지역사회복지, 고용복지, 노인복지, 직업훈련 등) 등이라고 정의하였다. 사회복지정책의 범위에 대한 디니토의 정의는 일반적으로 사회정책에서 다루는 주거보장, 고용보장, 교육보장 등을 제외한 것으로 사회정책보다는 그 범위가 좁다.

지금까지 살펴본 바와 같이, 사회복지정책이라는 개념은 영국이나 독일 등 유럽 국가에서는 사용되지 않고, 미국에서는 사회정책과 동일한 개념 또는 보다 일반적으로는 사회정책보다 좁은 개념으로 혼용해서 사용하고 있다. 이러한 상황을 고려할 때 미국의 특수한 역사적 경험에서 발생된, 그러면서도 미국에서도 역사적으로 명확하게 정립되지 않은 사회정책과 사회복지정책의 범위 차이는 학술적으로 그다지 중요하지 않다.[8] 이 책에서는 사회정책과 사회복지정책을 거의 차이 없는 개념으로 호환적으로 사용하고자 한다. 사회정책의 개념 중 독일식보다는 영국식 사회정책의 개념에 기반하여 사회정책을 전체 시민에 대한 2차적 분배의 영역으로 규정하고 사회복지정책과 호환하여 사용하고자 한다.

---

7) 롤리히(Rohrlich)는 일반적으로 사회복지정책의 영역에 속하지 않는 인구정책, 인력수급정책, 금융정책, 교통정책 등이 사회정책으로 분류될 수 있다는 예를 제시하고, 소득분배의 문제에 깊이 관여할수록 사회복지정책에서 사회정책의 개념으로 확대된다고 주장하였다(Rohrlich, 1971: 김상균, 1987: 40에서 재인용).
8) 예를 들어, 길버트와 스펙터(1974: 2)는 정책 내용의 범위에 따라 공공정책이 가장 광범위하고, 그 다음이 사회정책 그리고 가장 좁은 개념이 사회복지정책이라고 평가하면서, 또한 다른 한편으로는 마샬의 사회정책 정의를 사회복지정책의 정의로 사용하고 있다(김상균, 1987: 32).

(2) 사회보장 및 복지국가

사회정책 이외에도 사회복지정책과 유사하게 사용되는 대표적인 용어로 사회보장(social security)이 있다.[9] 사회보장은 사회적으로 보호나 보장을 제공한다는 의미로서 사회복지정책 또는 사회정책과 거의 차이가 없다. 따라서 사회보장은 어의적 측면에서 사회복지정책 또는 사회정책과 호환하여 사용할 수 있다.

하지만 사회보장이란 용어의 역사적인 사용 과정에서 시간적·공간적으로 특정의 의미를 가져왔기 때문에, 여기에 주의할 필요가 있다. 미국에서는 사회보장이라는 용어를 관행적으로 공적 연금 또는 공적 연금과 건강보험을 지칭하는 것으로 좁게 사용하는 경우가 많다. 그 이유는 미국의 독특한 사회보장제도의 발전 과정과 관련된다. 미국에서 사회보장이란 용어가 최초로 공식적으로 사용된 것은 1935년 「사회보장법」에서였다. 그런데 이때 미국 연방정부의 직접적인 책임으로 규정된 제도는 노령연금제도(Old Age Insurance) 하나뿐이었다. 나머지 사회보장 관련 제도들은 모두 주 정부 차원에서 운영되는 제도들이었다. 그래서 미국에서는 사회보장이라고 하면 연방정부의 직접적 책임하에 운영되었던 공적 연금을 지칭하는 것으로 사용해 왔다. 그러다가 1965년에 미국 「사회보장법」 개정으로 연방정부가 직접적 책임을 지는 제도로서 노인들에 대한 공적 의료보험(Medicare)이 도입되었다. 이후 사회보장은 연방정부가 직접적인 책임을 지는 공적 연금과 노인에 대한 의료보험을 포함하는 용어로 확대되어 사용되어 왔다. 그러나 미국 「사회보장법」의 내용에는 이 두 가지 제도 이외에도 주로 주 정부 차원에서 운영되는 실업보험, 사회부조 그리고 사회복지서비스가 포함되어 있다. 그래서 엄밀하게 말하면, 미국에서의 사회보장에는 이러한 사회보험, 사회부조, 사회복지서비스가 모두 포함된다고 할 수 있다. 하지만 미국에서 관행적으로 사회보장은 연방정부 프로그램인 공적 연금 또는 공적 연금과 노인의료보험을 지칭하는 용어로 사용되는 경우가 많다.

한편, 영국에서 사회보장이라는 용어는 미국에서와 달리 소득보장제도를 지칭하는 것으로 사용되어 왔다. 사회보장의 개념을 시장으로부터 소득 획득이 단절되는 경우 이에 대응하여 소득을 제공하는 제도로 제한하여 사용하여 왔다. 영국에서는 제2차 세계대전 이후 복지국가 건설 과정에서 의료보장제도로 사회보험제도가 아

---

9) 사회보장의 개념과 관련한 보다 자세한 설명은 이상은 등(2019)의 1장 1절 '사회보장의 개념과 범위' 참조.

니라 국민보건서비스(national health service)제도를 구축하였기 때문에, 상대적으로 의료서비스와 소득보장 간의 구분이 뚜렷해지면서 사회보장이 소득보장을 지칭하는 용어로 자리를 잡았다.

또한 유럽 국가들의 경우에는 복지제도들이 사회보험 형태를 중심으로 발전해 오면서 관행적으로 사회보장을 사회보험을 지칭하는 것으로 사용하는 경우가 많다.

이처럼 각 국가 및 지역별로 사회보장이라는 개념은 그 시간적 · 공간적 역사성에 기반하여 특정한 제도나 프로그램을 지칭하는 것으로 서로 다르게 사용되어 왔다. 그런데 국제적으로는 사회보장이라는 개념을 보다 포괄적으로 인간의 사회적 위험과 욕구들에 대응하는 제반제도와 프로그램들을 지칭하는 것으로 사용하는 것이 일반적이다. 이러한 맥락에서 사회보장은 사회복지정책 또는 사회정책과 거의 동의어로서 호환적으로 사용할 수 있다.

마지막으로, 사회복지정책과 관련하여 복지국가라는 용어가 많이 사용된다. 복지국가는 현대 자본주의 사회의 발달 과정에서 시장경제와 국가 개입이 혼합된 특정의 국가 체제를 지칭한다. 사회복지정책이 사회적 욕구를 충족시키기 위한 구체적인 사회적 정책, 즉 급여와 프로그램들을 지칭한다면 복지국가는 이러한 사회정책들을 그 한 구성 요소로 포함하는 정치경제 체제이다. 그래서 복지국가는 사회정책뿐만 아니라 경제정책 등의 다른 정부의 공공정책들을 포함하고, 또한 민주적 정치체제와 자본주의 시장경제 체제를 포함하는 훨씬 더 포괄적인 개념이다.

2. 학문 분야로서의 사회복지정책

1) 사회복지정책학의 역사적 발달

사회복지정책이라는 표현은 정책 분야를 지칭하는 용어이기도 하면서 또한 학문 분야를 지칭하는 용어이기도 하다. 학문 분야로서의 사회복지정책에 대해 알아보기 위하여 사회정책학이 하나의 학문 분야로서 활성화된 영국의 사회정책학의 역사를 살펴볼 필요가 있다.

영국에서 처음에는 사회행정(social administration)이라는 용어를 사용하다가 나중에 사회정책으로 이름을 바꾸게 되었다. 학과와 학회의 이름도 초기의 사회행정에서 나중에는 사회정책으로 바뀌었다. 대학 학과의 경우, 영국 런던정치경제대학교(London School of Economics and Polical Science: LSE)에서 대학 최초로 사회사업가들을 훈련시키는 과정으로 1912년에 사회행정학과(The Department of Social Science and Administration)를 개설하였다. 1944~1950년에 사회학과 마샬 교수가 이 학과의 책임을 맡는 등 사회과학 분야의 다른 학과 교수들이 이 과정을 관리하는 역할을 담당했다. 그러다가 1950년에 티트머스가 LSE 사회행정학과의 첫 번째 교수로 부임하였다. 이후 사회행정학과는 사회정책학과(The Department of Social Policy)로 변경되었다. 학회의 경우에도 사회행정학회(The Social Administration Association)가 창설되어 1967년 7월 14일 첫 번째 콘퍼런스가 열렸는데, 이후 1987년에 사회정책학회(The Social Policy Association)로 이름을 바꾸었다.

이와 같은 학과와 학회의 명칭 변경은 사회복지정책 발달 과정에서의 시대적 상황의 변화와 밀접하게 관련된다. 사회복지정책 발달의 초기 단계에서는 어떻게 복지를 조직화하고 전달할 것인지에 대한 행정적 초점이 중요했다. 하지만 사회복지정책이 발달한 이후에는 사회복지정책 발전 과정의 이론적·정치적 맥락에 대한 관심이 증가했다. 즉, 사회행정으로부터 사회정책으로의 명칭의 변화는 무엇(what)과 어떻게(how)에 대한 관심에서, 왜(why)와 필요성(whether)에 대한 관심으로 초점이 전환된 것을 반영한다(Alcock, 2004).

영국에서는 LSE에서 사회행정학과가 생긴 이래 1960년대와 1970년대를 거치면서 많은 대학에 사회행정 또는 사회정책학과가 개설되었다. 지금도 많은 대학에서 사회정책학과 또는 사회정책 및 사회사업학과라는 이름으로 학과들이 개설되어 있다. LSE에는 사회정책학과(The Department of Social Policy)가 개설되어 있고, 옥스퍼드 대학교의 경우 사회정책 및 사회개입학과(The Department of Social Policy and Social Intervention)가 개설되어 있다.[10] 한편, 유럽대륙 국가들의 경우에는 대학에

---

10) 옥스퍼드 대학교(Oxford University)의 경우, 필자가 방문학자로 머물렀던 2011년에는 학과 명칭이 '사회정책 및 사회사업학과(The Department of Social Policy and Social Work)'였다. 그런데 이후 2012년부터는 '사회정책 및 사회개입학과(The Department of Social Policy and Social Intervention)'로 학과 명칭이 바뀌어서 운영되고 있다.

사회정책학과가 개설된 경우는 별로 없다. 부분적으로 일부 대학의 대학원 과정에서 사회정책학과가 개설되고 있다. 미국의 경우에도 사회정책학과는 별도로 개설되어 있지 않다. 공공정책대학원(School of Public Policy)에서 사회정책을 다루거나 또는 사회사업대학원(School of Social Work)에서 사회정책을 다루는 것이 일반적이다.[11]

2) 독립학문으로서의 사회복지정책학

이와 같은 학문 분야로서의 사회정책 발달의 역사적 과정에서, 사회정책학이 하나의 독립학문인가라는 이슈가 제기되어 왔다. 앞에서 살펴보았던 것처럼 역사적으로 사회정책학과는 사회서비스들을 전달하고 관리하는 사회사업가와 행정가들을 훈련하기 위한 목적으로 사회행정학과로 시작하였다. 사회행정학과는 사회복지정책의 행정과 전달에 초점을 두었고, 하나의 학문이라기보다는 행정 기술훈련과정으로서의 성격이 강하였다. 영국 LSE의 초대 교수였던 티트머스는 사회정책학을 단순한 행정 기술훈련 과정으로부터 하나의 독립적 학문으로 발전시키고자 하였다. 티트머스(1976: 20)는 사회행정이 단순히 사무 관리(office management)나 사회적 회계 관리(social book-keeping) 또는 인력 관리(man-manipulation) 기술로 제한되는 것이 아니라 여기에서 더 나아가 사회복지정책의 역할과 기능에 대한 이론적 지식을 형성하는 것으로 발전해야 한다고 보았다. 그리고 이러한 맥락에서 학문으로서의 사회행정(social administration as asubject)은 단순히 기술적인 것들의 혼란스런 복합체가 아니라, 통합을 증진하고 소외를 축소시키는 사회적 제도들을 중심으로 일련의 지식과 관련된 개념 및 원칙을 개발하여 과학의 특성 중의 하나인 지식형성(knowledge-building)의 과정에 있다고 평가하였다(Titmuss, 1976: 22-23).

이후에도 사회정책학이 하나의 독립학문(discrete academic discipline)인지 아니면 다학제적 응용 분야(interdisciplinary field)인지에 대한 논란이 발생해 왔다. 티트머

---

11) 그래서 독일이나 프랑스 등 유럽대륙의 대학에서 유학하고 돌아와 한국의 대학에서 사회복지정책을 가르치는 교수들은 대부분 정치학, 사회학, 경제학 등의 관련 학과들을 졸업하였는데, 이 관련 사회과학 학과들에서 사회정책 분야로 학위논문을 쓴 경우들이다. 미국에서 유학한 경우, 사회사업학과에서 사회복지정책 분야를 전공한 경우에는 대체로 한국의 사회복지학과에서 교수로 자리 잡은 경우가 많고, 공공정책학과에서 사회복지정책분야를 전공한 경우에는 한국의 행정학과나 공공정책대학원에서 교수로 자리 잡은 경우가 많다.

스가 활동하던 시기의 관심이 사회정책학이 단순히 행정 기술적인 것만을 추구하는 것인지 아니면 이론적 지식형성을 추구하는 것인지에 초점이 있었다면, 그 이후에는 사회정책학이 단순히 행정 기술적인 것을 넘어서 이론적 지식형성을 추구한다는 점이 광범위하게 인정되는 것 같다. 하지만 사회정책학이 별도의 독립적 학문 분야인지 아니면 다른 학문들이 적용되는 단순한 하나의 분야인지에 대한 논란이 있다. 알콕(Alcock, 2012)과 피츠패트릭(Fitzpatrick, 2001)은 사회정책학이 독립적 학문이라고 주장하였다. 알콕(2012)은 "사회정책은 한편에서는 독자적으로 연구되고 발달되는 별도의 학문 분과(discrete academic discipline)이면서 또한 다른 한편에서는 다른 학문 분과와의 연계 속에서 발달하는 다학제적 분야(interdisciplinary field)이다. 그래서 사회정책학을 연구하는 학생들은 다른 학문 분과들처럼 동일 학과에서 동일 학위 과정에 속해 있기도 하고 또는 사회학이나 사회사업 안에서 전문적 직업교육과 훈련 과정의 부분으로 사회정책을 공부하고 있다. 그러나 다른 학과에서 사회정책을 공부한다고 해서 사회정책이 그 속에 매몰되는 것은 아니다. 사회정책은 정책의 발달과 전달(development and delivery of policy)을 탐구한다는 뚜렷한 초점을 가지고 있다."라고 하였다. 즉, 그는 사회정책학이 다른 유사 학문 분과와 겹치면서도 사회정책의 발달과 전달을 탐구한다는 점에서 뚜렷한 학문 분과로서의 기반을 가진다는 점을 강조하고 있다.

또한 피츠패트릭(2001)은 사회정책학의 주요 학문적 주제를 두 가지로 요약하면서 독립적 학문 분과로서의 사회정책학의 성격을 제시하였다. 그에 따르면 사회정책학의 전통 중 하나는 설명을 추구하는 것으로, 현재의 어떤 정책이 어떻게 현재의 정책으로 성립하게 되었는지 또 여기로부터 어디로 가야 하는지에 대한 답을 찾는다. 다른 하나의 전통은 사회행정의 전통으로 사회정책의 복지서비스들을 어떻게 운영하고 그것들이 개인과 사회에 어떠한 영향을 미칠지를 연구한다. 그런데 한 가지 종류의 질문을 다른 질문 없이 묻기는 쉽지 않거나 무의미하다. 그래서 이 두 가지 전통을 분리하기는 어렵다.[12] 사회정책에서 복지이론은 정책들이 개인과 사

---

12) 이러한 두 가지 전통과 관련하여 1988년 『Journal of Social Policy』에서 이 논쟁을 다루었다. 글레너스터(Glennerster, 1988)는 행정과 서비스의 전달에 대한 관심의 포기에 대해 반대했고, 스미스(Smith, 1988)는 정치적·이론적 논쟁의 포용을 주장[또한 도니슨(Donnison, 1994)도 이러한 주장]하였다. 알콕(2001)은 이 논쟁을 소개하며 티트머스는 이 두 가지 모두를 사회정책학의 부분으로 수용했다는 것을 제시하였다.

회의 웰빙을 개선하거나 부정적으로 영향을 주는 방식을 이해하기 위하여, 사회정책의 설계와 전달에 깔려 있는 개념들과 원칙들에 대한 지식들을 얻기 위해 노력한다. 이러한 복지이론은 정치 · 경제 · 사회학적 이론과는 구별된다. 사회정책은 이들 이론 위에서 도출되지만, 사회정책은 그 자체의 정체성, 역사, 문헌, 전제, 의제 그리고 비판적 분석틀을 가지고 있다.

종합해 보면, 사회복지정책학은 초기에는 행정적 기술과 그 효과에 대한 관심이 주가 되었지만 이후 왜 사회복지정책이 등장하게 되었는지, 어떠한 방향을 나아가야 하는지에 대한 설명을 제시하는 이론적 작업으로 발전되어 왔다. 여전히 사회복지정책학은 다학제적인 논의가 활발하게 일어나는 장으로서 사회복지정책이 독립적인 학문인지 아니면 다학제적 응용 분야인지에 대한 논란이 있다. 하지만 사회복지정책학은 사회복지정책의 발달과 전달이라는 차별적인 초점에 기반하여 독립적인 학문 분과로서의 위상을 발달시켜 왔고, 또한 이러한 방향으로 발전해 나가고 있다.

3) 사회복지정책학의 주요 탐구 주제

사회복지정책학이 어떠한 주제들을 탐구하는지를 보다 구체적인 몇 가지의 예를 통하여 살펴보자. 대표적으로 티트머스는 '사회행정학의 주제(The Subject of Social Administration)'라는 에세이에서 사회행정학의 연구 및 교육 분야들을 〈글상자 1-1〉과 같이 제시했다. 티트머스가 제시한 사회정책학의 연구 및 교육 주제는 현대의 사회정책학에서도 여전히 유효한 것으로서 사회정책학의 주요 탐구 주제들을 잘 보여 준다.

〈글상자 1-1〉 티트머스가 제시한 사회정책의 주요 연구 및 교육 분야들의 범주

- 정책 형성과 그 (의도한 및 의도하지 않은) 결과들의 분석과 묘사
- 제도와 기관들의 구조, 기능, 조직, 계획 그리고 행정적 과정에 대한 역사적 또는 비교 연구
- 사회적 욕구에 대한 연구; 서비스 및 이전 급여에의 접근, 이용 그리고 결과의 양상들에 대한 연구

- 사회적 비용과 비복지의 유형, 특성, 분포에 대한 연구
- 사회서비스에 있어서 자원 통제상의 분배 유형과 그 영향에 대한 분석
- 사회복지제도들의 운영과 성과에 있어서 선출된 대표들, 전문직 종사자들, 행정가들 그리고 이해 집단들의 역할과 기능에 대한 연구
- 사회서비스의 기여자, 참여자, 이용자로서의 시민의 사회적 권리에 대한 연구
- 사회적 및 행정적 법과 규칙에 의한 사회적 재산의 분배자로서의 정부(중앙 및 지방) 역할에 대한 연구

출처: Titmuss (1976: 22-23).

한편, 현대 사회정책학에서 어떠한 주제들을 다루는지 다음의 두 가지 대표적인 예를 통하여 살펴보자. 하나는 영국 대학들에서의 사회정책 교과목 가이드이며, 영국 품질인증기관(Quality Assurance Agency)에서 영국 대학들에서 사회정책 교과목에서 다루는 주제들을 정리하여 제시하였다(〈글상자 1-2〉 참조). 다른 하나는 미국에서 미즐리(Midgley, 2009: 17-18)가 제시한 사회정책학의 주요 연구 주제들이다(〈글상자 1-3〉 참조).

〈글상자 1-2〉 영국 사회정책 학위 과정 안에서 발견되는 주요 주제

- 노령과 사회정책
- 아동 돌봄과 아동 보호
- 지역사회 돌봄
- 비교사회정책
- 범죄와 사법정책
- 장애와 사회정책
- 경제, 경제이슈들 그리고 사회정책
- 교육과 사회정책
- 환경 이슈와 사회정책
- 기회균등정책들과 그 영향
- 유럽사회정책
- 가족정책
- 젠더와 사회정책

- 건강과 건강 보호정책
- 주거와 도시 정책
- 소득보장과 사회보장정책
- 지방 거버넌스, 지방 복지기관들 그리고 그들의 정책
- 복지기관에서의 조직, 행정, 관리
- 복지 철학
- 정치사회적 이론, 이데올로기 그리고 사회정책
- 빈곤, 사회적 배제 그리고 사회정책
- 인종, 민족 그리고 사회정책
- 성(sexuality)과 사회정책
- 사회정책과 매스미디어
- 교통과 교통정책
- 자원 부문 복지서비스
- 복지권과 사회정책
- 노동, 고용 그리고 노동시장정책
- 청년, 청년노동 그리고 관련 정책

출처: Quality Assurance Agency for Higher Education (2000: Section 3.3.); Baldock, Manning, & Vickerstaff (2007: 7)에서 재인용.

〈글상자 1-3〉 미국에서 미즐리가 제시한 사회정책학의 연구 주제

- 정책 형성과 집행의 과정에 대한 이해
  - 정책 형성 과정에 대한 연구들은 그 과정이 합리적 · 기술적 결정들에 의해 영향받는 방식에 관심
  - 정책 집행 과정에 대한 연구들은 또한 행정 또는 정책 실천(administration or policy practice)으로 알려져 왔는데, 이 분야의 연구들은 사회정책을 집행하는 과정의 단계, 기술 그리고 절차를 명확하게 해 왔음
- 사회정책이 변화시키고자 하는 사회적 조건들에 대한 기술과 분석
  - 빈곤과 박탈의 발생, 사회적 욕구의 범위, 사회문제의 원인, 사람들이 그들의 기회와 삶의 기회들을 개선하는 방식에 관심
- 사회서비스 자체를 기술하고 기록
  - 사회서비스의 역사적 진화를 기술: 역사적 기술 방법(historical descriptive method)

사용
- 사회정책의 개념적 모델이나 유형(conceptual representation or typologies of social policies)의 구축: 윌렌스키와 르보(Wilensky & Lebeaux, 1965), 티트머스(1974), 에스핑-앤더슨(Esping-Andersen, 1990)의 사회정책 유형화가 대표적으로 제시되어 왔음
• 왜 그리고 어떻게 사회정책이 사회적 조건들에 대응하여 등장하였는지에 대한 설명
- 사회서비스 도입의 이유나 사회서비스가 사회에서 수행하는 기능에 대한 설명
• 사회정책의 효과성을 평가하고 그 결과를 규명하는 것

출처: Midgley (2009).

사회정책학이 어떠한 주제들을 다루는지에 대해 앞에서 제시한 예들을 종합하여 다음과 같이 정리할 수 있다.

첫째, 사회정책의 대상 되는 사회적 욕구와 위험의 상황에 대해 분석한다. 빈곤, 불평등, 질병과 의료비 부담, 실업과 고용 불안정, 돌봄 위기, 주거 불안, 교육 불평등 등에 대해 진단하고 분석한다.

둘째, 사회정책의 형성 과정에 대하여 다룬다. 사회정책이 왜 필요하고 어떠한 과정을 통하여 형성되었는지를 다룬다. 거시적으로 어떠한 사회적 · 정치적 · 경제적 요인들이 사회복지정책의 발달에 영향을 미쳤는지를 연구한다. 미시적으로는 보다 구체적으로 개별 사회복지정책의 입법 및 실시 과정에서 관계되는 행위자들의 역할과 영향에 대하여 연구한다.

셋째, 사회정책의 내용에 대하여 다룬다. 어떤 사회적 욕구에 대응하기 위하여 어떠한 사회정책 대안들이 있는지, 그 제도적 특징은 어떠한지, 그리고 그 대안들의 가치 기반은 무엇인지 등을 연구한다. 대표적인 예로, 개별 정책에 있어서 수급자 선정, 급여 형태, 재원, 전달 체계의 각 차원에서 어떠한 대안들이 있고 그 대안들이 기반하고 있는 가치 지향이 무엇인지를 논의한다.[13] 또한 특정 정책에 있어서 대안적 제도들을 비교한다. 특히 국가 간 다양한 제도를 비교하는 연구들이 많이 이루어진다.

---

13) 길버트와 테렐(2013)의 분석이 이에 해당된다.

넷째, 사회정책의 영향에 대하여 다룬다. 사회정책이 목표했던 효과를 얼마나 달성하는지, 어떤 파급효과가 발생되는지, 그리고 정책이 얼마나 효율적인지를 평가한다. 사회정책의 목표와 관련하여 빈곤 및 불평등 감소, 건강 관련 지표, 행복 등이 평가된다. 정책이 직접적으로 목표로 하는 효과 이외에도 저축이나 근로 동기와 같은 경제적 파급효과나 또는 결혼이나 가족형태 등 가족구조에의 파급효과 등 다양한 영향을 평가한다. 그리고 정책 대안들의 비용과 편익을 비교하여 어떤 대안이 보다 효율적인지를 평가한다.

즉, 사회복지정책학은 사회복지정책이 변화시키고자 하는 사회적 욕구와 위험의 상황은 어떠한지, 사회복지정책이 어떻게 형성되는지, 어떠한 급여나 서비스를 제시하고 전달하는지, 그리고 그 결과 어떠한 영향을 미치는지를 탐구한다. 다시 말해서, 사회정책학은 우리가 왜, 무엇을, 어떻게 제공·전달하고, 또한 어떠한 영향을 미치는지, 앞으로 어디로 나아가야 하는지를 탐구한다.[14]

4) 사회정책학의 가치 지향성과 과학 지향성

사회정책학에 대한 소개를 마치기 전에 마지막으로 한 가지 더 중요한 이슈를 다루고자 한다. 바로 사회복지정책학의 가치 지향성과 가치 중립성의 문제이다. 티트머스는 사회복지정책학의 가치 지향성을 정면으로 주장하였다. 그에 따르면 정책을 다루는 모든 모델이나 이론은 불가피하게 무엇이 이루어져야 하는지, 우리가 무엇을 원하는지, 그리고 어떻게 그 목표에 도달할 것인지의 문제를 다룬다. 그러므로 정책은 가치에 대한 것일 뿐만 아니라 정책의 문제를 논하는 논자들도 그들 자신의 가치를 가진다. 사회정책학은 다른 사회과학과 마찬가지로 가치 중립(value-free)할 수 없다. 사회정책은 무엇이 이루어져야 하는지에 대한 선택이고 그 선택의 밑바탕에 존재하는 가치가 무엇인지를 명확하게 드러내어 제시해야 한다고 주장했다(Titmuss, 1974: 132).

하지만 또 다른 한편에서, 티트머스는 사회정책학에 있어서 학문적 엄격성을 강

---

14) 이와 관련하여 정책학에서는 정책이 다루는 연구 분야를 일반적으로 과정분석(studies of procss), 산물분석(studies of product), 영향분석(studies of performance)의 세 차원으로 나누고 이를 3P 분석이라고 부르기도 한다.

조했다. 1967년 사회행정학회(The Social Administration Association) 창립 강연에서 그는 사회정책학은 단순히 정치 이데올로기를 추구하는 것이 아니라고 주장하였다. 사회정책학자들은 정치적 논쟁에 정보를 제공하고 정책 발달에 영향을 미치기 위해 노력해 왔지만, 이를 사회과학에의 헌신을 통해 또한 진리를 추구하기 위한 의무를 통해 수행한다. 그는 사회정책학에 있어서 학문적 엄격성과 학문적 독립성을 중시하였다.

이와 같이 티트머스는 사회정책학의 가치 지향성과 과학 지향성을 모두 인정하였다. 일부에서는 이 두 가지 입장이 충돌되어 모순적이라고 보는 한편, 티트머스는 이 두 가지 입장이 상호보완적이라고 주장하였다.[15]

오늘날 사회복지정책학에 있어서도 두 입장 간에 긴장관계가 존재한다. 실증주의적 입장을 택하는 학자들은 사회정책이 이데올로기적 이슈를 피하고 객관적이고 과학적인 탐구 방법에 기반해야 한다고 주장한다. 하지만 규범주의적 입장을 택하는 학자들은 사회정책은 본질적으로 가치 지향적이고 이데올로기적 신념들에 물들어 있는 것이라고 주장한다(Midgley, 2009: 16-17). 현대 사회정책학에 있어서 사회정책의 선택과 그 가치에 대한 이데올로기에 기반한 규범적 연구들과 함께, 또한 사회적 위험과 욕구의 상황, 프로그램들과 사회정책의 영향에 대한 실증적 연구들이 동시에 전개되고 있다.

사회복지정책학은 인간의 복지 향상을 위한 사회개혁의 추구라는 측면에서 명확한 가치 지향적 특성을 가진다. 이러한 사회복지정책학의 개혁적 특성은 현재의 사회현상을 관찰하고 이해하는 데 초점을 두는 타 학문 분야와 뚜렷한 차이를 가진다. 하지만 동시에 사회개혁의 추구를 위한 과학적 조사 방법과 연구가 결합되어야 한다. 그래야만 사회복지정책학은 이데올로기에 매몰되지 않고 인간 복지 향상이라는 가치를 과학적으로 추진해 나갈 수 있다.

---

15) 사실 오거스트 콩트(Auguste Comte)도 과학적 방법이 자연현상뿐만 아니라 사회적 조건들을 분석하고 변화시키는 데 적용될 수 있다고 믿었다. 그는 사회학이 어떻게 사회가 기능하는지를 설명해야 할 뿐만 아니라 어떻게 사회가 개선될 수 있는지를 설명해야 한다고 주장했다. 오늘날 종종 실증적 접근과 규범적 접근(positive and normative approaches)이 상충된다고 인식하지만, 콩트는 두 접근들이 상호보완적이라고 믿었다(Midgley, 2009: 14).

제2장 사회복지정책의 종류

이 장에서는 정책 분야로서의 사회복지정책에 대하여 살펴본다. 먼저, 사회복지정책을 형태별로 구분하여 그 종류를 살펴본다. 사회복지정책의 형태를 수급 대상 선정방식과 재정방식이라는 두 가지 기준에 따라 사회부조, 사회보험 그리고 보편적 프로그램으로 구분하고 그 특성을 살펴본다.

다음으로, 사회복지정책을 그 영역별로 구분하여 살펴본다. 소득보장정책, 건강보장정책, 돌봄보장정책, 고용보장정책, 주거보장정책, 교육보장정책으로 구분하여 각 영역 내에서 구체적으로 어떠한 종류의 사회복지정책들이 실시되는지를 살펴본다. 소득보장정책은 빈곤, 노령, 장애, 사망, 실업, 질병, 산업재해, 출산 및 육아, 아동부양으로 인한 소득 단절 및 부족에 대응한다. 건강보장정책은 질병의 예방과 치료를 제공한다. 돌봄보장정책은 아동양육과 장기요양 그리고 기타 돌봄 욕구들(아동학대나 학교폭력, 가정폭력 등)에 대한 서비스를 제공한다. 고용보장정책은 취업 준비 및 연계, 일자리 부족, 고용 유지, 기술 부족, 저임금 등의 문제들에 대응하여 지원을 제공한다. 주거보장정책은 주택 공급, 임차료 지원, 주택수리 등을 제공한다. 교육보장정책은 저소득층 아동교육보장, 방과 후 돌봄, 교육기회 격차 완화, 고등교육보장 등을 지원한다.

제1장에서 사회복지정책이 무엇인가를 개념과 학문 분야로서의 성격을 중심으로 살펴보았다. 이 장에서는 사회복지정책에 어떠한 종류의 정책들이 포함되는지를 살펴봄으로써 보다 구체적으로 사회복지정책이 무엇인가를 이해해 보고자 한다. 사회복지정책에는 많은 제도와 프로그램이 포함된다. 제도의 이름과 내용은 국가들마다 차이가 있다. 수많은 제도를 다 열거하는 것은 현실적으로 어렵고 이해에 도움을 주지도 못한다. 그러므로 사회복지정책에 포함되는 제도들을 일정한 종류들로 묶어서 구분하여 제시하는 것이 필요하다. 여기에서는 사회복지정책을 그 형

태와 영역별로 구분하여 어떠한 종류의 제도들이 존재하는지를 소개하고자 한다.

1. 사회복지정책의 형태별 종류

사회복지정책의 형태를 크게 사회부조, 사회보험, 보편적 프로그램의 세 가지로 구분할 수 있다. 이러한 제도 형태의 구분은 수급 대상의 선정방식과 재정방식의 두 가지 기준에 따라 구분된다. 먼저, 수급 대상의 선정방식 측면에서의 기준은 사회복지정책의 수급 대상을 소득/자산 조사에 의하여 제한할 것인지의 이슈이다. 소득과 자산의 정도가 낮은 사람들로 제한할 수도 있고, 아니면 소득과 자산에 무관하게 특정 욕구를 가진 모든 사람을 수급자로 선정할 수도 있다. 다음으로, 재정방식 측면에서의 기준은 재원을 어떻게 마련할 것인지의 이슈이다. 재원을 보험료로 마련할 수도 있고 또는 조세(즉, 정부예산)로 마련할 수도 있다.

이러한 두 가지 기준에 따라 크게 사회부조, 사회보험 그리고 보편적 프로그램이라는 세 가지의 사회복지정책 형태로 구분된다. 첫째, 수급 대상 측면에서 소득/자산 조사에 의하여 저소득층을 선별하고 이들에 대하여 조세에 기반한 정부의 예산으로 급여를 제공할 수 있다. 이러한 형태가 사회부조이다. 둘째, 저소득층을 선별하여 급여를 지급하지 않고, 보험료를 기여한 사람들에 대하여 보험료 수입에 기반하여 급여를 제공할 수 있다. 이러한 형태가 사회보험이다. 셋째, 저소득층을 선별하여 급여를 지급하지 않고, 욕구를 가진 전체 국민에 대하여 조세에 기반한 정부예산으로 급여를 제공할 수 있다. 이러한 형태가 보편적 프로그램이다.

[그림 2-1]은 이러한 사회복지정책의 형태 구분을 정리하여 제시하고 있다. 이 그림에서는 보험료로 재정을 마련하면서 저소득층으로 수급 대상을 제한하는 경우에 대해서는 주요한 제도로 표시하지 않고 있다. 그 이유는 개인들로부터 미래 위험에 대한 대비를 위하여 보험료를 받았으면서 나중에 위험이 발생했을 때 소득/자산 조사를 통해 일정 소득/자산 수준 이상이면 급여를 제공하지 않는 것은 개인의 보험료 납부에 따른 수급권을 무시하는 것으로서 사회적으로 수용되기 어렵기 때문이다. 다음에서는 사회부조, 사회보험 그리고 보편적 프로그램의 특성에 대하여 보다 자세하게 살펴본다.

[그림 2-1] 사회복지정책의 주요 형태 구분

1) 사회부조

사회부조(social assistance)는 소득/자산 조사에 의하여 스스로 생활하기에 경제적으로 능력이 취약한 사람들에게 정부가 정부예산으로 급여를 제공하는 프로그램이다. 사회부조를 이렇게 정의할 때 우선적으로 드는 질문은 소득/자산 조사가 무엇인가 하는 것이다. 소득/자산 조사는 개인의 경제적 능력을 평가하기 위한 방법이다. 개인의 소득과 자산과 같은 경제적 능력을 평가하여 경제적 능력이 미약한 사람들을 선별하고자 하는 것이다. 그렇다면 개인의 경제적 능력을 어떻게 평가할까? 우선, 개인의 소득을 평가해 볼 수 있다. 소위 소득조사(income test)이다. 그런데 사람들 중에는 현재의 소득은 없지만 자산을 많이 가진 사람들도 상당히 있다. 그래서 개인의 자산을 조사해야 한다. 소위 개인의 부동산 및 동산을 포함하는 재산(assets)을 조사하는 자산조사(means test)이다. 그런데 재산이 없는 사람들 중에 소득을 많이 가진 사람들도 상당히 있다. 반드시 소득이 많은 사람이 자산이 많은 것이 아니고, 또한 자산이 많은 사람이 소득이 많은 것도 아니다. 그래서 경제적 능력이 미약한 사람들을 선별할 때 소득과 자산을 동시에 조사해서 소득과 자산이 모두 일정 수준 이하인 사람들을 선정해 왔다. 이러한 맥락에서 소득조사 또는 자산조사가 아닌 소득/자산 조사(income/means test)를 실시하는 것이 일반적이었다.

사회부조를 정의함에 있어 다음으로 드는 질문은 스스로 생활하기에 경제적 능력이 취약한 사람들을 어느 정도 수준에서 규정하는가 하는 것이다. 소득/자산 조사를 통해 사람들의 경제적 능력을 평가했다면, 경제적 능력이 취약한 사람들을 수급자로 선별해야 한다. 역사적으로 과거에는 빈곤선을 아주 엄격하게 설정하여 극빈층만을 대상으로 했다. 하지만 현대 사회로 올수록 그 기준은 완화되어 왔다. 더욱이 일부의 경우에는 소득/자산 조사를 통하여 수급 대상 선정기준을 아주 높게 설정하여 아주 부유한 사람들만을 선별하여 배제하고 나머지 대부분의 사람을 수급대상자로 포함하도록 하기도 한다.[1] 또한 소득과 자산 모두를 조사하지 않고 소득조사만을 실시하기도 한다.[2]

사회부조의 기본적 성격으로 다음의 몇 가지를 들 수 있다.

첫째, 최저생활보장의 목표이다. 사회부조는 사회 구성원들의 최저생활을 보장하는 데 그 기본적 목표가 있다. 이를 위하여 일반적으로 각 사회마다 빈곤선(poverty line)을 설정하여 그 기준으로 삼고 있다. 역사적으로 과거에는 빈곤선을 아주 엄격하게 육체적 생존 수준에서 설정하여 극빈층을 선별했다. 하지만 현대 사회로 올수록 한 개인이 사회에 참여하여 기본적인 인간적이고 문화적인 생활을 영위할 수 있는 수준을 빈곤선으로 설정하고 있다. 구체적으로 어느 수준이 인간적이고 문화적인 생활을 영위할 수 있는 수준인가 하는 것은 사회마다 다를 수 있고, 각 사회에서의 구성원들의 사회적 합의에 의해 형성된다고 할 수 있다.

둘째, 보충성이다. 사회적으로 최저생활보장의 수준이 설정되고 나면 개인들의 소득 수준이 최저생활보장 수준에 못 미칠 경우 개인의 소득과 최저생활보장 기준 간의 차액을 보충해 준다. 보충성의 원리는 앞의 최저생활보장의 목표의 달성을 보장하기 위한 급여 방식이다. 이러한 보충성의 원리를 엄격하게 적용할 경우, 제한된 예산으로 최저생활보장의 목표를 효율적으로 달성할 수 있다는 장점이 있다. 하지만 최저생활보장의 기준이 낮게 설정될 경우 보장의 수준이 너무 제한적이 될 가능성이 있다. 또한 개인들이 추가로 소득을 획득할 경우, 그에 상응하여 사회부조 급여를 삭감함으로써 수급자들의 근로 의욕에 부정적 영향을 미친다는 문제도 제기된다. 그래서 현실에서는 보충성의 원리를 다소 완화하여 개인의 소득 증가에 따른 급여 감소율을 완화하여 적용하는 경우가 많다.[3]

---

[1] 한국과 호주의 기초연금의 경우에는 상위 30%의 노인을 수급 대상에서 배제하고 나머지 하위 70%의 노인을 수급 대상으로 설정하여 기초연금급여를 제공한다. 이와 같이 부유한 사람들만을 수급 대상에서 제외하기 위한 소득/자산 조사를 풍요조사(affluence test)라고 부르기도 한다.

[2] 미국의 근로장려세제(Earned Income Tax Credit: EITC)와 같은 제도의 경우에는 자산조사 없이 소득조사에만 기반하여 수급자를 선정한다.

[3] 예를 들어, 엄격한 보충급여하에서 수급자의 소득이 1원 증가되었을 때 급여는 1원만큼 삭감된다. 하지만 보충급여의 성격을 완화하면 수급자의 소득이 1원 증가되었을 때 급여를 0.5원만큼 삭감하는 방식을 생각할 수 있다.

셋째, 공적 책임과 권리성이다. 사회부조는 개인이 스스로 생활할 경제적 능력을 가지고 있지 못할 때 공적으로 정부에 의해서 정부예산으로 급여를 제공하는 제도이다. 좁게 보면 빈곤한 사람이 빈곤하지 않은 사람들의 조세 납부에 의존하여 급여를 받게 된다는 측면에서 권리성이 약할 수 있다. 하지만 큰 차원에서 보면 사회 구성원들이 경제적 능력이 있을 때 조세를 납부하여 다른 빈곤한 사람들을 빈곤으로부터 구제하는 데 기여하고, 자신이 빈곤에 빠질 때는 다른 납세자들이 기여한 조세로부터 구호를 받는다. 그래서 보험으로서의 성격을 가지며, 또한 사회의 구성원으로서 최저생활보장의 수급권을 가진다고 볼 수 있다. 과거에는 주로 사회부조를 납세자의 부담에 의해 빈자를 구호하는 개념으로 협소하게 보는 관점이 우세하여, 사회부조는 권리성이 약하고 사회부조 수급자는 다른 사람의 도움에 의존하는 사람이라는 낙인감이 부여되는 경향이 강했다. 하지만 현대에는 사회부조를 보다 넓은 관점에서 사회 구성원 간의 상호부조의 성격으로 보는 관점이 우세하여 사회부조의 수급권리를 강조하고 있고, 또한 인간으로서 마땅히 누려야 할 기본적인 인권으로 보고 있다.

넷째, 자활의 목표 추구이다. 빈곤한 사람 중에는 노인, 장애인, 아동 등과 같이 노동능력이 없어 스스로 자활하기 어려운 사람들이 있는 한편, 경제활동 연령대의 비장애인의 경우에는 노동능력을 가지고 있어 스스로 빈곤을 탈피할 수 있다. 사회부조에서는 일반적으로 노동능력이 없는 사람들에 대해서는 무조건적으로 급여를 제공하지만, 노동능력을 가진 사람들에 대해서는 스스로 노동시장에 참여하여 생활할 수 있도록 지원하는 데 초점을 둔다. 이 경우 노동능력을 가진 사람들에 대

〈표 2-1〉 **사회부조의 특성**

구분	세부 종류
제도적 특성	• 소득/자산 조사 • 정부예산
기본적 성격	• 최저생활보장 • 보충성 • 공적 책임과 권리성 • 자활의 목표 추구

한 급여는 그들의 취업 관련 활동에의 참여를 조건으로 제공되기도 하고 또는 그들의 실업에 빠진 일시적 기간 동안의 급여로 간주되기도 한다. 하지만 이 경우 노동능력을 가진 사람들에 있어서 최저생활보장의 원칙과 취업을 통한 자립 원칙 간에 갈등이 발생하기도 한다.

2) 사회보험

사회보험은 그 명칭에서 보이는 것처럼 보험제도이면서 또한 사회적 성격의 제도라는 이중적 특성을 결합하고 있다. 우선, 사회보험제도는 조세에 기반한 사회복지정책들과 달리 보험제도의 일종으로서 다음과 같은 특성을 가진다. 첫째, 위험에 대응하여 보험료를 납부하여 공동의 풀(pool)을 형성한다. 둘째, 보험급여의 잠재적 수급자는 보험 가입자, 즉 보험료를 납부한 사람으로 제한된다. 셋째, 위험 발생 시에 급여를 제공한다. 특정 보험에서 대응하고자 하는 위험이 발생된 경우에만 급여가 제공된다. 위험이 발생되지 않은 경우에는 급여가 제공되지 않는다. 그래서 보험 가입자 중에도 위험이 발생되지 않는 경우에는 보험료만 내고 급여는 받지 못할 수 있다. 넷째, 자조적 원리에 기반하여 권리의 성격이 강하다. 보험 가입자들은 보험료를 납부하고 위험 발생 시 급여를 받을 권리를 가진다. 그러므로 스스로 자신의 미래를 대비하여 저축하는 성격이 강하고, 그래서 보험료 납부에 따른 권리로서의 성격이 강하다. 다섯째, 빈곤에 대한 사전 예방적 성격이 강하다. 사회부조에서와 같이 빈곤에 빠진 후에 사회적으로 최저생활을 보장하는 사후보장이 아니라, 빈곤에 빠지기 전에 어떤 위험에 직면하게 되면 사전에 급여를 제공하여 사전 예방적 기능을 한다.

다음으로, 사회보험은 민영보험과 달리 사회복지정책으로서 사회적 성격을 가진다. 첫째, 사회보험은 강제 가입에 기반한다. 민영보험이 자발적 가입에 기반하는데 비해, 사회보험은 강제 가입이다. 그래서 보험료 기여도 민영보험에서와 같이 자발적이 아니라 의무적으로 해야 한다. 둘째, 보험료 부담에 있어서 평균적 위험에 대응하여 개인의 부담능력에 따라 공동 부담으로 설정된다. 민영보험에서는 개별적 위험에 따라 보험료가 설정되는 반면, 사회보험에서는 평균적 위험에 따라 그리고 개인의 부담능력에 따라 보험료가 설정된다. 또한 민영보험에서는 가입자 개인이 전체 보험료를 부담하는 가입자 개별 부담인 반면, 사회보험에서는 고용주, 근로자 그리고 정부가 공동 부담하는 방식을 일반적으로 취한다. 셋째, 급여수준에 있어서 사회적 적절성의 측면이 반영된다. 민영보험의 경우 급여 수준은 보험료 기여 수준에 따라 결정된다. 이에 비해 사회보험에서는 급여 수준이 소득 재분배나 취약계층 지원, 적절한 수준의 최저 급여액 보장, 너무 높지 않은 최고 급여액 수준 등의 사회적 적절성의 측면을 고려하여 결정된다. 넷째, 재정에 있어서 보험수리원칙이 엄격하게 적용되지 않는다. 보험수리원칙이란 개인의 보험료 기여액과 급여액이 동일하게 설정되어야 한다는 원칙을 말한다. 민영보험의 경우에는 보험수리원칙에 따라 개인의 보험료 납부액과 급여액을 엄격하게 일치시킨다. 이에 비해 사회보험에서는 개인 차원에서 보험수리원칙을 일치시키지 않고, 사회 전체적 차원에서 기여액과 급여액을 일치시킨다. 심지어는 한 시점에서는 사회 전체적 차원에서 보험수리원칙을 지키지 않고, 세대 간에 걸쳐서 보험수리원칙을 적용한다. 또한 더 나아가 사회보험제도 자체적으로는 보험수리원칙을 지키지 않고 정부의 보조에 의존하기도 한다. 다섯째, 계약의 성격이 집합적이고 법적 권리에 기반한다. 민영보험은 가입자 개인과 보험회사 간의 개별적 계약에 기반하여 계약적 권리의 성격

〈표 2-2〉 사회보험과 민영보험의 특성 비교

	사회보험	민영보험
가입	강제 가입/의무 기여	자발적 가입/자발적 기여
보험료	부담능력에 따른 보험료 설정	개별적 위험 발생 가능성에 따른 보험료 설정
	평균적 위험에 따른 보험료 설정	개별적 위험에 따른 보험료 설정
	공동 부담(고용주/노동자/정부)	가입자 개별 부담
급여	사회적 적절성 고려 (소득 재분배, 취약계층 지원)	보험료 기여 수준에 따른 급여
재정	보험수리원칙 엄격하지 않음	보험수리원칙 개인별 엄격 적용
계약 성격	집합적: 법적 권리	개별적: 계약적 권리
관리·운영	정부 직접 운영 또는 위탁 감독	민영기관

을 가진다. 그러나 사회보험의 경우에는 개인과 보험자 간의 개별적 계약이라기보다는 사회 전체적 차원에서 법률에 의거하여 집합적 계약이 이루어지고 법적 권리의 성격을 가진다. 여섯째, 관리 · 운영의 측면에서 정부가 직접 운영하거나 정부가 위탁하여 운영하고 감독하는 방식을 취한다. 민영보험의 경우에는 보험회사와 같은 민영기관이 관리 · 운영을 담당한다. 이에 비해 사회보험의 경우에는 정부가 관리 · 운영의 기본적 책임을 진다. 정부의 관리 · 운영 책임하에서 정부가 직접 운영을 담당할 수도 있고, 정부가 운영을 다른 기관에 위탁하고 대신 감독 · 관리하는 기능을 담당할 수도 있다.

사회보험의 운영방식을 가입방식, 급여방식, 재정방식 그리고 관리방식으로 구분하여 조금 더 자세하게 살펴보자. 사회보험의 가입방식은 기본적으로 통합방식 대 조합방식으로 구분할 수 있다. 통합방식은 전체 가입자를 단일 보험제도에 가입시켜 관리하는 방식이다. 조합방식은 조합별로 별도의 보험을 운영하는 방식이다. 예를 들어, 한국의 사회보험 역사에서 의료보험은 1977년 이래 1990년대까지 조합주의 방식으로 운영되었다. 그래서 각 회사별로 또는 지역별로 별도의 의료보험조합을 구성하여 그 조합별로 별도의 의료보험제도를 운영하였다. 그러다가 2000년대부터 각 의료보험조합을 통합하여 국민건강보험제도하에서 단일의 건강보험제도를 통합방식으로 운영하고 있다. 한국의 경우에는 건강보험 이외에도 국민연금 등 다른 사회보험제도에서도 통합방식의 사회보험제도를 운영하고 있다.

사회보험은 급여방식의 측면에서 다양하게 조직화될 수 있다. 우선, 확정 급여(defined benefit) 대 확정 기여(defined contribution)의 방식 중에 선택할 수 있다. 확정 급여방식은 위험 발생 시 지급될 급여액을 확정해 놓고 이 정해진 급여를 조달할 수 있도록 보험료 기여액을 조정하여 재정을 마련하는 방식이다. 이에 비해 확정 기여방식은 보험료 기여율을 확정해 놓고, 위험이 발생했을 때 납부된 보험료를 축적하여 마련된 보험료 재정의 범위 내에서 급여 수준을 조정하는 방식이다. 예를 들어, 기업에서 제공하는 퇴직연금을 확정 급여방식으로 운영하는 경우에는 근로자가 퇴직 시 받게 되는 퇴직연금 급여액이 정해져 있고 이를 지출하기 위해서 고용주가 자금을 마련해야 한다. 이에 비해, 확정 기여방식의 퇴직연금에서는 고용주가 정해진 보험료를 부담하고 그 보험료의 축적과 그 운영결과에 따라 노동자의 퇴직연금 급여액이 달라지게 된다. 한국의 국민연금의 경우에는 급여액이 국민연금 급여산식에 따라 확정되어 있어 확정급여의 방식을 취하고 있다. 그래서 확정급여 방식이 급여 적절성 확보에 장점이 있고, 확정 기여방식은 재정의 지속 가능성 확보에 장점이 있다고 할 수 있다.

또한 사회보험 급여의 구조는 정액급여(flat rate benefit), 소득비례급여(income-related benefit) 그리고 욕구에 따른 급여의 방식을 취할 수도 있다. 정액급여는 모든 보험급여 수급자에 대해 정액의 동일한 금액의 급여를 지급하는 방식이다. 소득비례급여는 가입자 개인의 소득에 비례하여 보험료를 납부하고 이 보험료에 상응하는 급여를 지급하는 방식이다. 소득비례방식의 경우 개별적 보험수리원칙을 엄격하게 적용할 수도 있고, 소득 재분배의 요소를 상당정도 결합할 수도 있다. 그리고 욕구에 따른 급여는 가입자의 욕구 정도에 상응하는 급여를 제공하는 방식이다. 대표적으로 건강보험의 경우 의료적 욕구 정도에 따라 치료서비스를 제공한다.

그리고 사회보험의 급여방식을 원인주의에 기반할 수도 있고 결과주의에 기반할 수도 있다. 원인주의란 위험 발생의 원인에 기반하여 급여를 제공하는 방식이다. 결과주의는 원인에 무관하게 위험이 발생되었다는 그 결과에 기반하여 급여를 제공하는 방식이다. 예를 들어, 산재보험의 경우에는 원인주의에 따라 산업재해와 질병의 발생 원인이 업무와 관련되어 있는지에 따라 급여 지급 여부를 결정한다. 업무와 관련하여 산업재해가 발생된 경우에 한해서 산재보험 급여가 지급된다. 이에 비해 건강보험의 경우에는 결과주의에 따라 건강상의 문제가 발생했다는 그 결과만으로 급여를 지급한다. 그 건강이 업무에 관련하여 발생했는지, 개인의 부주의에 의한 것인지 또는 불가피한 사고에 의한 것인지 등의 건강상의 문제의 발생 원인을 따지지 않는다.

사회보험의 재정방식은 주로 적립방식(fund system) 대 부과방식(pay-as-you-go system)으로 구분한다. 적립방식은 보험 가입자들이 납부한 보험료를 적립하여 그 적립금을 운영하여 급여 지불을 위한 재정을 충당하는 방식이다. 부과방식은 당해 총 급여지출을 위해 필요한 재정을 당해에 보험료로 징수하여 충당하는 방식이다. 한국의 건강보험은 부과방식으로 운영되어 당해 건강보험 급여 지출을 당해의 보험료로 충당하고 있다. 이에 비해 민간보험에서의 노령연금은 적립방식으로 운영된다. 개인의 보험료 납부액을 적립하고 이를 운영한 적립금에 기반하여 노령연금을 지급한다.

사회보험의 재정은 기본적으로 보험료에 의하여 마련된다. 하지만 인구 고령화에 따른 노인인구 증가로 보험료만으로는 급여를 충당하기 어려운 경우들이 발생되었다. 그래서 서구 국가들의 경우 보험료 이외에도 정부예산에 의한 재정지원이 사회보험 재정에 있어서 상당히 중요한 비중을 차지하고 있다.

사회보험의 관리 · 운영방식은 정부가 직접 운영하거나 또는 보험 가입자들이 자치적으로 운영할 수 있다. 정부가 운영할 경우에도 정부조직이 직접 운영하거나 또는 공단과 같은 사회보험을 담당하는 별도의 공적 기관을 형성하여 운영을 담당할 수 있다. 보험 가입자들이 자치적으로 운영하는 경우에 노동자와 사용자 대표가 동등하게 참여하여 자체적으로 운영할 수도 있고, 노동자 대표 또는 사용자 대표가 전적으로 운영할 수도 있다. 한국의 경우에는 주로 정부가 사회보험 공단들을 설립하여 간접적으로 관리 · 운영하는 방식을 택하고 있다. 유럽 국가들의 경우에는 대체로 노동자와 사용자 대표가 공동으로 참여하여 자체 관리하는 방식을 택하고 있다.

⟨표 2-3⟩ 사회보험의 운영방식

구분	세부 종류
가입방식	• 통합방식, 조합방식
급여방식	• 확정급여, 확정기여 • 정액급여, 소득비례급여, 욕구에 따른 급여 • 원인주의, 결과주의
재정방식	• 적립방식, 부과방식 • 보험료, 정부재정지원
관리 · 운영방식	• 정부, 자치관리

3) 보편적 프로그램

보편적 프로그램은 정부예산으로 욕구를 가진 전체 국민에 대해 급여를 제공하는 프로그램이다. 보편적 프로그램은 적용의 포괄성이 높다. 욕구를 가진 사람이면 누구나에게 시민권 또는 거주권(영주권)에 기반하여 급여를 제공한다. 사회부조 프로그램이 소득/자산의 수준이 낮은 사람들로 수급자를 제한하고, 사회보험 프로그램이 보험료 납부자로 수급자를 제한하는 데 비해, 보편적 프로그램은 소득자산 수준이나 기여 여부에 관계없이 욕구를 가진 모든 사람에게 급여를 제공한다.

그런데 현실에 있어서 보편적 프로그램이 반드시 모든 시민 또는 영주권자를 포함하는 제도만을 지칭하는 것인가에 대해서는 약간의 논란이 있다. 예를 들어, 부유한 상위 30%의 사람들을 제외하고 나머지 70%의 사람들에 대해 급여를 제공하는 경우에도 보편적 프로그램으로 분류할 수 있는가 하는 문제가 제기된다.[4] 또는 상위 10%만을 제외하고 나머지 90%의 사람들을 수급자로 포괄할 수 있다.[5] 한편, 소득/자산 조사를 통하여 상위 소득자산계층을 수급 대상에서 제외하기 때문에 이러한 제도를 사회부조 프로그램의 확장된 형태로 볼 수 있다. 다른 한편에서는 시민권을 가진 대다수가 수급 대상으로 포함되기 때문에 보편적 프로그램의 한 형태로 볼 수 있다. 이와 같이 현실에서의 구체적 제도의 형태는 다양할 수 있고, 어떤 제도가 보편적 프로그램인가를 둘러싸고 상당히 논란이 벌어질 수 있다.

보편적 프로그램의 급여 측면에서의 특성에 대해 살펴보자. 급여 형태의 측면에서 현금급여로서의 보편적 수당 또는 현물급여로서의 보편적 서비스가 있다. 보편적 수당제도로서 아동들에게 현금급여를 제공하는 아동수당이나 노인들에 대해 현금급여를 제공하는 기초연금 그리고 장애인들에 대해 현금급여를 제공하는 장애인연금 등이 대표적이다. 보편적 서비스제도로서 현물급여의 형태를 취하는 보육서비스, 교육서비스 그리고 국민보건서비스 등이 대표적이다.

급여구조의 측면에서 보편적 프로그램은 정액급여일 수도 있고 욕구에 따른 급여일 수도 있다. 일반적으로 현금급여인 보편적 수당제도는 정액급여 형태가 많다. 아동수당이나 기초연금 등의 경우 정액급여 형태가 많다. 하지만 정액급여만으로는 저소득층의 욕구를 충족시키기 어렵기 때문에, 대체로 보편적 프로그램에 더하여 저소득층을 위한 별도의 프로그램을 결합하는 경우가 일반적이다. 또한 보편적 프로그램 내에서 소득 수준 등에 따른 급여 차등을 통하여 욕구에 따라 차등적 급여 수준을 설정하기도 한다. 예를 들어, 아동수당의 경우 아동수당 이외에 저소득층 아동들을 위한 별도의 추가적인 수당제도를 도입하고 있는 국가들이 많다. 또한

---

4) 한국의 기초연금제도나 호주의 기초연금제도가 이러한 경우에 해당된다.
5) 한국에서 실시된 최초의 아동수당제도가 이러한 형태를 취했다.

프랑스와 같이 아동수당제도 내에서 소득 수준에 따라 차등적 급여를 제공하기도 한다.

현물급여인 보편적 서비스의 경우에도 정액급여에 가까운 형태도 있고 욕구 수준에 따라 제공되는 급여도 있다. 보편적 보육서비스나 교육서비스의 경우 대체로 아동 1인당 정액의 예산을 배정하여 거의 동일한 수준의 서비스를 제공하고자 한다. 하지만 의료서비스의 경우에는 수급자 간 욕구에 따른 차이가 크다. 그래서 의료서비스가 정액으로 제공되는 것이 아니라 의료서비스 욕구 정도로 따라 제공된다.

흔히 보편적 프로그램은 모든 사람에게 똑같은 정액의 급여를 제공한다고 생각되지만, 실제로는 그렇게 보기보다는 모든 사람에게 어떤 표준적인 욕구 수준을 보장하는 것이라고 보는 것이 더 적절하다.

〈표 2-4〉 보편적 프로그램의 특성

구분	내용
적용 대상	• 시민권 기반 • 높은 적용 포괄성
급여형태	• 현금급여로서의 보편적 수당 • 현물급여로서의 보편적 서비스
급여구조	• 정액급여 • 욕구에 따른 급여

2. 사회복지정책의 영역별 종류

앞에서는 사회복지정책의 종류를 그 형태별로 사회부조, 사회보험 그리고 보편적 프로그램으로 구분하여 살펴보았다. 이 절에서는 사회복지정책의 종류를 영역별로 구분하여 살펴보고자 한다.

일반적으로 가장 많이 알려진 사회복지정책의 영역별 종류 구분은 『베버리지 보고서』(Beveridge, 1942)에서 제시된 다섯 거인(Five Giants)과 이에 대응하는 사회복지정책들이다. 베버리지(Beveridge)는 제2차 세계대전 중에 제시된『베버리지 보고서』를 통하여 영국 국민의 복지를 위협하는 다섯 거인으로 궁핍, 무위, 불결, 무지, 질병을 들었다. 궁핍(want)은 불충분한 소득의 문제를 야기한다. 무위(idleness)는 불충분한 일할 기회에 의한 실업의 문제를 야기한다. 불결(squalor)은 열악한 주거환경의 문제를 야기한다. 무지(ignorance)는 불충분하거나 질이 낮아 부적합한 교육의 문제를 야기한다. 그리고 질병(disease)은 불충분한 의료서비스에 의해 악화되는 건강의 문제를 야기한다. 이러한 문제들에 대응하여 사회복지정책은 궁핍에 대응하여 소득보장을, 무위에 대응하여 고용보장을, 불결에 대응하여 주거보장을, 무지에 대응하여 교육보장 그리고 질병에 대응하여 건강보장을 제공해야 한다고 주장하였다.

〈표 2-5〉 베버리지의 다섯 거인과 현대의 복지기둥

베버리지의 거인	문제	사회복지정책
궁핍	불충분한 소득	소득보장
무위	불충분한 일할 기회	고용보장
불결	열악한 주거	주거보장
무지	부적합한 교육 기회	교육보장
질병	불충분한 보건의료	건강보장

베버리지가 제기한 다섯 거인의 문제는 사회복지정책이 대응해야 할 주요한 영역들을 잘 보여 준다. 하지만『베버리지 보고서』가 작성되었던 시기인 1942년 이후 수십 년이 지났고 국민의 삶을 위협하는 문제에도 변화가 발생되었다. 대표적인 예가 여성의 역할 변화로 인하여 발생된 돌봄(care)의 문제이다. 과거에는 가구에서 남성이 주 소득자로서 노동시장에 참여하여 소득을 획득하고, 여성은 가사 및 돌봄 제공자로서 가구 내에서 노인이나 아동을 돌보았다. 하지만 여성의 노동시장 참여가 증가하면서 여성의 가구 내 돌봄 제공자로서의 역할이 축소되어 돌봄의 위기문제가 대두되었다. 그러므로 현대 사회에서 사회복지정책의 주요 영역은 베버리지의 다섯 거인에 더하여 돌봄 위기의 문제를 추가하는 것이 필요하다.

그래서 다음에서는 사회복지정책의 종류를 영역별로 소득보장정책, 건강보장정책, 돌봄보장정책, 고용보장정책, 주거보장정책, 교육보장정책으로 구분하고, 각 영역 내에서 보다 구체적으로 어떠한 제도들이 있는지를 살펴보고자 한다.

1) 소득보장정책

소득보장정책은 불충분한 소득의 문제에 대응하여 소득을 제공하는 정책이다. 소득 보호(income protection), 소득 유지 프로그램(income maintenance programs), 사회 보호(social protection)와 같은 용어들로 불리기도 한다. 소득보장정책에는 다양한 종류의 프로그램이 포함된다. 소득보장정책의 주요한 제도들에 대하여 구체적으로 살펴보면 다음과 같다.

첫째, 빈곤문제에 대응한 빈곤정책(poverty policy)이다. 빈곤정책의 핵심은 빈자에게 기초 소득을 보장하는 것이다. 일반적으로 한 국가(중앙 또는 지방 정부)에서 빈곤선을 설정하고, 개별 빈곤 가구의 소득이 빈곤선에 못 미치는 경우 그 차액을 보충해 준다. 한국의 대표적 빈곤정책으로 국민기초생활보장제도와 근로장려세제 등이 있다. 국민기초생활보장제도는 빈곤가구의 소득과 재산을 평가하여 소득 인정액을 계산하고 이 소득 인정액이 최저생계비에 미달하는 경우 그 차액을 급여로 제공한다. 근로장려세제는 노동에 종사함에도 불구하고 소득이 낮은 저소득 근로 가구를 대상으로 일정한 소득을 지원한다.

둘째, 노령, 장애 그리고 주 소득자의 사망으로 인한 소득 단절의 문제에 대응하는 연금제도가 있다. 현대 사회에서 노령은 대부분의 사람이 경험하게 되는 보편적 소득 단절의 사건이다. 노령으로 인한 소득 단절에 대응하여 노령연금(old age pension)급여를 제공한다. 장애의 경우에는 장애연금(disability pension)을 제공한다. 또한 가구의 주 소득자가 사망하였을 경우 남겨진 유족의 소득 단절문제에 대응하여 유족연금(survivor's pension)을 제공한다. 이러한 노령, 장애, 유족 연금급여는 국가의 조세에 의해 그 재원이 마련될 수도 있고, 사회보험을 통하여 제공될 수도 있다. 물론 양자의 혼합방식도 가능하다. 한국의 경우 정부예산에 의한 기초연금과 장애인연금을 통하여 기초적인 수준의 연금을 노인과 장애인에게 지급한다. 그리고 사회보험제도인 국민연금제도를 통하여 보다 높은 수준의 노령, 장애, 유족

연금을 제공한다.

셋째, 실업으로 인한 소득 단절의 문제에 대응하는 실업급여(unemployment benefit)제도가 있다. 실업은 현대 자본주의 사회에서 노동자들이 직면하게 되는 대표적인 소득 단절의 위험이다. 실업이 발생할 경우 실업부조나 실업보험제도를 통하여 실업이 발생하기 이전 임금의 일정 정도를 제공한다. 한국의 경우 고용보험제도에서 구직급여를 통하여 실업급여를 제공하고 있고, 또한 한국형 실업부조로서 국민취업지원제도를 도입하여 고용보험의 구직급여 수급 대상자가 아닌 저소득 실업자들에 대하여 실업급여를 제공하고 있다.

넷째, 질병으로 인한 소득 단절에 대응하여 상병수당 또는 질병급여(sickness payment)를 제공한다. 질병으로 인하여 소득활동을 중단해야 하는 경우 소득 단절에 대응하여 현금급여를 제공한다. 대부분의 복지국가가 상병수당을 통하여 질병으로 인한 소득 단절에 대응하고 있는 반면, 한국의 경우에는 아직 상병수당제도가 없다. 한국에서도 상병수당의 도입이 계획되고 있다.

다섯째, 산업재해로 인한 소득 단절의 문제에 대응하여 산업재해보상보험제도를 통하여 급여를 제공한다. 산업재해보상보험제도는 영어로 Industrial accidents and compensation program이라고 불리기도 하고 workers' compensation program이라고 불리기도 한다. 산업재해를 당한 근로자의 소득 단절에 대응하여 치료 기간 동안의 소득 단절에 대응하여 일정한 현금급여를 제공하고, 또한 치료가 종료된 후에 남게 된 장애에 대응하여 장애 정도에 따라 연금급여를 지급한다. 치료 기간 동안의 현금급여는 일종의 상병수당에, 그리고 잔존된 장애에 대한 현금급여는 일종의 장애연금에 해당된다. 한국의 경우에는 산업재해보상보험제도를 통하여 치료 기간 동안에는 휴업급여를, 그리고 잔존하는 장애에 대해서는 장애일시금 및 장애연금을 제공한다.

여섯째, 아동의 출산과 양육으로 인한 소득활동 단절에 대하여 출산휴가와 육아휴가제도를 통하여 급여를 제공한다. 아동의 출산으로 인하여 출산 전후의 일정 기간 동안 근로활동에 종사하지 못하거나 또는 출산 후에 아동의 양육을 위하여 휴직하는 경우 소득 단절의 문제가 발생한다. 이에 대응하여 출산휴가와 육아휴가제도를 통하여 일정한 소득을 제공한다. 한국의 경우 고용보험 내에서 산전후휴가급여와 육아휴가급여를 통하여 이전 임금의 일정한 부분에 해당되는 소득을 제공한다.

일곱째, 아동의 양육에 소요되는 추가 비용을 보전하기 위하여 아동급여를 제공한다. 한 노동자의 임금은 노동시장에서의 그의 기여와 가치에 의해 결정되기에, 해당 노동자가 가구 내 아동을 부양하기 위해 필요한 지출은 그의 임금에 고려되지 않는다. 그러므로 아동부양으로부터 발생하는 추가적인 지출에 대응하여 아동급여를 제공한다. 한국의 경우에도 소득에 무관하게 일정 연령 이하의 모든 아동에 대해 현금을 지급하는 아동수당제도를 실시하고 있다. 또한 자녀장려세제를 통하여 일정한 수준 이하의 서민층 아동들에 대하여 추가적인 급여를 제공하고 있다.

〈표 2-6〉 소득보장정책의 종류

위험	소득보장정책의 종류	한국의 제도
빈곤	빈곤층에 대한 기초소득보장제도	국민기초생활보장제도, 근로장려세제
노령, 장애, 사망으로 인한 소득 단절	노령, 장애, 유족(주 소득자 사망) 연금	국민연금
실업으로 인한 소득 단절	실업급여	고용보험의 구직급여, 국민취업지원제도
질병으로 인한 소득 단절	상병수당	–
산업재해로 인한 소득 단절	산업재해로 인한 소득 단절에 대한 현금급여	산재보험의 휴업급여
출산 및 육아로 인한 소득 단절	출산휴가, 육아휴가	고용보험 내 산전후휴가급여 및 육아휴가급여
아동부양으로 인한 소득 부족	아동급여	아동수당, 자녀장려세제

2) 건강보장정책

질병은 인간을 위협하는 대표적 위험 중의 하나이다. 질병은 인간이 피할 수 없는 자연적 위험(natural risks)이기도 하면서 또한 동시에 질병의 예방과 질병의 치료에 대한 보건의료 접근성의 문제는 인공적 위험(man-maid risks)이기도 하다. 질병은 인간에게 두 가지의 문제를 야기한다. 하나는 질병으로 인한 소득의 단절문제이고, 다른 하나는 질병의 예방과 치료의 문제이다. 질병으로 인한 소득의 단절은 상병수당(sickness payments)과 같은 소득보장정책으로 대응할 수 있다. 건강보장정책은 질병의 예방과 치료에 대한 문제이다.

건강보장정책에는 일반적으로 크게 두 가지 방식이 있다. 하나는 국민보건서비스(National Health Service: NHS)이고 다른 하나는 국민건강보험(National Health Insurance: NHI)이다. 국민보건서비스는 조세에 기반하여 정부의 예산으로 전 국민에게 필수적인 의료를 무료로 제공한다. 비필수적이라고 평가되는 의료서비스는 민간의료시장을 통해서 개인적으로 구매하도록 한다. 국민보건서비스가 포괄적이고 질적 수준이 높은 경우에는 전 국민에게 안정적인 의료서비스를 제공한다. 하지만 국민보건서비스가 포함하는 의료서비스의 범위가 제한되고 질적 수준이 낮으면 전 국민에게 안정적인 의료서비스를 제공하기 어렵고, 시장에서 민간의료서비스를 구매하는 사람들과의 의료서비스 접근에 있어서 격차문제가 발생된다.

국민건강보험은 사회보험방식으로서 보험료를 납부한 사람들에 대하여 의료서비스의 이용 비용을 건강보험에서 부담하는 제도이다. 국민건강보험제도를 운영하는 경우 보험료를 부담할 능력이 없거나 약한 사람들의 경우 보건서비스에의 접근이 제한되는 문제가 발생된다. 그래서 일반적으로 국민건강보험제도를 운영하고 있는 나라들의 경우에는 국민건강보험제도와 함께 저소득층을 위한 의료보호제도를 같이 운영하고 있는 경우가 많다. 의료보호제도는 정부예산에 의해 운영되며, 무상으로 필수적인 의료서비스를 제공한다. 스웨덴 등의 북유럽 국가들이나 영국은 국민보건서비스 체계를 채택하고 있고, 독일 등의 유럽대륙 국가들은 국민건강보험제도를 채택하고 있다. 한국의 경우엔 국민건강보험제도를 채택하고 있으며, 저소득층 등을 위한 의료보호제도를 같이 운영하고 있다.

〈표 2-7〉 건강보장정책의 종류

위험	건강보장정책의 종류	한국의 건강보장정책
질병의 예방 및 치료	국민보건서비스(NHS) 국민건강보험(NHI) 저소득층 대상 의료보호(Medical aid)	국민건강보험 의료급여

3) 돌봄보장정책

아동, 노인 및 장애인 등 혼자서 생활이 어려운 사람들은 인간다운 생활을 영위하기 위하여 돌봄(care)서비스를 받는 것이 필요하다. 과거에 돌봄은 가족 구성원, 특히 가구 내 여성을 통하여 제공되었다. 그런데 여성의 경제활동 참여 증진과 저출산, 고령화에 따른 인구구조 변화 등으로 인하여 아동, 노인 및 장애인이 비공식적으로 가족 구성원으로부터 돌봄서비스를 제공받기가 어렵게 되었다. 이러한 위험에 대응하여 사회적으로 돌봄서비스를 제공하는 것이 사회복지정책의 주요한 영역 중의 하나가 되었다.

우선, 아동의 돌봄을 위한 아동보육서비스가 있다. 아동보육서비스는 전체 영유아 및 아동에 대하여 보편적으로 제공할 수도 있고, 소득계층에 따라 차등적으로 제공할 수도 있으며, 또한 저소득층으로 보육서비스 지원을 제한할 수도 있다. 역사적으로 보육서비스 지원은 과거에는 저소득층으로 제한되었으나, 점차 그 대상을 확대하여 소득계층에 따라 차등적 보육서비스 지원을 제공하다가, 최근에는 모든 영유아에 대하여 보육서비스를 지원하는 보편적 보육서비스를 제공하는 것으로 발전해 왔다. 한국의 경우에도 보편적 보육서비스제도를 실시하고 있다.

아동을 보육기관에 보내어 보육서비스를 받게 하는 방법 이외에 가구 내에서 부모가 직접 돌봄을 제공하는 방법도 있다. 부모가 직접 돌봄서비스를 제공하기 위해서는 부모가 경제활동 참여를 포기하고 돌봄을 위한 시간을 확보해야 한다. 돌봄 시간 확보를 위한 정책으로 출산휴가와 육아휴가와 같은 휴가제도들이 운영된다. 육아휴가제도의 경우 젠더 평등의 관점에서 어머니뿐만 아니라 아버지의 참여를 강조하여, 아버지만 이용할 수 있도록 아버지에게만 할당되는 육아휴가 기간을 설정하기도 한다. 이 휴가제도들은 돌봄 시간을 확보해 주는 것과 동시에 소득 단절에 따른 현금급여를 제공한다. 그래서 앞에서 소득보장정책에서 이 휴가제도를 소득보장정책에 포함하여 설명하였다. 하지만 이 휴가제도들은 부모의 돌봄 시간을 확보해 주는 제도로서 돌봄보장정책의 일부로 분류할 수도 있다.

다음으로, 노인 및 장애인의 돌봄을 위한 장기요양서비스가 있다. 장기요양서비스를 제공하는 방법은 다양하다. 기본적으로 정부가 직접 또는 민간요양기관과의 계약을 통하여 장기요양서비스를 제공할 수 있다. 이때 장기요양서비스는 혼자서

생활이 어려운 모든 사람에게 보편적으로 제공될 수도 있고, 또는 선별적으로 저소
득층에게만 제한될 수도 있다. 또는 정부가 장기요양서비스의 공급에 관여하기보
다는 장기요양서비스가 필요한 개인들에게 현금을 지급하고 개인들이 장기요양서
비스를 구매하도록 하는 방법을 사용할 수도 있다. 또 다른 방법은 장기요양보험제
도를 통하여 사회보험의 방식으로 장기요양서비스의 이용을 지원하는 것이다. 한
국의 경우에는 노인장기요양보험제도를 통하여 노인들에 대하여 장기요양서비스
의 이용을 지원하는 체계를 구축하고 있다. 그래서 장기요양이 필요한 노인들은 장
기요양서비스 제공기관을 통하여 서비스를 제공받고, 그 비용은 제공기관에서 건
강보험공단으로 직접 청구하여 지급받는 방식을 취하고 있다. 장기요양서비스의
이용 시 일정한 본인 부담분도 존재한다. 장기요양보험제도와 함께 장기요양보험
의 보험료를 납부하지 못하는 빈곤 노인층에 대해서는 정부가 이에 대한 이용을 정
부예산으로 지원하고 있다. 한편, 한국에서 장애인들의 경우에는 장기요양보험이
아니라 정부예산 지원으로 활동보조서비스를 이용할 수 있다.

이 외에도 입양, 아동학대, 학교폭력, 청소년 비행, 가정폭력, 약물중독 등의 다

〈표 2-8〉 돌봄보장정책의 종류

위험	돌봄보장정책의 종류	한국의 돌봄보장정책
아동양육	보편적 보육서비스 차등적 보육서비스 선별적 보육서비스	보편적 보육서비스
	출산휴가와 육아휴가	고용보험 내 산전후휴가급여 및 육아휴가급여
장기요양	보편적 장기요양서비스 차등적 장기요양서비스 선별적 장기요양서비스 장기요양보험	노인장기요양보험 장애인에 대한 활동보조인서 비스
기타 돌봄 욕구 (입양, 아동학대, 학교폭력, 청소년 비행, 가정폭력, 약물중독 등)	다양한 사회복지서비스	다양한 사회복지서비스

양한 이유로 인하여 돌봄을 필요로 하는 사람들에 대하여 사회복지서비스(social welfare service)가 제공된다.

4) 고용보장정책

실업의 위험에 대응하여 취업을 증진시키기 위한 고용보장정책이 있다. 실업으로 인한 소득 단절에 대응하여 소득을 제공하는 실업급여는 이미 앞의 소득보장정책 부분에서 소개하였다. 여기에서는 소득 단절보다는 취업 기회 자체를 증진시키기 위한 정책들을 주로 소개하고자 한다.

첫째, 고용보장정책에서 가장 기본적인 정책은 공공고용서비스(public employment service)이다. 공공고용서비스는 실업자 등의 구직자들의 취업을 지원한다. 공공고용서비스에서는 개인 상담을 통하여 개인에게 적합한 취업 준비계획을 설정하여, 취업에 필요한 기술의 습득, 면접 준비, 일자리 소개, 취업 후 안정적 정착을 위한 후속 상담 등의 다양한 기능을 수행한다. 한국의 경우 고용센터가 공공고용서비스기관으로서 이러한 다양한 취업활동을 지원한다.

둘째, 정부의 직접일자리공급정책(public employment provision)이 있다. 정부가 직접 일자리를 창출하여 실업자들에게 일자리를 공급하는 정책이다. 주로 노인, 장애인, 청년 등 취약계층들을 대상으로 정부가 직접 일자리를 만들어 제공하는 프로그램들이 여기에 해당된다. 한국의 경우 노인, 장애인, 빈곤층 등을 대상으로 정부 각 부처에서 다양한 일자리를 직접 공급하고 있다. 대표적 예로 노인일자리정책을 들 수 있다.

셋째, 고용보조금(employment subsidy, or wage subsidy)제도가 있다. 고용보조금은 고용주가 고용을 유지하기 어려운 상황에서도 고용을 유지하거나 취업이 어려운 취약계층을 고용하는 경우 근로자 한 명당 일정한 금액의 보조금을 지급하는 것이다. 일반적으로 고용주가 고용하는 노동자 한 명당 임금의 일정 부분을 보조한다. 한국의 경우에는 고용보험제도 내에서 고용 안정 프로그램들을 통하여 경제침체 지역이나 산업 구조 조정 등에 직면한 고용주가 노동자를 해고하지 않고 계속 고용하는 경우 임금의 일정 부분을 보조한다. 또한 취업이 용이하지 않은 노인이나 장애인, 경력 단절 여성, 청년 등을 고용하는 경우에도 임금의 일정 부분을 보조한다. 이처럼 고용주의 고용 유인을 강화하기 위해 고용주들에게 고용 보조금을 지급할 뿐만 아니라 취업에 어려움을 겪는 사람들의 취업 동기를 강화하기 위해 취업하는 노동자 개인들에게 임금 보조금을 지급하기도 한다.

넷째, 직업훈련(job training)제도가 있다. 직업훈련제도는 취업을 위하여 개인들이 그들의 기술 수준을 향상시키거나 새로운 기술을 익히고자 할 때, 훈련을 받을 수 있도록 지원한다. 실업자들에 대해 직업훈련을 제공할 뿐만 아니라 이미 취업중인 재직자들에 대해서도 직업훈련을 제공한다. 직업훈련은 별도의 훈련기관을 통해서 제공될 수도 있고, 기업 내에서 현장훈련을 통해 제공될 수도 있다. 한국의 경우에는 고용보험제도를 통하여 직업능력 개발사업을 통하여 직업훈련을 제공하고 있고, 고용보험에 가입되어 있지 않은 취약계층 등에 대해서는 정부예산으로 직업훈련을 제공한다.

다섯째, 개인이 자신의 사업을 시작할 수 있도록 정부가 창업지원을 제공하기도 한다. 청년들이나 빈곤층 등을 대상으로 창업지원을 제공하는 다양한 프로그램이 제공되고 있다. 한국에서도 빈곤층 대상의 자활기업, 협동조합이나 사회적 기업 그리고 청년들의 창업지원 등 다양한 창업지원정책이 실시되고 있다.

여섯째, 고용할당제도도 중요한 고용보장정책 중 하나이다. 고용할당제도는 정부가 직접 일자리를 제공하거나 재정적 지원을 제공하지 않고, 규제를 통하여 취약계층의 고용을 지원하는 방법으로 기업이 일자리의 일정한 부분을 특정한 조건에 처한 사람들에게 할당하도록 규제하는 방법이다. 대표적으로 장애인 고용할당제와 같은 제도가 있다.

일곱째, 최저임금제도 역시 고용보장정책의 한 부분으로 포함될 수 있다. 최저임금제도는 고용 자체보다는 일자리의 질에 관한 정책으로 노동자들의 임금에 최저한도를 설정하여 일정 수준 이상의 임금을 받을 수 있도록 제한한다. 최저임금제도의 경우 일자리의 질을 개선하고 산업구조의 개선에 기여할 수 있다는 점에서 긍정적인 한편, 저임금 일자리의 수를 감소시킬 수 있다는 점에서 논란이 되기도 한다.

〈표 2-9〉 고용보장정책의 종류

위험	고용보장정책의 종류	한국의 고용보장정책
취업 준비 및 기회 연결	공공고용서비스	고용센터의 고용서비스
일자리 부족	직접일자리공급정책	노인, 장애인, 빈곤층 등에 대한 각종 일자리 직접 제공 정책 (예: 노인일자리, 자활사업 등)
고용 유지가 어렵거나 취업 어려운 취약계층	고용보조금(임금보조금)정책	고용보험에서의 고용안정사업
취업을 위한 기술의 부족	직업훈련정책	고용보험의 직업능력 개발사업
창업의 어려움	창업지원정책	빈곤층 대상의 자활기업, 협동조합, 사회적 기업, 청년 창업지원정책 등
고용 취약집단	일자리할당 규제정책	장애인 고용할당제 등
저임금	최저임금정책	최저임금제도

5) 주거보장정책

주거보장은 인간 생활에 가장 기본적인 욕구 중의 하나이다. 주거보장은 부동산 시장과 밀접한 관계에 있다. 자본주의 사회에서 토지와 주택 등의 부동산은 자본으로 시장에서 거래되므로, 주거보장정책은 토지와 주택의 시장 거래에 관한 규칙을 설정하는 것과 밀접히 관련된다. 그런데 일반적으로 토지와 주택의 시장 거래와 관련한 부분은 부동산정책 또는 경제정책의 영역으로 취급된다. 사회복지정책 차원에서의 주거보장정책에는 국민의 주거보장을 목적으로 정부가 직접적으로 주거를 제공하거나 임차료를 지원하는 경우들로 제한하여 다루는 것이 일반적이다.

이러한 차원에서 주거보장정책의 종류를 살펴보면 다음과 같다.

첫째, 공공임대주택 공급정책이 있다. 공공임대주택은 정부에서 주택을 건설하여 국민에게 장기간 동안 저렴하게 임대해 주는 것이다. 북유럽 등의 서구 복지국가들에서는 공공임대주택이 전체 주택 중에 상당한 비중을 차지하고 있고, 주거 안정에 중요한 역할을 담당하고 있다. 한국의 경우에도 공공임대주택을 건설하여 운영하고 있으나 그 규모나 비중이 아직 작은 상황이다.

둘째, 임차료 지원정책은 주거보장정책의 또 다른 중요한 축이다. 정부에서 직접 주택을 건설하는 방법이 공공임대주택제도라면, 임차료 지원제도는 주택을 임차하는 사람들에게 임차료를 지원하는 제도이다. 한국에서도 국민기초생활보장제도 내에서 주거급여를 통하여 임차료를 지원하고 있다.

셋째, 주택수리 지원정책도 주거보장정책의 또 다른 주요 요소이다. 공공임대주택이나 임차료 지원제도가 자기 집이 없는 임차인들을 대상으로 한 주거보장정책인 반면, 주택수리 지원제도는 자기 집을 소유하고 있는 자가 소유자들을 대상으로 하는 주거보장정책이다. 자가 소유자들의 경우 이미 집을 소유하고 있으므로 주거가 안정되어 있다고 할 수 있다. 그러나 소유하고 있는 집이 오래되고 낡아서 인간다운 생활을 영위하기 어렵고, 이러한 상황에서도 자가 소유자가 경제적 능력이 부족하여 스스로 주택을 수리할 형편이 안 되는 사람들이 많다. 이러한 경우에 정부는 주택의 수리를 지원함으로써 주거의 질을 개선할 수 있도록 한다. 한국의 경우에도 국민기초생활보장제도의 주거급여의 한 부분으로 빈곤층 자가 소유자들에 대해 주택수리 지원제도를 운영하고 있다.

〈표 2-10〉 **주거보장정책의 종류**

위험	주거보장정책의 종류	한국의 주거보장정책
저렴한 주택의 부족	공공임대주택 공급정책	공공임대주택 건설 및 임대
임차료 부담 능력 부족	임차료 지원정책	국민기초생활보장제도 내 주거급여에서 임차료 지원
낡은 주택의 질 문제	주택수리 지원정책	국민기초생활보장제도 내 주거급여에서 주택수리 지원제도

6) 교육보장정책

교육은 개인의 인적자본의 형성과 삶의 기회에 중요한 영향을 미치는 것으로 교육에의 접근성 보장은 인간의 기본적 욕구 중 하나이다. 제2차 세계대전 이후 많은 국가에 의무교육제도가 도입되어 중등교육까지 의무교육을 실시하고 있다. 의무교육을 기반으로 교육보장에 있어서 몇 가지의 정책이 주요한 요소를 구성하고 있다.

첫째, 저소득층 아동에 대한 교육보장이다. 저소득층 아동들에 대하여 의무교육을 제공하지만 의무교육이 모든 교육서비스를 다 포함하는 것은 아니다. 학용품이나 도서 구입비, 필요한 사교육비 그리고 고등교육비 등의 부담문제가 있다. 이러한 차원에서 저소득층 아동에 대하여 의무교육에 더하여 추가적인 교육보장을 제공하는 것이 교육보장의 주요한 영역이다. 한국의 경우 국민기초생활보장제도의 교육급여를 통하여 저소득층 아동의 초등 및 중등 교육에 대한 부분적 지원을 제공하고 있다. 또한 국가장학금제도를 통하여 저소득층 아동의 고등교육비 부담에 대한 지원을 제공하고 있다.

둘째, 방과 후 학교 정책도 교육보장의 중요한 한 요소이다. 초등학교가 의무교육으로 제공되고 있지만 초등학교의 학교시간 종료 후 아동들에 대한 보호 및 교육 문제가 제기되고 있다. 여성의 경제활동 참여가 증가함에 따라 가정에서 아동의 보호할 수 없으므로, 방과 후 아동들에 대한 보호 및 교육의 문제가 해결되어야 한다. 이러한 차원에서 방과 후 학교 정책이 실시되고 있다. 한국의 경우에도 초등학교에서 하교 시간 후 방과 후 학교 프로그램들이 운영되고 있으며, 빈곤지역이나 저소득층의 아동들을 위한 지역아동센터 등이 운영되고 있다.

셋째, 초등 및 중등 교육 과정에서 계층 간 부담능력에 따른 교육기회의 격차를 줄이는 것이 교육보장정책의 주요 영역 중 하나이다. 학교 체계 자체를 분리하여 등록금이 비싼 특수 사립학교 체계를 구축하거나 광범위한 사교육 체계를 허용하는 것은 교육기회 격차를 확대한다. 이러한 교육기회의 격차를 줄이고 모든 아동에게 교육기회를 보장하기 위한 정책이 필요하다.

넷째, 고등교육에 대한 보장은 교육보장정책을 둘러싸고 주요한 논란이 발생되는 영역이다. 유럽대륙 국가들의 경우에는 대체로 대학교에 대해서도 무료교육이 이루어지고 있다. 대학교를 통한 고등교육을 일종의 공공재로 생각해서 우수한 학생들에게 사회가 무상으로 교육을 제공하고, 대신 사회의 지원으로 대학을 졸업한 학생들도 나중에 사회에 봉사해야 한다는 관념에 기반하고 있다. 반면, 영국이나 미국의 경우에는 고등교육을 사유재로 생각하여 고액의 등록금을 개인이 부담하도록 하고 있다. 저소득층 학생들을 위한 장학금이나 학자금 융자를 통하여 고등교육에의 접근성을 보장하도록 하고 있다. 한국의 경우 영미 방식의 고등교육체계에 기

반하여 고액의 등록금을 개인이 부담하도록 하고 장학금이나 학자금 융자를 제공
하는 방식을 채택하고 있다.

지금까지 살펴본 교육정책 중에서 저소득층 아동에 대한 교육보장이나 방과 후
학교 정책의 경우에는 사회복지정책이라는 인식이 강한 한편, 사교육시장의 문제
나 고등교육의 문제는 사회복지정책이라는 인식이 상대적으로 약하다. 후자의 경
우 상대적으로 인간의 기본적 욕구라는 측면과 관련하여 사회적 욕구로서의 성격
이 약하고 또한 이타주의적 · 일방적 이전의 필요성이 약하기 때문인 것으로 보인다.

〈표 2-11〉 교육보장정책의 종류

위험	교육보장정책의 종류	한국의 교육보장정책
저소득층 아동 교육보장	의무교육, 추가적 교육보장	의무교육 국민기초생활보장제도 교육급여
방과 후 돌봄	방과 후 학교 및 돌봄 정책	방과 후 학교 및 돌봄 프로그램 지역아동센터
교육기회 격차	공교육 강화	공교육 강화
고등교육보장	대학 무상교육 학자금 융자	학자금 융자

지금까지 사회복지정책의 정책 영역들을 살펴보았다. 사회복지정책의 영역을 소
득보장, 건강보장, 돌봄보장, 고용보장, 주거보장, 교육보장의 6개 영역으로 나누
고, 각 영역에서 어떠한 세부 정책 분야들이 있는지를 살펴보았다. 일반적으로 소
득보장, 건강보장, 돌봄보장은 사회복지정책의 영역으로 명확하게 인식되는 한편,
고용보장, 주거보장, 교육보장의 경우에는 느슨한 형태로 사회복지정책의 영역과
관련되는 듯하다. 사회복지정책과의 관계가 다소 덜 명확한 고용보장, 주거보장,
교육보장의 경우에도, 사회복지정책 개념의 성격 규정에 따라 사회적 욕구에 대한
이타주의적 · 일방적 이전의 필요성이 강한 경우에는 사회복지정책으로 포함하는
것이 적절할 것으로 생각된다. 그래서 이러한 정책들의 경우 빈곤층 등의 취약계층
에 대한 보호나 지원의 경우에는 사회복지정책으로 명확하게 포함되는 한편, 사회
적 욕구로서의 성격이나 이타주의적 · 일방적 이전의 필요성이 약하고 개인의 이기

심에 기반한 이윤 추구의 성격이 강한 경우에는 사회복지정책으로 포함되기 어렵다. 예를 들어, 고용보장의 경우 정부재정 지출 확대를 통한 대규모 토목건설사업이나 통화팽창정책은 사회복지정책보다는 경제정책으로 인식된다. 주거보장의 경우에도 토지나 주택이 시장거래에 대한 정부정책들은 사회복지정책이라기보다는 부동산시장정책으로 분류될 것이다. 그리고 교육에 있어서도 사교육시장의 문제나 고등교육의 문제는 사회복지정책보다는 교육정책으로 인식되는 듯하다.

종합해 보면, 정책의 영역이라는 차원에서 사회복지정책은 광의로는 소득보장, 건강보장, 돌봄보장, 고용보장, 주거보장, 교육보장의 6개 영역을 포괄하는 것으로 정의될 수 있다. 그리고 협의로는 소득보장, 건강보장, 돌봄보장의 영역과 함께 고용보장, 주거보장, 교육보장에서 사회적 성격(사회적 욕구와 이타주의적 · 일방적 이전)이 강한 세부 정책영역들을 포함하는 것으로 정의될 수 있을 것이다.

〈표 2-12〉 **정책영역 차원에서의 사회복지정책의 범위**

	정책의 범위
광의의 사회복지정책 범위	소득보장, 건강보장, 돌봄보장, 고용보장, 주거보장, 교육보장
협의의 사회복지정책 범위	(소득보장, 건강보장, 돌봄보장) + (고용보장, 주거보장, 교육보장 중 사회적 성격이 강한 정책들*)

* 사회적 성격이 강하다는 것은 사회적 욕구의 성격과 이타주의적 · 일방적 이전의 필요성이 강하다는 것을 의미한다. 주로 빈곤층이나 취약계층을 대상으로 하는 정책들이 여기에 해당된다.

제3장 사회복지정책의 역사

이 장에서는 사회복지정책의 역사를 서구 복지국가에서의 역사와 한국에서의 역사로 구분하여 각각 살펴본다. 서구 복지국가에서의 사회복지정책의 역사를 크게 「빈민법」시기, 사회보험의 등장 시기, 복지국가의 시대로 구분하여 살펴본다. 이 중에서 복지국가의 시대는 다시 세분화하여 복지국가의 성립 및 확장기와 복지국가의 재구조화 시기로 구분하여 살펴본다.

한국에서의 사회복지정책의 역사는 1945년 해방 이후 1970년대까지의 취약계층 구호기, 1970년대 후반부터 1997년까지의 사회보험 형성기, 1998년부터 2002년까지의 복지국가 정립기 그리고 2003년 이후의 복지국가 성장 및 조정기의 네 시기로 구분하여 살펴본다.

사회복지정책의 역사는 시기적 · 공간적으로 거대한 영역을 포괄한다. 시기적으로 오랜 기간을 포함할 뿐만 아니라 공간적으로 다양한 국가의 다양한 사회복지정책을 포함한다. 과거의 시기 동안 각 국가의 사회복지정책들은 동일한 시기에 동일한 정책이 실시되어 온 것이 아니다. 국가마다 서로 다른 시기에 서로 다른 다양한 정책이 실시되어 왔다. 그러므로 사회복지정책의 역사를 종합하여 이야기하는 것은 쉬운 작업이 아니다. 하지만 각 국가는 주어진 환경 속에서 서로 교류하고 배우며 보다 나은 선택을 하기 위하여 노력해 왔다. 이러한 과정에서 구체적인 사회복지정책의 형태와 내용의 차이와 그러한 정책들의 등장한 시기적 차이에도 불구하고 일정한 유사성 또는 경향성을 보여 왔다.

우리가 사회복지정책의 역사를 공부하는 것은 과거의 경험과 교훈을 토대로 현재의 모습을 이해하고 현재의 문제 해결을 모색하며 미래 대응의 방향 설정에 있어서 도움을 받기 위해서이다. 서구 역사를 통해 한국과의 차이점과 유사점을 비교함으로써, 한국 사회복지정책의 현 상태를 평가하고 미래 전망과 과제 제시에 도움을 얻을 수 있다. 이 장에서는 먼저 서구 복지국가에서의 사회복지정책의 역사를 살펴보고, 이어서 한국의 사회복지정책의 역사에 대하여 살펴보고자 한다.

1. 서구 복지국가의 사회복지정책의 역사

서구 복지국가의 사회복지정책의 역사는 크게 「빈민법」 시기, 사회보험의 등장 시기, 복지국가의 시대로 구분해 볼 수 있다. 이 중 복지국가의 시대는 다시 세부적으로 복지국가의 성립 및 확장기와 복지국가의 재구조화 시기로 구분하여 볼 수 있다. 다음에서는 각 시기별로 사회복지정책의 역사를 살펴보고자 한다.

1) 「빈민법」 시기

서구 사회에서 초기에 사회복지정책은 빈곤의 구제를 중심으로 이루어졌다. 과거 봉건 사회에서 빈곤의 구제는 주로 교회의 역할로 간주되었고, 국가의 개입은 체계적으로 이루어지지 못했다. 그러다가 봉건 사회에서 산업 사회로 넘어오는 시기에 빈곤자를 구제하기 위한 국가의 사회복지정책으로 「빈민법(Poor Law)」이 실시되었다. 「빈민법」의 역사에 대한 부분은 상대적으로 내용이 잘 알려져 있는 영국의 「빈민법」 역사를 중심으로 살펴본다. 「빈민법」은 빈곤자를 구제한다는 인도주의적 성격뿐만 아니라 동시에 빈곤자들을 통제하고 사회를 안정화시키려는 사회통제적 성격도 가지고 있었다. 다음에서 살펴볼 것처럼, 「빈민법」의 역사를 보면, 시행 초기에는 기본적으로 사회통제적 성격의 제도가 시행되었다가 이후 인도주의적 성격이 강화되었지만 다시 사회통제적 성격이 강화되는 경향을 보였다.

먼저, 초기 「빈민법」 시기이다. 17세기에 들어서면서 빈곤 구제에 있어서 최초의 체계적인 국가의 개입으로 1601년 「엘리자베스 빈민법」이 도입되었다. 이 시기는 전통적 봉건제 사회에서 시장경제가 점차 활성화되면서 전통적 봉건제 사회구조로 대응하기 어려운 빈곤의 문제가 발생하였고, 이에 대해 국가가 개입하여 대응하고자 한 것이었다. 영국의 엘리자베스 여왕은 1601년에 「빈민법」을 제정하여 국가가 부랑자와 빈민의 문제를 체계적으로 관리하고자 했다. 이 「엘리자베스 빈민법」은

20세기 들어 폐지될 때까지 약 300년 이상 동안 국가의 구빈활동의 유형을 설정한 최초의 체계적인 빈민법으로서의 의미를 갖는다.

「엘리자베스 빈민법」은 부양능력이 있는 가족이나 친지가 없는 빈민들에 대해 교구가 책임을 지고 구빈활동을 수행하도록 규정하였다. 빈민을 근로 무능력 빈민(the impotent poor), 근로능력 빈민(the able-bodied poor), 게으른 빈민이나 부랑자(the idle poor or vagrants) 그리고 빈곤아동(pauper children) 네 가지로 구분하였다. 근로 무능력 빈민에 대해서는 구빈원(an alm house or a poor house)에 수용하거나 자기 집이 있는 경우에는 자기 집에서 구호를 받을 수 있도록 했다. 게으른 빈민과 부랑자에 대해서는 교정원(a correction house)이나 감옥(a prison)에서 강제노동에 종사하도록 했다. 일반적인 근로능력이 있는 빈민에 대해서는 근로원(an industry house)에서 일할 수 있도록 했지만, 근로원의 건설에 비용이 많이 들었기 때문에 이 시기에 근로원에 수용되어 일하는 사람은 드물었다. 그리고 빈곤 아동에 대해서는 입양하거나 도제 계약을 통하여 견습생이 되도록 하였다(Wikidepia contributors, 2020. 1. 2., 'The Elizabeth Poor Law'). 이와 같은 내용을 가진 「엘리자베스 빈민법」은 빈민들을 그 종류별로 관리하도록 하고 구빈활동을 교구 단위로 책임을 할당하여 전국적인 빈민 관리의 체계를 구축하였다는 측면에서 의미가 있다.

「엘리자베스 빈민법」의 제정 이후 「빈민법」은 사회통제적 성격을 더욱 강화하는 방향으로 전개되었다. 1662년 「정주법(The Law of Settlement)」이 제정되었는데,[1] 이 법은 다른 지역으로부터의 빈민의 유입을 방지하고자 하는 제도로서 빈민들의 거주 이동의 자유를 제한하였다. 구체적으로, 1662년 「정주법」은 다른 교구로부터 어떤 가구가 이주하는 경우, 빈민 감독관들의 조사를 통하여 해당 교구 주민들에게 부담이 될 것으로 판단될 때 이전에 거주했던 교구로 추방하도록 하였다. 또한 1723년의 「나치블법(Knatchbull's Act)」[2]은 구빈 지원을 받고자 하는 사람은 작업장에 수용되어 강제 노동에 종사하도록 하는 작업장 시험(workhouse test)을 받도록 했다. 이를 통하여 무책임한 구빈 지원을 억제하고 구빈 비용을 작업장을 통해 자체적으로 마련하고자 하였다. 작업장은 교구에서 독자적으로 또는 교구들이 연합하여 직접 설치하거나 민간기관의 작업장에 위탁하여(contract out) 운영

---

1) 1601년의 「엘리자베스 빈민법」은 교구에 정착된 교구의 자체 빈민들에 대한 구빈활동을 규정한 것이었다.
2) 이 법을 제정하는 데 주도적 역할을 한 나치블(Knatchbull) 의원의 이름을 따서 「나치블법」으로 불린다.

하도록 하였다. 하지만 민간 위탁 운영자들이 최소한의 경비로 이윤을 확보하고자 함에 따라 작업환경은 극도로 열악했고 작업장이 공포기관으로 전락했다. 또한 많은 경우 실제로 작업장에 수용된 사람들은 병자, 노인, 아동들로서 이윤을 창출하기 어려웠고, 작업장은 야간 숙소, 노인병동, 고아원 등의 성격을 가졌다(Wikidepia contributors, 2020. 1. 6., 'Knatchbull's Act'). 이와 같이 「엘리자베스 빈민법」 이래 초기 「빈민법」들은 부랑자를 억제하고 구빈 지원을 제한하기 위하여, 빈민들의 거주 이동의 자유를 제한하고 작업장에서의 강제 노동을 부과하는 사회통제적 성격을 강화하였다.

다음으로, 「빈민법」의 인도적 성격이 강화된 시기이다. 18세기 중반에 들면서 영국은 산업혁명이 시작되어 공장제가 확대된 한편, 프랑스 혁명으로 노동자들의 저항의식이 커지면서 기존의 사회통제적 「빈민법」하에서의 작업장의 비참한 생활과 착취 현상에 대한 비판이 증가하였다. 이러한 비판에 대응하여 18세기 후반에는 「빈민법」의 인도적 성격이 강화되었다. 1782년 「길법트법(Gilbert Act)」과 1795년의 「스핀햄랜드법(Speenhanmand Act)」이 대표적이다. 「길버트법」은 구호의 기본원칙을 기존의 작업장에서의 원내구호 원칙에서 작업장 밖에서의 원외구호 원칙으로 전환하였다. 근로능력이 있는 빈민들에 대하여 작업장 밖에서 지주나 고용주에 고용되어 근로하도록 하고, 고용주에게 임금 보조를 제공하였다. 이 「길버트법」은 「빈민법」의 사회통제적 성격을 탈피한 최초의 법으로 평가된다. 「스핀햄랜드법」은 역사상 최초로 음식비를 기준으로 최저생계비를 설정하고, 이보다 적은 소득을 가지는 사람에 대하여 임금을 보충해 주는 방식을 채택하였다. 또한 이 법은 역사상 최초로 최저생활을 보장받을 권리를 인정한 법으로서 「빈민법」의 인도적 성격을 크게 강화하였다. 하지만 이러한 인도주의적 성격의 「빈민법」에 대한 비판도 강해졌다. 「빈민법」의 인도주의적 성격이 강화됨에 따라 과거에 비해 「빈민법」 수급자의 숫자가 증가되었다. 특히 최저생계비 이하의 소득자에 대하여 임금을 보충해 주는 방식으로 인해 노동시장에서 고용주들이 저임금을 지급하는 임금 하락 현상이 발생함으로써, 노동시장에서 저임금자가 증가되고 구빈 대상자가 증가하는 악순환의 문제가 제기되었다. 또한 최저생계를 보장해 줌으로써 노동자들의 근로 의욕 저하의 문제가 제기되었다. 그 결과 구빈세 부담을 증가시킨다는 비판을 받게 되었다.

이러한 비판에 대응하여, 「빈민법」은 다시 사회통제적 성격을 강화하게 된다. 그

것이 1834년의 「수정빈민법(Poor Law Amendment Act)」 또는 「신빈민법」이라 불리는 법이다. 「수정빈민법」에서는 다음과 같은 주요한 수정을 하였다. 첫째, 구호의 방식과 관련하여 원외구호를 폐지하고 작업장에서의 원내구호를 적용하였다. 그래서 과거에 「길버트법」하에서 시행되었던 원외구호가 폐지되었다. 이제 「빈민법」 수급자들은 작업장에 수용되어 강제 노동에 종사하면서 구빈 지원을 받게 되었다. 둘째, 구빈 지원의 수준과 관련하여 열등처우(less eligibility)의 원칙을 적용하였다. 이로써 스핀햄랜드제도하에서 시행되었던 최저생계비를 보장하는 임금보충제가 폐지되었다. 이제 열등처우의 원칙에 따라 구빈소에서의 구호 수준은 노동시장에서의 최하위 임금보다 낮게 책정하게 되었다. 이와 같은 작업장 수용 구호와 열등처우의 원칙을 통하여 빈민들이 구빈에 의존하기보다는 근로와 자조를 우선시하도록 하였다. 셋째, 행정을 중앙화하고 통일하고자 했다. 교구들을 묶어서 교구연합체를 구성하여 구빈활동을 광역화하고, 중앙기구로서 구빈위원회를 설치하여 「빈민법」을 운영하고 지방의 구빈활동을 감독하고자 하였다. 이러한 「수정빈민법」은 구호비용을 줄이고 구빈활동을 효율화하는 데 기여하였다. 하지만 「수정빈민법」하에서 열악한 작업장의 환경과 구호 수준 그리고 강제 노동에 따라 「수정빈민법」의 억압적이고 사회통제적 성격에 대한 강한 비판이 제기되었다.

지금까지 살펴보았듯이, 「빈민법」은 기본적으로 사회통제적 성격을 강하게 띠고 있었고, 그 발전 과정에서 인도주의적 성격이 강해지기도 했지만 다시 사회통제적 성격이 강해졌다. 「수정빈민법」이 약 100년간 시행되면서, 「빈민법」은 빈자들을 작업장에서 강제 노동을 시키며 열악한 수준의 구호만을 제공하는 억압적이고 통제적인 제도로 인식되었다.

「수정빈민법」이 실시되던 시기는 영국이 산업혁명으로 급격하게 성장한 시기이다. 산업화와 함께 인구가 증가되고 도시화가 진행되면서, 산업화에 따른 사회문제들이 현저하게 증가되었다. 과거 농촌 봉건 사회에서 사회문제로 제기되지 않았던 노령, 질병, 실업 등이 산업화 시대에 새로운 사회문제들로 대두되었다. 이제 빈곤은 단순히 개인의 게으름이나 도덕적 타락의 문제가 아니라 산업화와 도시화에 따른 사회구조적 문제로서 대두되게 되었다. 또한 개인의 사회적 권리에 대한 인식이 증가하게 되었다. 미국의 독립 혁명과 프랑스 혁명의 영향으로 개인의 권리에 대한 새로운 인식들이 형성되었다. 특히 산업화의 결과, 대규모로 형성된 노동자계급은 이제 노동조합을 결성하고 노동운동을 통해 자신들의 권리를 지키고자 했다.

「빈민법」은 이렇게 변화된 산업 자본주의 사회에서 노동자들을 빈곤으로 부터 지켜 주기에는 그 한계가 너무나 뚜렷했다. 소수의 부랑자와 빈곤자들을 강제 수용하여 보호하는 「빈민법」은 기본적으로 과거의 봉건 사회의 관점에서 부분적 균열에 대응하는 체계였다. 하지만 이제 소수의 부랑자와 빈민의 문제가 아니라, 새롭게 산업 사회의 다수로 등장한 노동자들의 빈곤 위험에 대응하기에는 역부족인 구시대적 제도였다.

변화된 시대 상황에서 「빈민법」의 타당성을 검토하고 개혁 방향을 검토하기 위한 시도로서 1905년에 왕립빈민법위원회가 설립되었다. 그러나 〈글상자 3-1〉에 제시하였듯이 왕립빈민법위원회는 합의된 보고서를 채택하지 못하고 빈곤에 대한 시각과 대책에 있어서 이견을 표출하며, 다수파 보고서와 소수파 보고서라는 2개의 보고서를 제출하였다. 이처럼 서로 다른 견해들이 충돌하는 상황에서 「수정빈민법」의 개혁은 이루어지지 못했고, 작업장에서의 강제 노동에 기반한 억압적이고 사회통제적인 1834년의 「수정빈민법」은 이후 1928년에 「지방정부법」 또는 1948년 「국민부조법」에 의해 폐지될 때까지 거의 100년 가까이 존속하였다.[3]

〈글상자 3-1〉 1905년 왕립빈민법위원회 설립과 1909년의 2개의 보고서

그 중간에 1834년 수정빈민법제도의 타당성에 대한 전반적 검토를 위하여 1905년에 왕립빈민법위원회(Royal Commission on the Poor Laws and the Relief of Distress, 1905~1909)가 영국 의회에 의해 설립되었다. 1834년 이후 오랜 시간이 지나면서 변화된 사회환경하에서 빈민법에 대해 전반적으로 조사하고 개혁안을 제시하는 것이 이 위원회의 임무였다. 이 위원회는 4년간의 활동을 마무리하면서 위원회의 「빈민법」개혁안에 대한 보고서를 작성하였는데, 합의된 보고서를 작성하지 못하고 다수파 보고서와 소수파 보고서의 두 가지 종류의 보고서를 발표하였다.

다수파 보고서는 자선조직협회(Charity Organization Society: COS)의 보산퀴트

---

[3] 작업장들은 이론적으로는 1929년 「빈민법」이 지방 당국으로 이전됨에 따라 종식되게 되었다. 하지만 실제로는 1948년 국민부조제도에 의하여 「빈민법」이 최종적으로 폐지될 때까지 지방 당국들에 의하여 공공부조기관들의 형태로 지속되었다.

(Helen Bosanquet)에 의해 주도되었는데, 해밀턴 왕립빈민법위원회 위원장 등 14명이 서명하였다. 다수파 보고서에서는 빈곤의 원인을 개인의 음주, 도박, 게으름, 말썽 피움 등의 도덕적 결함에서 찾았다. 다수파 보고서는 현행「빈민법」체계를 유지하면서 부분적 제도의 개선에 초점을 두었고, 자선기관들이 중심적 역할을 수행해야 한다는 것을 강조하였다(Jones, 2000/엄영진, 이영찬 역, 2003: 107). 구체적으로 다음과 같은 빈민법 체계 개혁을 건의를 하였다. 첫째, 중앙기구(당시 지방정부국)는 기관장이 장관으로 높은 지위에 있어야 한다. 둘째, 지방행정은 주 또는 특별자치주 의회의 위원회에 의해 이루어져야 한다. 셋째, 서비스의 명칭은「빈민법」에서 공공부조로 변경되어야 한다. 넷째, 작업장은 기관별로 구분되어야 하고, 기능은 치료하고 회복시켜 주는 기능이어야 한다. 다섯째, 시설외부구호(즉, 가정지원)는 기본적으로 자원기관에 의하여 주로 다루어져야 하며, 양호한 집에서 품위 있는 삶을 사는 수혜자에 대해서는 부수적이 되어야 한다.

소수파 보고서는 베아트리스 웹(Beatrice Webb)에 의해 주도되었는데, 베아트리스 웹 이외에 3명이 서명하였다. 소수파 보고서에서는 빈곤의 원인을 불황과 실업과 같은 자본주의 사회의 사회구조적 요인에서 찾았다.「빈민법」개혁과 관련하여, 소수파 보고서에서는「빈민법」의 폐지를 주장하였다.「빈민법」을 폐지하고 빈곤문제 해결을 위한 전국적 차원의 국가 개입이 필요하다고 주장하였다. 자선은 빈곤자의 욕구를 충족시키기에는 불충분하므로 노인과 아동의 만성적 영양 부족으로 귀결될 것이라고 주장하였다. 그리고 기존에「빈민법」수급자의 대부분이 근로 연령대의 근로능력을 가진 남성들이 아니라 여성, 아동, 노인 그리고 만성적인 신체적·정신적 질환을 가진 사람들이라는 것을 제시하였다. 특히 혼합 작업장들(mixed workhouses)의 문제를 제시하면서 이러한 혼합은 노인이나 아동들을 비하하고 이들의 상황에 맞는 적절한 지원을 제공하지 못한다고 비판하였다.

그래서 소수파 보고서에서는 이러한 생애 특성상 다른 종류의 사람들을 분리하여 적절한 중앙 및 지방 차원에서의 협력을 통하여 급여를 제공해야 한다고 주장하였다. 구체적으로 아동에 대해서는 작업장 밖에서 가족에 의해 보호되어야 하고, 작업장에서의 급여 수준이 너무 낮으므로 학교에서 교육뿐만 아니라 급식이 이루어져야 한다고 제안하였다. 그래서 교육위원회에서 교육뿐만 아니라 아동의 건강을 책임져야 한다고 주장하였다. 노인의 경우에는 별도로 국가에 의한 노령연금을 통하여 부양해야 한다고 주장하였다. 보고서가 발간된 1909년에는 이미 1908년도에 70세 이상의 노인에 대하여 노령연금이 도입되었는데, 이를 65세 또는 60세 이상의 노인으로 확대해야 한다고 주장하였다. 보건의료의 경우에는 통합적 국가의료서비스가 제공되어야 한다고 주장하였다. 그리고 근로 연령의 경우에는 일시적 또는 만성적 실업 그리고 만성적 저고용(underemployment)이 문제인데, 일시적 실업에 대해서는 전국적 취업알선서비스(national labour exchange)를 제공하고, 만성적 실업에 대해서는 노동자 식민지(worker colonies)와 재훈련(retraining)을 사용하고, 그리고 만성적 저고용에 대해서는 여성 및 청소년과 같은 저임금 근로자들의 공급을 줄이고 또한 고용주들의 비정규직 채용을 제한하는 조치를 시행해야 한다고 제안하였다. 그리고 이러한 조치들이 노동부(Ministry of Labour)에 의해 감독되어야 한다고 제안하였다. 이와 같은 소수파 보고서의 내용은 국가의료서비스를 제공하고, 가족 소득과 아동복지를 강조하며, 또한 연금 수급자들에 대한 무조건적 연금지원 등을 주장함으로서 이후 베버리지 보고서와 복지국가의 핵심 정책들을 형성하는 기초가 되었다고 평가된다(Platt, 2018).

2) 사회보험의 등장 시기

산업 사회의 주역으로 등장한 노동자계급의 빈곤 위험문제에 대응하기에는 「빈민법」이 너무 제한적이고 억압적인 제도였다. 노동자들은 자본주의 시장경제에서 노령, 질병, 실업 등의 위험에 직면하여 빈곤에 빠지게 되고, 그 결과 작업장에서 강제 노동하는 「빈민법」의 대상자로 전락하는 것을 참을 수 없었다. 노동자들의 불만은 노동운동을 급진화하고 사회의 안정성을 해쳤다. 이제 사회는 노동자들이 직면하는 주요 사회적 위험들에 대해 본격적으로 대응할 수 있는 사회정책을 찾아야 했다. 그 답은 예상치 않게 독일에서 나타났다. 바로 독일 비스마르크 정권에서의 '사회보험'의 등장이다.

독일은 비스마르크 정권하에서 세계 최초의 사회보험으로 1883년 「건강보험법」, 1884년 「재해보험법」 그리고 1889년 「장애 및 노령연금법」이 제정되었다. 1883년 건강보험법은 광산, 공장, 철도, 수공업에 종사하는 일정 소득 미만의 정규직 노동자에 대한 강제 가입에 의한 사회보험제도로서 무료 진료와 현금급여를 제공하는 제도로서 질병 금고를 설치하여 운영하도록 했다. 1884년의 「재해보험법」은 공산, 공장, 건설업에 종사하는 일정 소득 미만의 노동자를 강제 가입 대상으로 하고 업무상 재해에 대해 사용자가 전적으로 책임을 지도록 한 제도였다. 1889년 「장애 및 노령연금법」은 모든 생산직 근로자와 일정 소득 미만의 사무직 근로자를 강제 가입 대상으로 하여 노령연금과 장애연금을 지급하는 제도로서 지역별 보험공단을 설치하여 운영하도록 했다.

독일의 사회보험 도입으로 이제 노동자들은 자본주의 시장경제에서 노령, 장애, 질병, 산업재해 등의 주요한 사회적 위험으로 인하여 빈곤에 빠질 가능성으로부터 상당한 보호를 받을 수 있게 되었다. 독일의 사회보험 도입은 사회복지정책의 역사에서 몇 가지 중요한 의의를 가진다. 첫째, 사회복지가 이제 더 이상 자선이 아니라 권리로서 인식되었다는 점이다. 과거의 「빈민법」하에서 국가의 시혜에 기반한 자선이 아니라 노동자들이 자신의 노동과 보험료 납부에 기반하여 축적한 권리로서의 성격을 가지게 되었다. 둘째, 사회복지정책의 대상자가 이제 더 이상 취약계층이 아니라 일반 노동자들이 되었다는 것이다. 그래서 사회복지정책은 이제 취약계층에 대한 자선이 아니라 일반 노동자들의 권리로서의 성격을 가지게 되었다.

독일에서 19세기 말에 실시된 이 사회보험제도들은 구체적으로 다음과 같은 특징들을 가지고 있다. 첫째, 대상 측면에서 일정 소득 미만의 노동자들을 대상으로 했다. 둘째, 급여체계가 정액이나 보충급여가 아니라 소득비례급여의 방식을 취했다. 셋째, 제도의 체계를 단일체계가 아니라 직역, 직장, 지역별로 분리되는 분립체계의 방식을 취했다. 넷째, 관리 · 운영에 있어서 노사에 의한 자주적 관리 · 운영 방식을 택했다.

독일에서 사회보험이 세계에서 최초로 도입되게 된 데에는 다음의 몇 가지 배경이 중요하게 작용했다.

첫째, 후발 산업국으로서 급속한 산업화가 이루어진 한편, 산업 사회의 주요 위험들로부터 노동자들을 보호할 사회적 기제들이 미발달해 있었기 때문에 국가의 사회적 개입에 대한 요청이 컸다. 독일은 영국이나 프랑스에 비하여 산업화를 늦게 시작했지만 그 속도는 이러한 국가들에 비하여 더 빨랐다. 산업화의 속도가 빠른 만큼 노동자들의 생활 불안문제도 심각하게 제기되었다. 하지만 그 과정에서 노동자들의 생활 불안문제에 대응하기 위한 사회적 기제들이 미처 발달하지 못하였다. 산업화가 상대적으로 앞섰지만 보다 점진적으로 진행되었던 영국의 경우 우애조합(friendly society)과 같은 노동자들의 자체적인 보호체계가 형성되었다. 하지만 독일의 경우에는 급속한 산업화의 과정에서 노동자들이 직면하는 사회적 위험에 대응하기 위한 자체적인 사회적 보호제도들이 형성되지 못했다. 그래서 국가의 사회적 개입 확대가 필요했다(Kuhnle & Sander, 2010; Rimlinger, 1971/비판과 대안을 위한 사회복지학회 역, 2011).

둘째, 노동운동이 급진화되자 노동자들에 대한 회유책으로 사회보험이 도입되었다. 급속한 산업화에 따라 등장한 대규모의 노동자들이 노동조합으로 조직화하고, 노동자들 사이에 자본주의에 반대하고 사회주의 혁명을 주장하는 급진적 사회주의 노동운동이 확대되자 비스마르크 정권은 노동자들을 회유하기 위한 당근으로 사회보험을 도입하고자 했다. 비스마르크는 일종의 채찍으로서 「사회주의 탄압법」을 제정하여 급진적인 사회주의 운동을 탄압하고, 다른 한편에서는 노동자들을 자기 편으로 끌어들이기 위하여 사회보험을 당근으로 제시하였다.

셋째, 민족국가 형성(nation state building)이다. 독일은 1871년에야 통일 국가를 형성하였다. 그 이전에는 작은 공국 및 도시국가들로 존재하면서 신성로마제국이라는 느슨한 형태의 연합에 속해 있었다. 그러던 독일이 1871년 게르만 민족들을 통합하는 민족국가로서의 프러시아 국가를 형성하였다. 비스마르크는 사회보험을 통하여 노동자계급을 민족국가로서의 프러시아 국가에 통합하여 민족국가 형성을 공고히 하고자 하였다. 특히 로마 가톨릭으로부터 민족국가의 정립을 강화하기 위하여 사회정책의 영역에서 국가의 개입을 확대하고자 하였다.[4]

넷째, 사상적 측면에서 보수주의와 사회정책학파의 영향이다. 비스마르크는 가부장적 군주국가의 주장자로서 사회적 군주국가를 건설하고자 했다. 그래서 자유주의 부르주아 세력을 견제하기 위해서 사회보험을 이용하여 노동자를 포섭하고자 했다. 이와 같은 보수주의의 온정주의적 관점이 독일 사회보험의 배경이 되었다.

---

[4] 이 시기에 일어난 로마 가톨릭과 프러시아 정부 간에 교육 및 사회정책 영역에서의 역할을 둘러싼 투쟁을 문화투쟁(the German Kulturkampf, 1871~1878)이라고 한다. 문화투쟁은 프러시아 정부가 과거에 복지 공급에 있어서 주도적 역할을 담당했던 로마 가톨릭에 대항하여 복지의 영역에서 프러시아 정부의 적극적 개입을 확대하고자 한 시도를 말한다.

또한 독일 사회정책학파가 사회보험의 도입에 영향을 주었다. 독일 사회정책학파는 산업 자본주의 사회에서 노동자계급의 빈곤과 불평등문제에 대하여 정부의 사회정책을 통하여 개입하여 사회통합을 이루고 산업 자본주의 독일 사회를 안정시키고자 하였다.

〈글상자 3-2〉 독일 사회정책학파 또는 강단사회주의자[5]

19세기 후반의 독일 사회정책학파는 19세기 초반의 독일의 구역사학파에 이어 민족국가 독일의 통합과 경제 발전을 주장하는 민족주의적 경제학파인 신역사학파에 기반한다. 독일의 구역사학파는 후진적인 독일을 보호무역주의를 통해 국민경제를 보호하고 민족국가 통일을 시대적 사명으로 생각하였다. 리스트(F. List)가 대표 학자이다. 신역사학파는 국가 개입에 의하여 사회적 불균형을 시정하고 독일 자본주의를 발전시킬 것을 주장했다. 신역사학파들이 1872년에 사회정책학회(Verein fur Sozialpolitik)를 구성하였는데, 중도파인 구스타프 슈몰러(Gustav von Schmoller, 1838~1917), 보수적 개량파인 아돌프 바그너(Adolf Wagner, 1835~1017) 그리고 자유주의적 개량파인 루조 브렌타노(Lujo Brenntano, 1844~1931) 등이 주요 인물이었다.

19세기 후반의 독일 사회정책학파는 고전경제학파와 마르크스주의를 모두 반대하고 민족국가 독일의 통합과 발전을 지향하는 특유의 학설과 정책을 주장하였다. 국민경제학을 도덕적 사회과학으로 인식하고 윤리적 차원에서 국가가 경제와 사회 전반에 직접 개입하여 사회정책을 통하여 사회적 불균형을 완화하고 독일 자본주의를 발전시켜야 한다고 주장하였다. 바그너는 특유의 국가사회주의(Staatssozialismus)를 주장하였는데, 국가의 제도와 보험정책에 의한 노동자 보호, 국가 및 사회 이익단체에 의한 주요 산업의 경영 그리고 조세제도 개혁을 통한 소득 불평등 완화를 주장하였다. 슈몰러는 사회정책의 주체인 윤리적인 국가가 중산층을 움직여 사회 개량주의적 이념을 실현해야 한다고 주장했다. 브렌타노는 노동자들의 노동조합을 통한 단결을 중시하고 노동조합을 자본주의 경제 질서의 한 구성 요소로서 간주하였다.

이들은 자본주의 생산관계는 움직일 수 없지만 사회정책을 통해 분배정의를 실현

---

5) 윤조덕(1983)의 내용을 재정리한 것이다.

함으로써 노동자와 기업가의 갈등을 완화하고 조화롭고 안정된 독일 사회의 발전을 기할 수 있다고 생각하였다. 당시 독일에서 자유주의 경제를 추구했던 독일 맨체스터 학파는 이 사회정책학파들을 이상주의적 강단사회주의자(Kathedersozialisten)로 부르기도 했다.

앞에서 살펴보았듯이, 산업자본주의 시대에 노동자들의 생활을 위협하는 주요 위험들에 대해 인류 사회가 그 대응을 둘러싸고 혼란에 휩싸여 있는 상황에서, 19세기 말에 독일이 사회보험제도를 도입함으로써 이 상황을 돌파하였다. 이러한 독일의 사회보험의 도입 조치에 뒤이어 영국에서도 사회보험이 도입되었다.

영국에서는 20세기 초에 자유당 정권하에서 일련의 사회복지정책들이 도입되었다. 우선, 1908년에 「노령연금법(Old Age Pension Act)」이 도입되어 저소득 노인들에 대해 정부예산으로 노령연금을 지급하는 제도가 도입되었다. 「노령연금법」은 대상자를 70세 이상의 저소득 노인으로서 도덕적으로 문제가 없는 사람[6]으로 제한하였다. 그리고 재정은 비기여 방식으로서 정부예산에 의해서 마련되었다. 즉, 이 1908년 「노령연금법」은 사회보험제도가 아니라 노인들에 대한 별도의 사회부조제도였다. 그렇지만 이 제도는 저소득 노인들을 비인도적인 「빈민법」으로부터 분리하여 무조건적으로 보호를 제공한다는 점에서 한층 더 인도적이고 사회개혁적인 성격을 가지는 제도였다. 이 제도는 나중에 1925년에 사회보험제도인 「과부, 고아 그리고 노인 기여 연금법(Widows, Orphans, and Old Age Contributory Pensions Act)」으로 대체되었다.

영국에서의 최초의 사회보험제도는 1911년의 「국민보험법(National Insurance Act)」에 의해 도입되었다. 「국민보험법」은 건강보험과 실업보험의 두 가지 사회보험을 도입하였다. 건강보험에서는 노동자들에게 질병에 따른 휴가 동안에 정액 현금급여를 제공하였고, 건강보험 의사에 의해 치료를 받을 수 있도록 하였다. 건강보험은 국가의 규제에 따라 정부에 의해 인가된 공제조합들이 운영하도록 하였다. 하지만 국가의 규제에 따라 공제조합들의 자율성이 거의 없었다. 재정은 노동

---

6) 도덕적으로 문제가 있는 사람이란 만성적 음주자, 감옥에 간 적이 있는 사람 그리고 만성적으로 일하지 않고 그 가족을 부양하지 않았던 사람을 지칭하였다.

자, 사용자 그리고 정부가 보험료를 분담하여 부담하도록 했다. 실업보험에서는 건설업 등의 경기 순환에 영향을 많이 받는 일부 업종의 노동자들에 대하여 실업 시에 제한된 기간 동안 정액의 현금급여를 제공했다. 재정은 노동자, 사용자 그리고 정부의 보험료 기여에 의해 마련되었다. 보험료 징수와 급여 지급은 직업 소개소(labour exchange)에 의해 이루어졌다.

1911년 영국 「국민보험법」은 독일 사회보험제도와 달리 정액급여 방식을 채택하였다는 점에서 특징이 있었다. 또한 독일에서 아직 도입하지 않은 실업보험을 세계 최초로 도입하였다는 점이 특징적이었다. 이와 같은 영국의 1911년 「국민보험법」 도입은 다음과 같은 몇 가지의 배경하에서 이루어졌다.

첫째, 산업화의 결과 영국이 엄청난 부를 쌓았음에도 불구하고 영국 국민의 빈곤 상태가 심각하였다. 1886년의 부스(Booth)나 1899년 로운트리(Rowntree)의 사회조사에 따르면, 상당수의 국민이 빈곤 상태에 있는 것으로 나타났다.

둘째, 노동자계급의 정치 세력화와 투표권의 확대가 이루어졌다. 노동조합이 합법화되고 투표권이 확대되면서 노동자들의 목소리가 정치에 반영되게 되었다. 특히 1905년에 형성된 중도적 개혁 정당인 자유당이 정권을 잡게 되면서 영국 사회의 불평등과 빈곤 문제에 적극적으로 대응하는 개혁정책을 실시했다. 또한 노동당이 형성되어 의회에 진출하였다.

셋째, 민족국가의 형성과 관련하여 대영제국의 통합과 발전을 위하여 사회복지정책의 필요성이 인식되었다. 특히 이 당시에 아프리카에서의 보어전쟁에서 영국이 패전했는데, 그 이유 중 하나가 영국 군인의 부실한 영양 및 건강 상태 때문인 것으로 보고되었다. 이에 따라 대영제국의 발전을 위해서는 영국 노동자계급의 영양 및 건강 상태를 증진시켜야 한다는 주장이 제기되었다. 소위 국민적 효율성(national efficiency)의 증진을 위하여 국민에게 최소한의 생활을 보장하기 위한 복지정책이 필요하다는 주장이 힘을 얻었다.

넷째, 사상적 측면에서 사회적 자유주의와 페이비언(Fabian) 사회주의가 제기되었다. 자본주의 사회에서 개인들의 자유를 확보하기 위해서는 빈곤과 불평등의 문제를 완화하기 위한 국가의 적극적 개입이 필요하다는 사회적 자유주의 사상이 제기되었다. 또한 사회적 개혁 조치들을 통해 점진적으로 사회주의로 나아가는 것이 필요하다는 페이비언 사회주의의 사상도 제기되었다. 이처럼 자본주의 시장경제의 작동에 모든 것을 맡겨야 한다는 고전적 자유주의의 견해와 달리, 시장경제에 대해 국가의 개입을 통하여 수정을 가하는 것이 필요하다는 사상들이 확산되었다.

19세기 말 20세기 초에 독일을 시작으로 영국에서 이어진 사회보험의 도입은 사회복지정책의 역사에서 극빈층에 대한 「빈민법」을 탈피하여 일반 노동자계급에 대해 사회적 위험들에 대응하는 안전망을 제공했다는 역사적인 의의를 갖는다.

이후 제2차 세계대전까지의 20세기 전반기에 사회복지정책은 정책 내용적 측면에서 그리고 지역적 측면에서 확대의 과정을 거친다. 먼저, 정책 내용적 측면에서 사회보험의 적용 대상의 범위가 확대되었다. 예를 들어, 영국의 경우 실업보험은 처음에 건설업 등 경기 순환에 따른 고용 변동의 범위가 큰 일부 업종의 노동자에게만 적용되던 것이 다른 업종들로 확산되었다. 건강보험의 경우에도 노동자 개인에게만 적용되던 것이 이후 가족 피부양자를 포함하도록 확대되었다. 또한 사회보험이 포괄하는 위험의 범위가 확대되고 새로운 제도들이 도입되었다. 유족연금이 1911년 독일에서 최초로 도입되었다. 1920년대 말 대공황을 겪으면서 실업보험의 기금의 소진에 직면하면서 정부예산으로 실업자들에 대해 현금급여를 제공하는 실업부조제도가 도입되었다. 그리고 노동자들의 임금이 피부양 가족의 필요 생활비를 반영하지 않으므로 정부예산의 의한 가족수당제도가 도입되었다. 가족수당제도는 1920년대 중반에 뉴질랜드에서 최초로 도입되었다(Kuhnle & Sander, 2010).

다음으로, 지역적으로도 사회보험의 확대가 이루어졌다. 제1차 세계대전 이전까지 사회보험이 유럽 각 국가로 확대되었다. 건강보험, 노령연금, 재해보험이 제1차 세계대전 이전에 유럽으로 대체로 확대되었고, 실업보험도 1920년대 말 대공황을 겪으면서 1930년대에 확산되었다. 또한 유족연금과 가족수당이 유럽 국가에서 1930년대에 확산되었다. 사회보험의 확대는 유럽을 넘어서 아메리카 대륙과 아시아로 확대되었다. 아메리카 대륙에서는 대표적으로 미국에서 1935년 「사회보장법(Social Security Act)」을 입법화함으로써 노령연금과 실업보험을 도입하였다. 그리고 남미에서도 아르헨티나와 칠레 등에서 주요 사회보험제도들을 도입하였다. 사회보험의 확대는 아시아에서도 나타났는데, 일본은 이 시기에 주요 사회보험제도들을 도입하였다.

3) 복지국가의 시대

(1) 복지국가의 성립 및 확장기

1945년 제2차 세계대전이 끝나면서 이제 각 국가에서는 어떻게 국가를 새롭게 다시 일으켜 세울 것인가 하는 국가의 재건이 주요 과제가 되었다. 사실 국가의 재건 문제는 1945년 이후가 아니라 제2차 세계대전 중에 이미 그 청사진들이 제시되어 왔었다. 영국과 미국은 1941년 '대서양 헌장'에서 전쟁의 목표를 천명하였는데, 그 10개 조항 중의 하나가 각 국가들이 사회보장을 확보하기 위해 협력해야 한다는 것이었다. 이 대서양 헌장의 정신에 따라 영국에서는 사회보장을 위한 구체적인 청사진으로 1942년에 『베버리지 보고서』가 발표되었다. 『베버리지 보고서』에서는 영국 사회가 직면하는 다섯 거인에 대항하는 사회정책을 실시할 것을 제안하였다. 다섯 거인으로 결핍, 무위, 불결, 무지, 질병이 제시되었다. 이에 대응하여 소득보장, 고용보장, 주거보장, 교육보장 그리고 건강보장을 제공해야 한다는 것을 제시하였다.

제2차 세계대전이 끝난 후 영국의 총선거에서 전쟁을 승리로 이끈 처칠(Churchill)이 앞장선 보수당이 패배하고 노동당이 승리하였다. 영국 국민이 『베버리지 보고서』의 청사진이 너무 이상적이라고 보고 이를 실행하는 것에 소극적이었던 보수당 대신, 『베버리지 보고서』에서 제시된 청사진을 즉각적으로 실시하고자 하는 노동당의 손을 들어준 것이었다.

애틀리(Attlee) 수상이 이끄는 노동당 정부하에서 1945년 「가족수당법(The Family Allowance Act)」, 1946년 「국민보건서비스법(The Natiional Health Service Act)」, 1946년 「국민보험법(The National Insurance Act)」 그리고 1948년 「국민부조법(The National Assistance Act)」이 도입되었다. 가족수당제도는 정부의 예산으로 16세 이상의 둘째 자녀부터 현금급여를 제공하였다. 국민보건서비스제도는 정부의 예산으로 전 국민에 대해 무상 의료서비스를 제공하였다. 「국민보험법」은 보험료 기여에 기반하여 실업급여, 질병급여, 노령연금, 과부연금 및 고아연금, 출산급여 그리고 장례보조금을 지급하였다. 1948년의 「국민부조법」은 빈곤자에 대한 작업장 구호를 실질적으로 완전히 제거함으로써 과거 「빈민법」과 완전히 이별하고 현대적인 공공부조를 제공하였다. 이제 제2차 세계대전 이후 새롭게 재건된 국가는 명실상부한 복지국가로서 전 국민에게 '요람부터 무덤까지' 보장을 제공하게 되었다. 서유럽의 다른 국가들에서도 구체적인 제도의 형태와 내용에는 차이가 있을지라도 영국에서와 유사하게 주요한 사회적 위험들에 대하여 보장을 제공하는 사회복지정책들이 실시되었다. 국가에 따라 약간의 시기 차이는 있지만 대체로 1945년부터 1950년대 초·중반에 걸쳐 이와 같은 복지국가가 정립되었다.

제2차 세계대전 시기까지의 사회복지정책이 노동자계급에 대한 사회보험제도를 실시하는 것이었다면, 제2차 세계대전 이후의 복지국가는 다음과 같은 특징들을 가지고 있었다. 사회복지정책의 대상이 노동자를 넘어서서 전 국민으로 확대되었다. 그리고 사회보험제도를 넘어서서 보편적 사회복지정책들이 제공되었다. 전 국민에게 아무런 조건 없이 인구학적 특성에 따라 가족수당과 같은 현금급여와 보건, 교육, 주택 사회서비스가 제공되었다. 이제 복지는 전 국민에 있어서 하나의 사회적 권리로서 확립되게 되었다. 즉, 전 국민에 대하여 사회권으로서 현금급여뿐만 아니라 사회서비스를 보장하는 복지국가가 성립된 것이다.

1950년대까지 복지국가가 성립된 이후 복지국가에 대한 광범위한 합의가 형성되었다. 주요 정당들은 좌우파를 불문하고 복지국가의 주요 정책들을 지지하였다. 이러한 복지국가에 대한 광범위한 지지에 기반하여 복지국가의 급여 수준을 제고하려는 시도들이 1960년대와 1970년대에 걸쳐 이루어졌다. 대표적으로 사회보험 급여의 수준을 빈곤 구제 수준에서 중산층들의 소득 유지 욕구를 충족할 수 있도록 높이는 것이었다. 이러한 차원에서 현금급여의 소득 대체율을 인상하거나 소득비례 급여체계를 도입하는 개혁들이 시도되고 도입되었다. 그 결과 1960년대 복지국가는 더욱 성숙하게 되었다.

(2) 복지국가의 재구조화 시기

이처럼 안정된 성장을 구가하던 복지국가는 1970년대 초의 오일 쇼크 이후 서구 국가들이 스태그플레이션 현상 속에서 경제가 침체되면서 복지국가가 그 비난의 화살을 맞게 된다. 좌우 양쪽으로부터 복지국가에 대한 다양한 비판이 쏟아졌다. 신마르크스주의자들은 복지국가가 축적과 정당화 두 가지 목표를 모두 추구해 왔는데, 이 두 가지 목표 간의 충돌이라는 구조적 모순에 빠지게 되었다고 비판하였다. 복지정책은 정당화를 추구하기 위한 것인데, 복지정책의 확대를 통한 정당화의 추구는 구조적으로 복지국가에서의 축적을 저해하게 되었다는 것이다(O'Connor,

1973). 또한 복지국가는 관료화로 인하여 개인의 자율성을 침해했다는 비판이 제기되었다. 대표적으로, 하버마스(Harbermas)는 복지국가의 법제화가 생활세계의 식민지화를 야기하였다고 비판하였다. 복지국가에서의 법들은 개인의 자유를 보장하기 위해 도입되었지만, 오히려 법의 획일성과 법 적용상의 관료주의성이 개인들의 생활세계에 침입하여 개인들의 자율성을 침해하고 생활 세계를 식민지화하게 되었다는 것이다(홍성수, 2015). 그리고 우파 쪽에서는 신자유주의 이념이 전면에 나서면서 복지국가가 개인들의 경제활동 유인을 저해하고 도덕성을 저해한다고 비판하였다. 복지국가가 개인들의 저축, 투자 그리고 근로에 대한 의욕을 저해하고 복지의 존성을 조장하여 사회를 병들게 한다고 비판하였다.

이러한 복지국가에 대한 비판 속에서 영국과 미국에서는 신자유주의 이념에 기반한 우파정당이 정권을 잡았다. 영국에서는 대처(Thatcher) 수상이 1979년부터 1990년까지 정권을 잡았다. 미국에서는 레이건(Reagan) 대통령이 1981년부터 1989년까지 정권을 잡았다. "사회와 같은 것은 없다(There is no such thing as society)."라는 유명한 대처의 말에서 보이는 것처럼, 영국의 대처 정부는 복지국가의 역할을 축소하기 위한 강력한 드라이브를 걸었다. 대처 정부는 정부가 소유하고 있던 부분을 대대적으로 민영화했다. 복지 영역에서는 대표적으로 지방정부가 소유하고 있던 공공임대주택들을 민영화했고, 보건 및 사회복지서비스에 있어서 민간 계약자들에의 위탁 운영을 확대했다. 소득보장 영역에 있어서는 급여를 축소했다. 한편에서는 공적 연금과 실업보험에서 과거에 정액급여에 더하여 추가되었던 소득비례급여를 폐지하였고, 다른 한편에서는 기초연금이나 아동수당의 급여 수준을 실질적으로 저하시키는 조치들을 취했다. 그 결과 국가가 제공하는 소득보장이 축소되었고, 사회서비스의 공급에 있어서 민간기관들이 주된 역할을 담당하고 정부가 전반적인 정책과 규제를 담당하는 복지다원주의의 양상이 자리 잡게 되었다.

미국의 경우에는 레이건 행정부하에서 복지 축소에 대한 이념적 주장은 강했지만 현실적으로 큰 축소는 없었다. 이것은 미국의 복지가 최소한의 필수적인 정책들만을 가지고 있었기 때문에 기존의 복지제도들에 대한 국민의 상당한 지지가 있었고 이것을 더 이상 축소하기 어려웠기 때문이다. 그래서 레이건 행정부하에서 복지정책은 부분적인 변화들만이 나타났고 대체로 유지되었다.

독일의 경우 1980년대에 영국과 미국에서와 같은 신자유주의 정책이 강력하게 추진되지는 않았다. 하지만 1982년부터 1995년까지 콜(Kohl) 수상이 이끄는 중도우파 정당인 기민기사당이 정권을 잡으면서 전반적으로 복지정책의 기본적인 틀을 유지하면서도 세부적으로 효율화하는 방향에서의 개혁들이 이루어졌다. 또한 장기요양보험이 도입되었다.

이와 같이 1970년대 오일 쇼크로부터 촉발된 복지국가 위기 이후 1980년대와 1990년대 초반은 신자유주의의 복지국가에 대한 강력한 축소 시도가 이루어진 시기였다. 하지만 신자유주의의 바람이 가장 거셌던 영국과 미국에서도 복지 지출 자체는 과거에 비해 그다지 축소되지 않았고, 국가별로 약간의 차이는 있지만 복지국가의 주요 핵심 복지정책들은 대체로 살아남은 것으로 평가된다(Pierson, 1994).

신자유주의의 강력한 바람이 불었던 시기를 지나고 1990년대 초반 이후 서구 국가들에서는 새로운 정치적 흐름이 나타났다. 보다 중도적 성향의 개혁적인 중도좌파 정부들이 각 국가에서 등장하였다. 1992년 미국의 클린턴(Clinton) 행정부를 시작으로, 1997년 영국의 블레어(Blair) 행정부, 1996년 독일의 슈뢰더(Schröder) 행정부 등이 나타났다. 이들 중도 성향의 중도좌파 정부들은 소위 과거의 구사회민주주의와 신자유주의의 중간의 길을 모색한다는 측면에서 제3의 길을 추구한다고 평가되었다(Giddens, 1998).

제3의 길 노선에서의 복지정책은 다음과 같은 특징들을 보였다. 우선, 과거 중도좌파들의 국유화 정책을 포기하고 복지혼합을 인정하였다. 그래서 복지의 공급에 있어서 국가뿐만 아니라 민간기관의 참여를 중시하였다. 국가와 민간기관의 역할 분담 및 역할 조정에 의한 복지 공급의 효율적 관리(welfare governance)에 초점을 두었다. 또한 복지를 소비적으로 것으로만 바라보기보다는 생산적이고 투자적 성격을 지니는 것으로 보았다. 그래서 교육이나 훈련, 아동에 대한 복지 투자 등의 사회투자적 복지(welfare as social investment)의 확대를 강조하였다. 그리고 국가와 복지 수급자 개인 간의 관계에서도 국가에 의한 일방적 지급보다는 복지 수급자들에게 공동체의 일원으로서 책임과 의무를 수행할 것을 요구하였다. 그래서 국가와 개인 간의 관계는 일방적인 지원과 수급의 관계가 아니라 상호 책임을 다하는 호혜적 관계(reciprocal relationship)가 되어야 한다고 보았다. 이러한 맥락에서 복지 제공에 있어서 조건부 급여(work requirement), 근로연계복지(welfare-to-work), 근로보상정책(make work pay) 정책 등이 강조되었다.

미국에서 클린턴 행정부는 복지 제공에 있어서 국가와 개인 간의 호혜성을 강조하면서 복지 개혁을 실시하였는데, AFDC 제도를 TANF Block Grant 제도로 바꾸고 수급 가능 기간을 제한하고 수급자들의 근로 관련 활동에의 참여를 요구하였다. 또한 다른 한편에서는 저소득층들의 노동시장 참여를 지원하기 위하여 근로장려세제(Earned Income Tax Credit)나 아동보육(child care)서비스 그리고 저소득층에 대한 의료 보호를 확대하였다.

영국에서는 블레어 행정부하에서 뉴딜(New Deal)정책을 통하여 실업자와 취약 계층들의 노동시장 진입을 지원하고, 최저임금제와 Working Tax Credit 제도 등을 통하여 근로에 대한 보상을 증가시키고, 그리고 아동 빈곤 완화를 위해 아동수당 급여 증가, 자녀장려세제 및 저소득층에 대한 보육지원제도 도입 등을 실시하였다. 또한 정부의 교육과 보건 서비스에 대한 지출을 증가시켰다.

독일에서는 슈뢰더 사민당 정부하에서는 주요 사회보험의 보험료 증가를 억제하기 위한 조치로서, 공적 연금의 급여 수준을 축소하고 사적 연금에 대한 국가보조(리스트연금)제도를 도입하였고, 의료보험에서 환자 부담을 증가시켰다. 노동시장의 유연성을 제고하고 실업급여를 엄격하게 하는 하르츠 개혁을 실시하였다. 또한 아동수당을 인상하고 육아휴직제도의 도입과 보육시설 및 방과 후 교실 확대 등의 조치들이 실시되었다.

앞에서 제2차 세계대전 이후의 복지국가 시기를 복지국가의 확장기와 재구조화 시기로 다시 구분하여 살펴보았다. 이 두 시기 간에는 다음과 같은 점에서 주요한 특성상의 차이들이 발생하였다(Nullmeier & Kaufmann, 2010).

첫째, 사회경제적 상황에 구조적 변화가 발생했다. 경제적 측면에서 탈산업화로 인하여 산업 사회에서 탈산업 사회로의 전환이 발생했다. 세계화로 인하여 국민국가 중심의 사회에서 국민국가의 힘이 약화되었다. 노동 유연성의 증가에 따라 노동시장에서 완전 고용의 정규직 전일제 노동 중심에서 불안정 노동 및 실업이 증가하였다. 사회적 측면에서 저출산과 수명 증가에 따라 인구 고령화의 문제에 직면하였고, 여성의 역할이 변화하면서 남녀 간의 가사 및 양육 부담 분담과 일-가족 양립의 문제가 증가하였다. 또한 가족구조 측면에서 전통적 핵가족이 약화되고 가족 형태의 다양성이 커졌다.

둘째, 사회복지정책의 내용에 변화가 발생하였다. 복지국가 확장기에 비하여 복지국가 재구조화 시기에는 소득보장에서의 축소 조정과 사회서비스의 확대 경향이 나타났다. 소득보장 영역에서는 공적연금, 실업급여 그리고 질병급여 제도들의 관대성이 축소되었다. 반면, 사회서비스 영역에서는 훈련 및 구직 지원 등의 적극적 노동시장정책과 보육이나 장기요양 등의 돌봄서비스정책들이 대폭 확대되었다.

셋째, 복지 공급 주체에 있어서 변화가 발생하였다. 복지국가 확장기에 주로 국가에 의한 공급이 강조되었던 데 비해, 복지국가 재구조화기에는 복지 공급에 있어서 복지혼합(welfare mix), 즉 국가, 시장, 비영리기관, 가족 등 주요 주체 간의 역할 분담과 조정(welfare governance)이 강조되었다.

넷째, 사회정책의 결과의 측면에서도 변화가 발생하였다. 복지국가 확장기에 상대적으로 평등하고 중산층이 안정적 생활을 영위하는 시기였다면, 복지국가 재조정기에서는 상대적 빈곤과 불평등 그리고 양극화가 증가하는 경향을 보였다.

2. 한국의 사회복지정책의 역사

현대 한국의 사회복지정책의 역사를 크게 네 가지 시기로 구분할 수 있다. 첫째, 해방 이후 1945년부터 1970년대까지의 취약계층 구호기이다. 둘째, 1970년대 후반부터 1997년까지의 사회보험 형성기이다. 셋째, 1998년부터 2002년까지의 복지국가 정립기이다. 넷째, 2003년 이후의 복지국가 성장 및 조정기이다.

1) 취약계층 구호기: 1945~1970년대 초반

해방 이후 1970년대 초반까지의 사회복지는 정부의 임의적 구빈활동과 외원기관들에 의한 구호활동이 주가 되었다. 이는 다시 세부적으로 미군정 시기(1945~1948년), 이승만 정부 시기(1948~1960년), 박정희 제3공화국 정부 시기(1961~1970년대 초반)로 구분할 수 있다.

(1) 미군정 시기(1945~1948년)

1945년 일본이 패하면서 제2차 세계대전이 끝나고 한반도는 분할되어 북쪽에는 옛 소련이 그리고 남쪽에는 미군이 진주하여 군정을 실시하였다. 해방 이후 미래의 정치경제 체제의 향방을 놓고 좌우익 간의 갈등이 극심하였다. 그러나 남한에서는 미군정하에서 우파 우위로 권력관계가 형성되었다. 경제적으로는 일제하에서의 생산 체계가 일본의 철수와 남북한 간의 단절로 붕괴하면서 산업 생산력이 급감하였다. 이로 인하여 국가의 경제적 기초가 파괴된 상황에서 실업과 빈곤이 만연하였다. 그리고 해외와 북한으로부터 이주민들이 유입되어 대규모의 이재민 및 피난민이 발생하였다.

이러한 상황에서 미군정은 후생국보 3호, 3A호 그리고 3C호를 발령하여 구호를 실시하였다. 후생국보 3호는 구호에 대한 전반적 상황을 다루고 있는 규정으로서 구호대상을 65세 이상 노인, 아동이 있는 어머니, 장애인 등의 근로 무능력자로 제한하여 식량, 주택, 의료 등을 지원하였다. 후생국보 3A호는 이재민과 피난민에 대한 구호를 그리고 후생국보 3C호는 빈곤자와 실업자에 대한 구호를 규정하였다. 그래서 미군정은 후생국보를 통하여 근로 무능력 빈곤층, 이재민과 피난민 그리고 빈곤자와 실업자에 대한 보호 기준을 설정하고 구호활동을 실시하였다.

이 시기의 구호활동은 주로 미국의 원조를 중심으로 이루어졌다. 미국정부의 피점령 지역 지원과 구호를 위한 예산(Government Aid and Relief in Occupied Areas: GARIOA)을 통하여 점령 지역주민에 대해 식료품, 의료품, 피복 등이 지원되었다.

그래서 이 시기는 해방 직후의 경제기반 붕괴의 상황에서 이재민 및 피난민 그리고 빈곤층과 실업자 등의 취약계층에 대해 미국의 원조를 중심으로 응급구호가 이루어진 기간이었다.

(2) 이승만 정부 시기(1948~1960년)

1948년 8월 15일 대한민국 정부가 출범하면서 이승만 정부가 집권하였다. 정부의 기틀이 충분히 형성되기도 전에 1950년 한국전쟁이 터지면서 1953년 7월 정전이 이루어질 때까지 한국은 전쟁의 소용돌이에 빠져들었다. 전쟁은 멈추었지만 이후 한국은 분단이 고착화되었고 남한에서는 반공체제가 형성되어 좌파 정치세력이 붕괴되고 자유주의적 보수정당들에 의한 정치가 이루어졌다.

전쟁으로 인하여 그나마 남아 있던 경제기반이 파괴되었고, 대규모의 피난민과 전재민, 이산가족, 전쟁고아 등이 발생하였다. 하지만 전후 정부는 사회복지를 추진할 경제적 능력이 절대적으로 부족했다. 외국 민간 원조기관들이 그 공백을 떠맡았다. 1952년 임시 수도인 부산에서 결성된 한국외원단체연합회(Korea Association of Voluntary Agencies: KAVA)가 제2의 보건사회부로 불리며 복지의 중심적 역할을 담당했다. 외원기관의 지원 규모가 정부의 보건사회부의 예산보다 더 컸다.

정부의 구호정책으로 생활구호사업, 의료구호사업 그리고 공공근로사업이 실시되었다. 생활구호사업으로 노동 무능력 가구에 대한 일반 구호사업과 전재민 정착사업이 실시되었고, 공공근로사업으로 취약계층과 실업자에 공공근로를 통해 노임을 지급하는 사업이 실시되었다. 하지만 정부는 구호정책은 법령도 없이 임시적이고 자유 재량적으로 실시된 것이었다.

이와 함께 전쟁을 치르면서 군경원호사업으로 1950년 「군사원호법」, 1951년 「경찰원호법」이 만들어졌다. 그리고 1960년 「공무원연금법」이 제정되었다. 정부의 가장 기본적 기반인 군인, 경찰, 공무원에 대한 일련의 보장 조치가 이루어진 것이다.

(3) 박정희 제3공화국 정부 시기(1961~1972년)

1961년 군사 정변으로 군사정부가 형성되어 1972년 10월 유신으로 제4공화국이 형성되기 이전까지의 시기이다. 박정희 정부는 쿠데타로 정권을 장악하여 권위주의적인 군부독재정권을 형성했다. 경제적으로는 이 시기에 군부독재 정권에 의하여 경공업 중심의 수출 전략을 통하여 한국의 산업화가 시작되었다. 하지만 산업화는 초기 상태로서 여전히 경제적 기반이 취약한 상황이었다.

박정희 정부는 쿠데타로 정권을 장악했기에 정치적 정당성에 취약성을 가지고 있었다. 이를 보완하기 위해 박정희 정부는 국가의 목표로 복지국가 건설을 제시하고 일련의 사회복지정책 법령을 제정하였다. 하지만 여전히 산업화 초기로 경제적 기반이 취약한 상황에서 국가의 모든 힘이 경제 성장에 집중되었다. 그래서 사회복지정책 입법은 아주 소규모의 대상으로 제한되거나 명목상의 법률로 존재하는 데 그쳤다. 1961년 국가재건최고회의에서 박정의 의장은 취임사에서 민주복지국가 건설에 총 역량을 집중할 것을 주장했고, 1962년에 사회보장제도 확립 지시 각서를 작성했으며, 1962년 사회보장위원회를 설치했다.

이 시기에 일련의 사회복지정책에 대한 법령들이 제정되었다. 사회부조제도로서 1961년 「생활보호법」이 제정되었다. 이 법률은 1944년 일제강점기의 조선구호령을

법률 명칭만 대체한 것이었다. 이 생활보호법에 의한 구호 대상은 실업자 등을 제
외하고 근로 무능력 빈곤가구로 제한되었다. 실제 보호는 보호 대상자 중 일부에게
밀가루 등을 지급하고, 노동능력자는 사회 간접자본 건설에 동원되어 그 대가로 급
여를 지급받도록 하는 것이었다.

사회복지서비스로 1961년 「고아입양특례법」과 「아동복리법」이 제정되었다. 이후
민간복지시설의 설립과 운영 등을 규제하고 관리·감독하기 위하여 1970년에 「사
회복지사업법」이 제정되었다.

사회보험으로 1963년에 「산재보험법」이 제정되었다. 그러나 이 제도는 500인 이
상 근로자를 고용하는 광업 및 제조업을 대상으로 제한하였다. 그리고 1963년에
「군인연금법」이 제정되었다.

전반적으로 1960년대에 군사독재정부하에서 정치적 정당성의 확보 차원에서 일
련의 사회복지 입법이 이루어졌지만, 아주 제한적이거나 명목상의 제도에 불과하
였다. 아직 산업화 초기로서 경제 성장에 모든 에너지가 투입되던 시기였다. 그래
서 1970년대 중반까지는 여전히 외원기관들의 역할이 중요했고, 보사부 예산보다
외원기관들의 예산이 더 많던 시기였다.

〈표 3-1〉 **취약계층 구호기의 사회복지정책 발달**

정부	성격	사회보험	사회부조	사회복지 서비스	보편적 프로그램
미군정 (1945~1948)	• 이재민, 빈곤층 등 구호 • 미국 원조	–	• 후생국보 3호, 3A호, 3C호	–	–
이승만 정부 (1948~1960)	• 전재민, 빈곤층 등 구호 • 외원민간기관	• 1960년 「공무원연금법」	–	–	–
박정희 제3공화국 정부 (1960년대)	• 정권정당화 위한 복지 입법 • 외원민간기관에 의존	• 1963년 「산재보험법」(500인 이상) • 1963년 「군인연금법」	• 1961년 「생활보호법」	• 1961년 「고아입양특례법」, 아동복리법 • 1970년 「사회복지사업법」	–

2) 사회보험 형성기: 1973~1997년

이 시기는 사회보험이 본격적으로 형성된 시기이다. 세부적으로 1973년 유신 이후 1979년까지의 박정희 제4공화국 정부 시기, 1980~1992년의 전두환·노태우 정부 시기 그리고 1993~1997년의 김영삼 정부 시기로 구분할 수 있다.

(1) 박정희 제4공화국 정부 시기(1972~1979년)

1972년 10월 「유신헌법」으로 제4공화국의 박정희 유신정부가 출범하였다. 박정희 유신정부는 정치적으로는 반공과 권위주의를 강화시키시면서, 경제적으로는 중화학공업화에 의한 수출 전략을 추구하였다. 지난 1960년대의 경공업 중심 산업화 전략에 따라 일정한 산업화가 이루어졌고, 그 결과 농촌 중심 사회로부터 도시화와 임금 노동자화가 확산되었다. 하지만 여전히 과거로부터의 가족주의 전통이 잔존하고 있는 상황이었다.

이 시기는 그동안의 산업화와 도시화에 따른 사회적 위험들에 대응하여 사회보험제도가 형성되기 시작한 시기이다.

첫째, 노령으로 인한 소득 단절의 위험에 대응하여 1973년에 「국민복지연금법」이 입법화되었다. 그런데 이 법은 실시되지 못했다. 직접적으로는 이 당시 터진 오일 쇼크로 인하여 경제가 위기에 빠졌기 때문이다. 경제 위기의 상황에서 기업과 근로자들에게 부담을 증가시키는 국민연금보험료를 부과하기 어렵다고 판단했다. 또한 연금제도의 필요성에 대한 국민적 인식이 부족한 것도 미실시의 이유가 되었다. 여전히 가족주의적 전통이 강하여 자녀가 부모를 부양해야 한다는 관념이 만연했기 때문이다. 비록 1973년에 제정된 「국민복지연금법」은 실시되지 못했지만 이후의 공적 연금제도의 도입을 위한 디딤돌이 되었다고도 볼 수 있다.

둘째, 1977년에 「의료보험법」이 제정되었다. 이 법은 500인 이상 근로자를 고용하는 사업장을 대상으로 하여 그 적용 대상이 아주 제한적이었다. 하지만 일반 근로자를 대상으로 하는 「의료보험법」이 도입된 것은 한국의 사회보험의 형성에 있어서 중요한 의미를 가진다.

셋째, 산재보험의 적용 대상이 확대되었다. 1967년 100인 이상 사업장에서 1972년 30인 이상 그리고 1973년에 산재보험이 16인 이상 사업장으로 확대되어 일반

임금노동자들의 상당수를 포함하게 되었다.

사회부조에 있어서는 1977년 빈곤층에 대한 의료보호사업이 실시되었다. 같은 해에 500인 이상 사업장에 대한 의료보험제도의 도입과 함께 빈곤층에 대한 의료보호가 실시되었다.

1970년대 중반까지는 외원기관의 구호활동이 중요한 역할을 담당하였으나 1970년대 중반 이후에는 급속하게 감소하게 되었다. 중화학공업화에 의한 산업화가 진행되면서 이제 외원기관의 구호활동을 벗어나서 자체적으로 사회보험을 형성하기 시작한 시기라고 할 수 있다.

(2) 전두환 · 노태우 정부 시기(1980~1992년)

1979년 박정희 대통령의 사망으로 발생된 민주화의 봄은 1980년 군사 반란으로 사라지고 다시 전두환 군부독재정부가 집권하였다. 전두환 정부에 이어 1988년에는 노태우 정부가 집권하였다. 전두환 · 노태우 정부는 쿠데타로 집권한 군부독재정권으로 정치적 정당성에 취약성이 컸다. 이를 보완하기 위하여 전두환 · 노태우 정부는 박정희 정부와 마찬가지로 복지사회 건설을 국정 목표로 제시하면서 일련의 사회복지정책을 입법화하였다. 1960년대 이래 그동안의 산업화의 진전에 따라 이제 산업화에 따른 사회적 위험들도 보다 현저하게 나타나게 되었고, 이에 대응하여 주요한 사회복지정책들이 도입 · 확대되었다.

사회보험에 있어서는 국민연금제도가 도입되었다. 1986년 「국민연금법」이 제정되어 1988년부터 10인 이상 사업장 근로자 및 사업주를 대상으로 실시되었다. 또한 의료보험제도가 1988년 5인 이상 사업장으로 확대되었고, 1986년 「의료보험법」 개정으로 1988년부터 농어촌지역 의료보험이 실시되었으며, 그리고 1989년에 도시지역 의료보험이 실시됨으로써 전 국민 의료보험으로 확대되었다. 산재보험도 1988년까지 5인 이상 사업장으로 확대되었다.

사회부조에 있어서는 생활보호제도가 상당한 개선을 이루었다. 1982년 「생활보호법」 개정으로 근로능력자에 대해서 교육보호와 자활보호가 추가되었다. 1984년에는 「생활보호법 시행규칙」의 제정으로 법률 체계가 완성되었다. 또한 1989년부터 1991년 사이에 200만 호 주택 건설사업의 일환으로 영구임대주택이 대량으로 공급되었다. 그리고 1991년에는 70세 이상 생활보호 노인에 대해 노령수당이 지급되었다.

사회복지서비스 영역에서도 1981년 「노인복지법」, 1981년 「심신장애자복지법」, 1981년 「아동복지법」이 제정되었다. 이 법령들로 인해 노인복지, 장애인복지, 아동복지 서비스의 발달을 위한 법적 기반이 마련되었다. 그리고 1991년에는 「영유아보육법」이 도입되어 보육정책의 대상을 전체 아동으로 확대하고 이후 민간시설을 중심으로 보육서비스가 확대되는 계기를 마련하였다.

전두환ㆍ노태우 정부 시기에는 국민연금 도입과 전 국민 의료보험의 실시로 인해 사회보험의 확대에 있어서 중요한 진전이 있었다. 그동안의 산업화에 따라 대두된 사회적 위험에의 대응 필요성과 함께 정치적 정당성의 확보를 위한 노력이 주요한 요인으로 작용했다.

(3) 김영삼 정부 시기(1993~1997년)

김영삼 정부는 군부독재정권에서 민주주의에 의한 문민정부로의 전환이라는 측면에서 한국 정치의 민주화에 중요한 의의를 가진다. 하지만 김영삼 정부는 보수정당인 민정당에 기반하여 한계를 가지기도 했다. 김영삼 정부는 군부정권 잔재 청산에 집중하면서 다른 한편에서는 국제화와 금융시장 개방에 초점을 두었다. 상대적으로 사회복지정책에 대한 강조는 크지 않았지만 일정한 사회복지정책에 있어서의 발전도 이루어졌다.

사회보험에 있어서 국민연금이 1995년에 5인 이상 사업장으로 확대되었고, 농어촌지역으로 확대되었다. 의료보험은 1997년 지역조합과 공무원교직원의료보험공단 간의 통합을 통하여 의료보험 통합의 과정에 중요한 개선을 이루었다. 또한 1993년에 「고용보험법」을 제정하여 1995년부터 30인 이상 사업장을 대상으로 고용보험이 실시되었다. 고용보험제도는 실업급여뿐만 아니라 고용 안정과 직업능력개발사업을 포함하였다. 이로써 산재보험, 의료보험, 국민연금, 고용보험의 4대 사회보험 체계가 구축되었다.

사회부조에 있어서는 1997년 경로연금제도가 도입되었다. 기존 생활보호 대상인 70세 이상 노인들에게 실시되던 노인수당을 대체하여 65세 이상 저소득층 노인들에게도 2~5만 원의 경로연금을 지급하게 되었다.

김영삼 정부 시기에는 군부정권 청산과 경제 발전에 초점을 두어 사회복지에 대한 관심은 상대적으로 작았다. 그 과정에서도 고용보험이 도입되어 4대 사회보험 체계가 구축되는 등 발전이 이루어졌다.

〈표 3-2〉 사회보험 형성기의 사회복지정책 발달

정부	성격	사회보험	사회부조	사회복지 서비스	보편적 프로그램
박정희 제4공화국 정부 (1970년대)	• 사회보험 형성 • 외원기관 구호 급속 감소	• 1973년 「국민복지 연금법」(미실시) • 1977년 「의료보험 법」(500인 이상 사업 장) • 산재보험 적용 확대	• 1977년 의료보 호제도	–	–
전두환· 노태우 정부 (1980~1992)	• 정권정당화 • 사회보험 확대	• 1986년 「국민연금 법」(1988년 실시) • 1986년 농어촌의료 보험 도입 • 1989년 도시지역의 료보험 실시	• 1982년 생활보 호제도 교육보 호, 자활보호 추가 • 1984년 「생활 보호법」 시행 규칙 제정	• 1981년 「노인 복지법」, 「심 신장애자복지 법」, 「아동복지 법」 • 1991년 「영유 아보육법」	–
김영삼 정부 (1993~1997)	• 사회보험 확대	• 1995년 국민연금 농 어촌지역 확대 • 1997년 의료보험 지 역조합과 공무원교 직원공단과의 통합 • 1995년 「고용보험 법」 도입	• 1997년 경로연 금제도 도입	–	–

3) 복지국가 정립기: 김대중 정부 시기(1998~2002년)

이 시기는 그동안 진행되어 왔던 사회보험과 사회부조의 체계가 형태적으로 완성되면서 한국에서 복지국가가 정립된 시기이다. 1960년대 이후 지속적으로 성장하던 한국경제가 1997년 말 IMF 외환위기에 직면하게 되었다. 한국의 주요 대기업들이 파산하고, 구조조정 과정에서 정규직 근로자들이 대량 실업을 당하면서 경제 전체가 위기에 빠졌다. 이 상황에서 집권한 김대중 정부는 경제 영역에서 관치경제를 탈피하여 시장의 힘을 강화시키는 정책을 실시하였다. IMF 위기와 이후 김대중 정부의 시장 중심적 경제정책으로 노동시장의 유연화가 상당 정도 이루어졌다. 노동력의 수량적 감축, 파견노동제, 변형노동제 등에 의해 고용 유연화가 진행되었다. 그 결과, IMF 위기 이후 노동시장의 양극화문제가 대두되었다. IMF 위기 과정에서 생존한 대기업과 그 정규직 노동자들은 상대적으로 안정적인 지위를 누리는 반면, 영세기업과 비정규직 노동자들은 취약한 노동시장의 상황에 처하게 되었다. 이에 따라 근로 빈곤층의 문제가 사회적 이슈로 제기되게 되었다.

외환위기의 상황에서 집권한 김대중 정부는 1960년대 이래 최초의 정권교체를 이룬 진보적 정권이었다. 김대중 정부는 IMF 외환위기와 이에 대한 자유주의적 경제정책의 실시로 야기된 실업과 빈곤의 문제에 사회복지정책의 확대를 통하여 대응하려고 하였다. 즉, IMF 외환위기에 대응하여 시장의 활성화와 함께 사회복지정책을 통한 보완을 강조하였다.

사회보험에 있어서 4대 사회보험을 형태적으로 완성하였다. IMF 위기하에서의 대량 실업에 대응하여 고용보험을 1998년 1인 이상 사업장 노동자로 적용 대상을 확대하여 전체 사업장의 임금노동자를 대상으로 고용보험을 실시하게 되었다. 국민연금도 1999년 도시지역으로 확대함으로써 전 국민 연금시대를 열었다. 의료보험은 1999년 직장조합과 지역조합을 통합하여 의료보험 통합시대를 열었다. 산재보험도 2000년부터 1인 이상 사업장으로 확대하여 전체 사업장 임금노동자를 대상으로 산재보험을 실시하게 되었다. 이로써 전 국민 대상의 통합적인 국민연금과 건강보험 그리고 전체 사업장의 임금노동자를 대상으로 하는 고용보험과 산재보험을 실시하게 되었다.

사회부조에 있어서도 전 국민을 대상으로 하는 현대적 사회부조체계를 구축하였다. 1999년 「국민기초생활보장법」을 입법화하여 2000년 10월부터 국민기초생활보장제도를 실시하였다. 국민기초생활보장제도는 과거의 근로 무능력가구 빈곤자에 대해서만 현금급여를 실시하던 것을 근로 능력가구를 포함하여 전 국민에 대해 최저생계를 보장하는 현금급여를 실시하게 되었다는 의미가 있다.

그 결과, IMF 외환위기 시에 집권한 자유주의적 진보정권인 김대중 정부는 전 국민을 대상으로 하는 사회보험과 사회부조의 형태적 틀을 완성하였다. 이제 한국은 복지국가의 시대로 접어들게 되었다.

〈표 3-3〉 복지국가 정립기의 사회복지정책 발달

정부	성격	사회보험	사회부조	사회복지 서비스	보편적 프로그램
김대중 정부 (1998~ 2002)	• 사회보험과 사회부조 형태적 완성	• 1998년 고용보험 1인 이상 사업장 확대 • 1999년 국민연금 도시지역 확대 • 1999년 의료보험통합 • 2000년 산재보험 1인 이상 사업장 확대	• 2000년 국민기초생활보장제도 도입	–	–

4) 복지국가의 성장 및 조정기: 2002년~현재

앞의 김대중 정부하에서 사회보험과 사회부조의 전통적 복지정책의 형태적 완성을 통하여 복지국가 정립하였다면, 그 이후에는 이를 기반으로 한편에서는 저출산과 여성의 역할 변화에 대응하는 복지정책이 계속 확대되고 성장하고, 다른 한편에서는 인구 고령화에 대응하여 복지 조정이 이루어지는 복지국가의 성장과 조정의 시기를 경험하고 있다.

(1) 노무현 정부 시기(2002~2007년)

김대중 정부에 이은 진보적 민주정권으로서 노무현 정부는 노동시장 유연화에 따른 근로 빈곤과 불평등의 문제에 대응하고 저출산 고령화의 인구구조 변화 그리고 여성의 역할 변화에 따른 돌봄 위기의 문제에 대응하고자 하였다. 노무현 정부는 김대중 정부가 구축한 전통적 복지국가의 기반 위에서 새로운 사회적 위험에 대응하는 사회복지정책을 실시하였다.

사회보험에 있어서 2007년 「국민연금법」 개정을 통하여 국민연금제도의 급여수준을 축소하였다. 국민연금 급여의 수준을 평균 소득 가입자 기준으로 기존의 소득 대체율 60%에서 50%로 축소하였고, 장기적으로 2028년까지 40%로 축소하도록 하였다. 인구구조 고령화에 따른 국민연금의 장기적 재정 지속 가능성을 제고하기 위한 조치였다.

그리고 2007년 「노인장기요양보험법」을 제정하여 노인장기요양서비스를 보편적으로 실시하게 되었다. 이 역시 인구 고령화와 여성의 역할 변화에 따른 돌봄 위기에 대응하고자 하는 정책이었다. [•]

사회부조에 있어서는 2007년 근로장려세제를 도입하였다. 근로장려세제는 노동시장 유연화에 따른 근로 빈곤의 증가 현상에 대응하여 저소득근로가구의 소득을 보충해 주고자 하는 제도였다.

그리고 사회부조와 보편적 수당의 중간적인 모호한 성격으로 기초노령연금제도가 입법화되었다. 기초노령연금은 노인 중 소득인정액 하위 60%를 대상으로 국민연금 평균 가입자 기준 소득대체율 5%(장기적으로 2028년까지 10%)에 해당되는 급여를 정액으로 제공하는 제도였다. 이 제도는 노인 빈곤의 문제에 대응하고 또한 국민연금의 급여 수준 축소에 대응하여 연금급여를 보충하고자 한 것이었다.

즉, 노무현 정부에서는 이전 정부에서의 구축한 전통적 복지국가의 기반 위에 있는 한편, 새로운 사회적 위험들에 대응하여 사회복지정책을 확대·발전시켰다. 저출산고령화위원회를 설치하는 등 저출산과 고령화의 인구구조 변화에 대응하고자하였다. 여성의 역할 변화에 따른 돌봄 위기에 대응하여 노인장기요양서비스와 보육서비스의 제공을 강조하였다. 또한 근로 빈곤의 문제에 대응하여 근로장려세제를 도입하였다. 하지만 동시에 인구 고령화에 대응하여 국민연금을 축소하는 복지국가 조정의 모습도 보였다.

(2) 이명박 정부 시기(2008~2012년)

이명박 정부는 시장자유주의적 이념에 기반하여 경제 성장을 통한 선진국가 건설을 제시하면서 집권하였다. 그러나 집권과 함께 2008년 세계 금융위기의 상황에 직면하였다. 이명박 정부는 4대강 사업 등 토목공사 위주의 정부 지출 증가와 감세정책을 통하여 이 경제적 위기상황에 대응하였다.

사회복지정책의 측면에서는 기존의 복지정책을 유지하고 부분적으로 확대하였다. 노무현 정부 말기에 입법화된 국민연금개혁, 노인장기요양보험, 기초노령연금, 근로장려세제를 그대로 시행하였다. 주로 확대가 이루어진 부분은 노동력 공급확대를 위한 일련의 정책들이었다. 취업 준비활동에 대한 지원과 여성 경제활동 참여를 위한 육아휴직 및 보육서비스의 발전에 초점을 두었다.

사회복지정책의 제도적 측면에서 보면, 사회보험과 사회부조에서 기존에 노무현 정부 말기에 입법화된 제도들을 시행하는 것 이외에는 추가적인 조치가 거의 없었다. 사회보험에 있어서는 고용보험에서 육아휴직제도를 확대하였다. 2008년 6월부터 육아휴직의 1회 분할 사용을 허용하였고, 2010년 육아휴직 대상자를 만 3세 미만 아동에서 6세 미만 아동을 양육하는 경우로 확대하였다. 사회부조에 있어서는 취업성공패키지 제도를 시행하여 저소득층 실업자에게 구직활동을 지원하는 제도를 실시하였다.

사회서비스에서는 보육서비스를 대폭 확대하였다. 기존의 보육서비스가 저소득층을 대상으로 제한되어 있었던 것을 거의 보편적으로 확대하였다. 만 0~2세 영유아의 어린이집 이용에 대한 지원을 보편 보육서비스로 소득에 관계없이 전체에 지원하였다. 만 3~4세 영유아의 어린이집 이용에 대해서는 하위 70%의 가구에 대해 보육료를 전액 지원하였다. 그리고 만 5세의 경우에도 전체 소득계층에 보육료를 지원하였다. 그래서 이명박 정부 말기에 3~4세 상위 30% 가구 아동을 제외하고는 나머지 전체 아동에 보육료를 지원하였다.

한편, 이 시기에는 무상급식 논쟁이 발생하여 보편주의 대 선별주의의 논쟁이 사회적 이슈로 제기되었다. 경기도 교육감 선거에서 시작한 무상급식 논쟁은 서울시로 확대되었고, 서울시에서는 주민투표를 통해 무상급식이 확정되면서 당시 무상급식을 반대했던 오세훈 서울시장이 사퇴하였다. 이러한 과정을 통하여 한국 사회에서 보편주의 복지에 대한 사회적 관심이 크게 확산된 시기였다.

(3) 박근혜 정부 시기(2013~2017년)

박근혜 정부는 세계 금융위기로 인한 경제침체기를 벗어났지만 그동안의 시장 중심적 정책으로 인하여 불평등과 양극화의 문제, 청년 실업의 문제 등이 주요 사회적 문제로 제기되는 상황에서 집권하였다. 이러한 상황에서 박근혜 정부는 국가주의적 보수주의의 이념적 성향을 제시하며 집권하였다. 대통령 선거 과정에서 경제민주화와 복지국가의 주장을 대폭 수용하는 입장을 보였다. 하지만 대통령 당선 이후 선거 과정 시의 수용적 입장을 방기하면서 과거 회귀적인 수구 보수주의의 모습을 보였다.

사회복지정책에 있어서는 기존의 제도적 기반 위에서 부분적 확대와 재조정에 초점을 두었다. 사회보험에 있어서는 공무원연금의 급여 수준을 축소하는 개혁을 단행하였다. 이 과정에서 공무원노조 등의 반대에 직면하여 갈등이 발생하였고, 또한 국민연금을 공무원연금에 근접하도록 그 급여 수준을 인상하는 안을 둘러싸고 정치적 갈등이 발생하였다.

또한 고용보험의 육아휴직제도가 확대되었다. 2013년부터 50만 원의 정액급여가 소득대체율 40%(최저 50만 원 최고 100만 원)의 정률제도로 전환되었다.

사회부조에 있어서는 국민기초생활보장제도를 맞춤형 급여체계로 전환하는 개혁이 이루어졌다. 이를 통해서 국민기초생활보장제도를 생계급여, 의료급여, 주거급여, 교육급여의 네 가지 개별 급여 체계로 개편하였다. 각 급여별로 선정 기준과 급여 수준을 별도로 설정하여 소득 수준에 따라 단계적으로 적용을 받게 하였다.

근로장려세제에서 자녀장려세제(child tax credit)를 분리하여 제도화하였다. 근로장려세제는 가구 단위에서 단독, 홑벌이, 맞벌이 가구에 대해 차등지원하고, 자녀장려세제는 서민층 자녀 1인당 정액을 지급하는 제도로 분리되었다.

보편적 프로그램과 관련하여 일련의 확대와 논란이 발생하였다. 우선, 보편적 수당으로 기초연금의 도입을 둘러싼 논란이 제기되었다. 대통령 선거 과정에서 기존의 기초노령연금을 전체 노인에게 20만 원을 지급하는 기초연금으로 전환하는 공약이 제시되었다. 그러나 집권 후 대상을 노인의 하위 70%로 제한하고 금액도 국민연금 급여 수준과 연계하여 감액하는 방식으로 전환하여 실시하였다. 이 과정에서 이에 반대하여 당시 보건복지부 장관이던 진영 장관이 사퇴하기도 하였다.

보육서비스는 완전 보편서비스 체제를 구축하였다. 논란으로 남아 있던 3~4세 아동 중 상위 30%에 대해 보육료를 지원하기로 결정하면서, 전체 아동에 대해 보육서비스를 제공하는 보편 보육서비스 체계가 구축되었다. 한편, 보육서비스를 이용하지 않고 가정에서 양육하는 경우 현금급여를 제공하는 아동양육수당이 도입되었다. 아동양육수당은 여성의 보육 선택권 확대와 함께 재정 절감을 위한 조치였다.

한편, 이 시기에 이재명 성남시장이 성남시에 거주하는 모든 24세 청년에게 청년배당을 지급하면서 기본소득이 이슈로 떠올랐다. 성남시의 청년배당 실시 여부를 둘러싸고 중앙정부와의 갈등이 발생하였다.

종합해 보면, 박근혜 정부 시기에는 우선 보편주의 방향으로의 부분적인 확대와 통제가 동시에 발생되었다. 보육서비스의 전체 아동 지원이 이루어졌다. 하지만 기초연금의 전체 노인 확대는 이루어지지 못했고, 청년배당과 같은 지방정부의 보편적 정책에 대한 통제가 시도되었다.

다음으로, 노후소득 보장 차원에서 노인빈곤에의 대응하고자 하면서 동시에 재정적 지속 가능성을 강조하였다. 노인빈곤 대응 차원에서 기초연금이 강화되었으나, 재정적 지속 가능성의 측면에서 국민연금급여 수준을 고려한 기초연금 감액 및 공무원연금 축소 개혁을 실시하였다.

그리고 아동 양육을 지원하는 제도들이 강화되었다. 육아휴직제도가 확대되었고, 자녀장려세제가 도입되었으며, 보육서비스가 확대되었다.

(4) 문재인 정부 시기(2017~2022년)

문재인 정부는 촛불혁명으로 집권한 진보정권이다. IMF 외환위기 이후 누적되어 온 불평등과 양극화, 불안정 노동, 청년 실업 등의 문제에 직면하여 소득주도성장 정책과 포용적 복지를 제시하며 집권하였다. 집권 후 최저임금 인상과 비정규직의 정규직화 등 일련의 경제 영역에서의 개혁 정책을 실시하였다. 그런데 2020년 코로나 바이러스(COVID-19)의 확산으로 세계적 위기 상황에 직면하였다. 코로나 위기로 인해 특수형태 고용노동자 등 비정형적 노동자들과 영세 자영업자들의 실업과 폐업 위기에 대해 기존의 사회보장제도가 제대로 작동하지 못하는 문제가 발생했다. 이러한 상황에서 코로나로 인한 경제적 위기와 포스트코로나 시대에 대응하기 위하여 문재인 정부는 한국형 뉴딜정책을 제시하였다.

사회복지정책에 있어서는 포용적 복지라는 슬로건하에서 복지의 확대가 이루어졌다. 먼저 사회보험에 있어서는 건강보험의 보장률을 증대시키기 위한 노력이 '문재인 케어'라는 이름하에서 이루어졌다. 건강보험의 보장률을 70% 수준으로 인상하고자 한 것이었다. 국민연금의 급여 수준을 인상하기 위한 논의가 있었다. 하지만 국민연금의 장기 재정 불안정성에 대한 우려를 불식시키지 못하면서 국민연금 급여 수준 인상은 흐지부지되었다. 고용보험과 산재보험에서 특수 형태 근로노동자로의 확대가 이루어졌다. 코로나 위기를 통해 사회적 이슈로 제기된 상병수당의 도입과 고용보험의 자영자 확대에 대한 계획도 발표되었다.

사회부조 및 준보편수당에 있어서는 한국형 실업부조제도로서 국민취업지원제도가 2021년 도입되어, 저소득 실업자에 대하여 6개월간 월 50만 원을 지급하는 제도로 출발하였다. 국민기초생활보장제도의 부양 의무자 기준이 완화되었고, 완전한 폐지 계획이 제시되었다. 기초연금의 급여 수준이 이전의 20만 원에서 2021년부터 30만 원으로까지 인상되었다.

보편수당제도로 아동수당이 도입되었다. 한국에서 최초로 완전한 보편적 현금급여제도로 아동수당이 도입되었다. 2018년 만 6세 미만 하위 90%를 대상으로 시작하여 2019년에는 만 7세 미만 전체 아동으로 확대되었다. 이로써 한국도 보편수당제도를 최초로 가지게 되었다.

사회서비스에 있어서는 사회서비스의 공급에서의 국공립 기관의 증가와 사회서비스원의 설치를 통한 공적 관리 강화 시도가 이루어졌다. 그리고 보건과 복지의 결합을 통하여 지역사회 중심의 돌봄 체계를 구축하기 위한 커뮤니티케어 정책이 시도되었다.

문재인 정부는 초기에 포용적 복지를 강조하면 사회보장에서의 보장성 강화와 사회서비스 공급에서의 공적 개입과 관리의 증대를 추구했다. 그러다가 코로나 시대의 위기에 대응하기 위한 고용보험의 확대와 실업부조 도입, 상병수당 도입 등의 일련의 조치에 초점을 두었다.

〈표 3-4〉 복지국가 성장 및 조정기의 사회복지정책 발달

정부	성격	사회보험	사회부조	사회복지 서비스	보편적 프로그램
노무현 정부 (2002~ 2007)	• 새로운 사회 위험 대응	• 2007년 국민 연금축소개혁 • 2007년 장기 요양보험 실시	• 2007년 기초노 령연금 도입 • 2007년 근로장 려세제 도입	–	–
이명박 정부 (2008~ 2012)	• 기존복지정책 유지 및 부분 확대	• 고용보험 육 아휴가제 확 대	–	• 보육서비스 대폭 확대	–

박근혜 정부 (2013~ 2017)	• 복지 조정 및 부분 확대	• 공무원연금 축소 • 고용보험 육 아휴직제 확 대	• 국민기초생활보 장제도의 맞춤 형 급여제 개혁 • 근로장려세제에 서 자녀장려세 제 분리	–	• 보편보육서 비스 • 준보편적 기 초연금
문재인 정부 (2017~ 2022)	• 포용적 복지	• 건강보험 보 장률 제고 • 고용보험 특 고노동자 확 대 • 상병수당 도 입 계획	• 국민취업지원제 도 도입 • 국민기초생활보 장제도 부양의 무자 기준 완화	• 사회서비스 원 설치	• 아동수당 도 입 • 기초연금 급 여수준 인상

제4장 사회복지정책의 가치

이 장에서는 사회복지정책이 지향하는 가치에 대하여 살펴본다. 사회적 욕구 충족과 좋은 삶,
자유, 평등, 분배정의 그리고 연대성의 가치에 대하여 살펴본다. 사회적 욕구 충족과 좋은 삶에서
는 사회복지정책이 기본적 욕구, 참여적 욕구 그리고 자기실현의 욕구의 충족을 지향한다는 것
을 제시한다. 자유에 있어서는 소극적 자유를 넘어서서 적극적 자유, 특히 자기계발을 위한 힘으
로서의 자유를 지향한다는 것을 제시한다. 평등에 있어서는 도덕적 평등, 기회의 평등, 운의 평
등, 관계의 평등 그리고 결과의 평등에 대하여 살펴본다. 분배정의에 있어서는 자유지상주의, 공
리주의, 롤스의 분배정의론 그리고 집합주의에 대하여 살펴본다. 그리고 연대성에 있어서는 국
가차원의 연대성과 시민권 그리고 비시민권자 등 소수자 배제, 권리와 책임의 이슈에 대하여 살
펴본다.

1. 사회적 욕구 충족과 좋은 삶

사회복지정책의 목적은 사회 구성원들의 사회적 욕구(social needs)를 충족시켜
좋은 삶(welfare)[1]을 살도록 지원하는 것이다. 개인의 모든 욕구가 사회적 욕구로
인정되지는 않는다. 개인의 특수한 취향에 따른 사치적 소비 욕구까지 사회적 욕구
라고 할 수는 없다. 사회적 욕구는 사회 구성원들의 평가(public evaluation)를 통해
서 사회적으로 대응이 필요하다고 인식되는 욕구이다. 이러한 욕구가 충족되지 못
하는 경우를 비복지(diswelfare)의 상태라고 한다. 사회적 욕구는 사회 구성원들의
평가를 통해 형성되는 것으로서 구체적으로 무엇이 사회적 욕구인지에 대한 명확

---

1) welfare는 영어의 좋은(well)이란 단어와 살아가다(fare)란 단어가 결합된 것이다.

한 기준은 없다. 그동안 사회적 욕구를 개념화하고자 하는 일련의 노력들이 전개되어 왔다. 이를 크게 세 가지 방향으로 구분해 볼 수 있다.

첫째, 사회적 욕구를 기본적 욕구(basic needs)로 개념화하고자 하는 입장이다. 사회적 욕구는 일반적으로 사람들에게 근본적이고 필수적이며 공통적인 기본적 욕구로서 인식되어 왔다. 일부의 학자들은 모두가 완전히 합의할 수 있는 그러한 일련의 기본적 욕구들이 존재한다고 보았다. 기본적 욕구가 무엇인지를 정의하고자 한 대표적 예로 도얄과 고프(Doyal & Gough, 1991/임수균 역, 2005) 그리고 누스바움(Nussbaum, 2011/한상연 역, 2015)이 있다.

도얄과 고프(1991)는 기본적 욕구를 '건강'과 '자율성'으로 설정하였다. 사람들이 심각한 해를 입지 않고 선택한 삶의 형태에 참여하는 것이 가장 기본적인 욕구라고 본 것이다. 이 기본적 욕구를 충족하기 위해 구체적으로 영양과 물, 안전한 주거, 유해하지 않은 환경, 안전한 출산 통제와 임신, 적절한 의료보호, 아동기의 안전, 의미 있는 관계, 신체적 안전, 경제적 안전, 기본적 교육 등 열두 가지의 충족물(satisfier)이 필요하다고 제시했다.

또한 누스바움(2011)은 세대 간에 걸쳐 합의할 수 있는 일련의 기본 욕구의 목록으로 사람들이 기본적으로 가져야 할 열 가지 핵심역량(Central Human Functional Capabilities: CHFCs)[2]을 제시하였다. 기본적 욕구인 이 핵심역량들을 국가가 최소

---

2) 인간의 열 가지 핵심역량의 목록은 다음과 같다.
  ① 생명(life): 평균 수명을 누리며 살 수 있게 해 주어야 한다.
  ② 신체 건강(Bodily health): 양호한 건강을 누릴 수 있어야 한다.
  ③ 신체 보전(Bodily Integrity): 자유롭게 이동할 수 있고, 폭력적 공격으로부터 보호받아야 하며, 성적 만족을 누릴 기회가 있어야 하고 자식을 낳을지 말지를 주체적으로 선택해야 한다.
  ④ 감각, 상상, 사고(sense, imagination, and thought): 감각기관을 활용할 줄 알아야 하며, 상상하고 사고하고 추론할 줄도 알아야 한다. 적절한 교육으로 지식을 전하고 교양을 쌓도록 하는 방식으로 이들 역량을 확보해 주어야 한다.
  ⑤ 감정(emotions): 주변 사람이나 사물에 애착을 느낄 수 있어야 한다. 자신을 사랑하고 보살피는 사람을 사랑 할 수 있어야 하고, 그런 사람이 없다면 슬퍼할 줄 알아야 한다.
  ⑥ 실천이성(Practical reason): 선에 대한 관념을 형성할 수 있어야 한다. 삶의 계획을 비판적으로 성찰할 줄 알아야 한다.
  ⑦ 관계(affiliation): 다른 사람과 더불어 살고 다른 사람을 인정하며 다른 사람에게 관심을 보이고 다양한 사회적 상호작용에도 참여할 수 있어야 한다. 자존감의 사회적 토대를 마련해 주어야 한다. 이를 위해 인종, 성별, 성적 지향, 민족적 배경, 사회계급, 종교, 국적 등에 근거한 차별이 사라져야 한다.
  ⑧ 인간 이외의 종(other species): 동물이나 식물 등 자연 세계에 존재하는 모든 것에 관심을 기울이고 관계를 맺으며 살아갈 수 있어야 한다.
  ⑨ 놀이(play): 웃고 놀 줄 알아야 하고 여가를 즐길 수 있어야 한다.

수준 이상으로 보장해 주어야 한다고 주장했다.

이들은 기본 욕구를 아주 추상적으로 시공간을 넘어서 인간에 보편적인 욕구로 정의하였다. 그런데 한 사회에서 구체적으로 기본 욕구를 설정하고자 하는 경우에 보다 경험적인 조작적 정의가 필요하다. 이때 환경의 변화와 관련하여 외부 환경과 무관하게 절대적 기준을 설정할 것인가 아니면 환경 변화에 따라 상대적 기준을 설정할 것인가의 이슈가 제기된다. 우선, 절대적 기준을 설정할 수 있다. 그런데 절대적 기준을 설정하게 되면, 한 사회의 생활 수준의 향상에 따라 과거에 설정된 절대적 기준은 점차 비현실적으로 낮은 수준이 된다. 그래서 경험적으로 기본적 욕구 기준을 설정할 때에는 시공간에 따라 상황의 변화를 반영할 수 있는 상대적 기준을 설정하는 것이 일반적이다. 예를 들어, 우리가 빈곤선을 설정할 때 절대적 빈곤선을 설정할 수도 있고 상대적 빈곤선을 설정할 수도 있다. 절대적 빈곤선으로, 예를 들어 1인 가구 60만 원의 빈곤선을 설정하고 이를 고정할 수 있다. 또는 상대적 빈곤선으로 중위소득이나 평균 소득의 일정 비율과 같은 기준을 설정할 수 있다. 중위소득이나 평균 소득은 그 사회의 전반적인 소득 수준의 변화에 따라 연동하여 변하기 때문에 생활 수준의 변화를 반영할 수 있다. 예를 들어, 중위소득의 40%를 빈곤선으로 설정하는 경우 그 액수는 중위소득의 변화를 반영하여 계속 변화하게 된다. 한국의 경우 국민기초생활보장제도의 선정 기준을 상대적 빈곤선인 중위소득의 일정 비율로 설정하고 있다.

둘째, 사회적 욕구를 기본적 수준의 욕구를 넘어서서 사회의 한 구성원으로서 정상적으로 사회에 참여하고자 하는 참여적 욕구(participatory needs)로 개념화하려는 노력이 전개되어 왔다. 기본적 욕구를 초과하는 욕구는 개인적 욕구, 주관적 욕구, 비기본적 욕구로서 사회적 욕구의 범위를 넘어선 것일 수 있다. 하지만 기본적 욕구와 개인적 · 주관적 · 비기본적 욕구의 중간에 참여적 욕구가 존재하고 (Fitzpatrick, 2011), 사회적 욕구는 참여적 욕구를 포함한다고 볼 수 있다.

그런데 참여적 욕구가 기본적 욕구를 넘어서는 것인지, 아니면 기본적 욕구의 한 부분인지에 대해서는 논란이 있다. 기본 욕구에 사회적 참여의 욕구가 포함되어 있

---

⑩ 환경 통제(control over one's environment): 정치적 측면에서 삶에 지대한 영향을 미치는 정치적 선택 과정에 효과적으로 참여할 수 있어야 한다. 물질적 측면에서 재산(부동산과 동산)을 소유할 수 있어야 한다.
출처: 마사 누스바움 지음, 한상연 옮김(2015).

다고 볼 수도 있다. 도얄과 고프(1991) 그리고 누스바움(2011)이 제시한 기본 욕구의 범주를 보면, 정도의 차이는 있지만 사회적 관계를 형성하고 참여하고자 하는 욕구를 기본 욕구의 일부로 포함한다. 이러한 맥락에서 주타번과 콜리(Zutavern & Kohli, 2010)는 참여적 기본 욕구(participatory basic need)라는 개념을 사용하며 참여적 욕구를 기본적 욕구의 일부로 보기도 했다. 하지만 이때 기본 욕구의 일부로서의 사회적 관계와 참여에 대한 욕구가 어느 정도의 사회적 참여를 의미하는지는 명확하지 않다. 현실에서는 기본적 욕구를 최저생활보장과 같은 기초적 욕구 수준을 지칭하는 것으로 인식하는 경우가 많다. 그러므로 사회적 욕구를 기본적 욕구와 함께 참여적 욕구를 포함하는 것으로 개념화하는 것은 의미가 있다.

참여적 욕구의 개념을 발달시켜 온 대표적인 이론으로 센(Sen)의 역량접근(capability approach)이 있다. 센(1985)은 사회 구성원들이 사회에 참여하여 적절하게 기능(function)해야 하고, 이를 위해서는 그 기능들을 수행할 수 있는 역량(capability)을 가져야 한다고 주장했다. 참여적 욕구를 충족시키기 위해서는, 즉 개인들이 사회 구성원으로서 사회에 참여하여 적절하게 기능하기 위한 역량들을 가질 수 있도록 하기 위해서는, 개인에 대한 국가의 상당한 수준의 지원이 필요하다. 사회복지정책에서 사회의 표준적인 서비스를 제공하는 보편적 서비스나 이전 생활수준보장을 제공하는 사회보험 그리고 취약계층에 대한 긍정적 차별로서의 추가급여 등은 이러한 참여적 욕구를 충족시키는 데 초점을 둔 제도들이다.

한편, 개인 간의 비교의 측면에서 지역사회에의 참여적 욕구와 함께 그 이면에서 차이에 대한 욕구(the need for distinction)도 있다. 이것은 지위재(positional goods)로서 다른 사람의 성취에 역으로 관계된다(Zutavern & Kohli, 2010). 사람들과의 관계에서 다른 사람들과 구별되는 경제적 · 정치적 자원을 가지기를 원하는 욕구이다. 차이에 대한 욕구를 사회적 욕구로까지 설정하기는 어려워 보인다. 하지만 개인 간의 비교의 차원에서 참여의 욕구와 함께 차이의 욕구도 실제로 존재한다. 사회복지정책에서 직업별, 산업별 등으로 분립된 사회보험 체계나 소득비례 방식의 사회보험은 이러한 개인들의 차이에 대한 욕구를 반영한다.

셋째, 사회적 욕구를 논의함에 있어서 쾌락적 측면에서의 욕구와 자기실현으로서의 욕구를 구분하여 개념화하는 노력이 있어 왔다. 우리는 욕구의 충족을 통하여 좋은 삶(welfare)을 지향한다. 좋은 삶이라는 것은 단순히 인간의 직접적인 정신적 · 신체적 쾌락의 충족으로 제한되지 않는다. 좋은 삶은 이를 넘어서서 자신의 인생의 목표를 실현하는 것으로부터 오는 성취감의 충족을 포함한다. 일반적으로 전자를 쾌락주의적 욕구, 즉 헤도니즘적(hedonistic) 욕구라고 한다. 후자를 자기실현에의 욕구, 즉 유다이모니아(edudaimonia)로서의 욕구라고 한다. 사회적 욕구는 단순히 개인으로 하여금 쾌락에 대한 욕구를 넘어서서 자기실현을 위한 욕구를 포함한다. 사회복지정책도 단순히 복지급여의 제공에 의해 수급자들을 먹여 살려 주고 복지에 의존하여 수동적으로 살아가게 하는 데 그치기보다는 이를 넘어서서 수급자들이 사회에 참여하여 자기실현을 성취할 수 있도록 지원함으로써 좋은 삶을 살도록 하는 데 그 목적이 있다.

지금까지 사회적 욕구 개념의 정의와 관련된 이슈들을 살펴보았다. 사회적 욕구의 개념 설정에 있어서의 대안적 접근들은 다음과 같은 함의들을 제시한다.[3] 첫째, 기본 욕구의 개념은 사회복지정책이 대응해야 하는 사회적 욕구들의 잠재적 범위를 가리켜 준다. 도얄과 고프(1991) 그리고 누스바움(2011)이 제시했던 영양, 보건, 교육, 신체적 보장 등의 기본 욕구들은 대부분의 국가에서 사회복지정책을 통하여 대응하고 있는 사회적 욕구의 범위를 보여 준다. 둘째, 기본 욕구 충족에 있어서 시공간적 환경 조건의 차이에 따른 상대적 욕구 기준은 기본 욕구가 인간이 속한 환경의 조건 위에서 구체적으로 형성된다는 것을 제시한다. 셋째, 참여적 욕구의 개념은 사회적 욕구의 개념이 기초적 수준을 넘어서 사회 구성원으로서 사회에 참여하고 통합되기 위한 보다 높은 수준의 욕구를 포함한다는 것을 제시한다. 넷째, 참여적 욕구와 차등적 욕구의 개념은 욕구 충족에 있어서 사람 간에 존재하는 상충관계와 잠재적 갈등들을 강조한다. 다섯째, 자기실현의 욕구 개념은 사회복지정책의 지향의 단순한 수급자의 물질적 욕구 충족에 있지 않고 이를 넘어서서 사회 구성원 개개인의 자기실현의 욕구를 지원함으로써 이들이 좋은 삶을 살도록 하는 데 있다는 것을 제시한다.

---

3) 이 부분은 주타번과 콜리(2010)의 기본적 욕구 논의의 함의에 대한 부분에 기반하여 확대 수정하여 제시하였다.

2. 자유

사회복지정책은 사회 구성원들의 자유의 증진을 지향한다. 그런데 개인들의 자유 추구에는 사회 구성원 간에 일정하게 충돌되는 부분이 존재한다. 개인들의 자유 추구 과정에서 서로 충돌이 발생되는 경우에 일정한 조정이 불가피하다. 그래서 사회복지정책에서 추구하는 자유는 사회적으로 조정된 자유의 추구이다. 사회적으로 조정된 자유는 어떠한 자유를 말하는 것인가? 다음에서 자유의 개념에 대해 보다 자세하게 검토해 보자.

자유의 개념에 대해 벌린(Berlin, 1968/박동천 역, 2014)은 자유를 소극적 자유와 적극적 자유로 구분하였다. 소극적 자유는 '~로부터의 자유', 즉 개인이 외부로부터 간섭받지 않을 자유이다. 적극적 자유는 '~를 위한 자유', 즉 개인이 원하는 바를 행할 수 있는 자유이다. 벌린은 누구로부터도 침해받을 수 없는 최소한의 자유를 지켜야 한다는 입장에서 소극적 자유를 강조하기 위해 이 개념적 구분을 시도하였다. 그는 사회가 어떤 추상적 원리에 기반하여 개인의 행동의 방향을 규제하는 것은 사회에 의한 개인의 속박을 야기하여 전체주의 사회를 초래할 수 있다고 우려하였다. 그래서 전체주의 사회로 전락하지 않고 자유 사회를 유지하기 위해서는 개인의 최소한의 소극적 자유를 보호하는 것이 중요하다고 주장하였다. 즉, 적극적 자유는 다른 사람의 자유를 침해하고 간섭할 수 있으므로 조심스럽게 행해져야 한다는 것이다. 그러나 벌린이 자유의 적극적 개념의 포기를 주장한 것은 아니다. 그는 자유의 증진을 위하여 개인들에 대한 강제가 때때로 정당화될 수 있다고 믿었다. 국가가 재분배 및 개입주의적 역할을 수행하는 것이 요청될 때 주의 깊게 진행할 것을 조언하였다.

사회복지정책은 소극적 자유를 넘어서서 적극적 자유를 지향한다. 한 사회에서 빈자와 소외된 사람들이 자원의 부족으로 인해 자신이 원하는 바를 행하지 못하는 무력감과 속박의 상태에서 벗어날 수 있도록 지원하고자 하기 때문이다. 소극적 자유만을 보호하기 위하여 빈곤층을 빈곤과 박탈의 상태에 방치할 수는 없다. 사회복지정책은 개인들이 빈곤과 박탈에서 벗어나서 사회에 참여하여 적극적 자유를 누릴 수 있도록 지원한다.

하지만 소극적 자유와 적극적 자유 간의 갈등문제가 있다. 적극적 자유의 추구

결과 소극적 자유를 침범할 가능성에 대한 우려가 있다. 그러므로 소극적 자유를 무시한 무조건적 · 적극적 자유의 추구는 경계할 필요가 있다. 그렇다면 소극적 자유를 보호하면서도 적극적 자유를 추구하는 범위는 어느 정도에서 설정되어야 할까? 이 문제를 다음의 두 가지 측면에서 고려해 볼 수 있다.

첫째, 정치적 자유와 경제적 자유를 구분하여 생각할 필요가 있다. 벌린이 보호하고자 한 최소한의 자유는 우선 정치적 자유에 해당된다. 개인의 언론과 출판, 정치 참여와 결사 등의 기본적 시민적 · 정치적 자유권이 소극적 자유로 보장되어야 한다. 하지만 기본적인 시민적 · 정치적 자유권이 보장된 상황에서 민주적 정치과정을 통하여 사회적으로 절충되고 타협된 일정 수준의 경제적 재분배가 누구로부터도 침해받을 수 없는 최소한의 자유로서의 소극적 자유를 침범한다고 보기는 어렵다. 물론 경제적 영역에서의 자유가 몰수되어도 상관없다는 것은 아니다. 개인 재산의 몰수와 같은 조치들에 의하여 강한 저항과 폭력이 발생되어 사회가 혼란에 빠지는 경우에는 소극적 자유를 침범할 가능성이 있다. 하지만 정치적 자유의 보장 위에서 민주주의의 과정을 통하여 사회적으로 타협되고 절충되는 경제적 재분배는 최소한의 필수적인 소극적 자유를 보호하면서도 적극적 자유를 추구한다고 볼 수 있다. 그러므로 개인의 정치적 자유를 필수적으로 보장하면서 민주적 과정을 통하여 경제적 재분배에 대한 사회적 타협과 합의를 형성해 나가는 노력이 중요하다.

둘째, 소극적 자유를 넘어서 적극적 자유를 추구함에 있어 그 범위를 자기계발을 위한 힘으로서의 자유(freedom as the power of self-development)를 갖는 정도로 제한할 수 있다. 개인들의 적극적 자유의 무제한적 추구는 필연적으로 개인 간의 충돌을 야기한다. 그러므로 적극적 자유의 추구는 일정 범위에서 제한될 필요가 있다. 그린(Green, 1991)은 적극적 자유의 추구를 개인이 자기계발을 위한 힘을 가질 수 있도록 하는 정도로 제한하자고 주장하였다. 이러한 견해를 자유에 대한 수정주의적 견해라고 부른다(White, 2010).

그린은 소극적 자유와 적극적 자유의 사이에서 자기계발을 위한 힘으로서의 자유 개념에 주목하여, 소극적 자유는 그것이 이 힘을 증진시키는 한에서만 가치가 있고, 이 힘을 제한하게 될 때 그 가치를 상실한다고 주장했다. 자기계발을 위해 필요한 자원을 모든 시민이 보장받도록 제도화하는 국가의 강제력 사용은 소극적 자유를 제한할 수 있다. 그러나 이것이 더 많은 또는 모든 시민에게 실제로 중요한 자기계발의 힘을 갖도록 하는 것이라면 이러한 소극적 자유의 제한은 정당화된다고 주장하였다.

이러한 자유에 대한 입장은 이후 센의 역량접근에서도 유사하게 제시되었다. 센은 개인들이 사회에 참여하여 사회의 정상적인 한 구성원으로서 기능하기 위한 역량을 갖추도록 하기 위하여 사회적 개입이 필요하다고 주장하였다.

이와 같이 자유에 대한 수정주의적 견해에서는 자유의 개념을 자기 계발을 위한 기본적 역량의 측면에서 개념화하고, 이의 보장을 위한 국가의 사회복지정책의 필요성을 제기하였다.

3. 평등

사회복지정책은 한 사회 구성원들 사이에서 평등의 증진을 추구한다. 우리가 평등이라고 할 때 무엇의 평등을 말하는 것인가? 평등의 개념을 논함에 있어 화이트(White, 2006/강정인, 권도혁 역, 2016)는 평등을 법적 평등, 정치적 평등, 사회적 평등, 경제적 평등, 도덕적 평등으로 구분하였다. 피츠패트릭(Fitzpatrick, 2011)은 기회의 평등, 결과의 평등, 후생의 평등, 자원의 평등, 실현능력 평등, 관계의 평등으로 구분하였다. 두 가지 평등의 개념 구분을 결합하여 볼 때, 평등의 개념을 도덕적 평등의 목표 아래 기회의 평등, 결과의 평등, 운의 평등, 관계의 평등으로 구분하여 살펴보는 것이 적합하다고 생각된다. 다음에서는 사회복지정책이 어떠한 평등을 증진시키려고 하는 것인지에 대해 각각의 평등의 개념을 구체적으로 살펴보고자 한다.

사회복지정책은 도덕적 평등의 토대 위에 서 있다. 도덕적 평등은 한 사회의 구성원들이 각각 평등한 가치를 가진다는 것을 말한다. 법적 · 정치적 · 사회적 · 경제적 영역의 평등은 도덕적 평등을 달성하기 위한 일종의 도구적 평등의 성격을 가진다. 법적 · 정치적 · 사회적 · 경제적 영역에서의 불평등은 그에 합당한 사유, 즉 그러한 불평등들이 공동체 구성원 각각이 평등한 가치를 가진다는 것에 부합되는 이유를 필요로 한다(White, 2006/강정인, 권도혁 역, 2016). 사회복지정책은 사회 구성원 모두의 가치를 평등하게 인식하고 개개인에 대한 평등한 관심과 존중을 표현하도록 설계되어야 한다.

사회복지정책은 기회의 평등을 증진시키고자 한다. 기회의 평등은 출발선상에서의 평등을 이루고자 하는 것이다. 출발선상에서의 평등을 통하여 기회의 평등을 제공한 이후에는 게임의 규칙하에서 개인들의 행위와 상호작용에 따라 나타난 결과에 대해서는 문제 삼지 않는다는 것을 함축한다. 한편에서는 출발선상에서의 평등의 확보를 강조하면서, 다른 한편에서는 그 이후에 나타난 결과에 대해서는 불평등을 인정하는 입장이다. 그런데 이 기회의 평등의 개념은 아주 포괄적이어서 기회의 범위를 어떻게 보는가에 따라 상당한 차이가 있다.

기회의 평등에 대해서는 최소주의 해석과 최대주의 해석이 가능하다(Esping-Andersen, 1999/박시종 역, 2007).

첫째, 기회의 평등에 대한 최소주의적 해석이다. 이 입장에서는 보편적 의무교육을 통하여 인적 자본(human capital)의 형성을 위한 평등한 접근권을 보장하여 출발선상에서의 평등 확보를 강조한다. 또한 개인의 경제활동 과정에서 인종이나 성별 등에 따른 차별이 없어야 한다는 반차별을 중시한다. 이러한 기회 평등에 대한 최소주의적 입장은 다음과 같은 시장경제의 작동과 관련하여 보면 더 쉽게 이해될 수 있다. 자본주의 시장경제에서 개인들은 성인이 되어 노동시장에 진입한다. 이 시점이 바로 출발선으로서, 노동시장에 진입하여 자신의 노동력을 판매하여 임금을 획득하게 된다. 이 출발선상에서의 평등을 확보하는 것이 중요하다. 이를 위해 모든 사람이 자신의 인적 자본을 축적할 교육기회를 가질 수 있도록 보편적 의무교육을 통하여 교육기회를 평등하게 보장받아야 한다. 그리고 노동시장 진입 후의 경제활동 과정에서 차별이 없어야 하고, 시장의 규칙에 따라 분배가 진행되어야 한다. 이러한 기회 평등에 대한 최소주의적 해석의 전제는 인적 자본이 생활 기회의 차이를 야기하는 결정적 요인이라는 것이다. 인적 자본이 중요하다고 하는 데 대해서는 대부분 동의할 수 있다. 하지만 아동에 대한 의무교육만 제공되면 기회 평등이 달성되는가에 대해서는 많은 사람이 회의적일 수밖에 없다.

둘째, 기회의 평등에 대한 최대주의적 해석이 있다. 이 입장에 따르면, 기회의 불평등을 야기하는 원천이 다양하다. 상속된 불이익은 인적 자본을 뛰어넘는 것으로 생활 기회에 중요한 영향을 미치는 모든 주요 자원을 포함한다. 예를 들어, 부모로부터 물려받은 부(wealth)는 개인들의 경제활동 과정에서뿐만 아니라 인적 자본의 형성 과정에서도 중요한 불평등들을 만들어 낸다. 단순한 물질적 재산뿐만 아니라 인간이 부모로부터 물려받은 능력 일반이 불평등하게 상속된다. 그러므로 진정한 기회의 평등을 확보하는 것은 엄청난 사회적 노력과 급진적 개혁을 필요로 한다. 예를 들어, 출발선상에서의 평등을 확보하기 위하여 부모로부터 물려받는 재산을 평등하게 한다고 가정해 보자. 이를 위해서는 모든 사람이 사망할 때 그들의 재산을 사회적으로 몰수해야 하고, 이 재산을 새로운 출생자들 또는 성년이 되는 사람들에게 1/n만큼 동일하게 배분해야 한다. 이러한 급진적 개혁은 재산을 몰수당하는 개인의 강한 저항에 직면할 것이다. 현대 복지국가들에서는 누진적 조세에 기반하여 사회적 급여를 공급함으로써 보다 포괄적인 기회의 평등을 달성하기 위하여 노력해 왔다. 이러한 복지 노력들은 기회 평등에 대한 최소주의적 해석을 넘어서고자 하는 조치이다. 하지만 현대 복지국가들의 노력은 기회 평등의 최대주의적 해석에 훨씬 못 미치는 수준이다.

이처럼 기회 평등의 개념은 실제적으로 아주 포괄적이다. 하지만 일반적으로 기회의 평등의 개념은 최소주의적 해석으로 사용된다. 기회의 평등의 최대주의적 해석의 입장은 기회의 평등주의로 불리기보다는 이를 넘어서는 보다 근본적인 입장으로 인식되고 있다. 한편, 기회 평등의 최대주의적 해석의 입장에서 운 평등주의와 관계 평등주의가 주목을 받고 있다. 이 입장들에 대하여 보다 자세하게 살펴보자.

운 평등주의(luck egalitarianism)는 단어 그대로 개인들이 상속받는 운을 평등하게 해야 한다는 입장이다. 운 평등주의에서는 운을 '잔인한 운(brute luck)'과 '선택적 운(option luck)'으로 구분한다. 잔인한 운은 개인들이 통제할 수 없는 운을 지칭하고, 선택적 운은 개인의 선택에 의하여 야기되는 개인들이 통제할 수 있는 운을 말한다. 한 개인은 출생과 함께 부모로부터 물려받는 부나 유전적 능력 등과 같은 선천적 조건의 불평등에 직면한다. 하지만 이 선천적 조건의 불평등은 개인이 통제할 수 없는 잔인한 운에 의해 야기되는 불평등이다. 이러한 잔인한 운에 의한 불평등은 정당하지 않은 반면, 개인의 선택에 따라 선택적 운에 의해 발생되는 불평등은 정당하다. 개인이 자신의 부단한 노력에 의해 형성한 결과 또는 자신의 방만한 생활습관에 의해 초래된 결과에 대해서는 이를 자신의 선택적 운에 의한 불평등으로서 받아들여야 한다는 것이다. 그래서 운 평등주의에 따르면, 분배의 결과는 개인들의 선천적 조건들에 무관하고(endowment-insensitivity) 개인의 선택적 운에는 민감하게 반응해야(ambition-sensitivity) 하며, 사회는 선천적 조건의 차이(즉, 잔인한 운)에 의한 불평등을 최소화하기 위한 개혁들을 실시하여야 한다.

이러한 맥락에서 사회복지정책은 개인들이 선천적으로 상속받은 잔인한 운에 의한 불평등을 해소하는 데 있어 중요한 역할을 수행해야 한다. 드워킨(Dworkin, 2000)은 가상적 보험시장(hypothetical insurance market)의 예를 통하여 이러한 선천적 운에 의한 불평등을 완화하기 위하여 사회복지정책이 필요하다고 주장했다. 개인들이 자신의 선천적 능력에 대해 알지 못하고 외부적 자원들에 대해 동일한 구매력을 가지고 있는 가상적 보험시장을 가정하였다. 이러한 가상적 보험시장에서, 사람들은 잔인한 운에 의한 불이익에 대비하기 위하여 일련의 보험을 구입하려고 한다. 국가의 사회복지급여는 잔인한 운에 따르는 불이익의 위험을 회피하기 위하여 사람들이 평균적으로 구입하려고 하는 보험급여에 해당된다. 그리고 개인들은 이 보험의 구입을 위해 필요한 보험료에 해당되는 금액을 누진적 조세로서 국가에 납부하여야 한다.

한편, 운 평등주의자들은 선택적 운에 따른 불평등은 정당하다고 보고 이에 대한 개인의 책임을 수용한다. 이러한 점에서 운 평등주의자들은 철저한 기회의 평등주의자라고 할 수 있다. 기회의 평등만 제공되면 그 결과의 불평등에 대해서는 수용해야 한다는 입장이다. 하지만 개인의 나쁜 선택들은 잔인한 운과 관련될 수 있다. 선택(choice)은 선호(preference)를 반영한다. 그런데 선호는 대부분 잔인한 운의 문제인 그 사람의 사회적 환경(social environment)에 의해 형성된다. 그래서 잔인한 운과 개인의 선택에 따른 개인의 책임을 구분하는 것은 어려운 문제이다(White, 2010).

서구 복지국가들의 경우를 보면, 북유럽의 사회민주주의 복지국가들은 운 평등의 관점에서 잔인한 운에 의한 불평등을 제거하고자 하는 방향에서 사회복지정책을 실시하고 있다. 하지만 영국이나 미국과 같은 자유주의 복지국가들은 기본 욕구 충족에 초점을 맞추어서 잔인한 운에 따른 불평등의 완화나 예방까지는 나아가지 않는다. 독일 등의 보수주의 복지국가들의 경우에도 기존 불평등에 대해 문제를 제기하지 않고, 사회보험을 통하여 개인들의 위험 발생 이전의 생활 수준을 유지시키는 데 초점을 두고 있다. 특히 보수주의 복지국가에서 여성의 낮은 경제활동 참여는 운 평등주의자들의 입장에서 보면 불공정하다(White, 2010).

운의 평등과 좀 다른 차원에서 관계의 평등(relational equality)을 주장하는 입장
이 있다. 관계 평등주의는 사회적 관계에 있어서 지위의 평등(equality of status)과
지배의 부재(absence of domination)에 의해 특징지어지는 사회가 평등한 사회라
고 주장한다. 관계 평등주의에서는 단순히 우리가 자원을 어떻게 분배하는가가 아
니라 사회적 관계의 질(quality of social relationship)에 초점을 맞춘다. 사회적 관
계에서 두 가지 주요한 특징을 지위(status)와 권력(power)으로 보고, 평등한 사회
는 지위와 관련하여 개인들이 서로 평등한 시민적 · 정치적 지위(civic and political
standing)를 가지고 또한 권력과 관련하여 어떠한 개인들도 다른 사람을 지배할 능
력을 갖지 않은 사회라고 주장한다(White, 2010).

관계 평등주의의 입장에서 사회복지정책은 사회 구성원 간에 지위가 평등하고
지배가 없는 사회를 만드는 데 기여해야 한다. 사회복지정책 내에서도 정책 결정
자, 급여 및 서비스의 공급자 그리고 수급자 간에 지위의 차이에 따른 지배적 관계
가 없어야 한다. 이러한 관계 평등주의의 입장에서 보면, 자산조사에 기반한 급여
제도들은 관계의 평등을 저해한다. 수급 자격을 조사하고 결정하는 사회복지 담당
공무원과 조사를 당하고 수치감을 느끼게 되는 수급자 간 지위의 차이에 따른 통
제의 관계가 형성되기 때문에 관계의 평등을 저해한다. 자산조사 프로그램 중에서
도, 특히 근로연계복지(workfare)에 의한 조건부 급여제도는 관계의 평등을 저해하
는 사회통제적 제도로 인식된다. 근로연계복지 프로그램 관리자가 수급자의 근로
관련 활동 수행 여부를 체크하고 이 활동이 적절하게 이루어지지 못하면 급여 삭감
등의 벌칙을 부과하게 된다. 이러한 근로연계복지 프로그램들의 운영에 있어서 프
로그램 관리자와 수급자 간에 지위의 평등과 지배의 부재와 같은 관계적 평등은 이
루어지기 어렵다. 그래서 관계 평등주의의 입장에서는 보편적 수당이나 서비스와
같은 보편적 프로그램들이 관계적 평등을 달성하는 데 훨씬 이롭다. 특히 기본 소
득의 경우, 전 국민에게 무조건적으로 급여를 지급하기 때문에 관계의 평등적 차원
에서 선호된다.

평등의 종류에 대한 검토의 마지막 부분으로 결과의 평등에 대해 살펴보자. 결과
의 평등은 결과적으로 유사한 분배가 이루어지는 사회가 평등하다는 관점이다. 결
과의 평등은 한 사회에서 불평등이 큰 것은 바람직하지 않다는 측면에서 사회적으
로 필요한 측면으로 인식되기도 한다. 하지만 획일적 분배에 따른 부정적 문제 때

문에 비판받기도 하는 개념이다. 결과의 평등에 대한 몇 가지 주요 입장을 살펴보자. 우선, 공상적 유토피아 사회를 지향하는 입장에서 주로 결과의 평등이 주장되어 왔다. 모두가 열심히 일하고 똑같이 잘 사는 사회를 지향하는 것이다. 대표적으로 마르크스는 고도로 생산력이 발전된 성숙된 공산주의 사회에서는 누구나 자신의 욕구에 따라 분배를 받게 될 것이라고 제시했다.

그런데 현실적으로 결과의 평등이 이루어지기는 어렵다. 모두가 똑같이 열심히 일하고, 모두가 똑같이 기여하고, 모두가 똑같은 욕구를 가진 것이 아니기 때문이다. 이러한 차이들을 무시하고 똑같은 분배를 행하는 것은 사회를 하향 평준화시킬 수 있다. 이렇게 되면 결과의 평등은 달성되더라도 사회는 퇴보하게 된다. 피츠패트릭(2011)은 이러한 하향 평준화의 문제를 〈표 4-1〉에 제시된 세 가지 세계의 예를 통하여 제시했다. 이 예에서 가장 평등한 사회는 Y세계이다. 하지만 X세계에 비해 Y세계를 옹호하는 것은 어느 누구도 좋게 만들지 않고, 일부 사람들을 더욱 나쁘게 만든다. 이러한 점을 고려할 때 결과의 평등은 도덕적인 의미를 획득하지 못한다. 따라서 결과의 평등을 목적으로 추구할 수는 없다.

〈표 4-1〉 하향 평준화: 3개의 가능한 세계

	X세계	Y세계	Z세계
A 계급의 삶의 기회	20	10	12
B 계급의 삶의 기회	10	10	11

출처: Fitzpatrick (2011).

결과의 평등에 대한 보다 현실적인 접근은 일정한 결과의 평등이 기회의 평등을 증진하고, 그래서 상향 평준화를 가져올 수 있다는 것이다. 불평등과 빈곤으로 인하여 공정한 기회가 제공되지 못하고 상속된 부와 지위에 따라 격차가 생기는 사회에서 개인들이 자신의 능력을 최대한으로 계발하고 발휘하기는 어렵다. 상당한 수준의 결과의 평등 위에서만 기회의 평등이 확보될 수 있고, 그에 따라 사회의 성취 수준도 높아질 수 있다. 상당한 수준의 결과의 평등이 아니더라도 최소한 기본 욕구 충족 수준에서의 결과의 평등이 확보될 필요가 있다. 기본 욕구 충족은 인간으로서의 평등한 도덕적 가치를 보장하는 최소한의 조치일 뿐만 아니라 기회 평등 증진을 위한 최소한의 필수적인 요소이다.

이러한 측면에서 사회복지정책은 일정한 수준으로 결과의 평등을 형성하는 것을 추구한다. 사회복지정책이 이루려고 하는 결과의 평등의 정도는 사회에 따라 차이가 있을 수 있다. 보다 높은 수준의 급여와 사회서비스를 통하여 상당히 높은 수준에서 결과의 평등의 성취를 추구할 수도 있고, 또는 최소한의 기본적 욕구 보장 수준에서 결과의 평등을 추구할 수도 있다. 사회복지정책에 의한 급여 및 서비스의 제공은 기회의 평등의 기반이 되고, 또한 일정한 부분에서 결과의 평등을 달성한다.

그렇다면 복지국가는 얼마나 결과의 평등 제고에 성공하였는가를 질문해 볼 수 있다. 복지국가가 개인들의 기본 욕구 충족, 더 나아가 소득의 갑작스러운 저하를 완화시키는 데에 일정 정도 성공했다고 할 수 있다. 하지만 현재의 불평등의 심화와 양극화 양상을 보면 그 성과가 상당히 제한적인 것으로 보인다.

4. 분배정의

사회복지정책은 분배정의를 추구한다. 어떠한 분배가 정의로운 것인가? 분배정의에 대한 주요한 몇 가지 입장을 살펴보고 사회복지정책이 어떠한 분배정의를 추구하는지 검토해 보자. 분배정의에 대한 주요한 입장들을 자유지상주의, 공리주의, 롤스(Rawls)의 분배정의론 그리고 집합주의로 구분해 볼 수 있다.

1) 자유지상주의

자유지상주의는 분배 과정이 개인의 사적 소유권에 기반하여 시장을 통해 이루어지는 것이 가장 바람직하고 국가의 개입은 엄격하게 제한되어야 한다는 입장이다. 노직(Nozick, 1974)은 도덕적 정당성의 측면에서 개인의 사적 소유와 시장에서의 거래에 대한 권리를 주장했다. 그는 개인의 사적 소유가 다음의 두 가지 차원에서 정당성이 확보되면 정의로운 것이라고 보았다. 첫째, 취득 과정의 정당성(jutice in acquisition)으로, 초기에 취득 과정이 정당했다면 그에 의한 사적 재산의 소유는 정당하다. 둘째, 이전 과정의 정당성(justice in transfer)으로, 사적 재산이 정당한 과정을 통하여 이전되었다면 그 이전에 의한 사적 재산의 소유는 정당하다. 이러한 두 가지 조건이 확보되면 개인의 사적 재산 소유는 도덕적으로 정당한 자연권적 권리가 된다. 노직은 이 두 가지 정당성이 확보되지 않은 사적 재산 소유는 정의롭지 않은 것으로서, 법적 과정을 통해 손해 배상이나 조세 등의 조치를 통해 환수되어야 한다고 보았다. 대신 국가가 사적 소유의 정당성이 확보되는 사적 재산과 시장 거래에 간섭하는 것은 도덕적으로 정의롭지 못하다고 보았다. 국가의 조세 징수는 개인의 노동에 의한 소득과 재산을 강제로 빼앗아 가는 행위로서 개인의 정당한 재산에 대한 분배정의를 위반하는 비도덕적 행위라고 보았다. 그리고 조세로 징수된 소득과 재산의 획득에 투입된 개인의 노동 시간은 국가를 위해 일종의 노예로서 강제 노동을 한 것에 해당된다고 비판하였다. 그래서 국가의 주된 역할은 개인의 정당한 사적 재산과 시장에서의 거래를 보호하는 것에 있어야 한다고 주장하였다.

노직이 도덕적 정당성의 차원에서 자유지상주의적 분배정의론을 제시했다면, 도덕적 정당성보다는 경험적 차원에서 자유지상주의 분배정의론을 주장하는 입장들도 제시되었다. 경험적으로 국가의 개입보다는 시장의 자유로운 작동에 의한 분배가 국민 전체적인 후생 수준을 제고할 수 있다는 것이다. 하이에크(Hayek)는 이러한 입장을 제시한 대표적 학자이다. 하이에크(1982)는 개인의 자유를 가장 중요시하고 시장을 사회 전체적으로 유익한 결과를 가져다 줄 수 있는 기구라고 생각하였다. 그는 분배정의는 공적으로 상상력에 의해 만들어진 미신과 같은 것으로, 분배정의를 추구하는 것은 무익할 뿐 아니라 실제로는 유해하기까지 하다고 보았다. 그는 게임에서 정해진 규칙하에서 참여자들의 행위에 따라 자연발생적 과정(spontaneous process)으로 발생하는 결과에 대해 정의를 논하는 것은 맞지 않다고 보았다. 예를 들어, 축구 경기에서 정해진 규칙하에서 선수들이 참여하여 나타난 결과에 대한 정당성을 논할 수 없다. 축구 경기에서의 결과와 같이 인간의 인위적인 개입이 아니라 자연발생적 과정에 의해 나타나게 된 결과에 대해 정당성을 논할 수 없다는 것이다. 축구 경기의 결과가 10:0이라고 해서 이를 정당하지 않다고 할 수 없고, 또한 이 결과를 인위적으로 5:5로 수정하는 것도 정당하지 않다는 것이다. 이처럼 시장도 거래의 규칙에 따라 개인들이 참여하여 자연발생적 과정으로 진행되는 것으로서, 시장에서의 결과에 대해 정당성을 논할 수는 없다. 과정이 중요하지 결과는 중요하지 않다. 시장에서의 결과가 개인에게 좋거나 나쁠 수는 있어도 그 정당성에 대해서는 문제를 제기할 수 없다. 이와 같이 일정한 규칙하에서 진행되는 자연발생적 과정으로서의 시장기구의 작동에 대해 국가가 사회정의를 실현한다는 명목하에서 인위적으로 개입하는 것은 결국 개인의 자유를 파괴할 것이다. 국가가 바람직한 분배정의를 실현시키려고 노력할수록 개인을 통제하려 들기 때문에 개인의 자유는 줄어들고 국가는 전체주의로 전환될 수 있다. 그러므로 시장을 통하여 개인의 자유를 보호하고 경제적 이익을 창출하도록 하는 것이 사회적으로 유익하다고 주장하였다.

2) 공리주의

공리주의(utilitarianism)의 분배정의론에 대해 살펴보자. 공리주의는 개인의 효용(utility, 쾌락 또는 행복)의 추구에 기반하여, 사회 전체적으로 효용을 최대화할 수 있도록 자원을 분배하여야 한다는 입장이다. 공리주의의 입장을 주장한 대표적 학자인 벤담(Bentham)은 '최대 다수의 최대 행복'을 주장함으로써 사회 전체적 차원에서 행복의 최대화를 가져올 수 있는 정책을 지지하였다.[4]

공리주의의 주요 특징으로 결과주의(consequentialism), 후생주의(welfarism), 총합 순위(sum-ranking)를 들 수 있다(Sen, 1984). 첫째, 공리주의는 결과주의의 특징을 가진다. 공리주의는 어떤 행위를 그 동기나 고유한 본질이 아니라 결과의 상태에 의하여 판단한다. 둘째, 후생주의의 특징을 가진다. 어떤 상태의 양호성을 각 상태에서의 개인들의 효용의 집합에 의해 전적으로 판단한다. 셋째, 공리주의는 총합 순위에 기반한다. 개인들의 효용들로 구성되는 어떤 집합의 양호성을 전적으로 그 효용의 총합에 의해 판단한다. 어떤 상태들의 바람직함은 개인 효용들의 총합 점수에 따라 서열이 설정될 수 있다. 총합 점수가 가장 큰 상태가 가장 바람직하다.

이처럼 공리주의는 어떤 상태에서 개인 효용들의 집합의 총합 크기에 의해 사회를 평가한다. 그런데 개인의 효용은 그가 소비하는 재화가 증가할수록 한 단위 소비에 따라 발생되는 추가적(즉, 한계) 효용의 크기가 감소한다. 이를 한계 효용 체감의 법칙이라고 한다. 소득계층 간 소비에 따른 한계 효용의 크기에는 차이가 있다.

---

4) 일반적으로 공리주의의 한자를 잘못 이해하여 공적인 이익을 추구하는 것으로 오해하기도 한다. 하지만 한자 공리(功利)는 이익(利)을 추구하는(功) 것을 말한다.

저소득층의 경우에는 한 단위 소비 증가에 따른 효용 증가량이 크지만, 고소득층의 경우 한 단위 소비 증가에 의한 효용 증가량이 작다. 그러므로 고소득층으로부터 저소득층으로 재분배를 실시하는 경우 저소득층의 효용 증가에 비하여 고소득층의 효용 감소는 그보다 작다. 그 결과 사회 전체적으로는 총 효용이 증가하게 된다. 이러한 측면에서 공리주의는 재분배에 의한 평등 증진이 사회 전체의 효용을 증진시킨다는 점을 제시한다. 하지만 공리주의에서 완전한 평등까지의 재분배를 주장하는 것이 아니다. 공리주의에서는 또한 재분배가 어느 정도를 넘어서게 되면 개인들의 인센티브를 저해하여 사회의 총 생산 증가를 저해할 수 있다고 본다. 이 경우 사회의 총 효용이 감소하게 된다. 그러므로 공리주의에서는 재분배를 하되 총 효용을 감소시키지 않는 범위 내에서 추진되어야 한다고 주장한다.

공리주의는 몇 가지 측면에서 비판을 받아 왔다. 첫째, 공리주의의 원칙에 따르면 불공정한 분배가 야기될 수 있다. 예를 들어, 장애인의 경우 어떤 기능을 수행하기 위해서 비장애인에 비해 훨씬 더 큰 규모의 자원이 필요할 수 있다. 사회의 총 효용을 증가시키기 위해서는 장애인보다 비장애인들에게 자원을 더 분배하는 것이 더 바람직할 수 있다. 그래서 공리주의에 따라 사회 총 효용의 증가 측면에서만 자원을 분배하면, 장애인들이 필요한 수준의 사회적 자원을 분배받지 못하여 정상적으로 사회에 참여하지 못하게 되는 문제가 발생될 수 있다. 둘째, 개인의 자유 침해이다. 사회 전체의 최대 행복을 위해 소수 개인의 행복 침해행위가 용인될 수 있으며, 사회의 총 효용의 증진을 위해 소수의 동의 없이 이들을 희생시키는 것을 정당화할 수 있다.

3) 롤스의 분배정의론

롤스는 공리주의의 자유권 무시를 비판하면서 자유권에 기반한 정의론을 제시하였다. 롤스는 사회구성원들이 원초적 상태(original state)에서 어떠한 사회질서에 합의할 것인가에 대한 사고실험(thought experiment)을 제시하였다. 원초적 상황이란 모든 개인이 무지의 장막(veil of ignorance) 뒤에서 자신의 미래의 상황—즉, 자신이 부모로부터 물려받을 재산이나 가정환경, 선천적 능력 등—에 대해 아무것도 모르는 상황을 말한다. 이러한 무지의 장막 뒤의 원초적 상황에서 사람들은 불편부당하고 공정한 태도로 사회의 정의를 위한 원칙을 선택할 수 있다. 그는 원초적 상태에서 사회구성원들이 다음과 같은 원칙에 대한 합의에 도달할 것이라고 제시하였다.

첫째, 가장 기본적이고 중요한 원칙으로서 자유의 원칙이다. 자유의 원칙은 모든 개인이 타인의 자유와 양립할 수 있는 광범위한 기본적 자유에 대한 권리를 가져야 한다는 것이다. 사상의 자유, 언론의 자유, 집회와 결사의 자유, 이동의 자유 등 광범위한 기본적 자유에 대해 모든 사람이 똑같은 권리를 가져야 한다. 이 원칙은 사회 총 효용의 증진을 위해 개인의 자유를 침해할 수 있다는 공리주의의 원칙을 비판하고, 개인의 자유에 대한 권리를 명확히 설정했다는 의미를 가진다.

둘째, 차등의 원칙이다. 이 원칙은 경제적 분배에 있어서 사회 구성원 간의 차이가 사회의 가장 약자들에게 이익이 되는 경우에는 인정된다는 것이다. 이 원칙은 자유의 원칙에 기반하여 개인들이 어떠한 분배 질서를 정의로운 것으로 볼 것인가를 설정한 것이다. 자유권을 가진 합리적 개인들은 무지의 장막 뒤의 원초적 상태에서 자신이 가장 약자로 태어날 가능성에 대비하여 위험 회피적인 성향을 가진다. 그래서 개인들은 기본적으로 평등한 분배를 원한다. 그런데 완벽한 평등보다는 일정한 불평등을 필요한 것으로 인정한다. 선천적으로 우수한 능력을 가진 사람에게 물질적 유인을 제공하여 더 많은 재화나 서비스를 생산하도록 할 수 있다면, 이는 그 사회의 최약자(the least advantaged)에게도 이익이 된다. 이처럼 최소 수혜자에게도 도움이 되는 불평등에 대해서는 사회 구성원들이 필요한 것으로 합의할 수 있다. 즉, 불평등은 그 사회의 최약자에게도 그 불평등을 보상할 만한 이익을 가져올 경우에는 정당하다는 것이다.

앞의 두 가지 원칙이 충돌하는 경우, 제1원칙(자유의 원칙)이 제2원칙(차등의 원칙)에 절대적으로 우선 적용되어야 한다. 만약 최소 수혜자에게 이익이 된다고 하더라도 사람들의 기본적 자유권이 제한을 받는다면 그것은 정당화될 수 없다. 롤스의 분배정의론은 개인의 자유권과 평등 지향성을 결합하여 분배정의의 관점에서 복지국가의 기초를 제공한 것으로 평가된다.

4) 집합주의

분배정의에 대한 집합주의의 입장으로 운 평등주의와 마르크스주의의 입장에 대하여 살펴보자. 우선, 운 평등주의에서의 분배정의론에 대하여 살펴보자. 운 평등주의에서는 롤스의 분배정의론에 대하여 선천적 운에 의한 불평등한 분배는 정의롭지 않다고 비판하였다. 대표적 운 평등주의자인 코헨(Cohen, 2008)은 롤스가 차등의 원칙에 의해 최대 수혜자들이 상속받은 부나 능력에 기반하여 더 큰 불평등을 야기하는 것을 용인했다고 비판하였다. 롤스는 부나 능력을 상속받은 사람들이 투자나 노동을 하지 않는 경우 최약자에게도 손해가 되므로, 최대 수혜자들에 의해 발생되는 불평등을 수용해야 한다고 주장했는데, 이는 정의롭지 못하다는 것이다. 물려받은 부나 능력은 잔인한 운에 해당되는 것으로서, 이를 상속받고 또 이를 이용하여 부를 더 늘리는 것은 정의롭지 않으므로 이러한 잔인한 운에 해당되는 자원을 사회화하여 평등하게 분배하여야 한다고 주장하였다. 그래서 분배에서의 차등은 오로지 개인의 노력과 선택의 차이에 의해 발생되어야 한다고 주장하였다. 이러한 점에서 운 평등주의적 제안은 롤스의 주장보다 더 도덕적이고 평등지향적이다.

다음으로, 마르크스주의의 입장에 대하여 살펴보자. 마르크스는 사유재산제에 기반하여 자본가계급의 노동자계급에 대한 착취가 이루어지는 자본주의 사회에서는 공정한 분배를 기대할 수 없다고 보았다. 공정한 분배는 생산 수단의 사회화가 이루어진 이후의 사회주의 사회에서 기대할 수 있다고 주장했다. 그는 『고타강령비판』에서 사회주의 사회에서의 분배를 사회주의의 발달 단계에 따라 구분하였다. 초기 사회주의 단계에서는 개인의 능력에 따라 노동하고 노동에 따른 분배가 이루어진다. 하지만 사회주의 사회가 성숙되어 고도로 발전된 공산주의 단계에 이르게 되면 개인들은 능력에 따라 일하고 욕구에 따른 분배가 이루어진다. 즉, 마르크스는 사회주의 사회에서 노동에 따른 분배로 시작해서 궁극적으로는 욕구에 따른 분배가 이루어져야 한다고 보았다. 노동에 따른 분배는 개인의 노동량에 따라 분배하는 것이다. 욕구에 따른 분배는 집합적 소비를 지칭하는 것이다(Mishra, 1981/남찬섭 역, 2011). 예를 들어, 의료, 교육 등의 보편적 사회서비스에서처럼 집합적 서비스가 점차 확대되어 모든 재화와 서비스를 집합적이고 평등하게 욕구에 따라 분배하는 상태를 만들어 가야 한다는 것이다. 이것이 구체적으로 어떠한 모습인지 어떻게 가능한지에 대한 세부적인 내용은 제시되지 않았고, 유토피아적인 사회의 분배원리로서 모호하게 제시되었다. 마르크스는 고도로 성숙된 공산주의 단계에서 자본주의가 유발했던 개인들의 이기적 욕망 추구가 사라지고 생산력이 고도로 발전하게 되면 이러한 유토피아적 분배가 이루어질 수 있을 것으로 기대하였다.

집합주의의 관점에서의 분배정의는 개인의 노동에 따른 분배원칙과 욕구에 따른 집합적 분배원칙을 혼합하고 있다. 그리고 장기적으로 개인의 노동에 따른 분배로부터 욕구에 따른 집합적 분배의 비중을 늘려나가는 것을 지향한다. 앞에서 살펴보았던 롤스의 분배정의론이 개인의 능력의 차이에 따른 불평등을 일정 정도 인정하는 데에 머무르고 있는 반면, 집합주의 분배론은 집합적 소비의 확대에 따른 더 강한 평등화를 지향한다.

앞에서 살펴본 분배정의론의 각 입장에서 복지에 대해 어떠한 견해를 가지고 있는지를 정리해 보자. 자유지상주의에서는 사회복지정책을 빈곤 구제로 제한하고 사회보험보다는 직업보험 등 민간차원의 보험을 선호하여 잔여적 복지를 지지한다. 공리주의에서는 사회복지정책이 재분배를 통하여 총 효용을 증가시키는 측면이 있는 반면, 부정적 인센티브를 야기함으로써 총 효용을 감소시키는 측면이 있다고 본다. 그래서 재분배가 필요하지만 총 효용을 감소시키지 않는 선까지 제한적으로 추진해야 한다는 것을 제시한다. 롤스의 분배정의론에서는 위험회피적인 합리적 개인들이 상당한 평등분배를 선호하여 포괄적 복지국가를 지지한다고 본다. 하지만 최소 수혜자에 이익이 되는 한에서는 최대 수혜자에 인센티브를 부여하는 일정한 불평등을 허용한다. 마지막으로, 집합주의에서는 롤스의 포괄적 복지국가를 넘어서서 노동에 따른 분배로부터 욕구에 따른 집합적 평등분배의 강화를 지향한다.

5. 연대성

연대성(solidarity)이란 사회구성원의 통합과 결속력을 바탕으로 형성된 상호책임과 보살핌(mutual responsibility and care)의 가치를 말한다(김종일, 2009: 196). 연대성의 토대는 사회의 성격에 따라 달라진다. 뒤르켐(Emile Durkheim)은 기계적 연대성과 유기적 연대성을 구분하였다. 그는 전통사회와 산업사회의 주요한 차이 중 하나를 사회 구성원들이 서로 연대하여 사회를 유지하고 통합하는 연대의 방식이라고 보았다. 전통사회에서는 혈연이나 지역사회와 같은 구성원의 동질성에서 자동적으로 연대감이 형성되는 기계적 연대성이 중심이 된다. 이에 비해, 산업 사회에서는 분업에 따라 각자가 타인의 노동의 의존할 수밖에 없는 상호의존성이 형성됨으로써 구성원의 동질성이라기보다는 이질성 속에서도 상호의존에 기반하는 유기적 연대성이 중심이 된다. 그는 산업 사회에서 이질적 개인들이 상호의존을 인식하지 못하게 되면 사회는 혼란상태에 빠지게 된다고 경고하였다.

역사적으로 연대는 보수주의와 진보주의 모두에서 강조되어 왔다. 보수주의에서는 민족국가 형성을 위한 국가 차원의 연대가 강조되었다. 비스마르크의 독일 민족국가 형성을 위한 게르만 민족의 연대와 제1차 세계대전 전후의 서구 열강들의 제국주의 추구에 있어서 국가 차원의 연대는 보수주의자들이 추구해 온 대표적 주장이었다. 진보주의에서도 연대는 그 사상의 중요한 축을 차지해 왔다. 대표적으로 프랑스 혁명의 주요 가치인 자유, 평등, 우애(fraternity) 중에서 우애가 바로 프랑스 국민 간의 연대를 지칭하는 것이다. 노동운동에서는 노동자 간의 연대가 노동계급의 단결을 통한 권리 쟁취를 위하여, 더 나아가 급진적인 사회개혁을 위한 기반으로서 강조되었다.

서구 국가들의 역사적 발전 과정에서 사회적 시민권(social citizenship)의 확립은 그 사회의 연대성 증가에 중요한 공헌을 하였다. 마샬(T. H. Marshall)에 따르면, 시민권(citizenship)은 공민권(civil right), 정치권(political right) 그리고 사회권(social right)으로 구성되며 순차적으로 발전되었다. 공민권은 계약의 자유, 신체의 자유, 종교·사상과 표현의 자유, 집회 및 결사의 자유와 같은 개인의 자유와 법 앞에서의 평등과 같은 시민의 기본적인 권리를 말한다. 영국에서는 공민권이 18~19세기에 확립되었다. 정치권은 보통선거권을 통해 투표에 참여할 선거권과 선거에서 시민의 대표로서 참여할 참정권을 지칭한다. 영국에서 정치권은 19세기에서 20세기 사이에 확립되었다. 사회권은 국가로부터 최소한의 기본생활을 보장받을 권리를 지칭하는 것으로서 영국에서 20세기 중반 이후에 확립되었다. 사회권의 확립은 그 사회의 구성원 간에 형성된 연대성의 반영이자 동시에 연대성 증가에 기여한다. 사회권은 한 사회의 시민에게 경제적 보장을 제공할 뿐만 아니라 개인들의 사회적 의무와 권리에 기반한 상호원조적 관계를 형성하게 함으로써 그 구성원 간의 연대성 증진에 기여한다.

특히 보편주의적 사회복지정책은 모든 국민에 대해 복지를 제공함으로써 사회연대성을 제고한다. 티트머스는 사회복지정책이 사회 구성원의 이기심과 경쟁을 줄이고 이타주의와 협력을 증진시켜 사회 통합에 기여해야 한다고 주장하였다. 이를 위해서는 보편주의적 복지가 필요하다고 보았다. 보편주의적 복지정책에서는 모든 국민이 자신의 소득에 상응하는 조세를 부담하고 모두가 수급자로서 급여를 받기 때문에 사회에서 우애와 협력을 증진시키는 데 유리하다고 보았다. 이에 비해, 잔여주의적 복지정책은 국민을 수급자와 납세자로 분리시켜 상호 간에 차별과 갈등을 야기함으로써 사회 통합에 바람직하지 않다고 보았다.

연대성에 대한 논의에 있어서 제기되는 중요한 이슈 중 하나가 연대성의 범위와 배제에 대한 문제이다. 현대의 민족국가에서 연대성의 범위는 일반적으로 국민, 즉 시민권을 가진 사람으로 설정된다. 그래서 국내에 거주하는 비시민권자인 외국인에 대한 배제의 문제가 제기된다. 또한 시민권자 내에서도 여성, 소수민족, 이민자, 성소수자 등에 대한 차별과 배제의 문제가 제기된다. 서구 사회에서 극우보수주의 정치세력 세력이 확대됨에 따라 연대성의 범위와 배제의 문제가 더욱 첨예한 사회적 이슈로 제기되고 있다.

연대성과 관련하여 제기되는 또 다른 이슈는 권리와 책임의 문제이다. 한 공동체에서 연대성은 구성원 간의 사회적 계약에 기반한다. 공동체의 성원으로서 권리 차원에서의 시민권을 보장받는 동시에 이를 위해서는 그 성원으로서 공동체의 유지와 발전에 기여할 의무가 동시에 이루어져야 한다. 그렇지 않고 모두가 권리만 향유하고 의무와 책임을 이행하지 않는다면 그 공동체는 존속될 수 없기 때문이다.

사회복지정책의 이론

이 장에서는 복지이념에 대하여 살펴본다. 복지이념은 사회 속에서 사회복지정책의 역할에 대한 관점에 기반하여 사회복지정책의 미래 비전과 전략을 제시한다. 주요 복지이념으로 급진우파, 사회적 보수주의, 사회적 자유주의, 민주적 사회주의, 마르크스주의 등이 있다. 이 장에서는 복지이념 중에서 급진우파, 사회적 보수주의 그리고 사회적 자유주의에 대하여 살펴본다. 다음 제6장에서는 민주적 사회주의, 마르크스주의 그리고 기타 복지이념으로 제3의 길과 페미니즘에 대하여 살펴본다.

급진우파는 경제적 자유주의와 도덕적 보수주의를 결합한 이념으로 복지국가의 축소와 시장의 회복을 주장한다. 사회적 보수주의는 과거의 전통을 지키면서도 점진적 변화를 통한 발전을 추구하는 입장으로 국가 및 하위 집단 수준에서의 사회 통합 및 온정주의적 차원에서 복지정책을 일정 정도 지지한다. 사회적 자유주의는 자유시장경제를 인정하면서도 시장경제의 불안정성과 불평등의 문제에 대응하는 국가 개입과 사회복지정책을 지지한다.

이 장에서는 복지이념 또는 복지 이데올로기에 대해 살펴본다. 이념이란 기존 사회의 상황을 비판적으로 평가하고 더 나은 사회로 나아가기 위한 비전과 전략을 제시하는 것(Fitzpatrick, 2001/남찬섭, 김병철 역, 2007)이다. 이러한 측면에서 복지이념이란 기존 복지의 상황을 평가하고 복지가 지금 상태에서 어디로 나아가야 하는지 더 나은 복지에 대한 비전과 전략을 제시하는 것이라고 할 수 있다. 그러나 특정 이념을 전적으로 추종하거나 거부할 필요는 없다. 모든 이데올로기에서 가치 있는 어떤 것을 발견할 수 있고, 다양한 원천으로부터 도출된 아이디어들을 결합하여 새로운 관점을 개발할 수 있다(Taylor, 2007/이태숙 역, 2008). 사실 이념이 기존의 사회에 대한 관점의 틀인 반면, 사회 그 자체는 지속적으로 변화한다. 그러므로 변화하는 사회를 과거의 이념에 의한 분석 틀에 고정하여 바라보는 것은 부적절하다. 보다 유연한 관점에서 복지이념들을 통하여 기존의 복지를 이해하고 더 나은 복지를 발전시키기 위한 관점을 형성하는 것이 필요하다.

복지이념을 살펴보기 위하여 우선 어떠한 이념적 입장들이 있는지 분류해 보자. 사실 이 분류 자체가 복지를 바라보는 관점을 보여 주는 측면이 있다. 기존에 복지이념을 정리했던 문헌들을 살펴보면 유사하면서도 그 분류에 일정한 차이가 있다. 조지와 윌딩(George & Wilding, 1985)은 복지이념을 반집합주의, 소극적 집합주의, 페이비언 사회주의, 마르크스주의의 네 가지로 분류했다. 자유시장주의 대 사회주의의 전형적인 좌우 이념에 따른 분류이다. 테일러(Taylor, 2007)는 자유주의, 보수주의, 사회민주주의, 신자유주의, 제3의 길, 마르크스주의, 페미니즘, 녹색주의의 여덟 가지로 구분했다. 복지이념을 기본적으로 자유주의, 보수주의, 사회민주주의의 세 가지로 구분하고, 최근에 나타나거나 보다 급진적인 이념으로 신자유주의, 제3의 길, 마르크스주의, 페미니즘, 녹색주의를 추가하였다. 피츠패트릭(Fitzpatrick, 2001)은 급진적 우파, 보수주의(철학적 보수주의, 사회적 보수주의), 사회민주주의(사회적 자유주의, 민주적 사회주의), 마르크스주의의 네 가지 또는 더 세부적으로는 여섯 가지로 구분했다.

이 책에서는 복지이념을 기본적으로 급진우파, 사회적 보수주의, 사회적 자유주의, 민주적 사회주의, 마르크스주의 다섯 가지로 구분하고자 한다. 우선, 급진우파는 과거의 반집합주의, 자유방임주의, 일부 보수주의가 합하여 형성된 입장으로 복지국가의 축소를 주장하는 입장이다. 사회적 보수주의는 보수주의 내에서 점진적 사회개혁과 국민 통합을 포용하는 입장으로서, 보수주의가 일반적으로 복지국가의 반대 입장으로 인식되는 것과 달리, 역사적 과정에서 복지국가의 형성을 지지한 주요 이념 중 하나였다. 그리고 사회적 자유주의는 이념 분포상에서 중간적 입장으로 소극적 집합주의와 사회민주주의 우파에 걸쳐 분포하는데, 시장경제에 기반하면서도 시장의 폐해와 한계를 국가를 통해 적극적으로 보완하고자 하는 입장이다. 그리고 민주적 사회주의는 서구 사민주의의 좌파적 입장으로 복지국가의 정치적 추동 배경으로서 중요한 역할을 해 왔다. 그리고 마르크스주의는 기존의 모든 문헌에서 별도로 취급하고 있는 급진적 이념으로서 여기에서도 따로 제시하였다. 이 다섯 가지의 기본적 복지이념에 더하여 보다 최근에 많은 관심을 받아 온 제3의 길과 페미니즘을 추가적으로 구분하여 제시하였다. 녹색주의는 아직까지는 그렇게 체계적인 복지이념으로 등장하지 않았다고 판단하여 여기에서는 다루지 않았다. 이 장에서의 복지이념에 대한 검토를 통하여, 복지의 발달이 일부 특정 이념과 정치 세력에 의해 추진되어 온 것이 아니라, 사회적 보수주의, 사회적 자유주의 그리고 민주적 사회주의의 광범위한 이념들과 정치세력들의 지지와 합의에 의하여 추진되어 왔다는 것을 인식하게 되기를 기대한다.

〈표 5-1〉 복지이념의 유형 구분

연구자	복지이념 구분
조지와 윌딩(1985)	반집합주의, 소극적 집합주의, 페이비언 사회주의, 마르크수주의
테일러(2007)	자유주의, 보수주의, 사회민주주의, 신자유주의, 제3의 길, 마르크스주의, 페미니즘, 녹색주의
피츠패트릭(2001)	급진적 우파, 보수주의(철학적 보수주의, 사회적 보수주의), 사회민주주의(사회적 자유주의, 민주적 사회주의), 마르크스주의
이 책에서의 분류	급진우파, 사회적 보수주의, 사회적 자유주의, 민주적 사회주의, 마르크스주의, 기타(제3의 길, 페미니즘)

1. 급진우파

급진우파(Radical Rights)는 1970년대 이후 서구 사회에서 복지국가의 위기에 직면하여 기존의 전통적 복지국가를 비판하면서 현실 정치세계에 급부상하였다. 급진우파는 경제적 자유주의와 도덕적 보수주의를 결합한 이념이다(Fitzpatrick, 2001/남찬섭, 김병철 역, 2013). 한편에서는 자유주의적 전통 위에서 그동안의 국가 개입으로부터 개인의 자유와 자유시장경제의 회복을 주장하고, 다른 한편에서는 도덕적 차원에서 개인들이 사회적 규범에 따라 잘 행위하도록 가족, 지역사회, 국가에 의한 간섭과 통제가 필요하다는 입장을 주장하였다.

급진우파의 이념은 신자유주의(Neoliberalism) 또는 신보수주의(Neoconservatism)라는 이름으로도 많이 사용되어 왔다. 영국과 유럽대륙에서는 주로 신자유주의로,

그리고 미국에서는 신보수주의로 주로 불렸다. 영국과 유럽대륙에서는 고전적 자유주의의 전통을 계승하면서 이를 현대화하였다는 측면에서 일반적으로 신자유주의라고 부른다. 이에 비해 미국에서는 자유주의라는 단어가 국가의 적극적 개입을 요구하는 진보적 입장을 지칭하는 것으로 통상적으로 사용되므로, 신자유주의보다는 신보수주의라는 용어가 일반적으로 사용되어 왔다.[1]

한편, 일부에서는 신자유주의와 신보수주의를 구분하여 서로 다른 이념으로 분류하기도 한다(조영훈, 2017; Giddens, 1994). 신자유주의는 기본적으로 자유주의의 이념에 기반하여 개인과 시장의 자유를 강조하는 데 비해, 신보수주의는 사회의 전통과 규범을 강조하여 사회조직에 의한 개인에의 책임과 의무의 부과를 강조한다는 측면에서 기본적인 차이가 있다는 것이다.

급진우파의 이념은 경제적으로 자유시장주의 측면 그리고 도덕적으로 개인에 대한 사회적 규범의 부과라는 측면을 결합하였다. 이 두 가지 측면은 상반되는 것으로 보일 수 있다. 경제적으로 자유시장주의는 개인주의에 기반하고 도덕적 보수주의는 집단주의에 기반하기 때문이다. 일정한 절충이 있고 일정한 모순이 있을 수 있다. 하지만 급진우파의 이념은, 신자유주의로 불리든 신보수주의로 불리든, 복지국가에 반대하면서 개인과 시장의 자유를 주장하고 가족 및 지역사회의 회복과 개인의 책임을 강조한다는 측면에서 공통점을 가진다.

대표적인 인물로는 학문적으로는 프리드리히 하이에크(Frieddrich Hayek), 밀튼 프리드만(Milton Friedman), 로버트 노직(Robert Nozick), 찰스 머레이(Charles Murray), 로렌스 미드(Lawrence Mead) 등이 있다. 현실 정치세계에서는 1980년대의 영국의 대처 수상과 미국의 레이건 대통령이 대표적이다.

급진우파의 이념을 그들이 중시하는 가치, 사회에 대한 관점 그리고 복지에 대한 관점의 세 가지 측면에서 살펴보자.

---

[1] 유럽에서의 보수주의는 주로 자유시장경제 이전의 봉건사회로부터 유래하는 전통과 사회 질서를 지키는(즉, 보수하는) 것을 의미한다. 이에 비해, 미국은 봉건사회의 위계적 질서와 전통의 경험 없이 자유시장경제로부터 출발했으므로 미국에서의 보수주의는 사유 재산과 자유시장경제를 지킨다는 의미를 가지는 것으로 보인다.

1) 가치

급진우파는 사회적 욕구에 대해 이를 전혀 인정하지 않는 것은 아니다. 급진우파는 과거의 고전적 자유주의와 달리 기초적 욕구에 대한 사회적 보장에 대해서는 인정한다. 하지만 이를 넘어서는 욕구에 대해서는 개인들의 자유로운 활동에 맡겨야 한다고 생각한다. 그래서 국가의 재분배 조치는 빈곤 구제 정도로 제한되어야 한다고 생각한다.

자유에 있어서는 기본적으로 개인의 자유 특히 외부로부터의 간섭이 없는 소극적 자유를 강조한다. 하지만 급진우파들의 일부는 국가의 개인에 대한 간섭이 때로는 필요하다고 주장한다. 개인이 사회적 규범에 따라 행동하지 않을 때 사회적 규범에 따라 행동하도록 개인에게 통제를 가하는 것이 필요하다고 인정한다. 개인들이 마약, 동성애, 복지 의존 등의 일탈적인 행위들에서 벗어나 사회적 규범에 따라 행동할 수 있도록 국가의 개인에 대한 간섭과 통제가 필수적이라고 본다(Mead, 1986). 이 관점은 소극적 자유를 강조하는 입장과 충돌되면서도, 동시에 사회적 규범 위에서의 개인의 자유 추구라는 입장으로 결합되었다.

평등과 관련하여 급진우파는 반차별과 기회의 평등을 중시한다. 하이에크는 일반적 규칙 적용에서의 평등을 강조했다(Hayek, 1978/민경국 외 역, 2008). 시장에서 일반적 규칙이 모든 시장 참여자에게 동일하게 적용되어야 하고, 사회에서 공민권과 정치권이 모든 사람에게 평등하게 보장되어야 한다고 주장했다. 하지만 경제적 분배에서의 평등에 대해서는 이것이 개인의 자유를 침해하고 비효율성을 야기하는 것으로 반대했다. 하이에크의 주장에서 대표적으로 보이는 것처럼, 급진우파는 일반적인 규칙 적용상의 평등을 강조하며 기회 평등에 대한 최소주의적 입장에 서 있다.

2) 사회에 대한 관점

급진우파는 자유로운 시장의 작동을 사회의 기본적 원리로 간주한다. 이 입장에서는 불완전하고 다양한 욕구를 가진 인간들이 모인 복잡한 사회에서 어떤 하나의 주체가 사회의 모든 정보를 파악할 수는 없다고 본다. 불완전한 주체 중 하나인 국가가 사회 전체에 대해 어떤 계획을 세우고 집행하는 것은 다양한 개인의 욕구와 선택을 반영하지 못하여 개인들의 자유를 침해하게 된다. 그러므로 불완전한 인간이 자신이 설정한 특정 목적을 다양한 인간에게 강요해서는 안 된다. 특정한 사람들의 의지가 아니라 비인격적인 시장을 통해 개인들의 이해를 조정하는 것이 바람직하다. 시장은 가격의 신호에 기반한 수요와 공급의 법칙에 따라 가장 효율적으로 자원을 공급하고 배분할 수 있다. 그러므로 시장경제가 성장을 최대화할 수 있고, 성장의 과실을 사회에 제공할 수 있다고 주장한다.

급진우파는 국가에 대하여 작지만 강한 국가를 추구한다. 우선 급진우파는 큰 국가를 반대하고 작은 국가를 지향한다. 민주주의 정치체제에서, 정당들은 표를 얻기 위해 경쟁하고 이익집단들은 자신들의 이해 추구를 위해 정치인들과 거래를 시도하므로, 국가는 권력을 장악하는 특수 세력의 이해관계를 반영하는 도구로 전락하기 쉽다. 이러한 국가가 특정한 목적의 달성을 위하여 전체 사회 구성원에게 강제력을 행사하게 되면 개인들의 자유를 위협하게 된다. 그러므로 국가는 모든 사람에게 동일하게 적용되는 일반적인 법과 질서를 유지하는 최소한의 역할로 제한되어야 한다. 급진우파는 국가가 시장과 사회의 질서를 유지하고 시장이 공공재를 제공하는 데 실패하는 경우에만 제한적으로 개입하는 최소한의 작은 국가여야 한다고 주장한다.

그런데 국가는 작지만 동시에 강한 국가여야 한다. 국가는 시장과 사회에서 질서를 유지하고 국민의 안전을 지킬 수 있을 만큼 강해야 한다. 국가는 시민에게 사회적 규범에 따라서 개인의 책임과 의무를 이행하도록 강제할 수 있을 만큼 강력해야 한다. 또한 국가는 거대해진 복지국가를 축소하고 시장을 복원하기 위하여 복지국가 이해 세력들을 제압할 수 있을 정도로 강력해야 한다.

사회조직의 측면에서 급진우파는 가족, 지역사회, 교회 등의 민간 사회조직을 중시한다. 핵가족의 복원, 지역사회에서의 자발적인 모임의 조직화 그리고 교회의 개인들에 대한 교화 등이 도덕적으로 바람직한 사회의 건설을 위해 중요하다. 기존의 복지국가에서는 국가가 가족, 지역사회, 교회의 역할을 대체함으로써 이러한 자발적 사회조직들을 축소시켰다. 그러므로 복지국가를 축소시키고 대신 가족과 지역사회의 자발적 조직들의 역할을 확대해야 한다고 주장한다.

3) 복지에 대한 관점

급진우파는 복지국가의 부정적 영향들을 비판하면서 잔여적인 복지로 전환해야 한다고 주장한다. 급진우파는 다음과 같이 복지국가를 비판한다.

첫째, 복지국가는 개인의 자유를 위협한다. 국가는 조세 징수와 지출 결정에 있어서 개인을 국가의 목적에 예속시킨다. 국가가 정치 권력을 장악한 특수 집단의 이해관계를 반영한다면 그 특수 집단의 결정에 따라 소비하도록 개인들을 강제한다. 즉, 개인의 자기결정권의 공간을 축소시키고 대신 국가가 의사결정을 대신한다.

둘째, 복지국가는 비효율적이다. 미시적 차원에서 시장은 개인의 경제행위에 따른 결과를 개인이 책임지도록 함으로써 개인들로 하여금 효율적이고 책임감 있게 행동하도록 하는 강한 규율을 발생시킨다. 그런데 복지국가는 개인들의 경제행위의 결과에 직접 개입하여 이를 재분배함으로써 개인들로 하여금 효율적으로 행위할 유인을 약화시킨다.

또한 거시적 차원에서 복지국가에서는 공공 부문이 민간 부문을 대체하여 비대해진다. 그 결과 생산을 담당하는 민간 부문이 축소되고 소비적인 공공 부문이 확대되면서 전체적으로 경제 성장이 저하하게 된다.

셋째, 복지국가는 개인들의 도덕적 규범을 저해한다. 복지국가는 개인들에게 의무와 책임의 이행에 대한 요구 없이 급여를 제공함으로써 도덕적 해이와 의존성을 야기한다. 예를 들어, 복지 수급자들에 있어서 가족의 해체, 미혼모가구의 증가, 노동윤리의 실종, 복지 의존성의 증가 등의 문제가 야기된다. 또한 사회 전체적으로도 사회의 건전한 윤리와 규범의 저하, 일탈행위와 비행, 범죄의 증가와 같은 부정적 영향이 야기된다.

복지제도의 주요한 세 가지 형태인 공공부조, 사회보험 그리고 보편적 프로그램에 대하여 급진우파에서 어떠한 입장을 가지는지를 살펴보자. 우선, 공공부조에 대해서는 대체로 그 필요성을 인정한다. 빈곤은 빈자들 자신의 생존뿐만 아니라 빈곤하지 않은 다른 사회 구성원들의 생활 안정에도 위협이 되므로 국가는 빈자들에 대한 최소한의 생계보장을 제공해야 한다고 본다. 그런데 관대하고 무조건적인 공공부조는 빈자들의 도덕적 해이와 복지 의존 등의 문제를 야기할 수 있다. 그러므로 공공부조를 제공함에 있어서 국가가 복지 수급자들이 부정적 유인에 빠지지 않도록 조치를 취해야 한다고 본다.

구체적인 제안들은 서로 다른 두 가지 관점으로부터 제기되었다. 자유주의적 입장에서는 현금급여를 제공하여 빈곤을 구제하고자 하였다. 대표적으로 프리드만(1962)은 부의 소득세(Negative Income Tax)를 제안하였다. 모든 공공부조를 현금급여로 통합함으로써 수급자들의 선택의 자유를 증진시키고 관료적 통제의 문제를 완화시키고자 하였다. 한편, 보수주의적 입장에서는 복지급여 수급을 위한 조건을 부과함으로써 수급자들의 행위를 통제하고자 하였다. 대표적으로 미드(1986)는 수급자들이 사회적 규범에 따라 행동하도록 근로를 조건으로 복지급여를 제공하는 워크페어(workfare) 정책을 제안하였다.

사회보험에 대한 급진우파의 입장은 다소 혼란스럽다. 국가가 운영하는 강제가입에 의한 사회보험에 대해 기본적으로 반대한다. 국가가 사회보험의 가입과 기금의 운영 그리고 급여 지출에 대한 의사결정을 독점하는 것은 개인의 소비 선호의 다양성을 무시하고 개인의 선택 자유권을 침해한다고 비판한다. 대신 개인들이 시장에서 민영보험을 구입하여 노령, 질병, 재해 등의 주요 위험들에 대응하도록 하는 것이 바람직하다고 주장한다. 그런데 개인들이 시장에서 민영보험을 충분히 구입하지 않는 문제가 있다. 이러한 문제에 대응하여 급진우파의 입장이 그렇게 명확하지는 않은 것 같다. 하지만 대체로 급진우파들은 의무 가입의 민간보험 체계를 대안으로 제시하는 것으로 보인다.[2] 대표적 예로, 공적 연금에 있어서 의무 가입의 개인계좌제 방식을 제안하였다. 칠레에서는 급진우파의 이러한 제안을 채택하여 공적 연금제도를 의무 가입 사적 연금으로 대체하였다. 또한 영국 대처 정부에서도 일정한 수준의 직장연금이나 개인연금에 가입하는 경우 공적 연금체계로부터의 제외(contract-out)될 수 있도록 하는 연금 민영화를 적극적으로 추진하였다.

보편적 프로그램에 대해서도 급진우파는 혼란스러운 입장을 가지고 있는 듯하다. 급진우파에서는 기본적으로 보편적 프로그램들에 대해 반대한다. 보편적 프로그램은 국가의 영역을 확장시켜 개인의 선택의 자유를 침해하고 비효율성을 야기

---

2) 하이에크의 경우에도 사회보험에 대해서 상충되는 주장을 전개했다는 평가들이 있다. 한편에서는 국가에 의한 사회보험에 반대하면서도, 다른 한편에서는 미래의 불확실성에 대비하기 위한 사회보험의 필요성을 인정하기도 했다. 구체적으로 의무 가입에 기반하되 민간보험 회사들에 의해 경쟁적으로 공급되는 사회보험 방식을 제안했다(박종현, 2016).

한다고 비판한다. 예를 들어, 국민보건서비스(NHS)와 같은 국영 의료서비스 제공은 국가 독점으로 인하여 비효율적이고 개인들의 다양한 의료서비스 욕구를 충족시키지 못하여 낮은 질의 획일적 서비스를 제공하는 것으로 비판한다. 또한 보편적 프로그램은 국가 복지 지원의 욕구가 없는 사람들까지 국가복지 영역에 포함함으로써 공공 부문을 비대하게 하고 민간 부문을 축소시키는 것으로 비판한다.

하지만 급진우파의 일부에서는 보편적 프로그램을 제안하는 경우도 있다. 하이에크의 경우 모든 사람에게 동일하게 적용되는 사회보장 규칙이 필요하다고 주장하며 모든 국민에게 일정한 정액 현금급여를 제안하기도 했다(박종현, 2016). 또한 머레이(Murray, 2006)도 기존의 모든 복지제도를 대체하는 기본소득을 제안하기도 했다. 즉, 전체 복지를 빈곤 구제 수준으로 제한하는 수준에서 보편적 프로그램을 지지하기도 하는 것으로 보인다.

〈표 5-2〉 급진우파의 복지이념

대표적 주장자	가치	사회	복지
• 하이에크, 프리드만, 노직 • 머레이, 미드 • 영국 대처 보수당, 미국 레이건 공화당	• 자유지상주의와 도덕적 보수주의의 결합 • 절대적 기초 욕구 보장 • 소극적 자유와 사회규범의 부과의 결합 • 반차별 수준의 기회평등 • 사유재산제와 시장에 의한 분배	• 자유시장 • 작지만 강한 국가 • 가족, 지역사회, 교회의 역할 중시	• 복지국가의 부정적 영향 비판 • 최소한의 잔여적 복지 수용 • 사회보험: 비판적이며 민영보험 선호 • 보편적 프로그램: 기본적으로 비판적

2. 사회적 보수주의

보수주의는 자연적이고 시공간을 넘어 생존능력을 보인 것들을 자연적이고 보존할 가치가 있는 것으로 보고 보존하려는 입장을 지칭한다. 그런데 무엇을 보존하고 지킬 것인가 하는 그 내용은 시대와 공간에 따라 달라진다. 보수주의는 역사적으로 프랑스 혁명에 대한 비판과 자본주의 산업혁명에 대한 사회적 비판에 그 뿌리가 있다(Kersbergen & Kremer, 2008). 보수주의 중에는 과거의 구시대적 전통을 답습하면서 과거의 것을 지키고 유지하려는 시대 착오적이고 반동적인 보수주의가 있다.[3] 반면, 전통을 지키면서도 점진적인 변화를 통한 발전을 추구하는 근대적·발전적·진화론적 보수주의가 있다. 후자가 우리가 일반적으로 지칭하는 보수주의이다(김현수, 2005).[4] 그러므로 이 책에서 보수주의를 논할 때에는 수구적·반동적 보수주의는 제외하고 근대적·발전적·진화론적 보수주의를 보수주의로 다루고자 한다. 그리고 수구적·반동적 보수주의와 보다 명확한 구분을 위하여 보다 구체적으로 사회적 보수주의라 지칭한다.

사회적 보수주의 철학은 일반적으로 에드먼드 버크(Edmund Burke)로부터 시작되었다고 평가된다. 버크는 프랑스 혁명 1년 후인 1790년에 『프랑스 혁명에 대한 성찰(Reflections on the Revolution in France)』을 출간하였는데, 이 책을 통해 사회적 보수주의의 철학을 제시하였다. 또한 정치적으로는 영국 보수당의 일국보수주의(One Nation Conervatism) 세력이 대표적이다. 영국의 일국보수주의는 벤자민 디즈레일리(Benjamin Disraeli)로부터 시작되었다. 그는 보수당 정치인으로서 수상(1868, 1874~1880)을 역임하며 보수당을 근대화된 대중정당으로 이끈 인물이다. 디즈레일리는 그가 1844년에 쓴 소설 『코닝스비(Coningsby)』에서 2개의 계급으로 나누어진 2개의 국가(Two Nations)의 상황을 제시하면서 하나의 국가(One Nation)로의 통합 정책을 주장했다. 이후 일국보수주의자들이 영국 보수당의 주류를 점했다. 일국보수주의는 1980년대 대처 수상 집권기에 세력이 약화되었으나 이후 다시 영국 보수당의 주요한 세력을 형성하고 있다. 2000년대 이후에도 보수당의 캐머런(Cameron) 총리, 최근의 메이(May) 총리 그리고 현재의 보리스 존슨(Boris Johnson) 총리 등도 스스로 일국보수주의자임을 천명하고 있다(Wikidepia contributors, 2020. 2., 'One nation conservatism').

유럽대륙에서도 사회적 보수주의 세력이 중요한 역할을 수행해 왔다. 대표적으로 독일의 보수주의 정치인인 비스마르크는 민족국가 독일의 형성을 위하여 사회

---

[3] 앙시앙 레짐을 옹호하고 절대군주제로 돌아가기를 원했던 메스트르(Joseph de Maistre) 같은 사람이 대표적이다.

[4] 김현수(2005)는 발전적 보수주의 또는 진화론적 보수주의라는 표현을 사용했다. 커스버겐과 크레머(Kersbergen & Kremer, 2008)는 근대적 보수주의(modern conservatism)라는 표현을 사용했다.

보험을 세계 최초로 도입하였다. 또한 제2차 세계대전 이후의 현대에도 유럽대륙
에서 기독교민주당들은 종교에 기반한 사회적 보수주의 성향의 정치 세력으로서
역할을 수행해 왔다. 특히 독일의 기민당과 기사당 연합 세력은 전후 독일의 주류
정치 세력으로서 역할을 수행해 왔다. 이와 같이 사회적 보수주의가 주류 정치 세
력으로서 전후 유럽대륙의 복지국가 형성에서 중요한 역할을 담당한 결과 유럽대
륙국가들은 현재 보수주의 복지국가(Conservative Welfare State)로 불리고 있다.

사회적 보수주의의 이념을 그들이 중시하는 사회적 가치, 사회에 대한 관점 그리
고 복지에 대한 관점의 세 가지 측면에서 살펴보자.

1) 가치

먼저, 사회적 가치의 측면에서 사회적 보수주의는 인간의 한계, 현실주의와 실용
주의, 유기체적 사회관에 기반한 불평등 수용과 사회 통합 등을 특징으로 한다. 사
회적 보수주의는 인간을 감정과 편견과 이기심에 사로잡히는 불완전하고 제한적인
존재로 보고, 이러한 불완전한 인간의 이성에 의해 도출되는 추상적 원리와 이에
기반한 혁명적 변화 시도를 거부한다. 대신 오랜 시간 동안 다양한 사람의 노력의
결과, 검증되어 살아남은 전통과 관습에 기반하여 사회를 점진적으로 개혁해 나가
야 한다고 주장하였다. 이러한 입장은 에드먼드 버크의『프랑스 혁명에 대한 성찰』
(1968)에서 잘 제시되었다. 버크는 프랑스 혁명이 불완전한 인간의 이성으로 추론
한 역사적 근거를 가지지 않는 추상적 원리와 체계에 기반한 것으로서 결국에는 그
사회를 파국으로 이끌 것이라고 경고하였다. 특히 불완전한 인간이 추론한 계몽원
리에 집착함으로써 결과적으로 사회 통합과 질서 유지를 위하여 오랜 시간 동안 역
사적으로 형성하여 온 교회, 가족, 군주제 등을 파괴할 것이라고 비판하였다.

이러한 사회적 보수주의의 인간에 대한 관점은 현실주의와 실용주의라는 가치
지향으로 연결된다. 사회적 보수주의는 사회에서 상충되는 이중성들(즉, 영혼과 물
질, 인간과 자연, 개인과 사회, 지배자와 피지배자, 자유 기업과 국가 규제, 사회 안의 다양
한 집단 간, 국가 간, 남녀간)을 인정하고 원칙 있는 현실주의(principled realism)를 추
구한다(Kersbergen & Kremer, 2008). 인간 사회는 이러한 근본적 긴장과 함께 살아
야 하는데, 이를 부정하고 유토피안적 사회를 추구하는 모든 시도에 대해 반대한

다. 이러한 측면에서 사회적 보수주의는 자유주의와 사회주의의 유토피안적 사회 추구에 반대하고, 현실주의적이고 실용주의적인 접근을 취한다. 그래서 역사적으로 가치를 인정받아 온 전통과 관습 그리고 제도들을 지키는 한편, 점진적 개혁을 통하여 사회를 발전시켜 나가야 한다고 본다. 버크는 『프랑스 혁명에 대한 성찰』에서 보수란 남은 것을 그대로 유지하는 것이 아니고, 변화의 수단을 갖지 않은 국가에게는 자신을 보존할 수단도 없다고 했다. 보수와 수정의 두 원리가 잘 결합되어야 한다는 것이다. 그 예로 영국의 명예 혁명을 제시했다. 하원이 민의에 기반하여 민주주의를 옹호하는 한편, 국왕은 시간을 초월한 국가의 연속성을 체현하는 존재로서, 보수와 수정의 두 원리가 잘 결합되어 있다는 것이다. 즉, 추상적 원리에 기반한 급진적 혁명이 아니라 인간 사회에 존재하는 긴장들을 인식하는 현실주의적 관점에서, 지켜야 할 것을 보수하면서 점진적으로 실용주의적 개혁을 이루어 가야 한다고 보았다.

사회적 보수주의는 유기체적 사회관에 기반하여, 인간들의 차이에 기인하는 불평등을 자연스러운 것으로 인정하면서도 온정주의에 의한 사회 통합과 질서의 유지를 강조한다. 사회적 보수주의자들은 사회를 하나의 유기체로 바라보는 유기체적 사회관에 기반한다. 사회는 하나의 살아있는 유기체와 같고, 하나의 사회에서 각 구성원이 더 큰 유기체의 한 부분으로서 유기체의 생존에 모두 기여하여 동등하게 기능한다는 것이다. 이러한 관점은 불평등의 수용과 사회 통합이라는 두 가지의 상충되는 가치를 추구하게 한다.

한편, 사회적 보수주의는 불평등을 인정한다. 한 유기체의 각 부분은 원래부터 서로 다르게 창조되었고 그 차이에 따라 한 유기체 내에서 담당하는 역할도 다르다. 예를 들어, 인간의 신체의 각 부분은 서로 다르고 그 역할과 책임도 다르다. 뇌는 생각하고 지시하며, 다리는 온몸을 떠받친다. 뇌와 다리는 태생적으로 서로 다르고 그 역할과 권한도 다르다. 이와 같이 인간 사회에서 개인들이 서로 다르게 태어나고 그 역할과 권력이 다른 것은 자연스러운 현상이다. 인간은 기술과 힘의 소유 측면에서 처음부터 불평등하므로 소득, 재산, 지위, 권력에서의 불평등은 자연스러운 결과이다.

하지만 다른 한편으로, 사회적 보수주의는 온정주의에 기반한 사회 질서와 통합의 유지를 강조한다. 유기체의 생존을 위해서는 각 부분이 그 기능을 충실히 수행해야 하고, 또한 각 부분들이 생존하기 위해서는 유기체가 생존해야 한다. 따라서 한 사회가 조화롭게 운영되기 위해서는 사회 질서의 유지와 사회 통합이 필수적이다. 이러한 차원에서 국가를 운영하는 정치인이나 관료 그리고 지배계급은 피지배계급 구성원들을 온정주의적 차원에서 보호해야 한다.

사회적 보수주의가 추구하는 사회적 가치를 사회적 욕구, 자유, 평등, 분배정의, 연대성의 측면에서 다음과 같이 정리해 볼 수 있다. 사회적 욕구의 측면에서 사회적 보수주의는 기본적 욕구와 함께 차이의 욕구에 초점을 둔다. 사회의 질서 유지와 통합이라는 측면에서 기본적 욕구의 사회적 충족은 현실적으로 필요한 것으로 수용한다. 하지만 기초적 욕구를 넘어서는 부분에 대해서는 개인들의 욕구의 차이의 반영하는 것이 현실적이라고 본다.

자유에 있어서 추상적 원리에 집착하여 소극적 자유나 적극적 자유 중 하나의 입장만을 주장하는 것은 적절하지 않다고 본다. 기존의 역사를 통해 성취해 온 소극적 자유의 기반 위에서 현실적이고 실용적으로 적극적 자유의 확대문제에 접근하여야 한다고 본다. 평등에 있어서도 인간의 기본적 차이에서 발생되는 불평등을 자연스러운 것으로 인정하면서 사회 공동체의 유지를 위한 실용적 입장에서 평등 개선이 이루어져야 한다고 본다.

분배정의의 측면에서 어떤 하나의 분배원리에 따르기보다는 사회 구성원 간에 나타나는 결과에 대해 그 상태를 평가하고 조정해 나가는 것이 필요하다고 본다. 그리고 연대성의 측면에서 유기체로서의 공동체가 정상적으로 기능하기 위해서 온정주의에 기반한 사회 질서와 통합이 필요하다고 본다.

2) 사회에 대한 관점

사회적 보수주의에서는 자본주의의 불완전성을 인정하면서도 자본주의를 수용한다. 역사적으로 사회적 보수주의자들에 있어서 자본주의는 비판의 대상이면서 보수의 대상이기도 했다. 사회적 보수주의자들은 자본주의를 도덕적 측면에서 또한 효율성 측면에서 비판적으로 바라보았다. 도덕적 측면에서 사회적 보수주의자들은 자본주의에서의 인간의 이기심과 자기이해의 무제한적 추구에 따른 도덕적 타락을 비판했다. 자본주의 시장경제에서 인간이 상품화되고 빈곤과 불평등이 극심하여 노동자들이 비참한 생활 상태에 처해 있는 것에 대해 도덕적 문제를 제기했다. 그래서 사회적 보수주의자들은 과거 봉건제 사회에서의 사회적 질서와 안정성에 향수를 느끼거나 종교와 도덕적 교화에 의한 개선을 추구했다. 효율성 측면에서도 사회적 보수주의는 자본주의의 비효율성을 비판했다. 특히 1920년대 말 이후의 대공황을 겪으면서 사회적 보수주의자들은 자본주의가 자동적으로 잘 작동될 것이라는 데 대해 회의를 가졌다.

하지만 사회적 보수주의자들은 자본주의를 기본적으로 수용한다. 초기 자본주의가 등장하던 시기에 사회적 보수주의자들은 과거 봉건제 사회에서의 안정적 사회 질서와 도덕적 규범들을 지키고자 하였다. 하지만 자본주의가 새로운 사회 질서로 자리 잡은 후에 현대 사회적 보수주의자들은 자본주의를 과거로부터 내려온 자연스러운 제도로서 보수해야 할 대상으로 인식하였다.

또한 자본주의는 인간의 본성에 잘 맞고 효율적인 제도로서 이점이 많은 것으로 보았다. 자본주의는 인간의 소유 본능이나 자신의 경제적 운명을 통제하고자 하는 욕망과 같은 인간의 기본적 본능에 근거하고, 또한 시장은 역사적으로 자연스럽게 형성되어 온 것으로서 강압적 통제 경제보다 훌륭한 것으로 인식하였다(Gilmour, 1978: 149, 233; Taylor, 2007/이태숙 역, 2008: 73-73에서 재인용).

국가에 대하여 사회적 보수주의는 사회에 대한 국가의 과도한 개입에는 반대하면서도 어느 정도의 국가 개입에 대해서는 그 필요성을 인정한다. 사회적 보수주의는 불완전한 인간의 이성에 의해 형성된 추상적 원리를 국가 권력이 사회 구성원들에게 부과하는 시도는 실패할 수밖에 없다고 본다. 하지만 사회적 보수주의는 인간의 몸에서 뇌가 전체를 조정하는 역할을 하듯이 사회 구성원 중에서 이러한 역할에 적합한 사람이 국가를 관리하여 사회의 각 부분이 제 기능을 수행할 수 있도록 조정하는 역할을 담당해야 한다고 본다. 이러한 맥락에서 20세기 초반 이후 사회적 보수주의자들은 대공황을 경험하면서 국가의 수요 관리에 의한 국내 경제 관리를 지지했다. 영국의 경우 보수당은 제2차 세계대전 이후 케인스(Keynes)의 이론에 따른 국가 수요 관리 경제정책을 채택했다.

사회적 보수주의는 그 외에도 사회에 대한 관점에 있어서 민족주의, 계급 간의 협력과 조화를 강조한다. 사회적 보수주의는 원자화된 개인을 강조하는 개인주의와 달리 유기체적 사회 그 자체의 생존과 번영을 강조한다. 그래서 민족국가는 사회적 보수주의에서 중요한 위치를 차지한다. 유럽 각 국가의 사회적 보수주의 정치세력은 국제 경쟁에서의 국가의 생존과 경쟁력 강화를 중시하고, 이를 위하여 각 계급이 사회 안에서 자신의 기능을 잘 수행하고 타협을 통하여 조화를 이루어야 한다고 본다. 이 과정에서 지배계급의 피지배계급에 대한 보호와 국가의 개입에 의한 조정 노력을 중요하게 생각한다.

그리고 가족 및 젠더 관계에서도, 사회적 보수주의는 남성과 여성 간의 자연적인 차이와 긴장을 인정하는 것으로부터 출발해야 한다고 본다. 그래서 남성이 공적 영역에서 노동을 통해 소득을 획득하고 여성이 사적 영역인 가정에서 양육과 돌봄을 제공하는 것이 차별과 불평등이라기보다는 서로의 자연적인 차이에 기반하여 상호보완적 기능을 수행한다는 전통적 가부장적 관념을 가진다.

3) 복지에 대한 관점

사회적 보수주의는 복지국가가 실용적으로 사회문제들에 대응하여 점진적으로 문제들을 해결해 나가는 데 기여한다고 본다. 사회적 보수주의가 복지국가를 지지하는 데에는 여러 가지 요인이 관련된다. 첫째, 사회적 보수주의에서는 각 부분이 없이는 유기체 자체가 살아남을 수 없기 때문에 각 구성원에 대한 보호가 필요하다고 본다. 특히 피지배계급에 대한 정치인이나 관료 그리고 지배계급의 자선과 보호를 강조한다. 둘째, 사회 질서의 유지가 필요하다. 사회적 보수주의자들은 설령 그들이 복지정책을 원하지 않더라도 피지배계급의 불만을 누그러뜨리고 사회 질서를 유지하기 위하여 복지정책의 실시에 찬성한다. 셋째, 민족국가 형성(nation state building)도 사회적 보수주의의 복지정책 찬성에 중요한 역할을 했다. 사회적 보수주의자들은 피지배계급을 민족국가의 형성과 성장 과정에 동원하고자 했다. 전 국민에 대한 복지정책을 통해 민족국가의 연대성과 통합을 추구하였다.

이러한 사회적 보수주의의 복지 지지는 역사적으로 영국 보수당의 일국보수주의(one nation conservatism)에서 잘 드러났다. 유럽 대륙에서도 19세기 말의 독일 비스마르크나 20세기에 기민당 등의 중도우파 정당들에서 잘 나타났다. 영국에서 디즈레일리 보수당 정부는 19세기 말에 노동자들을 보호하고 아동들에 대한 교육을 강화하는 등의 노동자들의 삶을 개선하기 위한 조치들을 시행했다. 이후에도

1950년대부터 1970년대의 보수당은 케인스주의 경제정책과 베버리지의 사회정책에 기반한 영국 복지국가를 지지하였다.

독일의 경우에도 19세기 말에 비스마르크는 독일제국이라는 민족국가 형성을 위하여 노동자들을 국가의 편으로 포섭하려고 했고, 이를 위하여 노동자들의 질병, 재해, 노령 및 폐질 등에 대응하는 사회보험을 제공하였다. 또한 사회정책학파의 아돌프 바그너와 구스타프 슈몰러 등의 사회적 보수주의적 학자들은 자유시장이 사회의 도덕적·윤리적 요구에 따르도록 국가가 산업정책 및 사회정책을 통하여 개입해야 한다고 주장하였다. 전후에도 독일의 기민/기사 연합은 독일이 자유시장에 기반하면서도 동시에 사회정책을 통해 노동자계급을 보호해야 한다는 '사회적 시장경제'를 정책 기조로 설정하였다.

유럽 대륙의 보수주의 복지국가들은 조합주의적-국가주의적 사회정책을 채택하였다(Kersbergen & Kremer, 2008). 조합주의적 측면에서 사회보험 운영에 있어서 국가의 과도한 개입보다는 고용주와 노동자의 대표가 공동으로 참여하여 자율적으로 관리 운영하는 자치행정을 선호했다. 다른 한편, 국가주의적 측면에서 비스마르크의 경우에서 보이는 것처럼 국가가 직접 사회보험을 운영하여 민족국가 형성 과정에 노동자들을 포섭하고자 하였다. 이 두 가지 요소가 결합되어 독일 등의 유럽 보수주의 복지국가들에서 조합주의-국가주의 모델이 전형적 특성이 되었다.

복지서비스 제공의 주체에 있어서도 사회적 보수주의는 국가가 직접 사회서비스를 제공하는 것보다는 복지 혼합을 선호한다. 독일의 경우 가톨릭 교회에서 사회교리 중의 하나로서 제시한 보충성의 원칙(subsidiarity principle)이 중요하게 수용되었다. 보충성의 원칙이란 국가가 가족이나 교회 등의 민간 주체들의 복지활동을 대체하지 않고 보호·지원하고, 이들이 충분히 복지서비스를 공급하지 못하는 경우에는 최종적으로 국가가 복지 제공의 책임을 져야 한다는 것이다. 즉, 사회적 보수주의 입장에서는 역사적으로 자연적으로 형성되어 온 민간 주체들의 복지활동에 기반하면서 국가는 이를 보호하고 지원하며 최종적인 책임을 지는 형태로 결합하여야 한다고 본다.

가족정책에 있어서도 사회적 보수주의는 남녀의 자연적인 차이를 인정하고 이에 기반하여 여성의 가정 내의 역할을 중시한다. 그래서 여성의 취업을 증진시키려는 정책보다는 여성의 가정 내 무급 노동들에 대한 일정한 보상을 제공하고, 여성의 취업과 가정 내 역할 간의 선택권을 제공하려는 입장을 취해 왔다. 이러한 맥락에서 여성의 가정 내 돌봄 역할에 대해 현금급여를 통해 보상하려는 입장을 취해 왔다.

〈표 5-3〉 사회적 보수주의 복지이념

대표적 주장자	가치	사회	복지
• 영국 　– 버크 　– 영국 보수당 내 　　일국보수주의자 　　들: 디즈레일리 • 독일 　– 19세기 비스마 　　르크와 사회정 　　책학파 　– 전후 기독교민 　　주당	• 인간의 한계와 유 　토피안 개혁 실험 　반대 • 현실주의와 실용 　주의 • 유기체적 사회관 　소극적 자유 + 실 　용적 적극적 자유 　추구 • 불평등 인정 + 실 　용적 불평등 완화 • 온정주의에 기반한 　사회 질서와 통합	• 자본주의 수용하 　면서 불완전성 인 　지 • 국가의 과도한 개 　입 반대하지만, 일 　정한 조정 관리 지 　지 • 민족주의, 계급 간 　의 협력과 조화 • 가부장적 가족 및 　젠더 관계 지지	• 사회정책 통한 실 　용적 사회문제 해 　결 • 조합주의적–국가 　주의적 사회정책 • 복지서비스 제공 　에서 보충성 원칙 • 여성의 가정 내 역 　할 중시

3. 사회적 자유주의

사회적 자유주의(Social Liberalism)는, 경제적 자유방임과 국가 개입의 최소화를 주장하는 급진우파 또는 신자유주의(Neoliberalism)와 달리, 자본주의 시장경제의 불안정성과 사회의 불평등에 대응하기 위하여 국가의 개입을 주장하는 입장이다. 하지만 자본주의 시장경제와 불평등의 존재 자체를 부정하는 데까지 나아가지는 않는다. 사회적 자유주의는 혼합경제 복지국가의 주요한 사상적 기반을 제공하였다. 전후 복지국가를 일반적으로 케인스-베버리지 복지국가(Keynes-Beveridge Welfare State)라고 부르기도 하는데, 이 케인스와 베버리지가 사회적 자유주의를 대표하는 인물들이다.

역사적으로 사회적 자유주의는 19세기 말 20세기 초반에 고전적 자유주의의 자유방임주의적 입장을 비판하면서 자본주의 경제체제가 초래한 불안정성과 부정의 그리고 불평등의 문제에 국가가 적극적으로 개입할 것을 요구하면서 등장했다. 고전적 자유주의를 비판하면서 등장했기 때문에 이 당시에 새로운 자유주의(New Liberalism),[5] 개혁적 자유주의(Reform Liberalism), 사회적 자유주의(Social Liberalism)로 불렸다. 이 당시 그린(T. H. Green), 홉하우스(L. T. Hobhouse), 홉슨(J. A. Hobson) 등이 대표적인 사상가였다. 사회적 자유주의는 이후 1970년대까지 서구 국가들에서 복지국가의 형성과 성장에 큰 영향을 미쳤다. 20세기 초중반에 케인스와 베버리지는 각각 경제정책과 사회정책의 영역에서 전후 복지국가의 정립에 중심적 사상을 제공하였다. 마샬과 롤스도 각각 시민권론과 정의론을 통하여 복지국가의 기반을 닦는 데 기여하였다. 현재에도 사회적 자유주의는 현대 복지국가를 지탱하는 기본적 이념으로서 역할을 하고 있다.

정치적으로 사회적 자유주의는 중도정당들의 이념적 뿌리가 되는 입장으로 알려지기도 하고 사회민주당의 이념적 뿌리의 한 축을 이루는 것으로 알려지기도 한다. 예를 들어, 영국의 경우 20세기 초에 집권 정당으로서의 세력을 얻었던 자유당과 그 이후의 자유민주당의 이념적 뿌리가 되는 입장으로 보기도 한다. 또한 영국 노동당의 온건한 세력의 이념적 기반을 제공하는 것으로 보기도 한다. 예를 들어, 조지와 월딩(1985/남찬섭 역, 1994)은 사회적 자유주의를 영국 자유(민주)당에 의해 대변되는 것으로 분류하였던 한편, 피츠패트릭(2001)은 사회민주주의를 사회적 자유주의와 민주적 사회주의의 두 사상으로 구성되는 것으로 분류하였다. 사회적 자유주의는 대체로 이념적 스펙트럼상에서 중도와 온건한 중도좌파의 입장으로 분류할 수 있다.

1) 가치

사회적 자유주의는 사회적 가치 측면에서 개인뿐만 아니라 개인 간의 상호관계

---

5) 앞에서의 신자유주의(Neoliberalism)에 반대되는 입장이다. 19세기 말 20세기 초반에 고전적 자유주의를 비판하면서 자본주의 시장경제에서의 불평등 완화를 위한 국가 개입의 필요성을 주장했던 새로운 자유주의(New Liberalism)가 이후 1970년대까지 복지국가의 형성과 성장에 큰 영향을 미쳤고, 1980년대 이후 복지국가를 비판하면서 다시 국가 개입의 축소와 시장자유주의를 주장한 신자유주의가 등장하였다. 1980년대의 신자유주의는 19세기 말 20세기 초의 새로운 자유주의와 구분하여 New 대신 Neo라는 단어를 사용하며 신자유주의(Neoliberalism)으로 알려져 왔다.

를 중시하고, 인간의 자기실현을 위한 적극적 자유와 실질적 기회의 평등을 주장했다. 사회적 자유주의는 기본적으로 인간 개인을 최고의 가치로 놓는다는 점에서 자유주의적 전통에 기반한다. 하지만 원자화된 개인을 가정하기보다는 인간은 사회적 존재로서 타인과의 상호관계를 통해 자아가 구성된다고 본다. 그린은 사회 구성원 누구도 배제하지 않고 모두의 자기실현을 조화시키는 공동선(common good)을 추구해야 한다고 주장하였다(박성진, 2016). 그린의 공동선 개념은 원자화된 개인주의와 개인의 자유를 억압하는 집단주의의 양극단을 피하고 절충한다.[6] 또한 홉하우스와 홉슨은 유기체론적 관점에 기반하여 개인과 사회의 조화를 주장하였다.

사회적 자유주의는 사회적 욕구의 측면에서, 자기실현의 욕구를 강조한다. 그린은 인간의 자기실현, 즉 자신의 잠재력을 실현하는 것이 가장 중요한 가치라고 하였다. 그래서 사회적 자유주의에서는 자기실현을 이루는 삶을 좋은 삶 또는 복지의 상태로 본다.

자유와 관련하여 사회적 자유주의에서는 고전적 자유주의의 소극적 자유 개념을 비판하면서 인간은 자기실현을 위한 적극적 자유를 가져야 한다고 주장했다. 그린은 모든 것을 할 수 있는 자유로서의 적극적 자유가 아니라 그중에서도 인간의 자기실현으로 한정되는 적극적 자유를 주장하였다.[7] 이러한 측면에서 그린은 소극적 자유와 적극적 자유 중간의 자유 개념을 모색한 것으로 평가된다(White, 2010).

사회적 자유주의는 평등과 관련하여 개인들의 자기실현을 위한 기회의 평등을 강조한다. 인간은 도덕적으로 평등한 가치를 가지므로 자기실현을 위한 기회를 평등하게 제공해야 한다. 기회가 평등하게 제공되었다고 해서 모든 사람이 동등하게 노력하지는 않는다. 개인의 노력에 따른 차이와 불평등은 사회의 발전을 위해 필요한 것으로서 인정해야 한다고 보았다.

이처럼 사회적 자유주의에서는 실질적 기회의 평등을 중시한다. 하지만 그렇다

---

6) 새로운 자유주의에서의 공동선은 공익을 위한 사익의 희생과는 차이가 있다. 공동선은 구성원 어느 누구의 이익도 배제하지 않는 차원에서 공공의 이익을 추구하는 것이다. 공동선은 다른 사람을 배제하는 것이 아니라 상호협조하는 가운데서만 달성될 수 있는 것이다(박성진, 2016). 궁극적 가치를 사람에게 둠으로써 개인을 무시하는 독재로 흐를 가능성을 피한다(서병훈, 1996).
이러한 측면에서 심호니(A. Simhony)는 그린의 공동선에는 정의와 덕, 자유주의와 공동체주의, 칸트와 아리스토텔레스가 모두 섞여 있다고 보았다(박성진, 2016: 58에서 재인용).
7) 이러한 그린의 사상은 현대에 와서 개인이 사회에 참여하기 위해 필요한 개인의 기능과 능력을 위한 조건의 형성을 중시하는 센(Sen)의 역량접근(capability approach)으로 발전되어 온 것으로 보인다.

고 결과의 평등에 무조건 반대하는 것은 아니다. 오히려 일정한 수준의 결과의 평등이 필요하다고 본다. 첫째, 사회 구성원들은 사회적 권리로서 기본적인 생활을 보장받아야 한다. 그린은 모든 사람이 자기실현에 필요한 최소한의 조건을 갖출 수 있어야 한다고 주장했다. 마샬은 그의 시민권 이론에서 공민권, 정치권과 함께 사회권을 시민의 기본 권리로 제시하였다. 둘째, 자유로운 개인들은 사회 계약을 통해서 일정한 결과의 평등을 요구하게 된다. 롤스는 개인들이 원초적 상태에서 자신이 미래에 가장 취약한 계층에 속할 가능성을 우려하여 빈곤과 사회적 위험들에 대한 사회보장이 이루어지는 사회를 원할 것이라고 주장하였다.

사회적 자유주의의 분배정의 입장은 롤스의 분배정의론에 의하여 잘 대표된다. 롤스는 원초적 상태에서의 자유로운 개인들의 계약을 통해서 상당한 평등을 추구하면서도 동시에 상속된 재산이나 능력에 따른 불평등도 최소 수혜자에게 이익이 된다면 인정해야 한다고 주장했다.

연대성과 관련하여 사회적 자유주의에서는 자유권을 가진 사회 구성원들의 호혜성에 기반한 연대성을 강조하였다. 사회 계약적 관점에서 자유로운 개인들이 각자가 의무와 책임을 수행하면서 동시에 사회복지정책을 통해 사회권을 권리로서 보장받아야 한다고 보았다. 일방적인 권리가 아니라 일종의 사회 계약에 기반한 권리와 의무의 균형이 이루어지는 호혜성을 강조하였다.

2) 사회에 대한 관점

사회적 자유주의자들은 기본적으로 자본주의 시장경제를 부정하지는 않는다. 사회적 자유주의자들은 사적 소유와 자본주의 시장경제의 필요성을 수용한다. 그린은 사적 소유를 통해서 개인들의 의지와 노력 등이 표출되므로 사적 소유 제도를 인간의 힘을 자유롭게 발휘하게 하는 제도라고 보았다. 또한 시장을 통해 개인 간에 상호 의존하는 사회관계망이 형성된다고 보았다.[8]

이처럼 사회적 자유주의자들이 자본주의 시장경제나 사유재산권 자체를 직접적으로 또는 암묵적으로 수용한다. 하지만 자본주의에서 발생되는 문제점들에 대해

---

8) 하지만 동시에 시장에 대해서도 개인과 타인의 자기실현의 욕구와 무관한 이기적 욕구 충족을 위한 경쟁 심리를 부추기는 것으로 비판하였다.

서는 적극적인 개선이 필요하다고 보았다. 우선 사유재산제에 있어서 일정한 수정이 필요하다고 주장하였다. 그린은 사유재산제를 인정하면서도 모든 권리는 공동선에 종속되는 것으로서 재산권도 절대적 권리는 아니라고 주장했다(서병훈, 1996a). 홉하우스와 홉슨은 개인들의 사유재산에는 사회적 재산(social property)의 부분이 포함되어 있는데, 이를 개인이 정당하지 않게 소유하고 있다고 비판하였다. 개인의 힘만으로는 부를 만들어 낼 수 없고 사회적 협력이나 사회적 전승을 통하여 사회도 생산에 독자적으로 기여하는데, 이 부분이 사회적 재산이다. 예를 들어, 자연자원이나 국가제도적 보호, 사회적으로 전승된 기술 등에 의한 부의 생산 부분은 사회적 재산이다.[9] 그는 사유재산 속에 포함되어 있는 사회적 재산은 국가의 누진적 과세를 통하여 회수하여야 한다고 보았다.

또한 사회적 자유주의에서는 자본주의 시장경제의 불안정성의 문제를 제기한다. 자본주의 시장경제는 생산과 소비의 불균형으로 인해 과잉 생산과 과소 소비의 문제를 겪게 되고, 이는 경기 침체와 실업 그리고 빈곤의 문제를 야기한다. 홉슨은 과소소비이론(under-consumption theory)을 제기하면서 이러한 과소 소비의 문제는 자본가가 노동자에 대해 불로소득을 취한 결과 발생된 것이므로, 국가가 불로소득에 대하여 누진세를 부과하고, 노동조합의 역할을 지지하여 정상적 임금을 보장하며, 독점 산업의 국유화 등을 방법을 통하여 적극적으로 개입해야 한다고 주장하였다(서정훈, 2004). 또한 케인스는 홉슨의 이러한 주장을 더 발전시켜 자본주의의 경기적 불안정성의 문제에 국가의 유효 수요 창출정책을 통해서 경제를 안정화시키고 완전고용의 목표를 달성할 수 있도록 해야 한다고 주장하였다.

사회적 자유주의에서는 국가를 공익의 보호자로서 또한 개인의 자기실현을 위한 조건 제공자로서 보았다. 그린은 국가가 도덕적 선을 직접적으로 증진시킬 수는 없

---

9) 홉하우스는 사회적 재산의 세 가지 유형을 제시하였다. 첫째, 사적 소유는 경찰이나 사법제도 등의 국가조직 및 제도들의 보호하에서 성립되는데 이 보호의 기여분은 사회적 재산이다. 둘째, 사회생활의 자연적 산물로서 부가 증가한 경우 이는 사회적 재산이다. 예를 들어, 인구 증가나 도시 팽창 등으로 인하여 토지 가격과 지대가 증가한 부분은 사회적 재산이다. 셋째, 자연자원이나 상속은 개인이 기여한 것이 아니므로 사회적 재산이다(서병훈, 1996b). 홉슨은 산업 생산물을 세 가지로 구분하였다. 첫째, 유지 비용으로서 현재의 생산을 유지하기 위해 필요한 자본과 노동의 생산 요소의 비용의 부분이다. 둘째, 생산적 잉여로서 산업의 성장을 위해 필요한 생산 요소의 기여 부분이다. 셋째, 비생산적 잉여로서 생산 요소의 기여에 의하지 않고 얻은 증가분이다. 이 세 가지 중에서 비생산적 잉여 부분은 사회에 돌아가야 할 몫이라고 주장하였다. 홉슨의 이러한 주장은 산업 생산물에 대해 노동, 자본 그리고 국가의 적정한 권리가 있다는 것을 제시한 것으로서, 마르크스의 노동가치설, 즉 모든 가치가 노동에서 나온다는 주장과는 차이가 있다(서정훈, 2004).

지만, 국가는 인간능력의 자유로운 실천을 위한 조건들을 만들어 주는 역할을 담당해야 한다고 주장했다(서병훈, 1996a). 케인스도 국가의 확장이 개인 주도권의 성공적 기능을 위한 조건이라고 보았다. 그래서 국가의 확장은 개인주의, 사적 주도권 그리고 개인적 자유의 상실 없이 성취될 수 있다고 보았다(O'Connor & Robinson, 2008). 국가가 공동선을 늘리는 일이라면, 즉 모든 사람의 자기실현을 위해 필요한 최소한의 조건을 갖추어 주는 일이라면, 국가의 강제는 정당하다고 보았다. 국가를 자본주의제도를 보호하고 인간화하기 위한 도구로서 본 것이다. 그러나 국가의 사용은 모든 개인의 자기실현을 위한 조건을 갖추는 것으로 제한되어야 하고, 국가의 과도한 개입으로 개인의 자기실현을 위한 자유를 억압해서는 안 된다고 주장했다.

3) 복지에 대한 관점

사회적 자유주의의 복지에 대한 관점을 살펴보자. 사회적 자유주의는 자본주의 시장경제에서의 불평등과 빈곤에 대응하여 국가가 적극적으로 재분배정책을 실시해서 개인들의 자기실현을 위한 조건을 창출해야 한다고 보았다. 사실 사회적 자유주의는 복지국가의 가장 핵심적인 사상적 기반을 제공하는 이념이다. 영국에서 20세기 초에 사회적 자유주의 사상의 영향을 받은 자유당이 집권하면서 1908년 「노령연금법」과 1911년 「국민보험법」 등의 근대적 사회보장제도들을 입법화하였다. 또한 사회적 자유주의자로서의 베버리지가 주도했던 1942년 『베버리지 보고서』는 전후 영국 복지국가의 청사진을 제공했다. 그래서 흔히 전후 복지국가를 케인스-베버리지 복지국가라고 부르기도 한다. 그리고 마샬은 18세기에 형성된 공민권, 19세기에 형성된 정치권에 더하여 20세기에는 사회권이 복지국가에 의해 보장되어야 한다고 했다. 롤스는 분배정의론의 측면에서 복지국가의 기초를 제공한 것으로 평가되는데, 사회에서 가장 취약한 계층에 최대의 혜택이 제공되도록 복지국가에 의한 재분배의 필요성을 주장했다.

〈표 5-4〉 **사회적 자유주의 복지이념**

대표적 주장자	가치	사회	복지
• 그린, 홉하우스, 홉스 • 케인스, 베버리지, 마샬, 롤스 • 영국 자유당, 노동당 우파 • 유럽 사민당 우파 및 중도정당 • 미국 민주당(루스벨트, 존슨, 클린턴 대통령)	• 자기실현으로서의 적극적 자유 • 실질적 기회의 평등 • 롤스의 분배정의 • 사회 구성원의 호혜성	• 자본주의, 사적 소유 인정 • 자본주의의 폐해 수정, 부정의한 사적 소유의 교정 • 국가 　– 공동선 보호자 　– 혼합경제 • 국가와 민간주체의 협력과 역할 분담	• 복지국가 사회정책 지지 • 케인스–베버리지 복지국가 • 기본생활보장 　– 베버리지 　– 마샬의 시민권론 　– 미국 뉴딜 • 복지 혼합

복지이념 2: 민주적 사회주의, 마르크스주의, 기타(제3의 길, 페미니즘)

이 장에서는 제5장에 이어 계속 복지이념에 대하여 살펴본다. 민주적 사회주의, 마르크스주의 그리고 기타 복지이념으로서 제3의 길과 페미니즘에 대하여 살펴본다. 민주적 사회주의는 사회주의를 지향하지만 그 과정을 평화적인 민주주의적 과정으로 점진적으로 진행해 나가고자 하는 이념이다. 그 과정에서 사회복지정책을 사회주의로의 점진적 이행을 위한 주요한 수단으로 보고 사회복지정책의 확대를 적극적으로 지지한다.

마르크스주의는 보다 급진적 이념으로서 급진적 혁명에 의한 사회주의로의 전환을 주장하는 이념이다. 마르크스주의에서는 사회복지정책에 대해 한편에서는 노동자계급의 생활을 개선시키는 측면에서 긍정적으로 보기도 하고, 다른 한편에서는 노동자계급에 대한 자본가계급의 착취를 유지시키기 위한 수단으로써 부정적으로 보기도 하는 혼합적 입장을 가지고 있다.

그 외에 기타 이념으로 제3의 길과 페미니즘이 있다. 제3의 길은 급진우파의 신자유주의 이념과 구 사회민주주의, 즉 민주적 사회주의 입장 사이의 중간 노선으로서 사회적 자유주의의 한 부류라고 볼 수 있다. 제3의 길에서는 복지에 있어서 사회 투자와 복지 혼합을 강조하였다. 페미니즘은 가부장적 사회에서 여성의 해방을 지향하는 이념이다. 페미니즘에서는 사회복지정책에 있어서 기본의 남성 중심적 사회보장제도를 비판하고 여성의 사회 참여와 선택권 강화를 지원하는 사회복지정책이 필요하다고 주장한다.

앞서 제5장에서는 복지이념 중 급진우파, 사회적 보수주의 그리고 사회적 자유주의의 입장에 대하여 살펴보았다. 이 장에서는 계속해서 민주적 사회주의, 마르크스주의의 복지이념에 대하여 살펴본다. 그리고 추가적으로 제3의 길과 페미니즘의 복지이념에 대하여 살펴본다.

1. 민주적 사회주의

민주적 사회주의는 사적 소유에 기반한 자본주의 사회를 사회적 소유에 기반한 사회주의로 전환시켜 나가야 한다는 데 동의하는 사회주의의 입장 중 하나이다. 하지만 자본주의로부터 사회주의로의 전환이 급진적이고 폭력적인 혁명의 방식이 아니라 점진적이고 평화적인 민주주의적 과정을 통하여 이루어져야 한다는 것을 강조한다. 사회적 자유주의가 자본주의의 존재 자체를 부정하는 데에까지 나아가지 않는 반면, 민주적 사회주의는 자본주의의 존재를 넘어서는 대안을 모색한다는 데 차이가 있다. 하지만 자본주의를 넘어선 사회주의의 모습에 대해 뚜렷한 청사진을 제시하지는 못하고 그 지향을 제시하는 정도에 그치고 있다. 민주적 사회주의의 입장도 시대적으로 일정한 변화가 있었다. 초기에는 점진적이지만 보다 근본적인 변화에 초점이 있었다면, 제2차 세계대전 이후의 민주적 사회주의는 자본주의 사회의 근본적인 전환보다는 평등의 증진에 보다 초점을 두어 왔다.

영국에서는 페이비언 사회주의 협회(Fabian Society)가 1884년 창설된 이후 민주적 사회주의의 주요한 사상적 기반을 제공했다. 독일에서는 1900년대 이후 독일 사민당의 수정주의가 민주적 사회주의의 주요한 사상적 기반을 제공했다. 이후 영국의 노동당과 독일의 사민당은 민주적 사회주의의 주요한 정당으로 역할을 수행해 왔다. 영국 노동당과 독일 사민당에서 상대적으로 온건 우파들이 사회적 자유주의의 입장을 가진다면, 상대적으로 근본적 좌파들이 민주적 사회주의의 입장을 가진다고 볼 수 있다. 영국에서는 페이비언협회를 창설한 시드니 웹(Sydney Webb)과 베아트리스 웹(Beatrice Webb) 부부, 초기 사상을 대표하는 토니(Tawney), 후기 수정주의를 대표하는 크로슬란드(Crosland) 등이 대표적 인물들이다. 독일의 경우에는 베른슈타인(Bernstein)이 대표적 인물이다. 민주적 사회주의의 이념을 그들이 중시하는 사회적 가치, 사회에 대한 관점 그리고 복지에 대한 관점의 세 가지 측면에서 살펴보자.

1) 가치

민주적 사회주의자들이 지향하는 주요 사회적 가치는 참여 욕구, 평등, 적극적 자유, 노동에 따른 분배 그리고 우애 등이다. 민주적 사회주의는 사회적 욕구의 측면에서 기본적 욕구를 넘어서 참여적 욕구를 강조한다. 자본주의 사회를 민주적으로 사회주의 사회로 개혁해 나가기 위해 노동자의 정치 · 사회적 참여를 중시한다.

민주적 사회주의는 사회 구성원 간의 평등을 강조한다. 자본주의 사회에서 계급 불평등을 감소시키고, 장기적으로는 점진적으로 자본주의 사회를 극복하고 계급 자체를 소멸시켜야 한다고 본다. 철학적으로는 기회 평등의 최대주의적 해석에 기반한 운 평등주의와 관계 평등주의의 입장 등이 민주적 사회주의에서의 평등에 대한 주요 입장이다. 기회의 평등이 충분히 성숙되어 있지 못한 사회에서 최대주의적 기회의 평등 추구는 중요하다. 하지만 기회의 평등은 결과적으로 큰 불평등을 야기할 수도 있으므로 기회의 평등만으로는 불평등 완화에 충분하지 못하고, 상당한 수준의 결과의 평등도 결합되어야 한다고 본다.

자유와 관련해서는 소극적 자유를 비판하고 적극적 자유를 옹호한다. 경제적 불평등에 의해 개인들의 자유가 제약된다는 점을 강조한다. 경제적으로 불평등한 사회에서 일부 사람들은 다른 사람들에 속박된다. 경제적 평등이 전제되어야만 사람들이 스스로의 삶을 통제할 수 있어 자유가 증진될 수 있다. 경제적 평등과 자유의 증진을 위해서는 재분배가 필수적이다. 그러므로 소극적 자유는 정치적인 차원에서 보장되어야 하지만, 민주적인 정치 과정을 통한 경제적 차원에서의 재분배는 적극적 자유의 확보를 위해서 필수적이라고 본다.

분배정의의 측면에서는 롤스의 분배정의론을 넘어서서 운 평등주의적 입장에서의 분배를 추구한다. 개인의 상속된 재산이나 능력에 따라서 이루어지는 분배는 정의롭지 못하므로 사회적으로 귀속되어 재분배되어야 한다고 본다. 개인의 선택과 노력에 따른 분배가 정의롭다는 입장이다.

우애(fraternity)와 인본주의도 민주적 사회주의자들이 중시하는 가치이다. 민주적 사회주의자들은 자본주의가 개인들의 이기적 성향을 조장한다고 비판한다. 자본주의 체제에서의 이기적인 성향들에 대응하여 사회 구성원 간의 우애를 중시한다. 그래서 경쟁보다는 협력, 권리보다는 의무, 개인의 이익보다는 공동체의 이익, 이기적인 것보다는 이타주의적인 것을 지향한다(George & Wilding, 1985/남찬섭 역, 1994).

2) 사회에 대한 관점

민주적 사회주의자들은 자본주의 시장경제를 비판하고 점진적이고 평화롭게 자본주의의 대안을 모색하고자 한다. 이들은 사유재산에 기반한 자본주의 시장경제에 대해 다음과 같이 비판한다(Barr, 2004; George & Wilding, 1985/남찬섭 역, 1994). 첫째, 자본주의 시장경제는 비윤리적이다. 자본주의는 이기적 이익을 추구하여 다른 사람으로부터 빼앗은 것을 소유하고 처분하는 권리를 가진 사회이다. 둘째, 자본주의 시장은 비민주적 분배기구이다. 자본주의 시장경제에서는 의사결정을 소수가 독점하고 다수의 일반 국민은 소위 시장의 힘이라는 자의적인 분배기구의 결정을 수용해야 한다. 셋째, 시장은 불공정한 분배기구이다. 시장에서의 분배는 개인의 업적과 괴리되어 이루어지고, 경제환경의 변화에 따라 발생하는 비용들도 매우 자의적으로 배분된다. 넷째, 정부에 의해 규제되지 않는 시장체계는 비효율적이다. 시장에 의한 상품 생산은 적절한 계획이나 조절이 없을 때 비효율적으로 이루어진다. 사회적으로 필요한 생산물을 불충분하게 생산하면서 불필요한 생산물은 과다하게 생산할 수 있다. 예를 들어, 시장기구는 과도하게 사치품이나 무기 등을 생산하도록 유도할 수 있다. 다섯째, 그 결과 시장체계는 개인과 사회의 욕구를 반영하지 못한다. 예를 들어, 아동기, 노령기, 질병기 등에 따라 요구되는 사회적 욕구를 반영하지 못한다. 시장체계는 스스로 완전 고용을 유지할 수 없으며, 불평등과 빈곤을 야기하고 이를 퇴치하지 못한다.

민주적 사회주의자들은 자본주의의 영향력을 줄이고 평화롭고 점진적으로 자본주의의 대안을 모색하기를 원한다. 이를 위해 점진적으로 생산 수단을 사회화하고 노동자들이 작업장을 통제해 나가야 한다고 주장한다. 생산 수단의 사회화를 위한 방법으로 국유화나 임노동자 기금 등이 제시되어 왔다. 국유화는 국가가 생산 수단을 직접 소유하는 것이고,[1] 임노동자 기금은 노동자들의 조직이 기금을 형성하여 기업 주식을 소유하는 방법이다. 그리고 노동자들의 작업장 통제를 위한 방법으로 노동자들이 이사회에 참여하여 경영을 통제하는 방법 등이 제시되어 왔다.

하지만 자본주의의 장기적 미래에 대해서는 유보적 입장이다. 자본주의 경제체

---

[1] 국유화와 관련해서는 이를 둘러싸고 수정주의자와 근본주의자로 분리되었다. 근본주의자는 국유화를 중시하는 반면, 수정주의자는 제한적 공적 소유로도 복지자본주의에 대한 통제가 가능하다고 보았다.

제를 극복해 나가야 한다고 보지만, 구체적으로 어떠한 체제로 어떻게 나아가야 하는지가 불명확하다. 그래서 계급 없는 평등사회의 유토피아적 전망 정도에 그치고 있다. 민주적 사회주의자들은 자본주의를 넘어선 어떤 사회에 대한 청사진에 의존하기보다는, 현실적·실용적으로 자본주의의 영향을 점차 줄여 나가면서 보다 나은 평등사회를 향해 점진적·평화적으로 나아가는 것을 지향한다.

민주적 사회주의자들은 국가를 어떤 목적을 달성하기 위한 중립적인 수단으로 보고 민주적 사회주의의 강화를 위해 적극적으로 이용하고자 하였다. 민주적 사회주의에서는 민주주의와 사회주의가 서로 분리될 수 없고 서로를 풍부하게 하는 것으로 보았다. 보통선거권의 확대와 함께 민주주의가 정착되면서 사회 구성원의 다수를 점하는 노동자계급이 국가를 장악하여 사회주의적 정책을 점진적으로 시행할 수 있었다. 특히 경제에서 국가의 적극적 역할을 주장하였다. 국가가 자본주의 시장경제에 적극 개입함으로써 사회주의자의 목표와 조화를 이루어 나갈 것으로 기대하였다.

3) 복지에 대한 관점

민주적 사회주의자들은 복지국가를 집합적 급여와 서비스를 제공함으로써 보다 평등한 사회로의 발전에 기여하는 것으로 인식하였다. 사회복지정책은 노동자들을 시장 의존으로부터 탈상품화하고 노동자들의 사회적 진보를 향한 긍정적 심리를 형성함으로써, 노동자계급의 권력 자원을 강화하여 사회구조를 변화시키는 힘으로 작용한다고 보았다. 그래서 복지국가를 사회주의의 전단계로서 사회주의를 향한

〈표 6-1〉 **민주적 사회주의 복지이념**

대표적 주장자	가치	사회	복지
• 영국 페이비언 사회주의: 시드니 웹, 베아트리스 웹, 토니, 크로슬란드 • 독일 사민당: 베른슈타인 • 유럽 사민당 좌파	• 참여적 욕구 • 평등주의 입장: 계급 간 평등, 운 평등 • 적극적 자유 • 민주적 참여에 기반한 연대, 우애와 협력 및 이타심	• 사유재산에 기반한 자본주의 시장경제 비판 • 점진적이고 평화적으로 사회주의 모색 • 국가는 사회 변화를 위한 수단	• 사회정책은 평등에 기여 • 집합적 복지는 사회주의를 향한 도약판

잠재적 도약판으로 보았다. 즉, 민주적 사회주의자들은 집합적 복지의 확대를 통하여 자본주의의 영향력을 축소하고 노동자계급의 권력 자원을 강화함으로써 점진적으로 자본주의로부터 대안적 사회로 나아갈 수 있을 것으로 기대하였다.

2. 마르크스주의

마르크스주의는 자본주의 체제에 대해 생산 수단을 소유한 자본가계급에 의한 노동자계급에서의 착취가 이루어지는 사회라고 비판하고, 사회주의 혁명에 의하여 생산 수단을 사회화하고 인간 해방을 이루어야 한다고 주장하였다. 평화적이고 점진적으로 사회주의로 전환해 나가야 한다는 민주적 사회주의의 입장과 달리, 자본가계급의 강한 권력과 저항 때문에 평화적이고 점진적인 사회주의로의 전환은 불가능하다고 보고 급진적인 혁명을 통하여 사회주의로 전환해야 한다고 주장하였다.

마르크스주의는 19세기의 초기 자본주의 시기에 마르크스(Marx)와 엥겔스(Engels)에 의해 그 이념이 구축되었고, 20세기 초 러시아에서 소비에트 혁명에 의하여 공산주의 국가가 실현되었으며, 이후 동유럽 및 아시아 국가들로 확산되었다. 서구 국가들에서는 마르크스주의가 축소되었다가 1970년대에 복지국가가 위기에 처하게 되면서 하버마스(Harbermas), 오코너(O'Connor), 오페(Offe), 고프(Gough) 등의 신마르크스주의자들이 등장하여 복지국가의 위기 현상에 대한 활발한 논의를 전개하였다. 마르크스주의의 이념을 그들이 중시하는 사회적 가치, 사회에 대한 관점 그리고 복지에 대한 관점의 세 가지 측면에서 살펴보자.

1) 가치

마르크스주의는 유물론에 기반하여 한 사회의 하부구조인 경제적 토대가 상부구조인 가치, 문화, 국가 등을 결정한다고 본다. 경제적 토대인 하부구조와 상부구조가 상호작용하며 서로 영향을 미치지만 근본적으로는 하부구조에 의해 상부구조가 결정된다는 것이다. 그래서 한 사회의 가치는 상부구조의 한 부분으로서 하부구조에 의해 결정된다고 보았다. 이러한 논리에 따라, 자본주의 사회에서는 사유재산제에 기반하여 소극적 자유, 최소한의 기회 평등, 개인주의 등의 사회적 가치가 지배적인 데 비해, 사회주의 사회에서는 사유재산제가 폐지되고 생산 수단의 사회화가 이루어질 것이므로 적극적 자유, 결과의 평등, 욕구에 따른 분배, 우애와 협동 등이 지배적인 사회 가치가 될 것으로 전망했다.

마르크스주의는 자유와 관련하여 적극적 자유의 성취를 지향한다. 사회주의로의 전환 과정에서 폭력적 정치 권력의 획득과 생산 수단의 몰수가 불가피하다. 특히 사회주의 혁명 초기의 과도적 단계에서는 자본가계급의 저항을 분쇄하기 위한 프롤레타리아 독재가 불가피하다. 이 과도적 단계에서 자본가계급의 소극적 자유가 침범될 수밖에 없다. 마르크스주의에서는 이 과도적 단계를 지나 성숙한 공산주의 단계가 되면 모든 사람이 자신의 욕구에 따라 적극적 자유를 행사할 수 있는 이상적 상태가 올 것으로 기대하였다.

평등과 관련하여 마르크스주의에서는 기회의 평등을 넘어서서 상당한 수준의 결과의 평등을 지향한다. 자본주의 사회에서 자본가계급과 노동자계급 간의 불평등은 구조적으로 불가피하다. 계급 간의 구조적 불평등은 오직 혁명을 통한 사회주의로의 전환에 의해서만 가능하다. 사유재산제가 철폐된 사회주의 사회에서는 집합적 생산과 집합적 소비가 이루어지므로 사회 구성원 간에 상당한 수준의 결과적 평등이 이루어질 수 있을 것으로 기대되었다.

분배와 관련하여, 마르크스는 사회주의 발달 단계별 분배원칙을 제시하였다. 초기 사회주의 단계에서는 생산력이 충분히 발달하지 못하여 노동에 따른 분배가 중심이 되고, 생산력이 충분히 발달한 성숙한 공산주의 단계에서는 욕구에 따른 분배가 이루어진다는 것이다. 사회주의 초기 단계에서 노동에 따른 분배의 결과 일정한 불평등이 발생하겠지만, 사유재산의 소유와 시장에서의 수요 공급에 따른 불평등을 제거함으로써, 자본주의와 달리 상당한 수준의 결과적 평등을 달성할 것으로 보았다. 또한 성숙한 공산주의 단계에서는 욕구에 따른 분배를 통하여 더 높은 수준의 결과적 평등을 달성할 수 있을 것으로 보았다.

연대성의 측면에서, 마르크스주의는 노동자계급의 배타적 우애를 강조한다. 자본주의는 개인들의 이기적 이익 추구에 기반하여 작동되는 사회인 반면, 사회주의는 사회 구성원 간의 협력과 이타심에 의하여 작동되는 사회이다. 자본주의 체제에서는 자본가계급에 대항하여 노동자계급의 단결이 중요하다. 그래서 자본주의 체제하에서 그리고 사회주의로의 초기 과도적 단계에서는 우애의 범위가 모든 사회 구성원이 아니라 노동자들, 그중에서도 혁명운동에 동참하는 노동자들로 제한된다. 사회 구성원의 전체적인 우애 형성을 위해서는 사회주의 체제로의 전환에 의하여 계급을 소멸시키는 것이 필수적이다. 성숙한 사회주의 단계가 되면 계급이 소멸되고 이기적인 이익 추구가 불필요하여 모든 사람 사이에 우애, 협력, 이타심이 충만해질 것으로 기대하였다.

2) 사회에 대한 관점

마르크스주의 사회관에 대하여 살펴보자. 자본주의 체제에서는 소위 생산의 사회적 성격과 전유의 사적 성격 간의 기본적 모순이 발생한다. 생산은 분업과 협력에 의하여 사회적으로 이루어지는 반면, 분배에서는 자본가계급이 노동자계급으로부터 잉여 가치를 착취하는 문제가 발생된다. 이 기본적인 모순으로부터 계급 투쟁이 발생하고 노동자계급에 의한 사회주의 혁명운동이 전개된다.

자본주의 생산양식은 구조적 측면에서도 자체적 모순의 심화로 인해 자동적으로 붕괴의 길을 걷게 된다. 자본가 간의 이윤 추구 경쟁의 결과, 생산의 무정부성과 유효 수요 부족으로 주기적 공황이 발생한다. 또한 자본의 독점화에 따라 자본가들이 기계를 더 확충하고 임금 지출을 줄임으로써 생산력은 증가되지만 생산 과다, 유효 소비 부족, 고실업과 같은 자본주의의 문제들이 심화된다. 이러한 악순환의 결과 자본주의는 그 모순을 감당하지 못하여 붕괴되고 사회주의로 전환된다. 증가된 생산력은 사회주의에서야 자본주의 생산 양식의 모순을 극복하고 꽃을 피우게 된다.

국가에 대한 마르크스주의의 관점은 기본적으로 하부구조와 상부구조론에 기반한다. 자본주의 체제에서는 국가는 자본주의 생산관계를 유지하기 위해 조직화된 정치 권력과 제도이다. 그래서 자본주의 국가는 자본가계급의 이익에 봉사하는 도구로서 기능한다. 국가가 일시적으로 또는 일부의 자본가계급의 이익에 반하여 활동할 수 있지만, 이 또한 장기적으로 또는 전체적으로는 자본주의 생산관계를 유지시키기 위한 것으로 궁극적으로는 자본가계급의 이익에 봉사한다. 그래서 자본주의 체제하에서는 국가에 대해 기대할 것이 별로 없다.

사회주의 혁명에 일어나면 노동자계급이 국가 권력을 장악하게 된다. 사회주의 사회에서 국가는 생산수단을 국유화하고 중앙 집중적 계획경제를 실시하여 사회주의 생산양식을 작동시키는 데 중요한 역할을 하게 된다.[2)]

3) 복지에 대한 관점

마르크스주의는 자본주의 국가의 복지정책을 노동자계급을 회유하여 자본주의 생산관계를 안정화시키기 위한 사회통제의 수단으로 본다. 복지가 노동자계급의 해방이 아니라 자본가계급의 착취를 유지시키기 위한 수단이라는 것이다.

그런데 자본주의 국가에 의한 복지가 노동자계급의 생활을 개선시키는 긍정적인 측면도 있다고 본다. 예를 들어, 마르크스도 19세기 영국「공장법」에 대한 분석에서 아동에 대한 노동 규제나 교육 등의 조치들을 긍정적으로 평가했다. 하지만 이러한 복지의 개량적 조치들은 결국에는 자본주의 생산관계를 지속시키는 데 기여하여 사회주의 혁명에 의한 노동계급의 해방을 지연시킨다고 비판하였다.

이에 비해, 1970년대 이후의 신마르크스주의자들은 자본주의 생산체제에서의 복지 확대는 구조적으로 자본 축적의 논리와 충돌된다고 주장하였다. 이들은 1970년

〈표 6-2〉 마르크스주의 복지이념

대표적 주장자	가치	사회	복지
• 마르크스, 엥겔스 • 레닌, 그람시 • 하버마스, 오코너, 오페, 고프	• 적극적 자유. 자본가계급의 소극적 자유 박탈 • 집합적 소비에 따른 결과의 평등 • 초기 사회주의에서 노동에 따른 분배, 고도의 공산주의에서 욕구에 따른 분배 • 노동자계급의 배타적 우애	• 자본주의 생산관계의 구조적 모순에 따른 계급 투쟁 • 자본주의 생산양식의 구조적 모순: 독점 자본화, 유효 수요 부족, 실업 증가로 인한 주기적 공황과 악순환 • 국가는 자본주의 생산관계 유지 기능	• 복지에 대해 부정적 시각 • 자본주의 생산관계 유지를 위해 노동자를 회유하는 사회통제책 • 복지의 긍정적 역할은 있지만 결국 자본주의 유지에 기여 • 복지 확대는 자본주의 체제에서 구조적 모순에 직면

2) 그런데 역사적으로 볼 때 20세기 사회주의 국가들의 대대적 사회실험의 결과에 따르면, 국가 권력을 독점한 소수의 정치집단이 국유화된 생산 수단과 중앙 집중적 계획을 통제하는 사회주의 체제는 신뢰를 상실하고 실패로 귀결되었다.

대 이후의 서구 복지국가 위기를 복지국가의 구조적 모순이 발현된 것으로 보았다. 대표적으로 오코너(1973)에 따르면, 복지국가는 축적의 기능과 정당화의 기능이라는 두 가지 모순적 기능을 수행하는데, 정당화의 기능을 담당하는 복지가 확대되면 독점 자본의 이윤 확보라는 축적의 기능과 구조적으로 충돌된다. 이 두 가지 모순적 기능의 충돌은 자본주의 체제하에서 위기를 야기하며 사회주의하에서만 해소될 수 있다고 주장하였다.

지금까지 살펴보았듯이, 마르크스주의의 복지에 대한 입장은 기본적으로 부정적이다. 복지의 긍정적 측면을 인식하면서도 결국에는 자본주의 생산관계를 유지시키거나 또는 구조적 모순을 배태하고 있는 것으로 본다.

3. 기타 복지이념: 제3의 길, 페미니즘

1) 제3의 길

제3의 길은 그 이름에서 보이는 것처럼 전통적 사회민주주의(제1의 길)와 신자유주의(제2의 길) 사이의 중간 노선으로 제시되었다. 제2차 세계대전 후의 구 사민당의 평등주의와 국가개입주의에 기반한 복지국가의 시대가 1970년대에 위기에 처하게 되면서, 1980년대 이후 시장 자율과 작은 국가를 주장하는 극우파의 신자유주의가 패권을 장악하였다. 이 상황에서 구 사민당 노선과 극우파 신자유주의 이념 사이에서 새로운 입장으로서 제3의 길 노선이 등장하였다. 제3의 길을 주창하는 현실 정치세력으로 미국에서 1992년 클린턴 정부, 1997년 영국 블레어 총리의 신노동당 정부 그리고 1998년 독일의 슈뢰더 정부 등이 등장하였다. 학문적으로는 대표적으로 기든스(Giddens, 1998/한성진, 박찬욱 역, 2014)가 제3의 길 이념을 제시하였다. 제3의 길 이념을 그들이 중시하는 사회적 가치, 사회에 대한 관점 그리고 복지에 대한 관점의 세 가지 측면에서 살펴보자.

(1) 가치

제3의 길은 개인의 자유와 역량 강화, 기회 평등, 사회적 참여와 호혜성 등의 사회적 가치를 강조하였다. 제3의 길에서는 자유의 측면에서 소극적 자유보다는 개인의 자율성과 역량을 강화하여 사회에서 발휘할 수 있도록 하는 의미에서의 적극적 자유를 중시하였다. 평등의 측면에서는 결과의 평등보다는 기회의 평등을 강조하였다. 개인들이 차별 없이 개방된 기회하에서 공정한 과정을 통하여 개인의 역량을 개발하고 발전을 추구할 수 있어야 하고, 개방된 기회하에서 개인들이 성취한 업적의 차이에 따른 불평등을 수용하는 입장을 보였다. 경제적 불평등보다는 개인의 발전을 추구할 수 있는 기회가 차단되는 사회적 배제의 해소를 중요시하였다. 또한 개인의 권리와 책임의 호혜성을 강조하였다. 사회는 개인들이 사회에 참여할 수 있도록 기회를 개방하고 지원을 제공해야 하지만, 동시에 개인은 사회 구성원으로서 사회에 참여하고 사회적 규범에 따라 행동할 의무가 있다고 보았다.

(2) 사회에 대한 관점

제3의 길에서는 과거의 광범위한 국가 개입을 제한하고 시장을 인정하면서, 시민사회의 역할을 확대하고자 하였다. 우선 제3의 길에서는 과거의 사회주의 경제 이론이 자본주의와 시장의 가능성과 역량을 과소평가하는 오류를 범했다고 비판하였다. 자본주의는 혁신과 적응을 통하여 생산성을 증가시킬 수 있는 능력을 가지고 있고, 시장은 수요자와 공급자에게 필요한 정보를 제공하는 중요한 역할을 수행한다. 그러므로 자본주의 시장경제의 역동성과 활력을 이용할 필요가 있다고 보았다. 이러한 인식에 기반하여 자본주의 시장에서의 개인과 기업의 성공을 강조하였다. 세계화된 시대에 강화된 국제 경쟁의 환경에서 개인과 기업이 시장에서 성공할 수 있도록 해야 하고, 이를 통해 국가경제도 번영할 수 있다고 보았다.

국가의 역할에 대해서는 국가를 제한적이지만 보다 효율적으로 작동시키고자 하였다. 국유화와 같은 생산 수단의 사회화 조치를 공식적으로 포기했다. 영국 노동당의 경우 당 강령에서 국유화 조항을 삭제함으로써 국가의 역할 제한과 성격 변화를 명확히 했다.

국가의 규모에도 한계가 있다고 보았다. 세계화 시대에 국제 경쟁으로 조세의 부과가 어려운 상황에서 조세 및 재정 지출의 규모를 일정 수준으로 통제하고자 했다. 과거의 케인스주의적 수요 관리에 기반한 광범위한 국가 개입은 비효율적이고 현실적이지도 않으므로, 국가는 제한적이면서도 효율적으로 기능할 수 있어야 한다. 이러한 측면에서 국가는 케인스주의적 수요 관리보다는 공급 측면에서 개인과 기업 등 경제 주체들의 경제활동을 지원하고 역량을 강화시키는 역할을 담당해야 한다고 보았다. 특히 경제 주체들의 능력을 강화시키기 위한 교육과 훈련 등에서 국가의 지원 역할을 강조했다. 기든스(1998)는 국가가 능력부여국가(enabling state) 또는 사회투자국가(social investment state)로서의 역할을 담당해야 한다고 주장하였다.

국가의 역할이 제한되는 대신 제3의 길에서는 시민사회의 활성화를 통한 보완을 강조했다. 과거 국가의 관료주의는 개인과 시민사회 조직들을 수동적이고 국가에 의존적이게 했다. 국가는 시민생활에 대한 직접적인 개입을 억제하고, 시민사회 조직들을 지원하는 조력자 또는 촉진자로서의 역할을 수행해야 한다. 이를 통해 시민 사회가 자체적으로 지역사회와 자원조직들 그리고 협동조합이나 사회적 기업 등의 사회적 경제 영역을 활성화할 수 있도록 지원해야 한다고 주장했다.

(3) 복지에 대한 관점

제3의 길에서는 과거의 케인스주의적 수요 관리와 현금급여에 기반한 복지국가 로부터 사회투자국가 또는 적극적 복지(positive welfare)로의 전환을 주장하였다. 과거 복지국가하에서 수급자들이 국가의 현금복지에 의존하여 사회로부터 배제 된 채 살아가는 복지 의존의 문제가 있었다. 이러한 문제에 대응하여 근로연계복지 (welfare to work)를 강화하여 개인들이 교육 및 훈련을 통하여 개인의 인적 자본을 증진하고 취업 지원서비스나 돌봄서비스 등의 사회서비스 제공하여 노동시장으로 진입할 수 있도록 지원하고자 하였다. 또한 현금급여는 개인들이 근로 관련 활동에 참여한다는 조건하에서 제공하고, 개인이 이에 참여하지 않는 경우에는 현금급여 를 축소 또는 철회하였다. 1990년대 이후 미국의 복지개혁(welfare reform)과 영국 의 일을 통한 뉴딜정책은 이러한 근로연계복지의 대표적 예이다.

복지 공급에 있어서 복지 혼합이 강조되었다. 국가에 의한 복지 공급의 독점과 관료주의에 따른 비효율문제에 대응하기 위하여 경쟁이 강조되었다. 국가와 민간 공급 조직들 그리고 민간 내에서도 영리기관과 비영리기관들을 포함하여, 복지서 비스 공급에 있어서 경쟁이 강조되었다. 국가의 역할은 이러한 경쟁이 잘 작동하도 록 규칙을 설정하고, 경쟁의 장을 제공하며, 품질과 성과를 관리하는 것으로 설 정되었다.

지금까지 제3의 길의 사회적 가치, 사회, 복지에 대한 관점에 대하여 살펴보았다. 일반적으로 제3의 길은 전통적 사민주의의 이념을 벗어났지만 신자유주의로까지 나아가지는 않은 그 사이의 중도적 이념으로 평가된다. 앞에서 살펴보았던 주요 복지이념과 관련해서는 사회적 자유주의와의 유사성이 크다.

〈표 6-3〉 **기타 복지이념 1 : 제3의 길**

대표적 주장자	가치	사회	복지
• 기든스 • 미국 클린턴, 영국 블레어, 독일 슈뢰더	• 적극적 자유(개인 자율성과 역량 강화) • 기회 평등 • 사회적 참여 • 권리와 의무	• 시장의 역동성 인정 • 제한된 하지만 능력 부여국가 • 시민사회 강조	• 사회 투자와 적극적 복지 강조 -일과 복지의 결합 -사회서비스 강조 • 복지혼합

2) 페미니즘

페미니즘은 가부장적 사회에서 억압되어 온 여성의 해방을 지향하는 이념으로 젠더 불평등의 발생 원인과 상황 그리고 해결 방법에 대한 관점들을 제시하였다. 페미니즘은 단일의 통일된 입장이라기보다는 여성 해방이라는 지향하에서 자유주의 페미니즘이나 사회주의 페미니즘 등 다양한 입장을 포함한다. 대표적 인물로서 자유주의 페미니스트로서 메리 울스턴크래프트(Mary Wollstonecraft), 사회주의 페미니스트로서 알렉산드라 콜론타이(Alexandra Kollontai) 등이 있다.[3] 그리고 젠더 관점에서 복지국가에 대한 비판적 분석을 제시한 학자로서 제인 루이스(Jane Lewis)나 낸시 프레이저(Nancy Fraser) 등이 있다. 페미니즘의 이념을 그들이 중시하는 사회적 가치, 사회에 대한 관점 그리고 복지에 대한 관점의 세 가지 측면에서 살펴보자.

(1) 가치

페미니즘은 여성의 적극적 자유와 기회의 평등 그리고 관계의 평등 등을 중시한

---

3) 이들에 대해서는 송다영(2016)을 참조.

다. 페미니즘에서는 자유의 측면에서 여성이 자신의 선택에 따라 생활할 수 있고 사회에 참여하여 잠재력을 발휘할 수 있는 실질적 자유를 강조한다. 단순히 외부로부터의 간섭을 받지 않는 소극적 자유를 넘어서서 적극적 자유를 지향한다.

평등의 측면에서 기본적으로 여성의 기회 평등을 중시한다. 여성이 차별받지 않고 남성과 동등한 기회를 부여받아야 한다는 점을 강조한다. 여성의 출산과 양육 같은 모성적 특성으로 인해 차별받지 않아야 한다는 것이다. 사회주의 페미니즘에서는 여성의 빈곤과 노동 조건 등에서의 결과의 평등도 강조한다.

그리고 페미니즘에서는 특히 관계의 평등을 지향한다. 젠더 간의 관계에 있어서 남성에 의한 여성의 지배 또는 여성의 남성에 대한 종속관계를 종식시켜야 한다는 것을 강조한다.

(2) 사회에 대한 관점

페미니즘은 사회에서 공적 영역과 사적 영역의 젠더 간 분리에 반대한다. 기존의 가부장적 사회에서 남성은 공적 영역에서 임금 획득과 같은 경제활동과 국가기구 참여와 같은 정치적 활동을 지배했다. 이에 비해 여성은 사적 영역인 가정에서 가사 노동과 돌봄 노동을 담당했다. 페미니즘에서는 이러한 젠더 간의 공사 영역의 분리가 가부장제하에서 여성을 통제하기 위해 이루어진 것으로 이를 타파해야 한다고 주장한다.

여성의 공적 영역에의 참여를 활성화하기 위하여 우선 젠더 간에 평등한 교육이 제공되어야 한다. 이를 통해 시장과 정치 활동에 참여하기 위한 동등한 준비가 이루어져야 한다. 그리고 시장 참여에 있어서 젠더 간의 차별과 불평등이 해소되어야 한다. 이를 위해 고용 측면에서 취업 기회의 제공이나 임금 및 승진 등에 있어서 차별이 없어야 한다. 모성으로서의 여성의 특수성이 차별로 작용하지 않도록 여성 노동자들에게 출산 및 육아 휴가와 보육서비스 등의 지원이 제공되어야 한다. 그리고 정치활동에 있어서도 여성할당제 등을 통해 여성의 정치 참여가 증가되어야 한다.

하지만 페미니즘 내에서도 자본주의 시장경제에 대한 관점이나 젠더 간 역할 분담방식 등에 있어서 입장의 차이가 있다. 자본주의 시장경제와 관련하여 자유주의 페미니즘에서는 자본주의 시장경제를 여성이 참여하여 활용할 수 있는 장으로 본다. 시장에서의 차별의 해소를 통해 여성이 남성과 동등하게 경쟁할 수 있는 기회

평등의 확보를 중시한다. 자본주의 시장경제에의 여성의 참여를 증진함으로써 젠더 평등이 확보될 수 있다는 것이다. 이에 비해 사회주의 페미니즘에서는 사유재산 제와 이에 기반한 자본주의 경제체제가 가부장제의 뿌리라고 본다. 그래서 여성의 해방은 생산수단의 사회화가 이루어진 사회주의하에서야 가능하다고 본다.

젠더 간의 역할 분담과 관련하여 페미니즘 내에서 시각의 차이가 있다. 프레이저(1997)는 젠더 간 역할 분담 모델을 세 가지로 구분하였다. 첫째, 보편적 주 소득자 모델(universal breadwinner model)이다. 여성들이 임금 소득자로서 남성들과 경쟁하면서 공적 영역으로 진출하는 모델이다. 이 경우 여성은 슈퍼우먼으로서 두 가지 역할을 모두 다 수행하거나 또는 주 소득자의 역할만을 수행하면서 결혼과 출산의 역할을 포기하게 된다. 이는 자유주의적 페미니즘의 모델이다. 둘째, 돌봄제공자 동등 모델(caregiver parity model)이다. 이 모델은 여성들로 하여금 여성성의 가치를 보존하면서 여성이 사적 영역의 역할을 선택할 수 있도록 보상을 제공하고 지원해야 한다는 입장이다. 이 모델에서 여성은 스스로 가정에서의 가사와 돌봄을 선택할 수 있을 것으로 가정된다. 이는 보수주의적 페미니즘의 모델이다. 셋째, 보편적 돌봄제공자 모델(universla caregiver model)이다. 여성의 공적 영역으로의 진출과 함께 남성의 사적 영역으로의 진출을 통하여, 공적ㆍ사적 영역에서의 책임을 남성과 여성 모두가 공유해야 한다는 입장이다. 이는 보다 사회주의적이고 평등주의적 모델이다.

페미니즘은 기존의 공적 영역으로서의 국가가 남성에 의해 장악되었다고 본다. 하지만 국가가 젠더 평등을 위하여 적극적 역할을 할 수 있을 것으로 기대한다. 국가가 교육이나 돌봄 등의 사회서비스를 제공하고 노동시장에서의 차별을 규제하고, 여성의 정치활동 참여 기회를 증진함으로써 여성의 공적 영역으로의 진출을 위한 여건을 조성해야 한다고 본다.

또한 여성의 독립성을 강조하는 급진적 입장에서는 여성의 성적 해방, 낙태와 이혼의 자유, 결혼과 모성애로부터의 해방을 주장한다.

(3) 복지에 대한 관점

페미니즘에서는 기존 복지체제가 가부장제 사회구조에서 여성을 소외시키고 젠더 불평등을 공고화하였다고 비판하였다. 가부장적 사회구조에서 남성은 노동시장에 전일제로 취업하고, 여성은 가정 내에서 가사 및 돌봄 노동에 종사하였다. 기존 사회보장은 전일제로 취업한 남성 노동자가 실업 등의 주요 사회적 위험에 빠지는 경우 사회보험을 통해 보장을 제공하였다. 여성은 노동시장에 참여하고 있지 않기 때문에 사회보험으로부터 배제되었다. 여성들이 노동시장에 참여하는 경우에도 가사 및 돌봄의 부담으로 경력이 단절되고 비정규직의 주변적 노동으로 제한됨으로 인해 사회보험의 가입 기간이 짧고 기여 수준이 낮아 사회보험 수급권이 제한되었다. 여성의 사회보험 수급권은 주로 남성의 배우자로서의 파생적 수급권에 의존하였다. 공적 연금에서 배우자 연금이나 유족 연금이 대표적 예이다. 그래서 이혼이나 미혼모 등의 경우처럼 여성이 남성과의 결혼관계에서 분리되는 경우 사회보험에서 배제되어 사회부조의 대상자로 전락하였다. 그 결과, 사회보장에 있어서 젠더 간 균열이 발생하였다. 남성은 기여에 기반한 권리적 성격을 가지는 사회보험의 수급자가 되는 반면, 여성은 시혜적이고 수치심을 야기하는 사회부조의 수급자가 되었다.

이러한 구조적 문제에 대응하여 페미니즘에서는 다음과 같은 몇 가지의 복지정책의 방향을 제시해 왔다.

첫째, 집합적 사회서비스의 제공이다. 국가가 보육 및 돌봄 서비스를 제공하여 가사 및 돌봄 노동을 사회화함으로써 여성이 가정을 벗어나서 노동시장에서 취업할 수 있도록 지원해야 한다. 사회서비스의 확대는 그 자체로 여성을 위한 일자리를 제공하는 측면도 있다.

둘째, 가정에서의 여성의 육아나 돌봄에 대한 사회적 보상의 제공이다. 양육수당이나 가족요양보호에 대한 현금지원 등에 의하여 여성의 가사노동에 대한 선택권을 존중해야 한다.

〈표 6-4〉 **기타 복지이념 2: 페미니즘**

대표적 주장자	가치	사회	복지
• 울스턴크래프트, 콜론타이, 루이스, 프레이저	• 적극적 자유 • 관계적 평등	• 공적 대 사적 영역 의 젠더 간 분리 비판 • 국가의 적극적 역할 요구	• 기존 복지체계 비판 • 집합적 서비스 • 여성 선택권

셋째, 일-가정의 양립 정책이다. 여성의 모성권 측면에서 여성이 직접 아동을 양육할 수 있도록 출산휴가 및 육아휴가가 확대되어야 한다. 동시에 남성의 육아권의 측면에서 아버지의 출산 및 육아 휴직의 확대도 필수적이다.

제7장 복지 모형과 복지국가 유형론

이 장에서는 복지 모형과 복지국가 유형론에 대하여 살펴본다. 복지 모형과 복지국가 유형론은 정확하게 구분하기 어려운 측면이 있지만, 복지 모형은 일련의 제도들로 구성되는 어떤 사회복지정책 조합 간의 차이에 초점을 두고, 복지국가 유형론은 현실의 복지국가들을 유형화하는 데 초점이 있다는 측면에서 구분하여 살펴본다.

복지 모형에 있어서는 윌렌스키와 르보의 복지 모형, 티트머스의 복지 모형, 비스마르크 대 베버리지 복지 모형, 페레라의 복지 모형 그리고 코르피와 팔메의 복지 모형에 대하여 살펴본다.

복지국가 유형론에 있어서는 퍼니스와 틸턴의 복지국가 모형, 에스핑-앤더슨의 복지국가 유형론 그리고 자본주의 다양성론에 대하여 살펴본다.

이 장에서는 복지 모형과 복지국가 유형론에 대하여 살펴보고자 한다. 복지 모형론은 일련의 제도들로 구성되는 어떤 사회복지정책 조합의 성격을 규정하고자 하는 시도이다. 어떤 사회복지정책의 조합들이 존재하고, 서로 다른 사회복지정책의 조합들이 어떤 성격을 가지는지를 규명할 수 있다. 복지 모형 연구들은 이처럼 뚜렷이 구별되는 사회복지정책 조합들을 분류하여 모형화함으로써 한 사회의 사회복지정책의 특성을 평가하고 방향을 모색하는 데 기여하고자 하는 시도들이다. 이러한 측면에서 티트머스(Titmuss, 1974)는 복지 모형화의 목적은 우리의 경제적 사회적 생활에서 사실, 제도, 선택의 무질서와 혼동 속에서 우리가 어떤 질서를 볼 수 있도록 돕는 것이라고 했다.

복지국가 유형론은 다양하게 존재하는 복지국가를 중심으로 몇 가지 유형으로 분류하고자 하는 시도이다. 현재 지구상에는 복지국가라고 칭할 수 있는 다양한 국가가 있다. 이 국가들을 하나씩 짝을 지어 상호 비교하기 시작하면 그 경우의 수가 너무 많아져서 이 국가들의 특성을 이해하기 어렵다. 그래서 복지국가들의 주요 특성들에 기반하여 몇 가지의 유형으로 분류함으로써 복지국가들의 성격을 더 잘 이해할 수 있다. 복지국가 유형론은 이처럼 복지국가의 몇 가지 유형을 제시함으로써 전체 복지국가뿐만 아니라 개별 복지국가의 상황을 더 잘 이해하는 데 기여하고자 하는 시도이다.

복지 모형과 복지국가 유형론은 거의 구분 없이 사용되기도 한다. 복지 모형론과 복지국가 유형론은 한 사회의 사회복지정책의 성격을 유형화하고자 하는 측면에서 유사한 측면이 있다. 하지만 복지 모형이 복지정책 조합의 성격에 초점을 둔다면 복지국가 유형론은 보다 현실적으로 국가들을 몇 가지 유형으로 분류하는 데 초점을 둔다는 측면에서 일정한 차이도 있는 것 같다. 이 책에서는 복지 모형론과 복지국가 유형론을 구분하여 사용하고자 한다.

1. 복지 모형

1) 윌렌스키와 르보의 복지 모형

일반적으로 많이 알려진 가장 기본적인 복지 모형은 윌렌스키와 르보(Wilensky & Lebeaux, 1959)의 잔여적 모형(residual model)과 제도적 모형(institutional model)이다. 복지의 잔여적 모형은 복지 공급에 있어서 가족과 시장이 정상적인 공급 주체로서 복지 공급의 역할을 담당하고, 국가에 의한 사회복지제도는 이들 정상적 공급 기능이 작동하지 않을 때에만 일시적으로 복지 공급을 담당하는 잔여적 역할을 수행하는 유형이다. 복지의 제도적 모형은 국가가 정상적인 공급의 주체로서 복지를 제공하는 1차적 기능을 수행하는 유형이다. 윌렌스키와 르보는 산업화가 진행됨에 따라 복지 모형이 점차적으로 복지의 잔여적 모형에서 제도적 모형으로 전환된다고 제시하였다.

서구 복지국가들의 발전 과정을 보면, 대체로 잔여적 복지 모형으로부터 제도적 복지 모형으로 발전해 왔다. 윌렌스키와 르보(1959)의 이원적 복지 모형 분류는 이러한 전체적인 방향성에 대해 중요한 제시를 한 것으로 평가된다. 하지만 현실 세계에서의 다양한 복지 특성을 묘사하기에는 너무 단순하다.

2) 티트머스의 복지 모형

티트머스(1974)는 윌렌스키와 르보의 이분법적 복지 모형을 기반으로 사회복지정책의 모형 또는 기능을 잔여적 모형, 산업적 업적 성취 모형, 제도적 재분배 모형의 세 가지로 구분하였다. 이 세 가지 모형에 대하여 하나씩 살펴보자.

첫째, 사회정책의 잔여적 복지 모형(the residual model of social policy)은 개인의 욕구 충족을 위한 자연적인 통로로서 시장과 가족이 존재한다는 전제에 기반하여, 사회복지제도는 이들이 작동하지 않을 때에 일시적으로만 작동한다. 이러한 잔여적 복지 모형에서 복지의 진정한 목표는 사람들에게 복지제도 없이 어떻게 행동해야 하는가를 가르치는 것이라고 한다. 이 모형의 제도적 기반은 영국의 「빈민법」으로 거슬러 올라가며, 학문적으로는 사회학에서 적자생존론을 주장한 스펜서(Spencer) 그리고 경제학에서는 자유시장주의를 주장한 프리드만(Friedman)이나 하이에크(Hayek)가 대표적이다.

둘째, 사회정책의 산업적 업적 성취 모형(the industrial achievement-preformance model of social policy)은 복지급여가 개인 간의 노동시장에서의 성취의 차이를 반영하는 특성을 가진다. 사회적 욕구는 업적, 노동의 성과, 생산성의 기반 위에서 충족된다. 이 모형은 인센티브, 노력과 보상, 계급과 집단 충성심 형성에 대한 다양한 경제적 · 심리학적 이론들의 기반 위에 있다. 이 모형에서는 사회복지제도를 경제의 부속물로서 사회에 통합시킨다. 사회복지를 그 자체로 독립적이고 주된 사회적 제도로 인정하기보다는 경제에 종속된 부속적인 제도로서 간주한다. 이러한 측면에서 시녀 모델 또는 부속 모델(handmaiden model)로서 묘사되어 왔다.

셋째, 사회정책의 제도적 재분배 모형(the institutional redistributive model of social policy)은 사회복지를 욕구원칙에 기반하여 시장 밖에서 보편적 서비스를 공급하는 것을 특징으로 한다. 이 모형에서 사회복지는 사회에 통합된 주요한 제도이다. 이 모형은 사회 변화와 경제제도의 다차원적 효과에 대한 이론들에 기반한다. 사회적 평등의 원칙에 기반하여 자원 통제에 있어서 재분배 체계를 통합시키는 모형이다.

이 중 첫 번째와 세 번째 모형은 윌렌스키와 르보(1959)의 이분법 모형과 거의 동일하다. 티트머스의 삼분법은 산업적 업적 성취 모형을 추가적으로 제시한 데 특징이 있다. 티트머스는 이 세 가지 복지 모형이 사회복지정책의 서로 다른 가치를 반영하는 것으로 보고 어떤 복지 모형을 선택할 것인가의 이슈를 제기하였다.

윌렌스키와 르보(1959) 그리고 티트머스(1974)의 복지 모형들은 사회적 욕구 충족에 있어서 사회의 주요 주체들—즉, 시장 및 가족과 국가—간의 복지 공급에서의 역할에 초점을 두었다. 이후 사회복지정책의 제도적 특성 자체에 보다 초점을 두는 복지 모형들이 제시되었다.

3) 비스마르크 대 베버리지 복지 모형

비스마르크 모형(Bismark model) 대 베버리지 모형(Beveridgean model)의 이분법적 분류이다. 이 복지 모형은 주로 프랑스 전통에서 제시되어 온 것으로 유럽연합(EU) 공식 출판물을 포함하여 유럽대륙에서 광범위하게 사용되어 왔다.[1] 보놀리(Bonoli, 1997)는 비스마르크 모형과 베버리지 모형의 특성을 다음과 같이 정리하였다.

비스마르크 모형의 사회정책은 사회보험에 기반한다. 이 유형에서는 사회보험을 통하여 소득연계 급여를 제공하고, 수급 자격은 보험료 납부 기록에 의존하며, 적용 범위는 임금근로자이고, 재정은 고용주와 피용자의 기여에 기반한다. 비스마르크 유형의 사회정책의 목적은 피용자의 소득을 유지(income maintenance for employees)하는 것이다.

베버리지 모형의 사회정책은 보편적 급여에 기반한다. 수급 자격은 거주와 욕구에 기반하고, 급여는 전형적으로 정액급여이며, 적용 범위는 전체 인구이고, 재원

---

1) 보놀리(1997)는 이 분류가 프랑스 문헌들에서 광범위하게 제시되어 왔다고 하면서, 대표적인 프랑스 문헌들로 다음을 제시하였다.

Spicker, P. (1995). Social Policy: the French Model. Paper presented at the study day on French social policy. Guildhall University, London, 6 May.

Chatagner, F. (1993). *La Protection Sociale*, Le Monde. Paris.

Hirsh, M. (1993). *Les Enjeux de La Protection Sociale*, Montchrestien. Paris.

Castel, R. (1995). Elargir L'assiette. *Project*, 242: 9-16.

은 일반 조세를 통해 조달된다. 베버리지 모형에서 사회정책의 목적은 빈곤 예방 (prevention of poverty)에 있다.

비스마르크 모형에서 사회정책은 사회보험에 의하여 임금근로자의 소득을 유지함으로써 시장경제에서 노동자들의 지위 증진의 강력한 도구로 기능해 왔다. 그래서 순수한 비스마르크 모형의 사회정책에서는 엄격하게 말하자면 빈민이나 노동시장 비참여자에 대한 고려가 없다. 반면, 베버리지 모형에서 사회정책은 일반 조세에 의해 전 국민을 빈곤으로부터 예방하고자 한다.

〈표 7-1〉 사회정책의 비스마르크와 베버리지 모형

	비스마르크 모형	베버리지 모형
목표	소득 보장	빈곤 방지
급여	소득비례	정액급여
수급 자격	보험료 납부 기록	거주 또는 욕구
적용 대상	피용자	전체 국민
재정	기여	조세

출처: Bonoli (1997).

〈글상자 7-1〉 이론적 베버리지 복지 모형과 실제 베버리지 구상 간의 차이

그런데 이처럼 프랑스와 유럽대륙에서 일반적으로 사용되는 베버리지 모형의 특징은 실제로는 베버리지의 기본 구상과는 상당한 차이가 있다. 베버리지는 사회보험을 선호하고 자산조사제도를 혐오하여 사회보험에 기반한 사회보장제도를 설계했다. 그래서 『베버리지 보고서』의 제목이 '사회보험과 연계급여들(social insurance and its allied)'이다. 베버리지 자신은 완전 고용과 사회보험의 정착에 따라 장기적으로 자산조사 프로그램은 축소되어 미미해질 것으로 생각했다. 그럼에도 불구하고 프랑스와 유럽대륙에서 베버리지 모형을 조세에 기반한 정액급여로 간주해 온 것은, 보놀리 (1997)에 따르면, 베버리지가 제시한 도구보다는 다섯 거인(five giants)의 제거라는 베버리지 사회정책의 목표에 초점을 두었기 때문이다.

4) 페레라의 복지 모형

페레라(Ferrera, 1993; Bonoli, 1997에서 재인용)는 사회보호제도들의 적용범위를 기준으로 복지 모형을 보편적 모형(universalist type)과 직업적 모형(occupational type)으로 구분하였다. 페레라가 구분한 보편적 모형은 전체 인구를 단일 제도로 포괄하고, 직업적 모형은 사회에서 직업 집단별로 다른 제도들을 적용한다. 보편적 모형은 주로 북유럽이나 영국의 사회정책에서의 전형적 특징이고, 직업적 모형은 직업적 구분에 따른 파편화된 사회보호제도들(fragmantation of social protection schems along occupational lines)을 가지는 유럽대륙 사회정책의 주요한 특징이다. 페레라의 보편적 대 직업적 복지 모형은 직업집단별로 분립적인 복지체계와 전 국민에 대한 단일적 복지체계라는 복지제도의 구조적 특성을 잘 보여 준다. 이 구분은 비스마르크 대 베버리지 복지 모형의 구분과 상당히 유사하다.

사회복지정책의 제도적 특성에 초점을 둔 비스마르크 모형 대 베버리지 모형 그리고 보편적 모형 대 직업적 모형의 이분법적 유형화는 너무 단순하다. 그 사이에 있는 보다 다양한 복지체계의 차이를 포착하기 어렵다. 코르피와 팔메(Korpi & Palme, 1998)는 이러한 점을 보완하여 보다 세분화되고 종합적인 복지 모형을 제시하였다.

5) 코르피와 팔메의 복지 모형

코르피와 팔메(1998)는 복지 모형을 연금과 질병급여를 대상으로 세 가지 기준에 따라 다섯 가지로 구분하였다. 우선, 복지제도의 모형화를 위한 기준으로 수급자격의 기반, 급여 수준 원칙 그리고 사회보험 프로그램 관리 형태의 세 가지를 설정하였다. 첫째, 수급 자격 기반(bases of entitlement)이다. 수급 자격 결정에 있어서 표적화 대 보편주의(targetting vs. universalism)의 이슈와 관련하여 네 가지의 질적으로 다른 방식들이 존재한다고 보았다. 즉, 자산조사에 의한 욕구 판정에 기반하는 방식, 기여에 기반하는 방식, 특정 직업집단에의 소속에 기반하는 방식 그리고 시민권 및 거주에 기반하는 방식이다.

둘째, 급여 수준 원칙(benefit-level principle)이다. 급여 수준 원칙은 위험 발생으로 상실된 개인의 소득을 사회보험 급여가 어느 정도로 대체하는가에 대한 것이다. 급여 수준 원칙은 자산조사에 의한 최저급여 원칙, 모두에게 동등하게 제공되는 정액급여 원칙 그리고 위험 발생 이전의 소득에 연계되는 소득연계급여 원칙의 세 가지 방식으로 구분된다.

셋째, 사회보험 프로그램을 관리하는 형태들(forms for governing a social insurance program)이다. 관리 형태는 고용주 및 피용자 대표들이 프로그램을 공동 운영하는지의 여부에 따라 두 가지로 구분된다.

이 세 가지 기준에 따라 코르피와 팔메는 다섯 가지의 복지 모형을 도출하였다. 즉, 표적화 모형, 자발적 국가보조 모형, 조합주의 모형, 기초보장 모형, 포괄적 모형이다. 〈표 7-2〉와 [그림 7-1]은 이 다섯 가지 복지 모형의 특징에 대한 압축적인 묘사를 제공한다. 이 다섯 가지의 복지 모형은 역사적으로 대략 이 순서대로 나타났다고 본다.

〈표 7-2〉 코르피와 팔메의 사회보험제도의 이념형

모형	수급 자격의 기반	급여 수준 결정 원칙	관리 운영에서 고용주-피용자 협력
표적화	자산조사에 의해 증명된 욕구	최저	NO(정부)
자발적 국가보조	회원들의 자발적 기여	정액 또는 소득연계	NO(민간기관)
조합주의	직업집단 및 경제활동 참여	소득연계	Yes(고용주 및 노동자 대표)
기초 보장	시민권 또는 기여	정액	NO(정부)
포괄적	시민권과 경제활동 참여	정액과 소득연계	NO(정부)

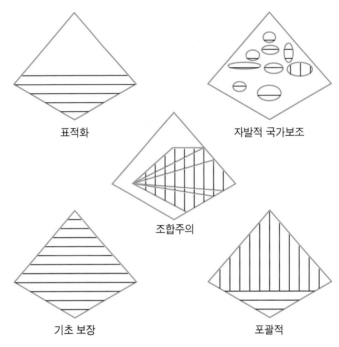

표적화   자발적 국가보조

조합주의

기초 보장   포괄적

[그림 7-1] **코르피와 팔메의 복지 모형**

주: 다이아몬드 모양은 사회경제적 계층 체계를 상징한다. 고소득자는 최상위에, 저소득자와 빈자는 하층에 있다. 수
 평선은 정액급여나 최저급여에 대한 권리를 가진 시민을 표시한다. 수직선은 소득연계급여에 권리를 가진 시민을
 표시한다.
출처: Korpi & Palme (1998).

  첫째, 표적화 모형(targeted model)은 자산조사에 기반하여 빈자나 요보호자를 선
정하여 최저 수준의 급여를 제공하는 모델이다. 제도의 관리와 운영은 국가가 담당
한다. 자산조사에 의한 욕구 결정에 있어서 그 기준은 아주 엄격할 수도 있고 관대
할 수도 있다. 예를 들어, 자산조사의 기준이 극빈층을 선별해 내는 수준으로 설정
될 수도 있고, 또는 일정 수준 이상의 소득계층을 선별하여 배제하는 훨씬 더 높은
수준으로 설정될 수도 있다.

  둘째, 자발적 국가보조 모형(voluntary state-subsidized model)은 공제조합(mutual
benefit societies)과 기타 자발적 조직들이 자발적으로 가입한 회원들의 보험료 기여
에 기반하여, 특정 위험의 발생으로 소득이 단절되었을 경우에 보험급여를 제공하
는 방식이다. 수급자격이 자발적으로 가입하는 회원들의 기여에 기반하므로, 비숙
련자나 빈자보다는 숙련 노동자들과 중간계급이 주로 가입한다. 급여 수준은 자발

적 조직들에 따라 정액급여로 설정할 수도 있고 소득연계급여로 설정할 수도 있는데, 역사적으로 소득연계급여의 경우에도 급여 상한액이 낮아 정액급여와 유사하였다. 관리는 공제조합 등의 자발적 조직에 의해 이루어지고 고용주나 피용자 대표들이 공동으로 직접 운영에 관여하지는 않는다.

셋째, 조합주의 모형(corporatist model)이다. 독일 비스마르크에 의한 최초의 강제적 사회보험이 이 조합주의 모형에 해당된다. 비스마르크 사회보험에서 노동자들은 직업 및 산업 집단별로 강제적으로 사회보험에 가입하였다. 직업 및 산업 집단별로 분리된 사회보험 조합들이 조직됨으로써 분절적인 사회보험체계가 형성되었다. 이후 기존에 포함되지 않았던 직업집단들에 대해 별도의 사회보험 조합들이 추가적으로 구축됨으로써 사회보험이 확대되었다. 분절화된 사회보험 조합 간에 프로그램의 수급 자격과 급여 수준에는 상당한 차이가 있었다. 이러한 조합주의 모형에서 수급 자격의 기반은 직업집단에의 소속과 강제적 보험료 기여였다. 급여 수준은 위험 발생 이전의 소득 수준에 연계된 소득연계 급여 원칙에 따라 설정되었다. 그리고 관리·운영은 사용자 및 노동자를 대표하여 선출된 관리자들에 의하여 협력적이고 자주적으로 이루어졌다. 이 방식은 사회보험에 있어서 직업 또는 산업 집단별로 고용주와 피용자 간에 조합주의적 협력관계를 형성할 것으로 기대되었다.

넷째, 기초보장 모형(basic security model)이다. 이 모형은 전 국민에 대해 요람에서 무덤까지 빈곤으로부터의 보장을 제공한다는 『베버리지 보고서』의 이상에 기초한다. 기초보장 모형에서 수급 자격은 시민권 및 거주에 기반할 수도 있고, 또는 기여에 기반할 수도 있다. 코르피와 팔메는 전자를 시민권 하위 유형으로, 그리고 후자를 보험 하위 유형으로 불렀다. 수급 자격이 기여에 기반하는 보험 하위 유형에서도 조합주의 모델과 달리 모든 피보험자는 단일의 제도에 포괄된다. 기초보장 모형에서 급여 수준은 빈곤방지 수준의 정액급여이다. 그리고 관리·운영은 고용주와 피용자 대표가 아니라 국가 또는 공적 기관이 담당한다.

다섯째, 포괄적 모형(encompassing model)이다. 이 모형은 비스마르크와 베버리지의 아이디어들을 결합한 것이다. 베버리지의 전통에 따라 전체 국민에게 빈곤 방지수준의 기초적 급여를 제공하고, 그 위에서 비스마르크의 전통에 따라 소득비례 사회보험에 의하여 경제활동 참여자들에게 더 높은 급여를 제공한다. 그래서 전체 시민에게 기초급여를 보장하면서도 경제활동 참여자들에게 더 높은 수준의 급여를 보장할 수 있는 체계이다. 이 모형에서 수급 자격은 시민권과 보험료 납부에 기반한다. 기초급여는 시민권에 기반하고, 소득비례급여는 보험료 기여에 기반한다. 급여수준 결정 원칙은 정액급여와 소득연계급여의 결합 방식이다. 관리 운영은 고용주와 피용자 대표가 아니라 국가와 공적 기관이 담당한다.

2. 복지국가 유형론

현대 선진 자본주의 국가들은 정부 지출의 상당 부분을 복지에 지출하는 복지국가들이다. 이 복지국가들은 그 숫자도 많고, 그 특성에도 상당한 차이들이 존재한다. 다양한 복지국가를 몇 개의 집단으로 분류하고 그 특성을 뚜렷하게 제시하고자 하는 시도들이 제시되어 왔다. 여기에서는 대표적으로 퍼니스와 틸턴(Furniss & Tilton, 1977/김한주, 황진수 역, 1983), 에스핑-앤더슨(Esping-Andersen, 1990/박시종 역, 2007) 그리고 자본주의 다양성론(Varities of Capitalism)에서의 복지국가 유형론에 대하여 살펴본다.

1) 퍼니스와 틸턴의 복지국가 유형론

퍼니스와 틸턴(1977)은 20세기의 개입주의 국가의 유형을 적극국가, 사회보장국가, 사회복지국가의 세가지 유형으로 구분하였다. 20세기 초의 대공황과 세계대전을 거치면서 서구 자본주의 국가들은 자유방임주의 시대를 넘어서 시장과 소유관계에 대한 개입주의 국가시대로 전환하였다. 퍼니스와 틸턴은 시장과 소유관계에 대한 국가의 조정 양식에 따라 개입주의 국가들을 세 가지 형태로 구분하였다. 시장과 사유재산에 대해 협조적인 적극국가, 시민에게 최저한의 생활을 보장하는 사회보장국가 그리고 보다 급진적인 민주주의와 평등주의의 사회복지국가이다. 그런데 이 중에서 적극국가는 복지국가라고 보기 어렵고, 사회보장국가와 사회복지국가가 복지국가를 구성하는 두 유형이라고 주장하였다.

첫째, 적극국가(positive state)이다. 영어 단어 positive는 한국어로 '긍정적, 적극적, 호의적' 등의 단어로 번역된다. 한국에서는 그동안 positive state를 적극국가로 번역하여 사용해 왔다. 다르게 번역하자면, 긍정국가나 협력국가 등으로 번역될 수 있을 것이다. 용어상의 혼란을 피하기 위하여 기존의 번역 관례를 따라서 이 책에서는 적극국가라는 단어를 사용하고자 한다. 그러면 무엇에 적극적이고, 긍정적이고, 호의적이고, 협력적이라는 것인가? 바로 시장과 기존 재산권의 보호에 적극적이고, 긍정적이고, 호의적이라는 것이다.

적극국가는 시장경제 안정화와 자산 소유자들의 재산권 보호를 기본 목표로 한다. 정부는 경제 분야에서 높은 수준의 소비와 고용 유지 정책을 통하여 기업의 활동을 지원한다. 복지 분야에 있어서는 사회보험에 주력한다. 사회보험은 보험수리 원칙에 기반하여 한 개인의 생애주기 전반에 걸쳐 소득을 고르게 함으로써 수직적 재분배에 대한 관심을 수평적 재분배로 돌리고 노동자들의 근로 동기를 유지하게 한다.[2] 적극국가의 주된 수혜자들은 자유방임 상태에서 가장 번영할 것으로 기대되는 재산 소유자들이다. 그래서 퍼니스와 틸턴은 적극국가를 경제에 있어서 상당한 정도의 정부 개입을 하지만 복지국가가 아니라고 주장한다. 대표적 국가는 미국이다.

둘째, 사회보장국가(social security state)이다. 사회보장국가는 전 국민에 대해 최저생활을 보장하는 것을 국가 목표로 한다. 경제정책에서 완전 고용을 추구하고 공공사업을 완전 고용을 위한 최후의 수단으로 사용한다. 사회정책에서는 국민적 최저 수준(national minimum)의 보장을 추구한다. 사회보험에 기초한 복지정책의 한계를 극복하기 위하여, 보험에서 배제되는 사람들에 대해 국민적 최저 수준을 보장할 공적 책임을 강조한다. 그래서 사회보험에서 배제되는 사람들을 위한 공적 현금급여와 서비스를 강조하고, 이를 통해 빈곤을 퇴치하고 요람에서 무덤까지 전체 국민의 최저생활을 보장하고자 한다. 이념적으로 사회보장국가는 기회 균등의 원리에 기초한다. 대표적 국가는 영국이다.

셋째, 사회복지국가(social welfare state)이다. 사회복지국가는 최저생활보장을 넘어서 사회 구성원 간의 평등과 연대를 목표로 한다. 경제 영역에 있어서 정부와 노동조합의 협력에 의한 완전 고용 달성을 추구한다. 임금과 고용 결정에 노동조합이 능동적으로 참여하여, 정부 및 기업과 함께 노동조합이 경제에 대한 통제력을 가지

2) 수직적 재분배는 소득계층 간의 재분배를, 그리고 수평적 재분배는 동일 소득계층 내에서 재분배를 말한다.

도록 한다. 사회정책에 있어서는 시민의 최저생활보장을 넘어 생활 상태의 일반적 평등을 성취하고자 한다. 이를 위해 공공서비스를 정부 예산으로 모든 사람에게 제공하여 사회생활의 주요 부문들을 시장의 영향으로부터 분리한다. 사회복지국가는 고용주로부터 노동자로 정책결정권을 이전시키고 정책결정 과정에 시민의 참여를 늘리고자 한다. 대표적 국가는 스웨덴이다.

퍼니스와 틸턴의 유형론에 따르면, 복지국가는 단순히 시장경제와 재산권 기반 위에서 경제 안정을 도모하는 국가가 아니라 이를 넘어서서 국민의 최저생활을 보장하고 평등과 연대를 증진하는 방향으로 나아가는 국가이다. 이를 위해 복지국가는 구체적으로 사회복지정책의 측면에 있어서 단순히 사회보험을 공급하는 것을 넘어 사회보험 배제자들에게 공적 복지급여를 통해 최저생활을 보장하고, 더 나아가 시민에게 보편적 사회서비스를 제공하여 생활의 주요 부문들을 시장에 의존하지 않아도 되도록 한다.

〈표 7-3〉 퍼니스와 틸턴의 복지국가 유형론

구분	적극국가	사회보장국가	사회복지국가
대표 국가	미국	영국	스웨덴
국가 목표	시장경제와 재산권 보호에 기반한 경제 성장	모든 국민에게 최저생활보장	전체 사회 구성원 간의 평등과 연대
경제정책	• 경제 성장을 위한 기업과 정부의 협력 – 높은 수준의 소비와 고용 유지 정책	• 완전고용 – 공공사업	• 정부와 노동조합의 협력에 의한 완전고용 – 정부 정책 결정에 노동조합의 참여
사회정책	• 개인의 생애주기상의 소득 평준화와 주요 위험에 대한 보장 – 사회보험: 보험수리적, 수평적 재분배	• 국민적 최저 수준 달성 – 사회보험 – 사회보험 배제자에 대한 공적 복지급여	• 생활 상태의 평등 성취 – 보편적 공공서비스를 통한 주요 생활영역의 시장으로부터의 분리
복지국가 여부	×	○	○

2) 에스핑-앤더슨의 복지국가 유형론

에스핑-앤더슨의 복지국가 유형론은 1990년에『복지자본주의의 세 가지 세계(Three Worlds of Welfare Capitalism)』에서 제시된 이후 지금까지 가장 대표적인 복지국가 유형론으로 널리 이용되어 왔다. 에스핑-앤더슨은 복지 제공에 있어서 국가와 시장의 역할 분담의 결과로 나타나는 탈상품화와 계층화의 정도에 따라 복지국가를 자유주의 복지국가, 보수주의 복지국가 그리고 사민주의 복지국가의 세 가지 유형으로 구분하였다.

우선, 복지국가 유형화의 기준에 대하여 살펴보자. 에스핑-앤더슨은 복지국가 유형화의 기준으로 탈상품화와 계층화를 설정하였다. 탈상품화와 계층화의 기준은 복지 공급의 결과로서의 사회권과 평등의 정도를 측정하는 개념이다. 탈상품화(decommodification)는 사회권의 정도를 대변하는 개념으로 제시되었다. 탈상품화는 한 개인이 자신의 노동력을 시장에서 상품으로 판매하지 않아도 생활을 영위할 수 있는 정도를 지칭한다. 계층화(stratification)는 불평등의 정도를 대변하는 개념으로 제시되었다. 계층화는 개인의 노동시장에서의 사회계층 지위가 복지 수급 시기에도 유지되는 정도를 지칭한다.

다음으로, 이 두 가지 기준에 기반하여 분류된 복지국가의 세 가지 유형에 대하여 살펴보자.

첫째, 자유주의 복지국가(liberal welfare state)는 탈상품화의 정도가 낮고 계층화 정도가 높은 유형이다. 복지 제공을 위한 국가와 시장 간의 역할 분담에 있어서 국가의 역할이 작고 시장의 역할이 크다. 사회복지정책의 수급 자격이 엄격하고 급여 수준이 낮아 국가에 의해 공급되는 집합적 급여의 규모가 작다. 사회복지제도 측면에서 사회부조제도나 낮은 수준의 제한적 사회보험이 중심이다. 그래서 사회복지정책은 빈민에 대해 기초 보장을 제공하거나 또는 위험에 직면한 일반 국민에 대하여 기초 수준의 사회보험 급여를 제공하는 정도로 제한된다. 한편, 보다 높은 수준의 급여의 분배는 시장에서 민간보험이나 기업복지를 통하여 이루어진다. 개인들이 시장에서 민간보험을 구입하거나 또는 기업에서 고용주가 노동자들에게 기업복지를 제공하는 것이다. 이와 같이 자유주의 복지국가에서 사회복지정책의 역할은 빈곤 구제로 제한되고 그 이상에 대해서는 시장이 주된 역할을 담당한다. 그래서 국가의 사회복지정책에 의해 공급되는 복지 규모가 작다.

이러한 복지체계를 가진 결과, 자유주의 복지국가에서는 탈상품의 정도가 제한되고 계층화 정도가 높게 유지된다. 탈상품화가 빈민 또는 빈곤 방지 정도로 제한되고 그 이상의 부분에 대해서는 여전히 개인의 노동의 상품화에 의존한다. 계층화의 측면에서도 빈곤 방지 이상의 부분에 대해서는 시장에서의 불평등이 유지된다. 즉, 자유주의 복지국가는 국가의 복지 역할을 빈곤 방지 수준으로 제한하고 그것을 넘어서는 영역에 대해서는 시장에 맡김으로써 탈상품화가 제한되고 계층화가 높은 특성을 보여 준다. 자유주의 복지국가는 주로 영어권의 앵글로 색슨 국가들에서 나타나는데, 미국과 영국이 대표적이다.

둘째, 보수주의 복지국가(conservative welfare state)는 탈상품화의 정도는 높은 편이지만 계층화도 높은 유형이다. 이 유형에서는 사회복지정책이 사회보험을 중심으로 구축되어 있다. 사회보험은 높은 수준의 소득비례 급여를 제공한다. 사회보험의 급여가 빈곤 방지 수준을 넘어 위험 발생 이전의 생활 수준을 상당히 유지할 수 있을 정도로 높다. 시장에서의 민간보험이나 기업 복지의 역할은 상대적으로 작다. 그 결과, 보수주의 복지국가에서 국가에 의해 공급되는 복지의 규모가 크고 탈상품의 정도는 높다.

하지만 사회보험이 직역 등에 따라 분절적으로 구축되고 또한 그 안에서 보험수리적 원칙[3]에 따라 개인이 기여한 만큼 급여가 제공되기 때문에 사회보험 급여의 불평등이 크다. 사회보험 급여가 노동 시기의 개인 간의 계층적 차이를 반영하여 계층화의 정도가 높다. 즉, 보수주의 복지국가는 사회보험을 통하여 탈상품화의 정도는 높지만 사회보험이 분절적이고 보험 수리적 원칙에 따라 구축되어 계층화 수준이 높은 특성을 보인다. 보수주의 복지국가 유형의 대표적 국가들은 독일과 프랑스 등의 유럽대륙 국가들이다.

셋째, 사민주의 복지국가(social democratic welfare state)는 탈상품화 정도가 높고 계층화 정도가 낮은 유형이다. 분배에 있어서 국가의 역할이 크고 시장의 역할이 제한적이다. 사민주의 국가는 높은 수준의 사회적 보호를 모든 시민에게 권리로서 제공하는 것을 목표로 한다. 사회복지정책에 있어서 사회보험을 통하여 높은 수준

---

3) 개인의 보험료 납부액과 급여액이 일치하도록 하는 원칙을 말한다.

의 소득비례급여를 제공함과 동시에 사회부조 또는 보편적 수당 프로그램 등의 거주 기반의 복지급여를 결합하여 모든 시민에게 높은 수준의 급여를 제공한다. 또한 모든 시민에게 보편적으로 사회서비스를 제공하는 것을 특징으로 한다. 국가가 보건의료, 교육, 보육, 장기요양 등의 사회서비스들을 직접 전 국민에 대해 공급한다. 그 결과, 사회복지정책의 규모가 크고 시장의 역할이 제한적이어서 탈상품화 정도가 높다.

사회복지정책의 구조적 측면에서도 분절적이기보다는 통합적 구조를 가지고 있다. 사회보험이 분절적이지 않고 전체 국민을 포괄하는 통합적 체계로 이루어져 있고, 거주 기반의 현금급여와 보편적 사회서비스 프로그램들이 발달되어 있다. 이처럼 사민주의 복지국가에서는 국가복지의 규모가 크고 통합적 구조로 형성되어 있어 재분배 효과가 크고 계층화 수준이 낮다. 사민주의 복지국가 유형의 대표적 국가들은 스웨덴 등의 북유럽 국가들이다.

에스핑-앤더슨은 복지국가 유형 간에 차이를 발생시킨 주요한 요인으로 노동자계급의 힘과 계급연합을 강조하였다. 자유주의 복지국가의 경우 노동자계급 정당의 힘이 상대적으로 약하고 세속적 우파 정당의 힘이 강하여 국가 복지가 충분히 발달하지 못하고 시장의 힘이 강력하게 작용하였다. 사민주의 복지국가의 경우에는 노동자계급을 대변하는 사민당의 힘이 강력하고 농민이나 사무직 근로자 등의 중간계급과의 계급연합을 통하여 포괄적 국가복지를 추동할 수 있었다. 그리고 보수주의 복지국가의 경우에는 강력한 기독교 민주당이 사민당과의 선거 경쟁을 통하여 사회보험을 중심으로 하는 복지국가를 발달시킬 수 있었다.

〈표 7-4〉 에스핑-앤더슨의 복지국가 유형론

구분	자유주의 복지국가	보수주의 복지국가	사민주의 복지국가
대표 국가	미국, 영국 등 앵글로색슨 국가들	독일, 프랑스, 이탈리아 등 유럽 대륙 국가들	스웨덴 등 북유럽 국가들

복지제도 특성	• 엄격한 자산조사 기반의 사회부조 또는 빈곤 구제 수준의 낮은 사회보험 • 더 높은 수준의 복지는 시장에서 민간보험이나 기업복지 통해 이루어짐 • 복지 총 규모가 작음	• 보험수리원칙에 기반하고 직업별 조합에 의한 분절적 소득비례 사회보험 중심 • 높은 수준 사회보험: 빈곤 구제 넘어서 이전 생활 수준 보장 • 복지 총 규모가 큼	• 높은 수준의 통합적 사회보험 • 보편적 사회서비스
탈상품화	낮음	중간(중간층 이상은 높은 반면, 저소득층 낮음)	높음
계층화	높음	높음	낮음
탈가족화	중간(양극화: 중간층 이상은 높은 반면, 저소득층 낮음)	낮음	높음
복지 제공의 주된 주체	시장	가족 직종별, 지위별 분절적인 조합 및 국가	국가

에스핑-앤더슨의 복지국가 유형론이 발표된 이후 일련의 비판들이 제기되었다.

첫 번째 비판은 복지국가의 유형이 에스핑-앤더슨이 제시한 세 가지로 제한되는가 하는 것이었다. 제4 또는 제5의 유형은 없는가 하는 이슈가 제기되었다. 대표적으로 남부 유럽의 별도의 복지국가 유형(Southern European Welfare State)으로 분류해야 한다는 주장들이 제시되었다(Ferrera, 2010). 에스핑-앤더슨은 남부 유럽 국가들을 보수주의 복지국가 유형의 일부로 취급하였다. 하지만 남부 유럽 국가들은 유럽대륙 국가들과 다른 특성을 가지고 있으므로 별도로 분류되어야 한다는 주장이 제기되었다. 또한 호주나 뉴질랜드 등의 오세아니아의 경우 대척지 복지국가(Antipodean Welfare State) 또는 임금 소득자 복지국가(Wage Earners' Welfare State) 유형으로 별도의 유형으로 분류해야 한다는 주장이 제기되었다(Castles, 1994). 동유럽이나 남아메리카 그리고 동아시아 국가들의 경우에도 별도로 분류되어야 한다는 주장들이 제기되었다.

두 번째 비판은 페미니즘 쪽으로부터 제기되었다. 일련의 학자들은 페미니즘의 입장에서 에스핑-앤더슨의 복지국가 유형론이 계급, 국가 그리고 시장에 초점을 두어 젠더 이슈를 무시했다고 비판하였다. 여성에 의해 제공되는 무급의 돌봄과 가사노동은 노동시장에서의 유급 노동과 함께 노동을 양분하는 큰 부분인데, 에스핑-앤더슨은 주로 남성에 의해 제공되어 온 유급 노동에만 초점을 두고 여성의 무급노동을 분석에서 간과했다는 것이다.

세 번째 비판은 에스핑-앤더슨의 복지국가 유형론이 소득보장, 특히 연금, 상병수당 그리고 실업보험에 초점을 두고 이루어져서 보건, 교육, 주택 등 현물급여제도들을 간과하였다는 것이다. 특히 영국의 경우 자유주의 복지국가로 분류되지만 국민보건서비스(NHS)와 같은 보편적 의료보장제도를 구축하고 있으므로 자유주의 복지국가 모형으로 분류하기 어려운 점이 있다는 것이다.

3) 자본주의 다양성론

자본주의 다양성론(Varieties Of Capitalism: VOC)에서는 자본주의 체제를 자유시장경제(Liberal Market Economy: LME)와 조정시장경제(Coordinated Market Economy: CME)의 두 가지 유형으로 구분한다. 자본주의 다양성론은 신제도주의 관점에서 자본주의 체제의 형성을 분석한다. 한 사회에서 역사적으로 정치, 경제, 사회, 문화 등 다양한 제도가 상호작용하면서 발전되어 왔는데, 이 제도들이 상호보완적으로 배열되고 결합됨으로써 특수한 자본주의 체제 유형을 형성하게 되었다고 본다. 자본주의 다양성론은 자본주의 체제를 유형화하는 이론으로서 복지를 자본주의체제를 구성하는 제도들 중 하나의 차원으로 다룬다. 에스핑-앤더슨의 복지국가 유형화론이 복지제도에 초점을 맞추어 각 복지국가를 분류하는 데 비해, 자본주의 다양성론에서는 자본주의 체제하에서 복지제도 등장의 원인과 기능을 분석한다는 점에서 특징이 있다.

자본주의 다양성론에서는 경제행위자들의 이해관계의 조정(coordination) 양식을 기준으로 자유시장경제와 조정시장경제로 자본주의 체제를 분류하였다. 자유시장경제는 경제행위자 간의 이해관계 조정이 시장의 신호에 따라 이루어지는 자본주의 체제이다. 조정시장경제는 경제행위자 간의 이해관계 조정이 비시장적 기제를 통하여, 즉 정치적 협상이나 위계적 조직화 등을 통하여 이루어지는 자본주의 체제이다.

자본주의체제는 금융제도, 기업 지배구조, 생산체제, 교육 및 훈련체제, 노사관계, 고용체제, 복지체제 등의 주요한 제도들의 배열과 결합을 통해 구성된다(〈표 7-5〉 참조). 자유시장경제와 조정시장경제에서 서로 다른 특성을 가진 제도들이 역사적으로 발전되어 왔고 이들이 상호보완적으로 결합하여 자본주의체제 유형을 형성한다. 자본주의 체제 유형에서 이 제도들은 서로 상호보완적으로 결합되어 있기 때문에 어느 한 제도를 이질적인 것으로 교체하게 되면 전체 체제가 원활하게 작동되기 어렵다.

〈표 7-5〉 자본주의 체제 유형 간 개별 제도들의 특성 차이

	자유시장경제	조정시장경제
금융제도	• 단기 자본시장(주식발행에 의한 자기 자본 조달)	• 장기 금융시장(은행 중심 자본 조달)
기업 지배구조	• 주주자본주의(주주, 경영자 지배)	• 이해 관계자 자본주의(주주, 경영자, 은행, 노동자, 협력업체, 지역사회, 소비자)
생산체제	• 저숙련 생산 • 소품종 대량 생산 • 첨단 혁신 상품	• 고숙련 생산 • 다품종 소량 생산 • 다원화된 고품질 생산
교육 및 훈련체제	• 일반교육	• (산업 및 기업 특화) 직업훈련
노사관계	• 다원주의적 협상 • 분쟁적 노사관계	• 조정된 협상 • 협력적 노사관계
고용체제	• 단기고용 • 높은 이직/기업 간 이동	• 장기고용 • 낮은 이직/기업 내 이동
복지체제	• 자유주의	• 사민주의 혹은 보수주의

출처: Ebbinghaus & Manow(2001).

자유시장경제는 단기 자본시장에 의해 대규모 자본을 조달하여, 기업을 지배한 주주가 작업 공정을 세분화하여 단순화하고 저숙련 노동자들을 고용하여 대량 생

산하는 생산체제이다. 이러한 생산체제에서는 노동자들의 숙련 기술에 대한 의존도가 낮아 노동자 이직율이 높고, 노사관계도 기업별로 다원화되고 분쟁적이다. 이에 조응하여 복지체제 측면에서도 국가에 의한 노동자 생활보장 수준이 낮은 자유주의적 복지체제가 나타난다.

조정시장경제는 은행의 장기 자본투자로 자본이 조달되고 기업의 의사결정이 주주뿐만 아니라 은행, 노동자, 지역사회 등 다양한 이해 관계자들의 협력과 조정에 의해 이루어지며 고품질 특화 생산을 하는 생산체제이다. 이러한 생산체제에서는 다원화된 고품질 생산에 기반하므로 산업 및 기업 특화된 숙련 기술을 가진 노동자들이 중요한 역할을 담당한다. 그래서 노동자들을 장기 고용하고 협력적 노사관계가 발전했다. 이에 조응하여 복지체제에서도 노동자에 대한 국가의 생활보장 수준이 높은 사민주의 또는 보수주의 복지체제가 발달했다.

다음으로, 자본주의 다양성론에서 설명하는 생산체제와 복지체제의 상호보완적 관계에 대해 보다 자세하게 살펴보자. 자본주의 다양성론에서는 상품 생산체제를 크게 자유시장경제에서의 포드주의(Fordism) 대량 생산체제와 조정시장경제에서의 고품질의 특화된 상품 생산체제로 분류한다.

자유시장경제의 포드주의 대량 생산체제에서는 고급 전문직들의 주도로 혁신적인 상품을 연구·개발하고, 이 상품의 생산은 생산 과정을 세분화하여 단순화된 개별 작업들로 구성하여 대량 생산하는 방식을 취한다. 그래서 포드주의 대량 생산체제에서는 한편에서는 혁신을 주도하는 일부의 고임금의 고급 전문직들이 필요하고, 다른 한편에서는 단순 작업들을 통하여 대량 생산의 각 공정을 담당하는 다수의 저임금의 저숙련(미숙련 또는 반숙련) 근로자들이 필요하다. 그런데 혁신을 위해 요구되는 고급 전문직의 기술은 한 기업이나 산업에 특수한 기술(specific skills)이 아니라 부문 간 벽을 넘어 보편적으로 적용될 수 있고 융합을 통해 혁신을 창출해 내는 최첨단의 일반적 기술(general skills)이다. 저숙련 노동자들의 경우에는 단순 작업을 수행하기 때문에 특정 기업 차원의 특수한 기술이 요구되지 않고 낮은 수준의 일반적인 기술들로 충분하다. 그래서 기업들은 노동자들의 기업 또는 산업 특수적 기술의 형성을 위한 직업훈련체계나 특수적 기술을 가진 숙련 노동자들을 보호하기 위한 고용보호나 실업보장의 필요성을 느끼지 못한다. 그래서 자유시장경제에서는 숙련 노동자를 보호하기 위한 고용보호 및 실업보장 등의 복지정책이 제한적인 자유주의 복지체제를 가지게 된다.

반면, 조정시장경제에서의 고품질 특화된 상품 생산체제는 기업 또는 산업 특수적 기술에 기반하여 고품질의 특화된 상품을 생산하여 시장에서 경쟁하는 체제이다. 이 체제에서는 기업 또는 산업 특수적 기술을 가진 숙련 노동자들이 핵심적 중요성을 가진다. 기업의 입장에서 특수적 기술을 가진 숙련 노동자의 형성과 유지가 기업 경쟁력 확보에 결정적이다. 그러므로 이 체제에서는 숙련 노동자의 양성과 유지를 위하여 고용보호를 강화하고, 실업 시에 노동자들이 저임금 저숙련 일자리로 하향 이동하지 않도록 실업급여 등 사회임금을 강화한다. 고품질의 특화된 상품생산체제는 고용보호 및 실업보장 등의 복지제도를 보다 관대하게 제공하는 보수주의 및 사민주의 복지체제와 상호보완적이다.

〈표 7-6〉에서 제시된 것처럼, 자유시장경제의 표준화된 대량 생산체제는 고용보호 및 실업보장이 낮은 자유주의 복지체제와 친화적인 반면, 조정시장경제체제의 고품질의 특화된 상품 생산체제는 고용보호 및 실업보장이 관대한 보수주의 및 사민주의 복지체제와 상호보완적으로 결합된다.

〈표 7-6〉 자본주의 다양성론에서의 생산체제와 복지체제의 상호보완성

자본주의 체제	국가	생산체제	요구된 노동자 기술 수준	요구되는 기술 종류	복지제도	복지체제
자유시장경제	미국, 영국	표준화 대량생산	고급 전문직(혁신 주도), 저숙련 노동자	일반적 기술	고용보호 및 실업보장 낮음	자유주의 복지국가
조정시장경제	독일, 스웨덴	고품질 특화 상품 생산	특수기술 가진 고숙련 노동자	(기업 및 산업) 특수적 기술	고용보호 및 실업보장	보수주의 및 사민주의 복지국가

지금까지 살펴본 자본주의 다양성론은 다음과 같은 점에서 의의를 가진다.

첫째, 한 국가의 복지체제가 그 나라의 생산체제와 기술체제 또는 숙련 형성체제 등과 직접적인 관계를 가지고 상호보완적으로 발달하였다는 것을 제시한다. 이를 통하여 복지체제의 발전의 원인과 그 기능에 대해 보다 잘 이해할 수 있도록 하는 데 기여한다. 즉, 보수주의나 사민주의 복지체제는 특화된 고품질 상품 생산체제에

서 특수적 기술과 숙련의 형성과 유지를 위하여 필수적으로 요청되는 사회적 체제였다는 것이다.

둘째, 복지국가의 발달에 있어서 자본가의 역할에 대해 새로운 해석을 제공한다. 기존에는 단순히 자본가는 복지 확대에 반대하고 노동자는 복지 확대를 추구한다는 생각이 일반적이었다. 그런데 자본주의 다양성론에 따르면, 특수적 기술에 기반한 경쟁력을 추구하는 기업과 자본가들은 노동자들의 특수적 기술의 습득과 유지를 지원하기 위하여 복지 확대에 찬성한다. 더욱이 한 국가의 생산체제가 특수적 기술에 기반한 경쟁력을 위주로 구축되는 경우에는 전체적으로 자본 측에서도 복지국가 확대에 대한 지지가 광범위하게 형성된다.

하지만 자본주의 다양성론에 대한 일련의 비판도 존재한다.

첫째, 제도를 주어진 것으로 간주한다는 측면에서 정태적이다. 자본주의 다양성론에서는 역사 제도주의 관점에 입각하여 역사적으로 형성된 사회의 각 제도들이 상호보완적으로 결합되어 있다고 본다. 이러한 관점에서는 각 제도의 인과적 형성 원인에 대한 분석이 취약하다. 또한 한 사회를 구성하는 제도들이 상호보완적으로 결합되어 있다고 보기 때문에 하나의 제도에서 변화는 그 사회를 균형으로부터 이탈시킬 것으로 간주된다. 그래서 제도의 변화가 아주 어렵다는 입장에 서 있다. 제도적 상호보완성의 개념에 기반한 결과로 기능주의적 결정론에 빠지는 문제가 있다. 그래서 자본주의 다양성론은 한 사회 또는 제도가 어떻게 형성되고 발전되고 변화하는지에 대한 체계적 설명을 제시하지 못한다는 한계가 있다.

둘째, 자본주의 다양성론의 복지에 대한 설명이 주로 고용보호와 실업보호 제도로 국한되어 있다. 복지의 영역은 고용과 실업보장 이외에도 노후소득보장, 건강보장, 장기요양, 돌봄서비스 등의 다양한 부분을 포괄한다. 그런데 자본주의 다양성론에서는 생산과 복지 영역 간의 상호보완적 관계에 대한 설명을 제시하는 데 초점을 둔 결과, 복지 영역 중의 일부인 고용보호와 실업보장제도에 대한 설명만을 제공한다는 제한점이 있다.

제8장 사회복지정책 발달 요인 1: 경제적 요인

이 장에서는 사회복지정책의 발달에 영향을 미친 요인 중 경제적 요인에 대하여 살펴본다. 경제적 요인들로 시장실패론과 경제구조적 변화 요인들에 대하여 살펴본다.

먼저, 시장 실패론은 시장이 사회복지를 공급하는 데 실패하기 때문에 국가의 사회복지정책이 필요하다는 주장이다. 미시경제적 차원에서 공공재와 긍정적 외부성, 정보의 문제 그리고 규모의 경제로 인한 시장 실패가 발생한다. 시장에서 공공재적 성격을 가지는 사회복지는 긍정적 외부 효과와 무임승차 현상으로 인하여 충분히 공급되지 못한다. 시장에서 정보의 부족의 문제나 규모의 경제 효과가 발생되는 경우에도 사회복지가 효율적으로 공급되지 못한다. 또한 거시경제적 차원에서 시장은 경기 순환에 따른 불안정성의 문제에 대응하지 못하고 노동력의 안정적 재생산과 인적 자본 형성에 실패한다.

다음으로 경제구조의 변화에 따라 사회복지정책의 도입과 변화의 필요성이 발생된다. 대표적으로 산업화, 탈산업화 그리고 세계화와 같은 경제구조의 변화는 사회복지정책의 형성과 재조정을 발생시키는 주요 요인이었다.

사회복지정책의 발달은 다양한 경제적 · 정치적 · 사회적 요인의 영향에 의해 이루어진다. 이 책에서는 사회복지정책의 발달에 영향을 미치는 요인들을 크게 경제적 요인과 정치 · 사회적 요인으로 구분하여 살펴보고자 한다. 제8장에서는 경제적 요인들에 대하여 살펴보고, 제9장에서는 정치 · 사회적 요인들에 대하여 살펴본다. 이 장에서 살펴보는 경제적 요인들의 경우 다시 시장 실패론과 경제구조적 요인들로 구분하여, 시장 실패론에서는 미시경제적 차원과 거시경제적 차원에서의 시장 실패 요인들에 대하여 검토해 보고, 경제구조적 요인들에서는 산업화, 탈산업화 그리고 세계화 요인에 대하여 검토한다.

1. 시장 실패

시장 실패론은 시장이 개인들의 욕구 충족을 위한 재화나 서비스를 공급하는 데 실패했기 때문에 국가가 나서서 사회복지정책을 실시하게 되었다고 설명한다.[1] 시장 실패의 문제는 미시경제적 차원과 거시경제적 차원에서 제기되어 왔다.

1) 미시경제적 차원에서의 시장 실패

미시경제적 차원에서 시장 실패의 문제란 개별 경제 주체들이 시장에서 재화와 서비스를 공급하고 구매하는 과정에서 발생되는 실패의 문제를 말한다. 개별 경제 주체들의 행위 차원에서 시장 실패를 야기하는 주요 요인으로서 공공재와 긍정적 외부성, 정보의 문제, 규모의 경제 등이 제기되어 왔다.

(1) 공공재와 긍정적 외부성

시장에서 개인들에 거래되는 재화는 그 재화를 구매한 사람이 배타적으로 그 재화를 소유하고 그 재화의 소비로부터 효용을 얻는다는 것을 전제로 한다. 그렇지 않으면 사람들이 시장에서 그 재화를 구매하지 않을 것이고 그래서 생산도 거래도 되지 않기 때문이다. 이러한 조건이 충족되는 재화를 사유재(private goods)라고 하고, 그렇지 못한 재화를 공공재(public goods)라고 한다. 공공재의 경우에 그 재화를 구매한 사람이 그 재화의 소비로부터의 이익을 전유하지 못하고 그 이익이 그 재화의 구매자를 넘어서 외부의 다른 사람들에게도 이익을 준다. 이러한 현상을 긍정적 외부성(positive externalities)이라고 한다. 공공재의 경우에는 긍정적 외부성의 효과가 발생된다. 시장에서는 어떤 개인도 자신이 비용을 지불했지만 그 상품으로부터의 이익은 자신만이 아니라 사회적으로 공유되는 상품을 구매하려고 하지 않는다. 그 결과 이런 상품은 시장에 공급되지도 않고 거래되지도 못한다. 그래서 공공재의 경우에는 시장을 통해 공급되지 못하는 시장 실패의 문제가 발생되므로 국가가 나서서 사회적으로 공급해야 한다(Musgrave, 1959; Samuelson, 1954). 이러한 공공재와

---

[1] 시장 실패에 대응하기 위한 국가 개입의 논리에 대해서는 대부분의 경제학 교과서에서 잘 소개하고 있다. 사회복지정책과 관련해서는 특히 바(Barr, 2004), 르 그랑 외(Le Grand et al., 2008)의 책에서 자세하게 설명하고 있다.

긍정적 외부성의 논리가 사회복지정책에도 적용된다. 사회복지정책은 공공재의 성격을 가지므로 긍정적 외부성이 발생되어 시장에서 제대로 공급되지 못한다. 그러므로 국가가 나서서 사회복지정책을 통해 복지급여를 제공해야 한다는 것이다. 이러한 논리에 대해 보다 자세하게 살펴보자.

사회복지정책에 의한 복지급여는 사회 전체적으로 이익을 창출한다. 아동에 대한 복지나 훈련 프로그램 등은 일종의 사회적 투자로서 생산성 증진에 기여한다. 또한 빈자 등의 사회적 취약계층에 대한 사회복지정책들은 범죄나 사회적 갈등 등의 사회적 비용들을 감소시킴으로써 결과적으로 사회적 이익을 증가시킨다. 그런데 이처럼 사회복지정책에 의해 제공되는 재화나 서비스들은 일종의 공공재로서 그 긍정적 외부성으로 인하여 사람들이 무임승차 현상(free-rider phenomena)를 야기함으로써 시장에서 충분히 공급되지 않게 된다.

공공재(public goods)란 어떤 사람이 그 재화를 소비하더라도 그만큼 그 재화가 축소되지 않아 다른 사람들이 그 재화를 소비할 능력에 영향을 미치지 않고(비경쟁성, non-rivalry),[2] 그 재화에 대한 지불의사가 없는 사람들에 대해 소비를 배제할 수 없는(비배제성, non-excludability)[3] 재화를 말한다. 일반적으로 시장에서 거래되는 사유재(private goods)의 경우에는 그 재화에 대해 지불한 사람이 그 재화를 전적으로 배타적인 소비를 할 수 있다. 그런데 공공재는 그 재화에 대해 지불한 사람이 그 재화를 전적으로 배타적인 소비를 할 수 없는 것이다.

그래서 공공재의 경우에는 긍정적 외부성 또는 긍정적 외부효과를 발생시킨다. 외부성 또는 외부효과란 어떤 사람의 행위에 따른 영향이 그 사람에게만 전적으로 귀속되지 않고 외부에 있는 다른 사람들에게도 미치게 되는 현상을 지칭한다. 외부성은 부정적일 수도 있고 긍정적일 수도 있다. 부정적 외부성은 한 사람의 특정 행위에 따른 부정적 영향이 그 사람에게로 전적으로 귀속되지 않고 다른 사람에게도 영향을 미치는 현상이다. 부정적인 외부성의 대표적 예는 강의 상류에 위치한 공장의 폐수 방출로 인하여 하류에 위치한 주민들이 환경오염에 의한 피해를 입는 경우

---

2) 예를 들어, 한 사람의 쌀 한 알곡 소비는 다른 사람이 그 쌀 알곡을 소비할 능력에 영향을 미친다. 하지만 한 사람이 브루크너의 〈교향곡 9번〉을 즐기는 것은 다른 사람이 그 음악을 즐길 능력에 영향을 미치지 않는다(Reiss, 2021).

3) 예를 들어, 토지는 배제적이어서 다른 사람이 자신의 토지를 이용하지 못하도록 펜스를 칠 수 있다. 하지만 가로등은 비배제적이어서 다른 사람이 가로등 불빛을 이용하지 못하도록 할 수 없다(Reiss, 2021).

이다. 그 공장의 행위에 따른 영향이 그 공장에만 전적으로 영향을 미치지 않고, 다른 주변 주민들에게 부정적인 영향을 주는 것이다. 반면, 긍정적 외부성은 한 사람의 특정 행위에 따라 발생하는 긍정적 영향이 그 사람에게만 전적으로 귀속되지 않고 다른 사람에게도 영향을 미치는 현상이다. 대표적인 예가 등대의 불빛이다. 한 선주가 자기 배의 안전한 운항을 위해서 등대를 설치했다고 하자. 이 경우 그 등대의 불빛은 등대를 설치한 그 선주만 전적으로 이용하는 것이 아니라, 다른 모든 선주가 그 등대의 불빛을 이용하게 된다. 한 선주의 등대 설치 행위에 따른 긍정적 외부성이 발생되는 것이다. 이처럼 긍정적 외부성을 발생시키는 행위는 사회적으로 바람직하고 필요하다.

그런데 이처럼 긍정적 외부성을 발생시키는 행위의 경우에는 무임승차 현상을 야기한다. 무임승차 현상(free-rider phenomena)이란 사람들이 어떤 재화에 대한 욕구가 있어도 이를 숨기고 다른 사람이 그 재화를 공급할 때까지 기다렸다가 비용 지불 없이 그 재화의 소비를 향유하려는 현상을 말한다. 등대의 경우, 그 어촌의 선주들은 자신이 먼저 등대를 세우지 않고 누군가가 등대를 만들 때까지 기다렸다가 공짜로 그 등대의 불빛을 이용하려고 할 것이다. 전형적인 무임승차 현상이 발생하는 것이다. 이러한 무임승차 현상으로 인하여 긍정적 외부성을 발생시키는 재화의 경우에는 사회에서 사람들이 필요로 하는 만큼 충분히 공급되지 않는다. 다들 자신이 직접 나서기보다는 다른 사람 누군가가 나서서 그 재화를 공급하면 자신은 무임승차하여 공짜로 이익을 보려고 하기 때문이다.

그래서 이처럼 긍정적 외부성을 발생시키는 재화의 경우에는 정부가 나서서 사회적으로 그 재화를 공급한다. 정부의 대부분의 역할이 바로 긍정적 외부성을 발생시키는 공공재를 공급하는 것이다. 국방, 치안, 도로나 항만 등의 사회 간접자본 공급, 환경보호 등이 바로 그것들이다.

사회복지정책에 의해 이루어지는 많은 정부의 사회복지 활동도 여기에 해당된다. 사회복지 활동들은 공공재적 성격을 가지고 긍정적 외부성을 발생시켜 무임승차 현상을 야기한다. 그 결과, 사회복지 활동들은 사회에서 필요로 하는 만큼 충분히 공급되지 못한다. 많은 사회복지 실천행위가 여기에 해당된다. 예를 들어, 우리 집으로 가는 한 골목에 한 빈곤한 무의탁 노인이 노숙생활에 방치되어 있다고 생각해 보자. 그 골목 주변에 있는 주민들은 질병 전파의 우려나 그 노숙 노인의 상태에 대한 우려 등의 다양한 걱정을 하게 된다. 그런데 내가 그 노숙 노인을 집으로 데려와서 씻기고 입히고 먹여서 보호하는 사회복지 실천을 했다고 하자. 그 결과, 이제 질병 전파에 대한 우려나 노인의 상태에 대한 우려 등을 하지 않아도 되는 긍정적인 영향이 발생된다. 그런데 나의 행동에 따른 긍정적 영향들은 나에게만 전적으로 귀속되는 것이 아니다. 주변 동네 사람들도 그 긍정적 영향을 향유하게 된다. 대부분의 사회복지 분야의 행위가 이러한 긍정적 외부성의 효과를 발생시킨다.

이처럼 사회복지 활동은 강한 긍정적 외부성의 효과를 발생시킨다. 빈곤가구에 대한 사회복지 급여는 기아, 질병, 폭력, 범죄를 감소시켜 지역사회에 긍정적 외부성을 발생시킨다. 아동에 대한 투자는 장기적으로 미래의 이익을 증가시킨다. 그래서 사회복지 행위들은 사회적으로 바람직하다. 하지만 개인들은 누군가가 대신 사회복지 활동을 해 주기를 바라고 자신은 무임승차하고자 한다. 그 결과, 사회복지 활동은 사회적으로 바람직 하지만 사회에서 필요로 하는 만큼 충분히 공급되지 못한다. 그래서 정부가 나서서 사회적으로 사회복지정책을 통하여 사회복지 급여와 서비스를 제공하는 것이다.

한편, 사회복지가 순수한 공공재인가 대해서는 약간의 논란이 있기도 하다. 일부에서는 사회복지정책에 의해 제공되는 급여는 수급자 개인이 개별적이고 배타적으로 소비하는 것이기 때문에 순수한 공공재라고 보기 어렵다고 보기도 한다.[4] 이러한 입장에서 머스그레이브(Musgrave, 1959)는 사회복지를 가치재로 분류할 수 있다고 주장했다. 가치재(merit goods)란 어떤 재화의 공급이 사회적으로 가치가 있지만 사람들이 지불능력이 없거나 또는 지불 의사가 없어서 사회에서 필요한 만큼 공급되지 못하는 재화를 지칭한다. 즉, 사회복지는 사회적으로 필요한 재화이지만 사람들이 빈곤해서 구입하지 못하거나 빈곤하지 않은 경우에도 지불 의사가 없어 충분히 공급되지 못하므로, 정부에 의해서 공급되어야 한다는 것이다.

종합하자면, 사회복지는 포괄적으로 보면 공공재로서 긍정적 외부성을 발생시킨다. 그런데 완전히 순수한 형태의 공공재인가에 대해서는 일부에서 논란을 제기하며 가치재로 규정해야 한다고 주장하기도 한다. 그렇지만 사회복지가 공공재이든

---

4) 물론 복지정책에 의해 제공되는 급여는 수급자가 개별적으로 소비한다. 하지만 그 개별적 소비로 인한 이익은 그 수급자 개인으로만 제한되지는 않는다. 앞에서 설명한 것처럼 다른 사회 구성원들도 빈곤 아동이 굶지 않고 안정적으로 영양을 보충할 수 있게 되는 것으로부터 죄의식의 감소와 심리적인 안도감과 같은 이익을 얻는다. 그래서 복지정책에 의한 급여는 완전한 사유재가 아니라 공공재로서의 성격을 가진다.

가치재이든 간에, 사회복지는 긍정적 외부성을 발생시키고 그 결과 무임승차 현상으로 인해서 사회가 필요로 하는 만큼 충분히 공급되지 못한다는 데 대해서는 논란이 없다. 따라서 사회복지 급여는 시장에서 필요한 만큼 공급되지 못하기 때문에, 국가가 나서서 사회복지정책을 통하여 사회가 필요로 하는 정도만큼 충분히 공급해야 한다.

(2) 정보의 문제

① 일반적인 소비자들의 정보의 문제

시장에서 어떤 재화나 서비스에 대한 거래가 이루어지기 위해서는 그 재화나 서비스의 질과 가격 등에 대한 정보가 필요하다. 그런데 시장에서 개인들이 항상 모든 재화나 서비스에 대한 정확한 정보를 가질 수 있는 것은 아니다. 시장에서 개인들이 정보를 획득하기 어려운 경우들이 상당히 존재한다. 개인의 정보 획득에 어려움을 겪는 경우 시장은 개인들이 필요로 하는 재화나 서비스를 적절하게 공급하는 데 실패하게 된다.

첫째, 정보의 수집이 어려운 경우들이 있다. 일반적으로는 시장에서 거래되는 재화들의 경우 개인들은 반복적 사용을 통하여 그 재화에 대한 정보를 획득하게 된다. 예를 들어, 라면을 하나 구입한다고 하자. 우리는 반복적인 구입과 사용을 통해 라면의 질과 가격에 대한 정보를 알 수 있게 된다. 그런데 우리가 반복적으로 사용하지 않는 재화나 서비스의 경우에는 정보를 획득하기 어렵다. 의료서비스의 경우, 우리가 암에 걸렸다고 하자. 한 개인이 암에 자주 걸리고 다양한 곳에 반복적으로 의료서비스를 받는다면 암 치료 서비스의 질과 가격에 대한 정보를 획득할 수 있을 것이다. 하지만 우리는 일반적으로 평생 암에 한 번 걸릴까 말까 한다. 그러니 반복적 사용 경험을 통해 의료서비스에 대한 정보를 획득하기 어렵다.

둘째, 정보에 대한 이해가 어려운 경우이다. 설사 정보를 수집한다고 하더라도 정보에 대한 이해가 어려운 경우들이 있다. 의료서비스의 경우에도 전문적인 의료 지식이 없는 경우 특정 의료 행위의 필요성이나 효과 그리고 적정 가격 등을 파악하기는 어렵다. 민영 노령연금 상품 등의 경우에도 개별 보험상품의 내용은 매우 복잡하다. 더욱이 많은 보험상품이 제시되어 있는데, 다양한 보험상품을 비교하고 어떤 보험상품이 자신에게 더 적절한지를 파악하는 것은 매우 어렵다.

셋째, 정보 수집에 따른 손해가 클 경우이다. 정보를 잘못 파악했을 때 그에 따른 손해가 크지 않다면 별 문제가 없다. 예를 들어, 라면과 같은 경우 가격에 비해 별로 맛이 없으면 다음에 바꾸면 그만이다. 하지만 암 수술을 받았는데 적절하지 않은 수술을 받았다면 그 결과는 치명적이다. 마찬가지로, 노령연금상품을 구입했는데 그 상품이 노후에 기대한 만큼의 노령연금급여를 제공하지 못한다면 그 결과는 치명적이다.

넷째, 어떤 재화나 서비스의 질과 가격 등에 대한 정보가 아니라 그러한 재화나 서비스를 필요로 하게 되는 미래의 위험 발생 가능성 자체에 대한 정보 획득에도 문제가 있을 수 있다. 사람들은 장기적으로 미래에 자신이 실업에 빠지거나 노령으로 소득 단절에 빠졌을 때의 상황에 대하여 제대로 인식하지 못하는 경우가 많다. 또한 개인들은 대체로 현재의 상황에 집중하는 근시안적 행태로 인해 미래의 위험에 따른 고통의 상황에 대비하지 못하는 경우가 많다.

이와 같이 개인이 시장에서 어떤 재화나 서비스들에 대해 필요한 정보를 획득하지 못하는 반면, 재화나 서비스의 공급자들이 정보를 독점하게 되는 경우에는 시장에서 적절한 거래가 이루어지지 못한다. 개인들이 공급자들에게 이용당하여 손해를 보게 되거나, 개인들의 그 재화나 서비스에 대한 신뢰 부족으로 이용을 꺼리게 된다. 그러므로 이러한 경우에는 정부가 개입하여 개인들이 필요로 하는 재화나 서비스의 구입을 지원하고 통제하는 것이 필요하다.

② 시장에서 보험상품 공급에서의 정보의 문제

시장에서 소비자들이 정보 획득에서 문제를 경험하는 한편, 공급자들도 필요한 정보 획득에 실패하는 문제가 발생된다. 대표적으로 민간보험 시장에서 보험 공급자들이 보험상품을 판매함에 있어서 적절한 정보 획득에 실패하는 경우가 상당히 존재한다.

첫째, 미래 불확실성(uncertainty)의 문제이다. 어떤 위험에 사보험이 대응하기 위해서는 위험이 발생할 확률을 알아야 한다. 위험 발생 확률이 불확실하다면 사보험은 성립하기 어렵다. 예를 들어, 노령연금이나 장기요양보험 등을 사보험 시장에서 판매하고자 할 때, 보험회사는 사람들의 기대 수명에 대한 정보를 가져야 한다. 그런데 의학기술의 발달 등으로 인해 인간의 기대 수명이 어떻게 될지는 불확실하다. 미래의 기대 수명에 대한 정보를 획득하지 못하면 보험회사는 보험료와 급여 수준을 계산하기 어렵다. 만일 보험회사에서 예측한 것보다 기대 수명이 연장된다면 보험회사는 파산하게 될 것이다. 그래서 일반적으로 민간보험에서는 특정 연령까지만 얼마씩 지급하는 노령연금을 판매한다. 사망 시까지 연금을 지급하는 경우에는 급여 수준을 아주 낮추거나 또는 보험료를 높게 책정하려고 한다. 그 결과, 개인들은 시장을 통해서 장수에 따른 위험에 대응하는 보험상품을 시장으로부터 구입할 수 없다. 따라서 정부가 개입하여 더 큰 풀을 형성하여 미래 불확실성을 담보하는 사회보험을 실시하게 된다.

둘째, 역선택(adverse selection)의 문제이다. 시장에서 거래가 원활하게 이루어지기 위해서는 거래에 참여하는 양 당사자들이 동등하게 양질의 정보를 가져야 한다. 그런데 시장에서 거래에 참여하는 양 당사자들이 항상 정보를 동등하게 가지는 것은 아니다. 거래의 한쪽 당사자는 충분한 정보를 가지는 반면, 다른 한쪽 당사자는 충분한 정보를 가지지 못하는, 소위 정보의 비대칭성의 문제가 존재한다. 정보의 비대칭성의 문제가 있을 때 거래에서 양질의 정보를 가진 한쪽 당사자가 양질의 정보를 가지지 못한 상대편의 제안을 역으로 이용해서 부당한 이득을 취하는 선택을 할 수 있다. 그 결과, 시장에서의 거래가 적절한 수준으로 형성되지 못하는 문제가 발생하게 된다. 이러한 문제를 역선택의 문제라고 한다.[5]

보험시장에 있어서 보험에 가입하는 개인들의 위험 발생 가능성에 대하여 해당 개인은 상당한 정보를 가지고 있는 반면, 보험회사는 정보를 거의 가지고 있지 못한 경우들이 많다. 그래서 보험시장에서 정보 비대칭성이 존재하는 경우 역선택의 문제가 발생된다. 정보 비대칭성의 문제가 존재하는 보험시장에서 한 보험회사가 어떤 보험상품을 내놓았을 때, 그 보험상품에서 가정하는 것보다 더 높은 위험

---

5) 역선택의 문제는 애커로프(Akerlof, 1970)에 의해서 중고차 시장 분석에서 제시되었다. 중고차 시장에서 중고차 판매자는 해당 차에 대한 정보를 많이 가지고 있는 반면, 구매자는 정보가 없는 전형적인 정보 비대칭성의 문제가 존재한다. 이러한 상황에서 괜찮은 중고차(오렌지)와 나쁜 중고차(레몬)가 있다고 하자. 어떤 기준 가격에서 그 가격보다 차의 상태가 나쁜 중고차의 주인이 차의 나쁜 상태를 숨기고 판매를 하게 되면, 그 기준 가격에서 더 나쁜 차를 구매한 구매자는 손해를 보게 된다. 이러한 일이 발생되면 중고차 구매자들은 더 낮은 가격에서만 차를 구입하고자 하고, 새롭게 설정된 가격에서 판매자들은 더 질이 나쁜 자동차를 판매하려고 하는 악순환이 발생된다. 그 결과, 중고차 시장은 일반적인 중고차들(오렌지)을 거래하는 시장이 되지 못하고, 아주 상태가 나쁜 중고차들(레몬)만을 거래하는 시장으로 축소된다.

을 가진 사람들이 보험을 구입함으로써 보험 운영이 어려워지는 문제가 발생된다. 이것이 보험시장에서의 역선택의 문제이다. 예를 들어서 보다 구체적으로 이를 설명해 보자. 어떤 보험회사가 암보험 상품을 판매한다고 하자. 개인들은 자신의 건강상태, 생활 습관 그리고 유전적 상황 등에 대해 상당한 정보를 가지고 있는 반면, 보험회사는 특정 개인의 상황에 대한 정보를 가지기 어렵다. 이러한 상황에서 한 보험회사가 특정 보험료에 특정 급여를 제공하는 암보험을 시장에 내놓고 판매하는 경우, 이 암보험에서 가정하는 것보다 암 발생 확률이 더 높다고 생각되는 사람들이 주로 이 보험상품을 구입할 것이다. 그렇게 되면 보험회사는 적자를 보게 된다. 보험회사는 적자에 대응하여 보험료를 인상할 것이다. 그런데 개인들은 인상된 보험료를 기준으로 위험 발생 확률이 더 높다고 생각하는 사람들만 보험에 가입하게 된다. 그래서 다시 보험회사는 적자에 처하게 된다. 이러한 악순환의 과정이 반복되면 사보험은 아주 높은 위험 가능성을 가지면서 높은 보험료를 부담할 수 있는 극히 소수를 위한 보험으로 축소되거나 아니면 보험 자체가 소멸하게 된다. 위험 발생확률에 대한 정보 비대칭성의 존재로 인하여 역선택이 발생하고, 그 결과 시장에서 민간보험을 제공하기 어려운 것이다. 그래서 이러한 보험시장의 실패문제에 대응하여 정부가 개입하여 강제 가입에 의한 전 국민의 풀을 형성하는 사회보험을 실시하게 된다. 사회보험은 강제 가입이므로 역선택의 문제를 차단할 수 있다.

셋째, 도덕적 해이(moral hazard)의 문제이다. 도덕적 해이의 문제는 위험의 발생을 개인이 통제할 수 있을 때 발생한다. 보험시장의 경우, 보험 가입자가 위험 발생을 통제할 수 있는 상황에서 위험 발생을 예방하려는 노력을 소홀히 하거나 의도적으로 위험을 발생시키는 경우를 말한다. 도덕적 해이의 극단적인 예로, 우리는 언론에서 생명보험급여를 노린 자살이나 살인 또는 자동차보험급여나 합의금을 노리고 자동차에 뛰어드는 자해단의 뉴스를 심심찮게 접한다. 이처럼 극단적인 경우가 아니더라도 보험에 있어서 도덕적 해이가 발생되는 경우가 많다. 대표적으로 자발적 실업에 대해서도 급여를 제공하는 실업보험의 경우 개인은 자발적으로 일을 그만둘 수 있다. 비자발적 실업의 경우에만 급여를 지급하는 실업보험의 경우에도 개인은 근무 태만이나 부적절한 행위 등을 통해서 고용주로부터의 해고를 유발하여 실업을 발생시킬 수 있다. 건강보험의 경우에도 보험시장에서 환자와 의료 공급자인 의사의 담합에 의하여 의료남용을 유발할 수 있다. 이처럼 보험 가입자가 위험의 발생을 통제할 수 있고 위험 발생에 따른 가입자 손실이 크지 않은 경우, 보험회사는 예상보다 급여 지출이 증가하게 되어 운영에 어려움을 겪게 된다. 도덕적 해이의 문제가 만연하고, 이를 통제하기 어렵다면 보험시장에서 보험상품을 판매하기는 어렵다. 이러한 시장 실패의 문제에 대응하여 국가는 위험 발생에 대한 보다 직접적인 통제를 가할 수 있다. 실업보험의 경우, 국가는 실업보험급여를 수급하기 위하여 실업급여 신청자에게 고용센터에 가서 구직 상담을 받고 구직 계획을 세우도록 하고 구직이나 직업훈련 등의 활동을 수행하도록 하며 이를 조건으로 급여를 제공한다. 건강보험의 경우에도 의료비 심사평가제도를 통하여 의료비 남용을 통제한다. 그래서 국가는 민간보험 회사보다는 도덕적 해이의 문제에 대하여 더 잘 대처할 수 있다. 하지만 그렇다고 국가가 이러한 도덕적 해이의 문제를 완벽히 통제할 수 있는 것은 아니다. 국가는 보다 직접적인 공권력의 작동을 통하여 도덕적 해이의 문제를 통제하려 하지만, 여전히 남아 있는 정보 비대칭성 문제로 인하여 어려움을 겪는다.

(3) 규모의 경제

규모의 경제는 투입의 양을 증가시킬 때 산출의 양이 투입의 증가량보다 더 크게 발생되는 현상을 말한다. 규모의 경제문제는 시장에서 규모의 경제의 실현에 따른 독점화의 문제와 규모의 경제의 미실현에 따른 비효율문제의 양 차원에서 발생된다.

먼저, 시장에서 규모의 경제의 실현에 따른 독점화의 문제이다. 규모의 경제가 존재하는 경우에 시장에서는 투입의 양을 증가시킬 수 있는 힘을 가진 특정 경제주체가 그 시장을 지배하게 되어 독점화 현상이 발생한다. 한 주체가 그 시장을 독점하게 되면, 해당 상품의 가격과 공급량 및 질을 통제할 수 있게 된다. 이 경우 경쟁 상태에 비하여 독점 시장에서 상품의 가격이 인상되고 상품의 질도 저하되게 된다. 소비자는 손해를 보는 반면, 독점 공급자는 독점에 따른 초과 이익을 누리게 된다. 이러한 시장에서는 독점 공급자에 의해 다른 경쟁자의 진입이 제한되므로 독점화가 점점 더 심화된다.

사회복지정책에서도 규모의 경제에 의한 독점화가 발생한다. 의료시장은 규모의 경제가 작동하는 대표적 영역 중 하나이다. 예를 들어, 병원은 대형화될수록 고가의 최첨단 의료기기들을 다양하게 구입하고 더 효율적으로 사용할 수 있다. 반면, 중소병원은 환자 수가 적어서 고가의 최첨단 기계들을 다양하게 구비하기 어렵다. 그래서 개인들은 더 큰 대형병원으로 몰리게 된다. 따라서 대형병원에 의한 의료시장 독점화가 발생된다. 독점화가 발생되면 의료서비스의 가격이 비싸지고 질의 저하가 발생된다. 그래서 이런 경우에는 정부가 개입하여 병원들의 영리화를 제한하는 등의 병원 경영과 의료서비스를 규제하거나, 또는 정부가 직접 대형 병원을 운영하여 규모의 경제 효과를 발생시키고 이에 따른 이익을 일반 국민이 향유할 수 있도록 한다.

다음으로, 시장에서 규모의 경제가 이루어지지 못하는 시장 실패의 문제이다. 시장에서 다수의 공급자에 의해 다양한 상품이 제공됨으로써 재화나 서비스의 생산과 공급에 있어서 규모의 경제가 발생되지 못하여 비효율적인 경우이다. 대표적 예가 노령연금보험시장이다. 보험시장에서 다양한 노령연금 상품이 판매됨으로써 표준화에 따른 규모의 경제가 이루어지지 못하여 수수료 등 행정 비용이 많이 소요된다. 시장에서 충분한 규모의 경제 효과가 발생되지 못하는 것이다. 이런 경우에는 대신 국가가 개입하여 표준적인 전 국민 연금보험을 운영하게 되면 낮은 행정 비용으로 양질의 보험을 제공할 수 있다.

2) 거시경제적 차원에서의 시장 실패

거시경제적 차원에서 시장은 경기 순환에 대응하여 경제를 안정화시키는 데 실패하고, 또한 노동력 재생산에도 실패하는 등의 문제를 가진다.

먼저, 경기 불황에 대응하여 경제의 안정성 확보에서의 시장 실패문제를 살펴보자. 경기 순환에 따른 경기 불황에 처하게 되었을 때, 시장은 불황으로부터 탈피하여 시장을 회복시키는 데 실패하고 공황으로 빠져들게 된다. 경기 불황이 발생하게 되면 소비자들은 불황의 어려운 상황에서 이미 실업이나 소득 감소를 당했거나 이러한 문제가 발생될 가능성에 대비하여 소비를 축소하게 되고, 그 결과 경기불황은 더욱 심화된다. 소비자 개인의 입장에서는 어려운 시기에 소비를 축소하고 위기에 대응하는 것이 합리적일 수 있지만, 사회 전체적으로는 유효 수요의 축소에 의하여 상품은 더 팔리지 않게 되고 불황이 더욱 심화된다. 케인스는 이러한 문제를 구성의 오류(fallacy of composition)의 문제로 제기하였다. 경기 침체의 상황에서 개인들의 합리적인 소비 축소 행위들이 사회적으로는 유효 수요의 축소에 따른 시장 실패의 문제를 심화시키는 것이다.

이러한 상황에서는 국가가 개입하여 유효 수요를 증가시키는 노력을 통하여 경기불황으로부터 벗어나는 것이 필요하다. 이러한 역할을 하는 대표적인 국가의 개입 중의 하나가 사회복지정책이다. 사회복지정책은 경기 순환에 대응하여 자동 안전장치 역할을 한다. 경제 불황 시에 실업급여나 사회부조 등의 급여 지급이 증가됨으로써 유효 수요를 창출하고 경제를 회복시킨다. 그러나 경제가 안정화되고 다시 경제호황이 되면 실업급여 및 사회부조 급여 등이 감소됨으로써 유효 수요를 감소시켜 경제의 과도한 활황을 안정화시키는 데 기여한다. 그래서 사회복지정책은 경제 순환에 대한 자동 안정장치라고 불린다.

다음으로, 거시경제에 있어서 노동력의 재생산과 인적 자본 축적에 있어서도 시장 실패문제가 발생된다. 시장은 이미 생산되어 있는 노동력의 이용에만 관심을 가짐으로써 노동력의 재상산에 실패한다. 시장은 노인이나 장애인, 아동 등의 근로능력이 없는 사람들이나 또는 근로능력이 있더라도 일자리를 구하지 못하는 실업자들을 시장에서 배제한다. 또한 시장에 참여하더라도 시장은 모든 시장 참여자에게 충분한 소득을 제공하지 않는다. 그래서 시장은 사람들의 기본적 생활을 보장하는 데 무관심하다. 노동력은 인간의 생애 과정에 대한 보호와 투자를 통해 생산된다. 시장은 인간에 대한 보호와 투자를 제공하지 않고, 생산된 노동력을 이용하는 데에만 관심을 가짐으로써 노동력의 재생산과 인적 자본 형성에 실패한다. 그래서 국가가 시장 외부에서 사람들이 기본 생활을 영위하고 교육이나 훈련에 참여할 수 있도록 개입함으로써 노동력의 재생산 역할을 담당한다.

2. 경제구조적 변화 요인: 산업화, 탈산업화, 세계화

시장 실패와 함께 산업화, 탈산업화 그리고 세계화와 같은 경제구조적 변화들이 사회복지정책의 형성과 변화에 주요한 영향을 미쳐 왔다. 산업화가 초기 사회복지정책의 형성에 큰 영향을 미쳤다면, 탈산업화와 세계화는 사회복지정책이 이미 정립된 이후 보다 최근의 사회복지정책의 변화에 영향을 미친 주요 요인이다.

1) 산업화

산업화(industrialization)는 사회복지정책의 형성과 성장을 추동한 가장 주요한 요인 중 하나이다. 산업화는 인류 사회를 과거의 농경사회로부터 현대의 도시화된 산업 사회로 전환시켰다. 산업화는 인류 사회 전반에 걸쳐서 사람들의 생활방식에 거대한 변화를 가져왔다. 산업화에 따라 한편에서는 새로운 욕구들이 등장하게 되었고, 다른 한편에서는 이러한 욕구들에 대한 대응 체계에 있어서 변화가 발생되었다.

먼저, 산업화는 새로운 욕구들을 발생시켰다. 산업화는 시장에서 노동력을 상품으로 판매하여 살아가는 거대한 노동자계층을 형성하였다. 과거에 농촌에서 자신이 속한 토지에서 농업에 종사하던 농민들이 산업화에 따라 도시로 이주하여 기업에 자신의 노동력을 판매하여 임금을 획득하며 생활하는 임금노동자로 전환되었다. 이 임금노동자들은 질병, 산업재해, 실업, 노령 등으로 인하여 자신의 노동력을 판매할 수 없게 될 때, 소득이 중단되어 삶이 크게 위협받았다. 그래서 거대한 규모로 형성된 임금노동자들이 이러한 위험들이 발생하여 노동력을 판매할 수 없을 경우에 그들의 생활 유지를 위한 욕구들이 형성되었다.

인구집단 차원에서는 시장에서 판매하기에는 노동력이 취약한 노인, 아동, 여성들의 빈곤문제가 대두되었다. 과거 농경 사회에서는 노인들의 경험적 지식이 중요하고, 노인들이 그들의 힘이 닿는 데까지 일하여 생산에 기여할 수 있었다. 하지만 산업 사회에서는 노인들의 낡은 경험과 쇠약해진 노동력의 가치가 저하하여 일정한 연령 이후에는 그들의 노동력을 판매할 수 없게 되었다. 그래서 은퇴제도가 사회적 관습으로 굳어지게 됨에 따라 노인들의 생활문제가 제기되었다. 아동들의 경우에도 과거 농경 사회에서는 일을 함으로써 생산에 한 역할을 담당하였다. 그러나 산업화에 의하여 생산 과정에 필요한 기술 수준이 높아짐에 따라 아동들의 인적 자본 향상을 위한 교육이 중요하게 되었다. 아동은 과거에 생산에 참여하는 노동력으로부터 이제는 노동력으로 시장에 참여하기 위해 준비하는 시기로 변화되었다. 그 결과, 아동기에는 생산활동에 참여하지 않게 되면서 아동을 부양하는 가족의 부담 증가와 아동 빈곤문제가 제기되었다. 또한 여성들의 경우에도 산업화에 따라 여성들의 사회 참여가 증가함에 따라 점차 이혼이나 미혼의 한부모 가구들이 증가하게 되었다. 이 한부모 가구들의 경우, 여성들은 아동양육과 취업이라는 두 가지 과제를 수행해야 하고 또한 노동시장에서의 여성 차별에 의해 경제적으로 취약하게 되었다.

그리고 산업화에 따라 과거 농경 시대에 크게 부각되지 않았던 새로운 사회문제들이 발생되었다. 공장에서 대규모로 산업재해가 발생하여 사회문제가 되었다. 과거 농경 사회에서 존재하지 않았던 대규모의 실업문제가 새롭게 발생하여 사람들의 삶을 위협하였다. 그리고 도시화에 따라 사람들이 밀접하게 살게 됨에 따라 불량한 주택문제, 도시의 보건 위생문제 그리고 빈곤의 집중화문제 등이 야기되었다.

산업화에 따라 새로운 욕구들이 야기된 한편, 새로운 욕구와 사회문제들에 대응하기 위한 대응 체계에 있어서도 거대한 변화가 발생하였다. 과거 농경 사회에서 개인들의 생활 위협에 대응하는 일차적 단위이던 확대가족이 도시로의 이주 등의 과정에서 해체되어 핵가족화되었다. 그 결과, 과거 확대가족이 제공하던 개인들의 생활보호 기능이 크게 축소되었다. 과거 농경 사회에서 대대로 공동체를 이루어 오면서 형성된 지역사회도 사람들이 일자리를 찾아 도시로 이주하면서 해체되었다. 하지만 산업화에 따라 형성된 거대한 시장은 노동시장에서 배제되는 사람들에 대한 어떠한 보호도 제공하지 않았을 뿐만 아니라, 경기 불황에 대응하지 못함으로써 사람들을 경제적 불안에 무방비로 노출시켰다.

기존의 가족과 지역사회와 같은 체계들의 대응능력이 심각하게 축소되고, 새롭게 확대된 시장은 개인들의 생활을 보호하지 못하는 상황에서, 정부의 개입이 요청되었다. 산업화는 정부의 역할 확대를 위한 새로운 사회문제들을 발생시켰을 뿐만 아니라 정부의 문제에 대응할 수 있는 능력을 확장시켰다. 산업화는 엄청난 경제적 부를 창출함으로써 정부가 사회문제에 대응하여 사회복지정책을 실시할 수 있는 자원을 제공하였다. 산업화에 따른 경제적 부의 증가는 정부의 조세 수입의 증가를 가능하게 했고, 이를 활용하여 정부는 사회문제들에 대응하는 사회복지정책을 대대적으로 확대하였다.

이와 같이 산업화를 사회복지정책의 형성과 발전의 주요 요인으로 보는 논리를 산업화론(industrialization theory)이라고 한다. 산업화론은 서구의 모든 선진국가에서 사회복지정책이 공통적으로 발전된 과정을 잘 설명한다. 이념이나 문화가 상당히 다른 국가들에서도 산업화가 진행되면 공통적으로 사회복지정책이 발달된다는 점을 강조한다는 측면에서 수렴이론(convergence theory)라고 불리기도 한다.

하지만 산업화론은 새롭게 형성된 사회적 욕구들이 사회복지정책으로 형성되는 과정을 잘 설명하지 못한다고 비판을 받는다. 구체적 사회복지정책의 형성 과정에서 개입하게 되는 정치적 행위자들과 제도의 역할을 무시한다는 것이다. 그 결과, 국가 간에 발생하는 사회복지정책의 차이점을 설명하지 못한다는 비판을 받는다.

2) 탈산업화

산업화가 사회복지정책의 형성과 성장을 추동했다면, 탈산업화(deindustrialization)는 보다 최근의 사회복지정책의 변화를 추동하였다. 탈산업화는 경제의 중심이 제조업으로부터 서비스업으로 이동한 것을 지칭한다. 산업화 시대에는 제조업 부문에서 남성 정규직 전일제 노동의 전형적 고용 형태에 기반하여 완전 고용이 거의 달성되었다. 탈산업화는 이러한 안정적 노동시장에 구조적 변화를 가져왔다. 우선, 탈산업화에 따라 제조업 일자리가 감소되면서 서비스 부문에서의 고용이 증가되었는데, 서비스 부문의 임금 인상과 이에 따른 고용 억제로 인하여 충분한 일자리가 확보되지 못하게 되었다. 바우몰(Baumol, 1967)은 탈산업화 시대에 서비스 부문이 생산성에 부합되지 않는 임금 인상으로 인하여 과도한 지출과 고용 억제를 초래하게 된다고 주장하였다. 제조업의 생산성은 급속하게 증가하는 반면, 서비스업은 생산성 증가가 어렵다. 제조업에서의 생산성 증가에 따라 제조업 부문의 임금이 인상된다. 서비스업 부문은 생산성 증가가 어렵기 때문에 임금이 거의 인상되지 않아야 한다. 그런데 현실에서는 부문 간 임금의 비교로 인하여 서비스 부문의 임금이 제조업에서의 임금과 밀접하게 연동된다. 서비스 부문의 임금이 생산성에 부합하지 않는 정도로 과도하게 인상되어 서비스의 가격이 상승하는 문제가 발생된다. 그 결과, 서비스 부문의 생산은 비용 질병에 걸려 고용 확대는 감소된다. 이 문제를 바우몰의 비용 질병문제(Baumol's cost disease)라고 한다. 이처럼 서비스 부문의 임금 인상의 결과, 서비스 부문에서 고용이 충분히 증가되지 못하는 문제가 제기되었다.

또한 탈산업사회 노동시장에서는 양극화가 심화되고 불안정 노동이 증가하였다. 탈산업사회에서 고학력 숙련 노동자에 대해서는 보상이 증가한 반면, 저학력 저숙런 노동자에 대해서는 보상이 감소하여 임금 불평등이 증가하였다. 보상이 감소한 저학력 저숙련 노동자들은 비정규직 저임금의 불안정한 노동에 종사하게 됨으로써 생활의 불안정성이 증가하고 근로 빈곤의 문제가 대두되었다.

그리고 여성의 경제활동 참여가 증가하면서 돌봄과 출산의 위기가 발생하였다. 제조업의 축소로 남성 실업이 증가하고 서비스 경제화로 인하여 여성들의 경제활동 참여가 증가되었다. 여성들의 경제활동 참여가 증가됨에 따라 과거에 가정에서 전업주부들이 수행하던 양육과 돌봄의 기능에 위기가 발생하게 되었다. 여성들이 경제활동과 가정 내 돌봄이라는 이중 부담에 대응하여 출산을 줄임에 따라 사회적으로 저출산의 위기가 발생되었다.

이와 같이 탈산업화는 실업, 불안정 노동, 돌봄 위기와 저출산 등의 새로운 사회문제들을 야기하였다. 이러한 문제들은 사회복지정책에 있어서 상당한 변화와 과제를 제기하였다. 우선, 정부의 사회복지정책에 의한 돌봄서비스 제공이 대폭 확대되었다. 여성의 경제활동 참여 증가에 따라 현저하게 감소된 가족의 돌봄 제공 기능을 보완하기 위해 사회복지정책이 기존의 소득 및 의료 보장 중심으로부터 보육 및 장기요양과 같은 돌봄서비스 영역으로 대폭 확대되었다. 이러한 과정에서 재정적 제약에 직면한 서구 복지국가들은 노령연금이나 실업급여 등의 전통적 복지정책의 부분적 축소를 통해 조정을 시도하였다.

다음으로, 불안정 노동의 증가에 대응하는 새로운 제도들이 확대되었다. 기존의 사회복지정책의 중심이던 사회보험의 대응능력에 의문이 제기되었다. 산업화 사회에서는 정규직 전일제 형태의 완전 고용을 전제로 실업이나 노령 등의 위험에 대하여 사회보험으로 보호를 제공하였다. 그런데 탈산업 사회에서 저임금의 불안정 노동자들은 사회보험의 사각지대에 처하여 적용을 받지 못하거나 가입하더라도 그 기간이 짧고 보험료 납부액이 작아 사회보험제도로부터 적절한 보호를 받지 못하게 되었다. 탈산업화 사회에서 사회보험과 위험구조 간의 부정합문제가 발생된 것이다. 이러한 문제에 대응하여 사회보험료 지원 등을 통해 사회보험이 불안정 노동계층을 포괄할 수 있도록 그 적용 범위를 확대하려는 시도들이 나타났다. 또한 근로장려세제(Earned Income Tax Credit) 등을 도입하여 저소득 근로자들의 생활을 지원하려는 노력들이 나타났다. 하지만 여전히 불안정 노동계층의 생활 불안문제가 해소되지 않고 있고, 이에 기본 소득과 같은 보다 급진적인 구조적 대안들도 제시되고 있다.

탈산업화는 기존의 복지국가들에 쉽지 않은 난제를 제기하여 왔다. 이와 관련하여 우리가 직면한 선택의 문제에 대한 다음의 두 가지 논의는 시사하는 바가 크다. 에스핑-앤더슨(Esping-Andersen, 1999)은 탈산업 사회의 노동시장에서의 평등과 고용 간의 상충문제를 제기했다. 탈산업사회에서 한편에서는 고학력 숙련 근로자에 대한 고임금의 안정된 좋은 일자리가 공급되는 반면, 다른 한편에서는 저학력 미숙련 근로자에 대한 저임금의 불안정한 질 낮은 일자리가 양상된다. 이러한 상황에서 임금을 평등하게 하면 저숙련 근로자들의 높은 실업 문제가 야기되고, 반면 저숙련 근로자들의 실업을 줄이려고 하면 임금 불평등을 감수할 수밖에 없다. 바로 임금 평등과 고용 간의 상충문제가 존재한다는 것이다.

아이버슨과 렌(Iversen & Wren, 1998)은 에스핑-앤더슨의 평등-고용 상충관계 논의를 더 발전시켜 서비스 경제에서의 복지국가의 트릴레마(trilemma) 문제를 제기하였다. 한 국가는 평등, 고용 그리고 재정 억제의 세 가지 정책목표들을 가지는데, 임금 평등과 고용 간의 상충관계문제가 존재하는 한, 세 가지 목표들을 모두 동시에 충족시키는 것은 어렵다는 것이다. [그림 8-1]에서 제시된 것처럼, 각 복지국가들은 세 가지 목표 중 두 가지는 성취하더라도 한 가지는 포기할 수밖에 없다. 사회민주주의자들은 공공 부문에서의 안정적 일자리 공급을 통해 임금 평등과 고용을 추진하지만, 재정 지출이 증가하여 재정 억제의 목표는 포기할 수밖에 없다. 보수주의 복지국가의 기독교 민주주의자들은 국가가 민간 서비스 공급자들과 가족의 역할을 빼앗을 것을 우려하여 이러한 사회민주주의적 전략을 추진하지 않는다. 대신 노동시장에서의 규제를 통하여 임금 평등을 추진하는데, 이는 재정 지출이 필요하지 않으므로 재정 억제라는 목표를 달성할 수 있지만 고실업을 초래함으로써 고용 목표는 달성할 수 없다. 그리고 자유주의자들은 기독교 민주주의자들의 임금 평등 전략이 시장의 가격을 왜곡시켜 시장의 효율적 작동을 방해한다고 보기 때문에 이 전략을 추진하지 않는다. 대신 시장의 자연적 작동에 맡긴 결과, 저임금 일자리로 고용 목표를 달성하고 재정 억제의 목표도 달성하지만 평등의 목표를 포기하게 된다. 아이버슨과 렌(1998)에 따르면, 그 결과 유럽대륙의 보수주의 복지국가들은 높은 실업률로 인해 복지국가의 과세 기반이 제약되고 여성들의 경제활동 참여 욕구에 대응하지 못하게 되었다. 자유주의 복지국가들은 탈규제하에서 증가하는 불평등과 범죄, 근로 빈곤의 문제에 직면하게 되었다. 그리고 사회민주주의 복지국가들은 공공 부문의 팽창에 따른 재정규율의 문제와 민간 부문과 공공 부문 간의 이해 충돌의 문제에 직면하게 되었다.

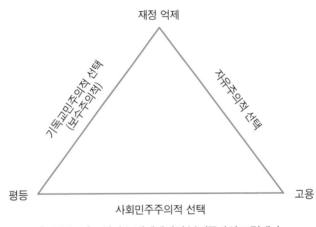

재정 억제

기독교민주주의적 선택
(보수주의적)

자유주의적 선택

평등   고용

사회민주주의적 선택

[그림 8-1] 서비스 경제에서의 복지국가의 트릴레마

출처: Iversen & Wren (1998).

3) 세계화

기술의 발전과 냉전 시대의 종식과 함께 경제활동의 주된 범위가 국민국가로부터 전체 지구 차원으로 확장되는 세계화의 현상이 나타났다. 세계화는 일반적으로 국민국가의 사회복지정책에 대한 축소 압력을 증가시키는 것으로 인식되어 왔다. 하지만 복지국가의 사회복지정책은 대체로 살아남았고, 또한 국가 간에 세계화에 대한 대응에 있어서 상당한 차이가 있었다.

세계화는 국가의 경계를 넘어 상품, 자본, 노동의 국가 간 이동의 자유가 증대되는 현상을 말한다. 20세기 후반 이후의 세계화는 이 세 가지 중에서도 주로 자본의 이동 자유에 의해 주도되었다. 과거에도 완성된 상품의 국가 간 무역거래가 존재하였지만, 자본과 노동의 국경을 넘는 이동은 제한되었다. 이에 비해 20세기 후반 이래에는 자본의 국제적 이동이 허용됨으로써 자본은 국제적 차원에서 상품 생산과 판매의 과정을 조직화하였다. 이러한 자본 주도의 세계화는 기존의 국가들에 상당한 변화를 초래하였다. 한편으로는 국가 간 비교우위에 기반한 국제적 분업화와 협력에 의해 생산력을 증대시킴으로써 긍정적 효과를 창출하였다. 하지만 세계화의 이익은 사회집단 간에 균등하게 배분되지 않았다. 세계화의 과정에서 이익을 얻는 집단과 피해를 보는 집단이 발생하여 세계화를 둘러싼 집단 간 갈등이 야기되었다. 자본과 노동의 관계에서 그 이동성의 차이에 따라 힘의 불균형이 나타나 상대적으로 자본 우위적인 세력관계가 형성되었다. 세계시장에서의 상품 경쟁력 강화를 위해 노동자들의 임금 억제와 노동 유연성에 대한 요구가 증가되었다. 노동자 집단 간에도 그 영향에는 상당한 차이가 있었다. 서구 복지국가 내에서도 고숙련 노동자들은 비교 우위를 통해 이익을 얻을 수 있었던 반면, 저숙련 노동자들은 피해를 보았다. 하지만 세계화로 인해 피해를 보는 사람들에 대한 국민국가의 보호능력은 약화되었다. 자본의 해외 도피와 국제경쟁력 약화에 대한 우려로 인해 국민국가의 조세 인상을 통한 역할 수행은 어려워졌다.

사회복지정책과 관련하여 세계화가 구체적으로 복지에 어떤 영향을 미쳤는가에 대해서는 논란이 있다. 세계화가 복지를 축소했다고 주장되기도 하고, 반대로 세계화가 복지 지출을 증가시켰다고 주장되기도 한다. 또한 세계화의 복지에 대한 영향은 국가마다 다르다고 주장되기도 한다. 세계화의 복지에 대한 영향에 대해 다음과 같이 크게 세 가지의 논리들이 제기되어 왔다(이정우, 2008; Bowles & Wagman, 1997).

첫째, 세계화는 복지 축소를 초래한다는 논리이다. 효율성 가설(efficiency hypothesis) 또는 하향평준화 가설(downward harmonization hypothesis)이다. 세계화에 따라 노동에 대한 자본 우위의 환경이 형성되고 국민국가의 자본에 대한 통제력이 약화됨으로써 효율성 차원에서 국제 경쟁에서 우위를 점하기 위해 노동자들을 희생시키게 된다는 것이다. 각 국가가 국제시장에서 경쟁력 확보를 위해 서로 경쟁적으로 조세와 복지를 축소시키는 바닥으로의 경주가 초래된다는 주장이다.

둘째, 세계화는 오히려 복지를 확대시킨다는 논리이다. 보상 가설(compensation hypothesis) 또는 상향수렴 가설(upward convergence hypothesis)이다. 세계화에 따라 서구 복지국가의 경우 자본 및 지식 집약적 부문이 이익을 얻은 대신, 전통적 제조업 부문과 여기에 고용되었던 저학력 노동자들이 피해를 보았다. 서구의 민주주의 정치 체계에서 표를 위해 경쟁하는 정당들은 집권을 위하여 세계화 피해자들에게 보상하지 않을 수 없고, 그 결과 국가에 의한 사회복지는 오히려 증가된다는 주장이다.

셋째, 국가 유형별 차이 가설(convergence clubs hypothesis)이다. 세계화에 따른 문제들에 대한 대응은 국가 유형별로 상이하게 나타난다는 가설이다. 어떤 국가들에서는 사회복지가 확대되고, 다른 국가들에서는 사회복지가 축소된다. 예를 들어, 유럽대륙의 조합주의 국가들에서는 세계화의 부정적 영향들에 대하여 높은 사회복지 지출을 통해 사회적 보상을 제공하는 전략을 택하였다. 이에 비해 미국 등의 자유시장주의 국가들에서는 세계화에 관련된 이슈들에 대해 시장 기제를 통하여 조정하는 전략을 택하였다. 국가 유형 간에 세계화에 대한 국가 전략에 차이가 있고, 그 결과 세계화의 사회복지정책에 대한 영향도 국가 유형 간에 이질적이라는 것이다.

세계화의 사회복지 영향에 대한 가설들은 각 국가가 세계화에 따라 직면하게 되는 선택의 문제를 잘 보여 준다. 세계화 시대에 각 국가는 국제 경쟁에서의 생존을 위한 복지 축소의 압력과 함께 그 피해자 보상을 위한 복지 확대의 압력을 동시에 받게 된다. 이러한 이중적 압력에 직면하여 각 국가는 사회적·정치적 상황에 따라 서로 다른 선택을 하게 된다.

세 가지 가설 중 어느 가설이 가장 잘 맞는가에 대해서는 논란이 있다. 하지만 전반적으로 동의할 수 있는 부분은 세계화의 결과로 복지 해체와 같은 바닥으로의 경주 현상은 발견되지 않았다는 것이다. 미국 등의 일부 자유시장주의 국가들에서 복지 축소 요구들이 있었지만 현실화되기는 어려웠다. 오히려 세계화에 따른 실업이나 근로 빈곤의 문제 등은 오히려 국가의 사회복지 지출을 증가시키는 요인으로 작용하였다. 세계화에도 불구하고 사회복지정책은 대체로 유지되었으며, 국가 특성에 따라 사회복지적 대응에 부분적인 차이가 발생하였다고 할 수 있다.

지금까지 세계화의 복지국가에 대한 영향에 대하여 검토해 보았다. 그런데 역으로 복지국가가 세계화에 어떤 영향을 미쳤는가에 대한 논의들도 제기되었다. 복지국가가 있었기 때문에 세계화의 확대가 가능했다는 주장이다. 복지국가의 발전으로 국민의 생활이 보장되었기 때문에 정부가 국가 간의 장벽을 완화하여 경제의 세계화를 추진할 수 있었다는 것이다. 만일 복지국가에 의한 국민생활보장이 이루어지지 못한다면, 국가의 보호주의 정책이 강해질 수밖에 없다(Rieger & Leibfried, 2003). 사실 이러한 측면은 최근의 서구국가에서의 극우 보호주의 정치세력의 확산과 보호주의 정책 강화에서도 확인된다. 이러한 측면에서 로드릭(Rodrik, 1998)은 세계화와 복지국가는 동전의 양면과 같다고 주장하였다.

제9장 사회복지정책 발달 요인 2: 정치 · 사회적 요인

이 장에서는 사회복지정책의 발달에 영향을 미친 요인 중 정치 · 사회적 요인들에 대하여 살펴본다. 먼저, 정치적 요인들로 민주주의, 노동과 자본의 이해 그리고 정치제도들에 대하여 살펴본다. 민주주의의 측면에서는 중위투표자 모델, 이익집단론 그리고 정당의 정책 지향과 선거 경쟁의 논리에 대하여 살펴본다. 노동과 자본의 이해 측면에서는 노동뿐만 아니라 자본의 경우에도 그 생산체제나 자본의 특성에 따라 사회복지정책의 확대를 지지할 수 있다는 것을 살펴본다. 그리고 정치제도 측면에서 선거제도, 정권의 유형, 정부 형태 그리고 거부권 지점 등이 사회복지정책에 주요한 영향을 미친다는 것을 살펴본다.

다음으로, 사회적 요인으로서 젠더, 가족 변화, 인구구조 변화가 사회복지정책에 영향을 미치는 주요 요인이라는 것을 제시한다. 이러한 사회적 변화들은 사회복지정책에 대한 새로운 욕구와 함께 대응능력과 방식에도 변화를 가져왔다.

1. 정치적 요인

1) 민주주의: 중위투표자 모델, 이익집단론, 정당의 정책 지향과 선거 경쟁

민주주의는 정치적 차원에서 사회복지정책의 발달을 추동한 중요한 요인이다. 자본주의 시장경제에서 권력은 1달러 1표, 즉 자원 소유 정도에 따라 불평등하게 분배된다. 시장에서의 이러한 불평등구조는 정치적 차원에서 민주주의의 1인 1표의 평등한 권력 배분 메커니즘에 의해 견제된다. 민주주의 정치제도는 사회복지정책의 형성과 성장에 있어서 주요한 추동 요인으로 작용해 왔다. 자본주의 시장경제에서 충분한 자산을 소유하지 못하여 불평등한 상황에 처해 있던 계층들이 민주주의 정치체제의 발달에 따라 1인 1표의 평등성에 기반하여 정치 과정에서 우위를 점하게 됨으로써 자신들의 생활보장을 위한 사회복지정책을 발달시키게 되었다.

그런데 민주주의적 자본주의 사회는 1달러 1표의 자본주의의 불평등 지향성과 1인 1표의 민주주의의 평등 지향성의 충돌로 인하여 긴장과 갈등의 문제에 직면한다. 사회복지정책은 이러한 자본주의와 민주주의 간의 충돌을 조정하여 사회를 통합시키는 기능을 수행한다. 사회복지정책은 국민의 기본 욕구를 충족시켜 사회를 안정화시킴으로써 민주주의와 자본주의를 통합시키는 역할을 수행한다.

민주주의와 사회복지정책 간의 관계를 설명하는 주요 모델로 중위투표자 모델, 이익집단 모델 그리고 정당들의 정책 지향과 선거 경쟁에 대한 연구들이 제시되어 왔다.

(1) 중위투표자 모델

중위투표자 모델(median voter model)에서는 민주주의 정치체제에서 중위소득자의 투표가 정치권력과 정책을 결정하게 되는데, 이 중위투표자가 중하위 소득계층에 속하므로 소득 재분배를 주장하는 정당과 정책에 투표한다고 본다. 자본주의 사회에서 소득 분포는 상대적으로 저소득 구간에 다수의 사람이 밀집해 있고 고소득 구간으로 갈수록 소수의 사람이 분포하는 전형적으로 오른쪽 비대칭 분포(right-skewed distribution)의 모양을 가진다. 이러한 소득 분포에서 중위 소득은 평균 소득보다 아래에 위치하므로, 중위소득자는 소득 재분배를 통하여 순이익을 얻게 되는 위치에 있다. 그래서 이러한 소득 분포를 가진 자본주의 사회에서 민주주의 정치체계는 중위소득자의 소득 재분배적 투표에 의하여 사회복지정책의 확대를 지지하는 선택을 발생시킨다(Meltzer & Richard, 1981).

중위투표자 모델은 자본주의 사회에서 민주주의 정치체계를 통한 사회복지정책의 확대에 대한 중요한 논리적 기반을 제공한다는 의의를 가진다. 하지만 중위투표자 모델의 현실적 설명력에 대한 문제도 제기되어 왔다. 중위투표자 모델에 따르면, 한 사회의 불평등이 심할수록 중위투표자의 소득 재분배 지지가 강해질 것이므로 더 불평등한 사회에서 사회복지정책이 더 확대되어야 한다. 하지만 현실에서는 그 반대의 현상이 나타나는 것이 일반적이다. 더 불평등한 사회에서 사회복지정책의 확대가 제한되고, 반대로 더 평등한 사회에서 사회복지정책이 더 확대되는 것이 보통이다. 예를 들어, 이 모델에 따르면 스웨덴보다 더 불평등한 미국에서 사회복지정책이 더 확대될 것으로 예상할 수 있지만, 실제로는 반대로 스웨덴보다 미국에서 사회복지정책이 더 제한적이다.

(2) 이익집단 모델

이익집단 모델(interest group model)의 기본 논리는 다원화된 민주주의 정치체계에서 다양한 이익집단의 욕구가 정치가들을 통해 반영됨으로써 사회복지정책이 발달하게 되었다는 것이다(Pamapel & Williamson, 1989). 현대사회에서 전통적인 계급 균열이 약화되고 중산층이 확대됨에 따라, 다양한 이익집단에 의한 개인들의 욕구 대변이 중요하게 되었다. 민주주의 선거 과정에서 이 이익집단들이 정치가들과 그들의 표를 교환함으로써, 자신들의 이익에 부합하는 정책들을 추진한다. 사회복지정책의 발달도 공통의 복지 욕구를 가진 이익집단들의 정치활동의 결과라는 것이다.

대표적 예로, 노인집단은 이익집단으로서 그들의 표를 정치가들과 적극적으로 교환하고자 함으로써 노인들에 대한 사회복지정책들이 발달하게 되었다고 한다. 노인들의 경우 인구 고령화에 따라 그 수가 증가해 왔고, 그들은 은퇴로 인하여 사회복지정책에 대한 분명한 이익을 공유한다. 노인들은 그 수도 많고 그들의 이해가 분명하게 집중되어 있다. 그래서 노인들은 그들에게 필요한 사회복지정책의 도입과 확대를 위하여 적극적으로 스스로를 조직화하여 정치가들에게 로비활동을 하고, 그 결과 노인들을 위한 복지정책이 잘 발달하게 되었다는 것이다.

이에 비해 이익집단론의 논리에 비추어 볼 때 노인집단에 대비되는 경우가 아동이다. 아동은 투표권이 없고 이익집단으로 조직화하지 못하므로, 노인들을 위한 사회복지정책에 비해 아동들을 위한 사회복지정책의 발달이 제한된다는 것이다. 이러한 주장은 미국과 같이 아동 빈곤율이 높고 노인 빈곤율은 낮은 국가에서 인구집단 간 복지 발달의 차이를 설명하는 데 종종 이용된다. 하지만 한국과 같이 반대로 아동 빈곤율은 낮고 노인 빈곤율은 높은 국가에서는 그 적합성이 떨어진다.

이익집단 모델의 주장은 전통적 계급관계를 넘어서서 다양한 집단의 정치적 과정에서의 역할을 분석한다는 점에서 의의가 있다. 특히 미국의 경우, 이익집단들의 정치적 영향력이 크고 이들이 사회복지정책의 발달에 중요한 역할을 담당했다는 것을 잘 설명한다. 하지만 이익집단 모델은 미국의 특수한 상황을 설명하는 데에 적합한 한편, 일반화에 한계가 있다고 비판을 받는다. 이익집단론이 미국과 같이 다원주의적 민주주의가 발달한 국가에서의 사회복지정책 발달은 잘 설명하지만, 계급에 기반한 사회적 조합주의가 발달한 유럽대륙 국가들의 상황에는 잘 맞지 않는다는 것이다.

(3) 정당들의 정책 지향과 선거 경쟁

민주주의 정치과정에서 정당은 권력과 정책의 방향을 결정하는 핵심적 활동 주체이다. 민주주의 정치체제에서 다양한 정당이 자신들의 정책 지향을 제시하고 유권자들의 표를 획득하기 위해 경쟁한다. 슈미트(Schmit, 2010)는 현대 민주주의 정치체제들에서 주요한 정당군들과 그 사회복지정책적 지향들을 〈표 9-1〉과 같이 정리하여 제시하였다. 주요한 정당들을 급진 사회주의 또는 공산주의 정당, 사회민주주의 정당, 종교적 중도 정당, 민족주의적 대중주의 정당, 농민 정당, 세속적 보수주의 정당, 자유주의적 정당 그리고 녹색당의 여덟 가지 유형으로 분류하였다. 그리고 각 정당 유형이 포괄적 사회보호, 선호하는 복지 재원, 사회보장에서의 공사 혼합, 탈상품화, 복지국가 축소 그리고 기타 이슈의 여섯 가지 사회복지정책의 이슈에 있어서 어떠한 지향을 갖는지를 정리하였다.

〈표 9-1〉 주요 정당군들의 사회정책 지향

정당군	포괄적 사회보호	복지재원	공사 혼합	탈상품화	복지 축소	기타 이슈
급진 사회 (공산)주의 정당	지지	누진적 소득 및 재산세	국가 중심	강력 지지	반대	일자리 보장과 보호주의적 대외경제 정책
사회민주주의 정당	지지	조세와 사회보험 기여금	국가 중심, 제 3 또는 제4 기 등으로서의 민간사회정책	강력 지지	반대, 예외적인 경우에만 찬성	포괄적 고용보장, 교육 투자

종교적 중도 정당	지지(특히 높은 경제성장 시기)	사회보험 기여와 민간 기금	공사 혼합 균형	사회보험 가입자에 대해 지지	부분 찬성, 부분 반대	보충성과 사회정책 상한선
민족주의적 대중주의 정당	지지	조세	국가 중심	자국 노동자에 대해 지지	주로 반대	사회보호 지지, 보호주의적 대외경제정책
농민 정당	비용이 외부화된다면 지지	주로 도시납세자의 조세	무관	지지	반대	사회보호 지지, 보호주의적 대외경제정책
세속적 보수주의 정당	반대	민간 기금과 조세 기반 자유주의적 복지 체제	강한 민간 사회정책과 제한적 복지국가	반대	지지	노동조합과 엄격한 고용보호 반대
자유주의 정당	반대	민간 자본 적립식 사회보장 지지	강한 민간 사회정책과 제한적 복지국가	반대	지지	노조 반대, 기회평등정책 선호
녹색당	부분 지지, 부분 반대	조세	관대한 사회보호, 일정한 민간 사회정책 수용	기본 소득	중립	허용적 사회정책, 한계집단, 반차별

출처: Schmidt (2010).

　각 정당 유형의 정책 지향에 대하여 구체적으로 살펴보자.

　급진 사회주의 또는 공산주의 정당들은 포괄적 사회보호를 지지한다. 소득과 재산에 대한 누진세에 기반한 국가 중심적 사회보장을 통하여 강력한 탈상품화를 지향하고, 일자리 보장과 보호주의적 대외경제정책을 지향한다.

　사회민주주의 정당들은 포괄적 사회보호를 지지한다. 조세와 사회보험 기여금에 기반한 국가복지를 중심으로 부분적으로 민간 사회정책을 수용하면서 강력한 탈상품화를 지향하고, 포괄적 고용 및 일자리 보호와 교육 투자 정책을 지향한다.

종교적 중도 정당들은 포괄적 사회보호를 지지한다. 사회보험료와 민간기금에 기반하여 공사 혼합의 균형에 의해 복지를 제공하고자 하고, 특히 사회보험 가입자에 대한 탈상품화를 강조한다. 그리고 보충성과 사회정책에서 상한선을 두는 것을 지지한다.

민족주의적 대중주의 정당들은 포괄적 사회보호를 지지한다. 조세에 의해 마련되는 국가복지를 통한 자국 노동자의 탈상품화를 주장하고 복지 축소에 반대한다. 그리고 사회적 보호와 보호주의적 대외경제정책을 선호한다.

농민 정당들은 비용이 외부화되는 포괄적 사회보호를 지지한다. 도시 납세자들에 의해 주로 비용이 부담되는 사회정책에 의한 탈상품화에 찬성하고 복지 축소에 반대하며, 보호주의적 대외경제정책을 지향한다.

세속적 보수주의 정당들은 포괄적 사회정책에 반대하는 입장이다. 민간기금과 조세에 기반한 강한 민간사회정책과 제한적 복지국가를 통해 탈상품화를 제한하고자 한다. 그리고 노조와 엄격한 고용보호에 반대한다.

자유주의 정당들은 기본적으로 포괄적 복지에 대해 반대한다. 민간의 자본적립식 사회보장 조치들에 기반한 강력한 민간 사회정책을 선호하고 제한적 복지국가를 통해 복지와 탈상품화를 제한하고자 한다. 그리고 노조에 반대하고 기회 평등정책을 선호한다.

녹색당들은 조세에 의한 기본 소득 보장을 통해 사회보호를 주장하면서도 민간 사회정책의 일정한 역할을 수용한다. 탈상품화는 기본 소득 정도로 제한하고자 하고 복지 축소에 대해서는 중립적이다. 그리고 사회통제적 복지보다는 무조건적 사회정책을 선호하고, 한계적 집단들에 대한 보호와 반차별을 지향한다.

이러한 주요 정당군들의 사회복지정책 지향에 대한 정리는 과도한 단순화의 오류를 가질 수 있는 한편, 주요 정당군들의 당파적 정책 지향을 잘 보여 준다.

2) 노동과 자본의 이해

사회복지정책의 발달을 추동한 핵심적인 정치적 요인 중 하나는 노동과 자본의

이해이다. 일반적으로 노동은 사회복지정책의 발달을 추동한 가장 직접적인 정치
세력으로 인식된다. 반면, 자본은 사회복지정책의 발달에 반대한 정치세력으로 인
식된다. 하지만 자본도 일정한 상황하에서는 사회복지정책의 발달에 동의하고 협
조하였다. 또한 노동과 자본의 타협을 통해 사회적 조정을 시도하는 사회적 조합주
의가 사회복지정책의 발달에서 중요한 역할을 하였다.

(1) 노동의 이해

　노동자계급은 자본주의 사회에서 사회복지정책의 발달을 추진한 가장 직접적인
정치세력이다. 자본주의 사회에서 개별 노동자들은 노동시장에서의 취약한 위치로
인하여 저임금과 실업 등의 위험들에 무방비로 노출되어 있었다. 노동자들은 자신
들을 보호하기 위하여 다양한 형태로 조직화하였다. 공제조합과 같은 상호부조 조
직, 노동조합 그리고 노동계급 정당을 통하여 조직화하였다. 노동자계급의 조직화
는 기존의 정치적 · 경제적 지배세력에 큰 위협이 되었다. 초기에는 기존의 보수주
의 또는 자유주의적 정치세력들에 의하여 사회통제적 목적하에 선제적으로 또는
위기 상황에서 불가피하게 사회복지정책이 도입되었다.

　이후 노동자계급은 정치 영역에서 다수를 점함으로써 정치적 권력을 장악할 수
있게 되었다. 노동자계급의 이해를 대변하는 사회민주당이나 노동당, 사회당 등은
국가 권력을 장악함으로써 노동자들의 생활보장을 위한 사회복지정책을 직접 확대
하였다. 민주주의 정치체계하에서 노동자계급을 대변하는 정당이 직접 정부 권력
을 장악하여 사회복지정책을 추진하지 않은 경우에도 선거 경쟁을 통한 노동자계
급의 압력은 사회복지정책의 확대를 추동했다.

　이와 같이 사회복지정책 발달의 추동세력으로서 노동자계급의 역할에 주목하면
서, 노동자 계급의 정치 세력화가 성공적일수록 복지정책이 발달된다는 입장을 이
론적으로 제시한 모델이 권력자원론(power resource model)이다(Esping-Andersen,
1985; Korpi, 1983, 1989). 권력자원론에서는 노동자계급의 정치세력화를 위한 권력
자원의 정도에 따라 사회복지정책의 발달이 결정된다고 보았다. 대표적인 권력자
원으로서 노동조합의 조직화 정도와 노동자들을 대변하는 강력한 사회민주당의 권
력 정도를 꼽았다. 노동조합의 조직률이 높고 노동조합 간 조직적 통일성이 강하여
노동조합의 중앙 집중적 조직화가 높은 경우에 노동자들의 권력자원이 크다. 또한

사민당의 의회와 행정부 장악 정도가 높고 사민당과 노동조합 간의 협조관계가 강한 경우에 권력자원이 크다. 대표적 사례로, 노동조합의 조직화가 강하고 사민당의 권력 장악 정도가 높은 스웨덴의 경우 사회복지정책이 가장 발달한 반면, 노동조합 조직화가 약하고 노동자 대변 정당이 발달되지 못한 미국의 경우 사회복지정책의 발달이 취약하다.

또한 노동조합의 조직화 방식이 산업별 노동조합인지 또는 기업별 노동조합인지도 사회복지정책의 발달에 중요한 영향을 미친다. 노동조합이 산업별 또는 전국적으로 조직화되어 있는 경우에는 국가 사회복지정책이 발달하는 반면, 노동조합이 기업별로 조직화되어 있는 경우에는 국가 사회복지정책보다는 기업복지가 발달한다. 노동조합이 중앙 집중적으로 산업별로이 조직화되어 있는 경우, 전국적 차원의 노동조합은 개별 기업 차원에서의 복지 조치보다는 전체 산업 또는 전체 노동자를 아우를 수 있는 사회보험 등의 국가 사회복지정책의 확대를 추구한다. 그런데 노동들이 기업별 노동조합으로 조직화되어 있는 경우에는 노동조합의 협상 대상이 개별 기업의 고용주로 제한되므로, 기업별 노동조합들은 해당 기업 차원에서의 복지, 즉 기업복지의 확대에 주력하게 된다.

(2) 자본의 이해

한편, 자본가계급은 국가의 사회복지정책 추진을 반대하는 가장 직접적인 정치세력으로 인식되어 왔다. 일반적으로 사회복지정책은 자본가계급의 입장에서는 노동 비용의 증가나 이익의 축소를 초래하는 것으로 인식된다. 사회보험은 사회보험료 부담으로 인하여 노동 비용을 증가시키고 이는 시장에서 상품의 가격 경쟁력을 약화시킬 것으로 우려된다. 또한 복지재원을 마련하기 위한 조세는 자본가들의 이익을 그만큼 축소시킨다. 법인세 부과로 인해 기업은 수익의 일부를 내놓아야 한다. 개인의 소득이나 자본 이득에 대한 조세 부과로 인해 자본가들은 개인의 소득이나 자산의 일부를 또 내놓아야 한다. 그래서 전통적으로 자본가계급은 사회복지정책의 확대에 반대하는 것으로 인식되어 왔다.

하지만 다른 한편에서 자본가계급이 반드시 사회복지정책의 확대에 반대하는 것이 아니라는 주장이 제기되어 왔다. 마르크스주의에서는 총 자본의 재생산을 위하여, 그리고 자본 간 경쟁에서의 승리를 위하여, 자본가들도 사회복지정책의 확대를 수용할 수 있다는 주장을 제시하였다. 마르크스는 19세기 「공장법」에 대한 분석에서 대규모의 기계제 대공업 부문의 자본가들이 수공업에 기반한 중소기업들을 누르고 시장을 장악하기 위해 「공장법」의 도입을 수용하였다고 주장하였다(Marx, 1867). 또한 20세기 후반의 신마르크스주의자들은 사회복지정책은 자본주의 생산체제를 재생산하는 기능을 수행하기 때문에 총 자본의 입장에서 사회복지정책을 지지한다고 주장하였다(O'Connor, 1973; Offe, 1984; Gough, 1979). 특히 자본 분파간의 사회복지정책에 대한 입장의 차이에 주목하여 독점 자본 분파들이 중소 자본을 누르고 시장을 독점하기 위하여 중소 자본에 더 큰 부담이 되는 사회복지정책의 확대에 찬성하였다고 주장하였다. 이와 같은 마르크스주의자들의 분석은 자본이 사회복지정책의 확대를 지지할 이유를 잘 보여 준다.

이에 더하여 최근에는 자본주의 다양성론의 입장에서 자본가계급이 사회복지의 확대에 찬성할 수 있다는 분석이 제기되었다(Estévez-Abe, Iversen, & Soskice, 2001). 자본주의 다양성론에서는 생산체제와 복지체제의 제도적 상호보완성을 강조하면서, 포드주의 대량 생산체제에서는 자본가들이 사회복지정책의 확대에 반대하는 반면, 고품질의 특화된 상품생산체제에서는 자본가들이 사회복지정책의 확대를 지지한다고 주장하였다. 포드주의 대량 생산체제에서는 저숙련 노동자들을 이용하여 생산 과정이 이루어지기 때문에 숙련 형성과 유지를 위한 사회보호제도들에 대한 필요성이 약한 반면, 고품질의 특화된 상품 생산체제에서는 특수적 기술을 가진 숙련 노동자들에 의하여 생산이 이루어지기 때문에 숙련 형성과 유지를 위한 사회보호제도들에 대한 필요성이 크다. 노동자들이 특수적 기술 형성에 투자하기 위해서는 해당 기업에서의 고용보호나 또는 실업 시에 특수적 기술을 활용할 수 있는 기업으로 재취업하기까지의 생활보장을 위한 실업보호제도가 중요하다.[1] 그래서 고품질의 특화된 상품생산체제에서는 자본가들이 노동자들의 특수적 숙련 형성과 유지를 위하여 고용보호와 실업보장과 같은 사회복지정책을 지지한다.

또한 자본가들의 사회정책에 대한 선호는 '위험의 발생정도'와 '기업의 규모 및 노동력의 기술 수준'에 따라 다양하게 나타날 수 있다(Mare, 2001).

첫째, 위험의 발생 정도의 측면에서, 위험의 발생 정도가 높은 기업들은 위험 풀

---

1) 보다 자세한 설명은 이 책의 제7장 2절의 '3) 자본주의 다양성론'을 참조.

의 확대를 선호하여 더 넓은 적용 범위와 기여와 위험 간의 분리를 선호한다. 이에 비해 위험 발생 정도가 낮은 기업들은 위험 풀이 확대될 경우 고위험 기업들을 보조하게 될 것을 우려하여 재분배적 사회정책에 반대하는 경향이 있다.

둘째, 기업의 규모와 요구되는 노동력의 기술 수준의 측면에서, 기업의 규모가 크고 고숙련 노동자들에 기반하는 기업들은 숙련 노동자의 형성과 재생산을 위한 제도적 보장책으로 사회보험 행정에 고용주들이 참여할 것을 선호한다. 기업의 규모가 작고 숙련 노동자들에 의존하지 않는 기업들은 사회정책의 이러한 특성에 큰 관심이 없다.

그래서 이 두 가지 측면을 조합하면 〈표 9-2〉와 같이 기업들은 사회정책에 대하여 서로 다른 선호를 가진다. 첫째, 위험 발생 정도가 높고 기술 강도가 높은 대규모 기업의 경우에는 기여적(contributory) 사회보험제도를 선호한다. 둘째, 위험 발생 정도가 높은데 숙련 노동자에 기반하지 않는 소규모 기업은 보편적(universalistic) 사회정책을 선호한다. 셋째, 위험 발생 정도가 낮으면서 숙련 노동자에 기반하고 규모가 큰 기업들은 별도의 사적(private) 보험을 선호한다. 넷째, 위험 발생 정도가 낮으면서 숙련 노동자에 기반하지 않고 규모가 작은 기업은 사회정책을 거의 선호하지 않는다.

〈표 9-2〉 기업의 사회복지정책에 대한 선호

		규모와 기술 강도	
		높음	낮음
위험의 발생	높음	기여적 사회보험	보편적 사회정책
	낮음	사적 보험	없음

출처: Mare (2001).

이처럼 자본가계급의 경우 일차적으로는 사회복지정책이 자신들에게 손해가 된다고 생각할 수 있지만, 그 이면에서는 자본주의 생산 양식의 재생산의 필요성으로 인하여, 그리고 자본가 간에 사회복지정책 선호의 다양성으로 인하여, 상황에 따라서 상당한 자본가가 사회복지정책을 지지한다는 것을 알 수 있다.

(3) 사회적 조합주의

앞에서 노동자계급과 자본가계급 각각의 사회복지정책에 대한 입장에 대하여 살펴보았다. 노동자계급과 자본가계급은 각자의 이해를 가지는 한편, 동시에 한 국가 공동체 내에서 서로 타협하고 협력하면서 공존해야 한다. 사회적 조합주의(social corporatism)는 노동자계급과 자본가계급 간의 타협과 협력의 대표적 모델이다. 유럽대륙의 복지국가들에서는 사회적 조합주의 제도가 잘 발달되어 왔다. 사회적 조합주의는 노동조합, 자본가 조직 그리고 국가의 삼자 간에 타협과 협의를 통하여 주요한 정책을 운영해 나가는 구조를 말한다. 사회적 조합주의의 발전을 위해서는 산업별로 전국적 수준에서의 중앙 집권적인 노동자 및 자본가 조직의 발달이 중요하다. 그리고 이 중앙 집권적 노동자 및 자본가 조직 간에 국가의 중재를 통한 사회적 파트너십 형성이 필요하다. 사회적 조합주의 전통하에서 노동자들은 임금 인상을 자제하고, 자본가들은 낮은 임금 수준에 기반하여 강화된 국제 경쟁력을 기반으로 투자를 활성화하고, 국가는 복지정책을 통해 노동자들의 생활을 보장한다. 사회적 조합주의는 이러한 세 주체 간의 타협과 역할 수행을 통하여 국가의 경제 성장과 노동자 복지를 동시에 달성하는 선순환 모델이다. 이러한 과정을 통하여 사회적 조합주의가 정착된 국가에서는 국가의 사회복지정책이 발달하였다.

3) 정치제도

지금까지 사회경제적 구조와 세력의 차원에 기반을 둔 정치적 요인들로서 민주주의와 노동 및 자본의 이해 요인들에 대해 살펴보았다. 다음에서 살펴볼 정치제도도 그 자체로서 사회복지정책의 발달에 영향을 미치는 중요한 요인이다.

(1) 국가 중심 모델

1980년대에 테다 스코치폴(Theda Skocpol) 등의 일련의 학자들은 사회복지정책 발달에 있어서 국가의 역할을 강조하는 국가 중심 모델(state-centered model)을 제시하였다(Orloff & Skocpol, 1984; Skocpol, 1985; Skocpol & Amenta, 1986). 이 모델에서는 역사 제도주의적 관점에 기반하여 역사적으로 형성된 정부의 구조와 특성들이 한 국가에서의 사회복지정책의 발달에 중요한 영향을 미쳤다고 주장하였다.

국가 중심 모델에서는 미국을 주요한 분석 대상으로 하였는데, 미국에서 사회복지정책 발달이 늦었던 이유를 역사적으로 형성된 미국의 국가 특성에서 찾았다. 국가 조직 형태, 정당, 관료 등의 측면에서 유럽의 주요 국가들과 다른 미국 국가의 특성이 미국에서 사회복지정책의 발달이 지체되는 데 중요한 영향을 미쳤다는 것이다.

우선, 국가 조직의 형태의 측면에서 미국은 연방제 국가로서 지방 분권적으로 조직화되어 있기 때문에 사회복지정책의 발달이 어려웠다고 주장했다. 국가가 중앙 집권적으로 조직화되어 있는 경우와 달리, 국가 조직이 지방 분권적인 경우에는 중앙정부의 복지정책 도입 시도에 대해 지방정부가 반대할 수 있고 서로 다른 지방정부들의 이해를 조정하기가 쉽지 않기 때문에 국가의 사회복지정책 도입이 어렵다. 그래서 미국의 경우 국가조직 형태가 지방분권적이어서 사회복지정책의 도입이 어려웠던 데 비해, 스웨덴과 같이 국가조직이 중앙 집권적인 경우 사회복지정책이 확대되었다는 것이다.

국가의 정치 정당 측면에서도 미국의 경우, 개혁적 정책 정당이 발전하지 못하여 사회복지정책의 도입이 지체되었다고 주장하였다. 19세기 말 20세기 초 영국의 경우에는 개혁적 정책 정당들이 발전하여 이 정당 간의 경쟁에 의해 사회복지정책이 발달한 데 비해, 미국의 경우에는 개혁적 정책 정당들이 발전하지 못하고 지역이익을 중심으로 하는 정당 정치가 이루어짐으로써 전국적 차원의 사회복지정책의 발달이 지연되었다.

그리고 관료의 특성 측면에서도, 미국에서는 전문적 관료집단이 발전하지 못하여 사회복지정책의 발전이 지체되었다고 보았다. 영국이나 독일 등의 경우 군주통치나 식민통치 등을 수행하기 위해 전문적 관료집단들이 일찍 발전하였다. 이에 비해, 미국의 경우에는 정치에서의 엽관주의(spoils system)[2] 전통이 강하여 선거에서 대통령이나 주지사 그리고 기타 지방정부의 수장이 선출되면 선거 과정에서 그 후보를 후원하였던 후원자들이 대거 관료로 등용되었다. 이러한 후원주의와 엽관주의의 전통하에서 선거 때마다 관료들이 대폭 교체되었기 때문에 중립적이고 전문적인 관료집단의 형성이 지체되었다. 그래서 영국 등 유럽 국가들의 경우에는 전문

---

2) 엽관주의란 선거에서 이겨 정권을 잡은 정치인이나 정당이 관직을 지배하는 정치적 관행을 지칭한다.

적 관료집단이 사회복지정책의 발달에 있어서 중요한 역할을 했던 반면, 미국의 경우에는 이러한 전문적 관료집단이 형성되지 못했기 때문에 사회복지정책의 발전도 지체되었다는 것이다.

이와 같이 국가 중심적 모델은 사회적 특성뿐만 아니라 사회복지정책을 도입하고 실시하는 국가의 특성이 사회복지정책의 발달에 중요한 영향을 미친다는 것을 제시했다는 점에서 의의가 있다. 하지만 사회복지정책 발달에 있어서 국가의 특성을 과대하게 평가했다는 비판을 받기도 한다.

(2) 정치제도 요인

1990년대 이후 국가 중심 모델의 문제 제기는 이후 신제도주의 정치학자들에 의해 더욱 발전되었다. 이들은 선거제도, 정권 유형, 정부 형태 그리고 거부권 지점 등의 정치제도의 차이가 사회복지정책에 어떠한 영향을 미치는가에 대해 더 체계적인 분석을 제시하였다.

① 선거제도: 다수 득표제 대 비례 대표제

선거제도는 크게 다수 득표제와 비례 대표제로 구분할 수 있다. 다수 득표제는 한 선거구에서 후보자 중 다수 득표를 한 사람이 당선되는 선거제도이다. 여러 후보자 사이에 표가 상당히 분산된 경우에도 최다 득표자 한 사람만이 당선되기 때문에 승자 독식의 특성을 가진다. 비례 대표제는 전국적으로 정당별 득표율에 따라 이에 비례하여 당선자 수를 배정하는 선거제도이다. 정당들 사이에 표가 분산된 경우에 당선자 수를 득표율에 따라 비례적으로 할당하므로, 유권자들의 선호 분포를 비례적으로 반영하는 특성을 가진다.

선거제도는 사회복지정책에 다음의 측면들에서 영향을 미친다.

첫째, 선거제도는 재정 지출의 성격에 영향을 미친다(Persson & Tabellini, 1999). 다수 득표제하에서는 지역구민들이 자신들이 조세로 납부한 것보다 더 많은 것을 받기를 원하여 지역적 이슈에 관심이 집중되며, 지역적 공공재(local public goods) 지출에 대한 선호가 크다. 그래서 재정 지출에서 도로나 공항 건설과 같은 지역 민원 사업들이 우선 순위를 차지한다(Milesti-Ferroti et al., 2002). 반면, 비례 대표제하에서는 전국적으로 더 큰 득표율을 획득하는 것이 중요하다. 그래서 재정 지출에 있어서도 전국적 차원에서 실시되는 사회복지정책들이 우선 순위를 차지한다 (Persson & Tabellini, 1999).

둘째, 선거제도는 재정 지출의 규모에 영향을 미친다(Persson & Tabellini, 2003). 다수 득표제하에서는 선거에서 특정 성향이 강한 지역은 이미 승패가 결정되어 있으므로 자금을 쏟아부을 필요가 없다. 대신 중간 성향의 지역들이 전체 선거의 승패 여부를 좌우하게 되므로 이 지역들에 자금을 집중 분배하게 된다. 이에 비해 비례 대표제하에서는 전체 득표율이 중요하므로 어떤 지역이나 계급도 소홀히 할 수 없다. 특히 비례 대표제에서는 다당제가 발달하고 여러 정당의 연합정부가 구성되게 되는데, 각 당은 자신의 집단에 지출하기를 원한다. 그 결과, 전체적으로 '초과 지출의 문제(a common pool problem with excessive spending)'가 초래된다. 그래서 다수 득표제에서는 정부재정 지출이 억제되는 한편, 비례 대표제하에서는 정부 지출이 팽창된다.

셋째, 선거제도는 당파성과 관련하여 재분배에 영향을 미친다(Iversen & Soskice, 2006). 일반적으로 다수 득표제는 양당제로 귀결되는 반면, 비례 대표제하에서는 다당제가 발달된다. 양당제 다수 득표제하에서는 중간계급이 자신들에 대한 조세 부과를 우려하므로, 고소득계급과 연대하여 중도우파 정당을 지지하여 재분배가 제한된다. 이에 비해 다당제 비례 대표제하에서는 중간계급에 대한 조세 부과의 우려가 없으므로, 중간계급이 저소득계급과 연대하여 중도좌파 연합정부를 형성하여 재분배가 확대된다.

양당제 다수 득표제하에서는 고소득계급과 저소득계급을 대변하는 두 정당이 중간계급의 표를 추구한다. 중간계급은 저소득계급을 대변하는 좌파 정당과 연대하였을 경우, 좌파 정당이 선거 승리 후에 저소득계급의 이익에 집중하여 중간계급과 고소득계급에 조세를 부과할 가능성을 우려한다. 이렇게 될 경우 중간 소득계급은 정부 이전 지출의 혜택은 못 받으면서 조세만 부담하여 손해를 볼 수 있다. 그래서 중간 소득계급은 이러한 사태가 발생될 것을 우려하여 좌파 정당과 연대하기보다는 우파 정당과 연대한다. 우파 정당은 감세 정책을 기조로 하기 때문에 중간 소득계급은 우파 정당 집권 후에도 정부 이전 지출의 혜택을 못 받겠지만 조세 부담도 없으므로 상대적으로 안전하다. 그래서 양당제 다수 득표제하에서 중간 소득계급은 고소득계급과 연대하여 중도우파 정당을 지지하게 된다.

반면, 다당제 비례 대표제하에서 각 계급은 자신을 대표하는 정당들을 가지게 된다. 중간계급을 대변하는 정당이 좌파정당과 연대하여 집권한 경우, 집권 후에 좌파정당이 저소득층 재분배를 위하여 중간층에게 과세하는 정책을 실시한다면, 중간계급 대변 정당은 연립정권에서 탈퇴하여 언제든지 그 연합을 깰 수 있다. 다당제 비례 대표제하에서는 중간계급이 좌파정당과의 연대에 대한 우려가 거의 없다. 그래서 다당제 비례 대표제하에서는 저소득계급과 중간계급을 대변하는 정당들이 연합하여 부자들에 세금을 부과하는 중간계급-저소득계급 연대에 기반한 중도좌파적 연립정부가 형성된다.

선거제도의 영향에 대해 정리해 보면, 다수 득표제하에서는 지역적 공공재 이슈에 관심이 집중되고, 정부 지정 지출이 억제되며, 중도우파 정당이 선거에서 유리하여 재분배정책보다는 감세가 주요 정책 기조가 된다. 반면, 비례 대표제하에서는 전국적 사회복지정책이 관심을 받게 되고, 정부 재정 지출이 팽창되며, 중도좌파 정당이 선거에서 유리하여 고소득층 증세를 통한 재분배정책이 주요 정책 기조가 된다.

② 정권의 유형: 대통령제 대 의원내각제

정권 유형이 대통령제인지 의원내각제인지에 따라 사회복지 발달에 영향이 있을 수 있다. 대통령제의 경우 조세 증가에 대해 비난할 사람이 대통령으로 명확하므로, 대통령들은 조세 증가를 거부하는 경향이 있다. 이에 비해 의원내각제에서는 책임의 분산으로 조세 증가를 허용하는 경향이 있다. 그래서 의원내각제 체계를 가진 곳에서 정부의 사회복지정책이 확대되는 경향이 있다(Persson & Tabellini, 1999).

한편, 대통령제의 경우에는 의회의 견제를 받을 가능성이 크다. 대통령과 의회 다수당이 동일 소속 정당일 경우에는 문제가 없지만, 서로 다른 정당 소속일 경우에는 서로 견제하게 된다. 대통령이나 의회 다수당 중 어느 한쪽에서 사회복지정책의 확대를 주장하는 경우 다른 쪽에서 반대할 가능성이 크다. 그래서 대통령제의 경우에는 의회의 견제로 인하여 사회복지정책의 도입과 확대가 어려울 수 있다. 이에 비해 의원내각제의 경우에는 다수 당의 당수가 수상이 되어 행정부를 구성하게 되므로 행정부와 의회를 장악하는 정당이 동일하다. 그래서 의원내각제하에서는 사회복지정책의 도입이 용이하다. 즉, 대통령제하에서는 의회와의 상호 견제에 의해 사회복지정책의 발달이 제한될 가능성이 있는 한편, 의원내각제하에서는 의회와 행정부가 동일 정당이므로 사회복지정책 발달이 용이한 경향이 있다(Huber & Stephens, 2001; Immergut, 1992).

그래서 정권의 유형 측면에서 대통령제보다는 의원내각제하에서 복지정책의 확대가 용이하다. 의원내각제하에서는 조세 증가에 대한 책임의 분산으로 조세 증가가 쉽고, 또한 의회와 행정부가 동일하여 복지정책의 입법과 시행이 쉽기 때문이다.

③ 정부 형태: 연방제 대 단방제

정부 형태는 단일 정부 형태인 단방제와 지방정부들의 연합 형태인 연방제로 구분된다. 정부 형태가 연방제인 경우 연방정부의 조세 부과 및 복지정책 확대에 어려움이 있다는 주장들이 제기되어 왔다(Brennan & Buchanan, 1980; Pierson, 1995; Scharpf, 1988).

먼저, 연방정부에 의한 조세 부과와 사회복지정책의 입법이 어렵다. 조세 부과 측면에서 지방정부들의 연방으로부터의 이탈 가능성이 있기 때문에 연방정부는 조세 부과에 상당히 조심스러울 수밖에 없다. 연방정부의 조세 부과능력이 제한적이기 때문에 연방정부 차원에서의 전국적 사회복지정책 발달도 제한된다. 입법과정 측면에서도 연방제의 경우 지방정부 차원에서 새로운 법이 도입되어야 하므로 새로운 제도의 입법이 어렵다. 더욱이 연방제에서는 일반적으로 하원 이외에도 각 지방정부를 대표하는 상원이 존재하기 때문에 새로운 입법이 더욱 어렵다. 그래서 연방정부 차원에서 새로운 사회복지정책의 도입이나 확대가 어렵다.

다음으로, 지방정부 차원에서의 조세 부과와 복지정책 확대도 어렵다. 한 지방정부에서 증세를 통해 더 관대한 복지급여를 제공하는 경우를 생각해 보자. 그 지방의 조세 부담을 회피하기 위해 고소득층들이 다른 지방으로 이주할 유인을 가지는 한편, 그 지방의 관대한 복지를 누리기 위하여 다른 지방의 저소득 빈곤층들이 이주해 올 유인을 가질 수 있다. 그래서 한 지방정부가 증세를 통하여 관대한 복지정책을 실시할 경우, 장기적으로 그 지방정부의 조세 원천이 줄어들고 복지 지출이 증가하여 재정적으로 취약해질 수 있다. 이러한 이유로 지방정부들에서 경쟁적으로 복지 지출을 줄이려는 바닥으로의 경주(race to the bottom) 현상이 나타날 수 있다.

하지만 연방제 국가 간에 복지국가의 규모는 상당히 다르게 나타난다. 연방제 국가 중에서도 미국과 스위스의 경우에는 복지국가 규모가 작은 반면, 독일과 오스트리아의 경우에는 그 규모가 크다(Obinger et al., 2005). 그러므로 연방제 자체가 문제가 아니라 연방제라고 하더라도 구체적인 제도의 구조가 어떠한가에 따라 연방제의 사회복지정책에 대한 영향은 상당히 달라질 수 있다. 예를 들어, 미국의 경우에는 주 정부가 입법과 재정 면에서 강한 자율성을 갖는 반면, 독일의 경우에는 연방정부가 포괄적 입법권과 감독권을 갖고 있다. 그래서 두 국가 모두 연방제 국가이지만 복지국가의 규모에 있어서 상당한 차이를 가진다(신진욱, 2018; Rodden, 2003). 그래서 연방제 국가의 경우 사회복지정책의 확대가 어려울 가능성이 있지만, 그 관계는 연방제의 구체적인 구조와 내용에 따라 상당한 차이가 있는 것으로 보인다.

④ 거부권 지점

정치제도들의 배열의 측면에서 거부권의 지점이 많을수록 사회복지정책의 확대가 어렵다(Immergut, 1992; Immergut et al., 2007). 하나의 사회복지정책이 입법화되고 시행되는 과정에서 그 제도의 도입과 시행을 거부할 수 있는 다양한 거부권 지점이 있다.

먼저, 법을 만드는 입법부인 의회에서 거부권이 행사될 수 있다. 의회제도는 단원제 또는 양원제 형태가 있다. 단원제는 하나의 의회로 형성된 경우이고, 양원제는 하원과 상원의 이원적 구조로 의회가 형성된 경우이다. 단원제에서는 어떤 법이 통과되기 위하여 하나의 의회의 투표 과정만 거치면 된다. 그런데 양원제에서는 그 법이 먼저 하원을 통과해야 하고, 그런 다음에 상원도 통과해야 한다. 양원제 의회 구조에서는 거부권 지점이 추가되어 새로운 복지정책의 입법이 더 어렵다.

다음으로 법이 의회를 통과하고 나면, 정권의 유형에 따라 거부권 지점이 추가될 수 있다. 대통령제하에서는 대통령의 소속 정당과 의회 다수당이 서로 다른 경우에 거부권 지점이 추가된다. 대통령제하에서는 어떤 법이 의회를 통과했더라도 대통령이 그 법에 대해 거부권을 행사할 수 있다. 또한 대통령이 관장하는 행정부에서 입법 제안을 하더라도 소속 정당이 다른 의회 다수당이 반대하면 입법화될 수 없다. 이에 비해 의원내각제의 경우에는 의회 다수당과 내각 간에 소속 정당에 차이가 없어서 거부권이 추가되지 않는다.

또한 대통령이 승인한 경우에도 정부 형태에 따라 거부권 지점이 추가될 수 있다. 단방제의 경우에는 대통령의 승인으로 행정부에서는 그 법이 수용되었다고 볼수 있다. 그런데 연방제하에서는 지방정부들의 그 법에 대한 수용이 추가적으로 필요하다. 그래서 단방제에 비해 연방제 정부 형태에서는 거부권 지점이 하나 더 추가된다.

이렇게 어떤 복지정책이 입법부와 행정부를 통과한 경우에도, 사법부에서 거부권이 행사될 수 있다. 특히 대법원이나 헌법재판소에서 위헌 판결을 내릴 경우 그 법은 폐지된다.

더 나아가 정부 차원에서 입법부, 행정부, 사법부를 통과하여 시행될 때에도 국민 또는 주민들에 의하여 법에 대한 거부권이 행사될 수 있다. 일정한 수의 주민들의 발의와 주민투표에 의하여 특정 법에 대한 거부권이 행사될 수 있다.

이처럼 하나의 제도가 입법되어 시행되는 과정에서 다양한 거부권 지점이 있다. 국가마다 정치제도들의 구조와 형태의 배열이 다르므로 거부권 지점의 수에 차이가 있다. 거부권 지점이 많을수록 사회복지정책의 도입과 수정이 어렵다. 대표적으로 미국이나 스위스의 경우 다양한 거부권 지점을 가지고 있어 사회복지정책의 도입과 수정이 어렵다는 역사적 경험을 보여 왔다.

2. 사회적 요인

1) 젠더

여성과 남성 간의 역할 관계의 변화와 그와 관련하여 발생된 가족의 변화는 사회복지정책의 발달에 영향을 미친 주요한 사회적 요인이다. 젠더(gender)라는 표현은 여성과 남성의 생리학적 차이가 아니라 그 사회적 관계를 지칭하는 개념이다. 산업화 시대에 남성은 노동시장에서 소득활동에 종사하고 여성은 가정 내에서 돌봄과 가사노동에 종사하는 형태가 전형적인 젠더관계였다. 이러한 젠더관계에 기반하여 노동시장에서 소득활동에 종사하는 남성 주 소득자가 실업, 산재, 질병, 노령 등의 위험의 발생으로 소득활동을 할 수 없을 때 사회보장제도를 통해서 소득을 보장하였다. 보육이나 요양과 같은 돌봄서비스는 가정 내에서 여성들에 의해 제공되었다.

이러한 전형적인 남성 주 소득자-여성 돌봄 모델은 여성의 경제활동 참여 증가에 따라 큰 변화를 겪게 되었다. 산업화 시대에 전형적인 제조업 육체노동의 경우 노동자의 물리적인 힘을 요구하는 작업으로 여성이 참여하기가 어려웠다. 그러나 사무직 노동자가 증가하면서, 특히 탈산업화 시대로의 전환에 따라 서비스 부문의 고용이 증가하면서, 이제 노동시장에서 육체적 노동보다는 인지적·정서적 노동의 역할이 커지게 되었고, 이러한 업무에서 여성의 노동시장 참여가 증가되었다.

이러한 변화와 관련하여 젠더 측면에서 기존의 사회복지정책들에 대한 문제들이 제기되었다.

첫째, 사회보험이 여성들에 대해 독립적인 수급권을 제공하지 못한다는 문제가 제기되었다. 과거 남성 주 소득자 모델에서 여성은 남성에 부속적인 존재로서 취급받았다. 여성은 남성의 사회보험 수급권에 기반하여 형성되는 파생적인 수급권을 가졌다. 예를 들어, 남성이 연금 수급자인 경우, 여성은 그 배우자로서 배우자연금을 받았다. 그러나 젠더 관계의 변화에 따라 여성이 남성에 부속되지 않고 독립적인 존재로서 독립적인 사회보험 수급권을 가져야 한다는 주장들이 제기되었다.

둘째, 사회보험제도가 경제활동에 참여하는 여성들을 제대로 보호하지 못한다는 문제가 제기되었다. 기존의 사회보험제도는 정규직 노동자들을 위험으로부터 보장하는 제도였다. 남성들의 경우 정규직 노동자로 고용된 비율이 높아 기존의 사회보험으로부터 일정한 보호를 받았다. 하지만 여성들의 경우에는 비정규직 저임금 노동에 종사하는 경우가 많아 사회보험에 가입하지 못하거나 가입하더라도 단절적이고 낮은 보험료 기여로 인하여 사회보험으로부터 적절한 급여를 보호를 받지 못하였다. 이러한 문제에 대응하여 사회보험의 포괄성을 확대하고, 사회부조 및 보편적 프로그램을 통한 보호의 확대가 요청되었다.

셋째, 과거에 가정 내에서 여성들이 담당하던 돌봄 역할의 수행이 문제가 되었다. 과거에는 여성들이 노동시장에 참여하지 않고 가정에서 가사와 돌봄에만 전념하였다. 그런데 여성들의 역할에 변화가 발생하여 이제 여성들이 노동시장에서의 유급노동과 가정 내에서의 돌봄노동의 이중적 역할을 수행하게 되었다. 이러한 이중 부담은 여성들에게 과부하를 야기하였고, 저출산의 문제와 돌봄 위기의 문제가 나타났다. 이에 따라 보육서비스와 장기요양서비스와 같은 돌봄서비스의 사회화에 대한 욕구가 증가되었다. 이러한 문제에 대응하여 20세기 후반 이래 각 국가에서는 사회서비스를 대대적으로 확대해 왔다.

2) 가족 변화

가족구조도 역사적으로 큰 변화를 겪었고, 사회복지정책의 확대에 주요한 영향을 미쳤다. 전통적 농경사회에서 가족구조는 확대가족 체계였다. 산업화와 함께 일자리를 찾아 도시로의 이주가 이루어지면서 확대가족 구조가 해체되고 핵가족 구조가 정착되었다. 과거 확대가족 체계는 개인들이 위험에 처하게 되었을 때 생활보장을 제공하는 주요한 대응체계였다. 하지만 핵가족화에 따라 확대가족이 제공하던 가족의 역할이 현저하게 축소되었다. 이를 보완하여 사회보험을 중심으로 하는 국가에 의한 사회복지정책들이 등장하였다.

산업화 시대에 핵가족은 전형적으로 부모와 두 자녀로 구성되는 구조였다. 그런데 점차적으로 이혼과 미혼 출산 등의 증가로 인하여 양부모와 자녀로 구성되는 전형적인 가족 형태가 해체되고 한부모 가족이 증가하였다. 한부모 가족은 양부모 가족에 비하여 빈곤과 돌봄에서 취약하였다. 양부모 가족에서 부모 두 사람이 각각 담당하던 소득활동과 돌봄활동을 한부모 가족에서는 한 사람이 담당하여 이중 부담을 지게 되었다. 한부모는 자녀양육과 함께 소득활동을 해야 하므로 시간제 노동과 시간제 돌봄 역할을 담당할 수밖에 없다. 그래서 한부모 가족을 위한 국가의 소득 지원 및 돌봄 지원에 대한 요구가 증가되었다.

또한 1인 가구의 비중이 급속하게 증가하고 있다. 1인 가구의 증가는 배우자와 사별한 노인 1인 가구뿐만 아니라 이혼 등의 가족 해체나 미혼으로 인한 중장년층 1인 가구, 미혼의 청년 1인 가구 등 전체 연령집단에서 광범위하게 발생되고 있다. 1인 가구들은 경제적으로뿐만 아니라 사회관계적 · 정서적 측면에서 다양한 위험에 노출되어 있다. 1인 가구의 생활 안정을 위한 정책적 개입이 요구되고 있다.

이와 같이 확대가족으로부터 양부모 핵가족, 한부모 핵가족 그리고 1인 가구 등으로의 가족구조의 변화는 가족의 기능을 보완하기 위한 사회복지정책의 확대를 요구해 왔다. 현대 사회복지정책에서 저소득 근로자 및 근로 빈곤가구에 대한 소득보장, 보육서비스, 방과 후 돌봄, 장기요양서비스 등은 이러한 욕구들에 대응하고자 하는 노력과 직접적으로 관련되어 있다. 또한 최근의 1인 가구의 급속한 증가는 새로운 사회복지정책적 대응의 모색을 요구하고 있다.

3) 인구구조 변화

인구구조 변화는 복지 욕구와 그 대응능력의 두 측면 모두에서 큰 영향을 미친다. 전후 서구 복지국가들은 출산율 증가와 영아 사망률 감소로 인하여 베이비부머 세대로 불리는 거대한 경제활동 연령계층을 형성하였다. 그래서 인구구조 측면에서 노인과 아동의 규모가 작고 경제활동 연령계층의 규모가 큰 다이아몬드형 또는 항아리형의 인구구조가 형성되었다. 그러던 것이 점차 출산율이 감소되고 노인인구가 증가되면서 역피라미드형의 인구구조 모양이 되어 가고 있다.

저출산 현상은 여성의 경제활동 참여와 출산통제 능력 그리고 생활 불안의 증가에 기인한다. 여성의 경제활동 참여가 증가되면서 여성의 경제활동과 돌봄의 이중부담에 따라 출산을 기피하는 현상이 나타났다. 여기에 피임 기술의 증가와 낙태 허용 등으로 인한 출산 통제 능력이 증가되면서 출산률이 급격하게 저하하게 되었다. 그리고 청년층의 고용 불안과 주거 불안 등의 생활 불안은 결혼과 출산에 부정적 영향을 미쳤다.

저출산 현상은 한편에서는 아동 출산과 양육을 위한 사회복지정책적 개입을 요구한다. 출산 장려금이나 아동수당 등을 통한 출산 및 양육비용 지원, 보육서비스를 통한 직접적 양육 및 교육 지원, 출산휴가 및 육아휴가를 통한 아동 양육시간 지원, 노동 조건 및 직장 문화 등의 육아 친화적 노동환경 조성 그리고 청년층의 생활 안정을 위한 고용정책 및 주거정책 등이 요구된다.

그런데 다른 한편에서 저출산 현상은 사회복지정책 실시를 위한 기반을 저해한다. 저출산으로 인한 경제활동 참여 인구의 감소는 사회복지정책의 재정적 기반인 조세와 보험료 기반을 축소시킨다. 즉, 저출산으로 인하여 아동양육 가구 친화적 사회복지정책에 대한 욕구가 증가함과 동시에 그 재정적 기반이 취약해지는 문제가 발생하고 있다.

저출산의 이면에서 고령화 현상이 급속한 속도로 진행되고 있다. 고령화 현상은 영양상태 개선 등 전반적인 생활 수준의 향상과 의학기술의 발전으로 인하여 기대수명이 증가한 것에 기인한다. 전체 인구에서 고령인구의 규모가 증가되면서 사회복지정책에 대한 욕구가 커지는 것과 동시에 재정적 압박도 커지게 되었다. 고령화는 사회복지정책 중에서 가장 지출 비중이 큰 노후소득보장과 건강보장 그리고 장기요양 영역의 지출을 급속하게 증가시킨다. 이로 인해 서구 복지국가들은 이미 사회복지지출에 있어서 상당한 압박을 받고 있고, 향후 고령화의 심화로 인해 그 압박은 더 커질 것으로 예상된다. 고령화에 따라 직접적인 지출 증가가 예상되는 사회복지 영역들에서는 지출 축소를 위한 압력도 증가되어 왔다. 또한 복지 재정을 둘러싸고 노인들을 위한 지출 영역과 아동 및 경제활동 연령 인구들을 위한 지출 영역 간에 재정 확보를 위한 세대 간 경쟁과 갈등이 발생될 우려가 있다.

이와 같이 저출산 고령사회로의 인구구조 전환은 복지 지출 및 욕구의 급증과 동시에 그 재정적 기반을 약화시킨다. 저출산 고령사회에서 어떻게 증가되는 복지 욕구에 효과적이고 효율적으로 대응할 것인가 하는 것은 현대 사회복지정책이 직면하는 주요한 과제 중 하나이다.

제**3**부

사회복지정책의 분석

제10장 사회복지정책의 차원 분석 1: 할당[1)]

이 장에서는 할당 차원에서의 선택 문제에 대하여 살펴본다.

1절에서는 할당의 문제를 수급자 선정(who)의 문제로 제한하여 논의한다. 수급자 선정원칙으로 추상적 차원에서 보편주의 대 선별주의 원칙, 중간적 수준에서 귀속적 욕구, 보상, 진단적 구분, 자산조사 원칙 그리고 제도적 차원에서의 세부적 수급자 선정원칙에 대하여 알아본다.

2절에서는 할당의 다차원성 문제와 관련하여 보편주의 대 선별주의 개념의 다차원성에 대하여 논의한다. 할당의 문제는 단순한 수급자 선정의 문제가 아니라 무엇(what)을 제공하는가와 관련된다. 그래서 할당의 문제는 수급자 선정의 문제로 제한되지 않고 급여방식과 정책 모델의 문제를 포함하는 광범위한 이슈이다.

3절에서는 영국과 북유럽에서의 보편주의 개념의 역사적 사용에 대하여 검토한다. 영국에서는 주로 보편주의를 전 국민에게 정액급여를 제공하는 것으로 사용해 온 반면, 북유럽에서는 평등을 증진하는 제도들의 포괄적 조합으로서 정책 모델을 지칭하는 것으로 사용해 왔다.

4절에서는 보편주의 대 선별주의를 둘러싼 주요 이슈들에 대하여 검토한다. 보편주의와 선별주의가 조화될 수 있는지, 낮은 수준의 정액급여가 보편주의의 원리를 충족시키는지, 어떤 원리가 재분배에 유리한지 그리고 보편주의와 무조건성의 이슈를 살펴본다.

앞서 제2장에서 사회복지정책을 제도 형태의 측면에서 사회부조, 사회보험 그리고 보편적 프로그램으로 나누어 그 특성을 검토해 보았다. 또한 사회복지정책을 영역별로 소득보장, 건강보장, 돌봄보장, 고용보장, 주거보장, 교육보장으로 구분하여

---

1) 이 장은 『사회과학논총』에 수록되던 논문[이상은(2021). 보편주의 대 선별주의: 개념의 다차원성, 역사적 사용, 그리고 이슈들. 사회과학논총, 24, 161-185]을 부분 수정한 것이다. 이 논문의 사용을 허락해 준 사회과학논총 편집위원회에 감사를 드린다.

살펴보았다. 이제 제10장에서 제13장까지 네 개의 장에서는 사회복지정책을 할당, 급여, 재정, 전달 체계의 네 가지 차원으로 구분하여 사회복지정책을 설계함에 있어서 각 차원에서 직면하게 되는 선택의 이슈를 검토해 보고자 한다.

길버트와 테렐(Gilbert & Terrell, 201/남찬섭 외 역, 2020)은 사회복지정책을 할당(allocation), 급여(benefit), 재정(finance), 전달(delivery)의 네 가지 차원으로 구분하고, 각 차원에서 대안적 형태 간의 선택의 이슈들을 검토하였다.[2] 이 책에서는 이러한 구분에 기반하여 할당, 급여, 재정, 전달 체계의 네 가지 차원에서 제기되는 선택의 이슈들에 대하여 검토해 본다. 먼저, 이 장에서는 사회복지정책의 할당 차원에서의 이슈들에 대하여 검토해 본다.

1. 수급자 선정에서의 할당의 원칙

할당의 문제는 기존에 주로 수급자 선정의 문제로 인식되어 왔다. 사회복지정책을 설계함에 있어서 우선 누구에게 사회복지 급여를 제공할 것인지, 수급자, 즉 급여를 받을 사람을 선정해야 한다. 사회복지급여의 수급자를 어떻게 선정할 수 있는가? 수급자를 선정하기 위한 어떤 기준들이 있는가? 수급자를 선정하기 위한 기준들은 다양한 차원에서 제시될 수 있다. 이 절에서는 수급자를 선정하는 기준을 세 가지 차원에서 살펴보고자 한다. 먼저, 아주 추상적인 차원에서 보편주의와 선별주의의 원칙이다. 다음으로, 중간 정도의 추상적 차원에서 귀속적 욕구, 보상, 진단적 구분 그리고 자산조사의 원칙이다. 마지막으로, 보다 현실적으로 제도적 차원에서 수급자를 선정하는 원칙들에 대하여 살펴본다.

1) 추상적 차원에서의 수급자 선정 원칙: 보편주의 대 선별주의

수급자를 선정함에 있어서 어떤 기준에 따라 일부의 사람들만을 수급자로 선정

---

2) 길버트와 테렐(2013)은 할당을 수급자 선정의 문제로, 급여는 현금 대 현물 급여 간 급여 형태 선택의 문제로, 전달에서는 전달 주체의 선택과 전달 체계의 구조에 관한 이슈를, 그리고 재정에서는 재원과 중앙정부와 지방정부 간 재정 이전 방식 선택의 문제를 다루었다.

할 수 있다. 또는 전체 사회 구성원을 수급자로 선정할 수도 있다. 전자의 방식을 선별주의 그리고 후자의 방식을 보편주의라고 부른다.

보편주의(universalism)는 한 사회에서 모든 구성원을 수급자로 포함하는 원리이다. 그런데 여기에서 사회란 어떤 사회를 말하는가? 사회는 다양하게 구분할 수 있다. 지리적 차원에서 전체 지구상의 세계, 국가 또는 지방정부 등으로 구분할 수 있다. 현실의 사회복지정책에서 있어서 사회는 대체로 국민국가 단위를 지칭한다.[3] 사회복지정책이 조세권에 기반하여 자원을 동원하여 사회복지급여로 지급하기 때문에, 보편주의는 일반적으로 국민국가 단위에서 모든 국민을 수급자로 포함하는 형태를 말한다. 또한 지역 차원에서 모든 지역주민을 포함하는 경우 보편주의의 원리에 따라 수급자를 선정했다고 말할 수 있다. 물론 또 다른 차원에서 사회를 다양하게 구분할 수 있다. 예를 들어, 어떤 대학의 학과에서 장학금을 지급하고자 할 때 그 학과에 소속된 전체 학생에게 장학금을 지급한다면 보편주의적 원리에 따라 수급자를 선정했다고 말할 수 있다. 즉, 수급자 선정에 있어서 보편주의란 어떤 사회에서 그 구성원 모두를 수급자로 선정하는 원칙을 말한다.

선별주의(selectivism)는 한 사회에서 구성원들의 일부를 선별하여 그들에게만 급여를 제공하는 원리이다. 한 사회에서 구성원의 일부를 선별할 때 그 사회에서 가장 취약한 사람들만을 선별하여 수급자로 선정할 수 있고, 반드시 취약계층이 아니라 보다 일반적으로 특정 집단을 선별하여 수급자로 정할 수 있다. 전자를 잔여주의(residualism), 후자를 보다 일반적인 의미에서 선별주의로 구분할 수 있다.

잔여주의의 개념은 원래 윌렌스키와 르보(Wilensky & Lebeaux, 1958)에 의하여 제시되었다. 한 사회에서 소위 정상적 복지 공급제도인 가족과 시장에 의하여 기본적 욕구들이 충족되지 못할 때, 즉 가족과 시장에 의하여 욕구가 충족되고 남은 나머지의(residual) 사람들에 대하여, 국가가 사회복지정책을 통하여 급여를 제공하는 역할을 담당하는 원리이다. 보다 구체적으로 제도적 차원에서 말하자면, 잔여주의는 가족과 시장에 의한 정상적인 복지 공급이 이루어지지 못하여 사람들이 빈곤에 빠질 경우 자산조사를 통하여 빈민들을 수급자로 선정하여 급여를 제공하는 방식을 말한다.

---

3) 사회복지정책에서 지구상의 세계 전체 인류를 수급자로 포함하는 제도는 현실적으로 성립하기가 쉽지 않다.

이에 비해 선별주의의 개념은 일부의 사람을 선별하여 수급 대상으로 선정한다는 것으로 잔여주의보다 훨씬 더 포괄적이다. 티트머스(Titmuss, 1976)는 선별주의를 자산조사에 의한 방식을 넘어서서 욕구의 차이에 기초하여 특정 범주의 사람들을 수급자로 선정하는 것이라고 정의했다. 사회복지정책에 있어서 선별주의의 대표적인 예는 공제조합이나 특수직역연금제도 등이 해당된다. 공제조합은 특정 직업 집단에 속한 사람들이 자기들끼리 조합을 설립하여 평소에 보험료를 납부하고 위험 발생 시에 조합 회원들에 대해 보험급여를 제공하는 방식이다. 한국에서 특수직역연금(공무원연금, 사립학교 교직원연금, 군인연금 등)들의 경우 자기들만의 독자적인 보험제도를 설립하여 별도로 운영하고 있다. 이 경우에 수급자는 이 특수 집단의 구성원으로 제한된다. 잔여주의가 사회의 빈민을 표적화하는 반면, 선별주의는 어떤 사회집단이든 표적화한다. 그래서 잔여주의는 선별주의의 하부 개념이라고 할 수 있다.

〈표 10-1〉 수급자 선정에서의 주요 원칙

수급자 선정 원칙	정의
보편주의	한 사회에서 모든 구성원을 수급자로 포함하는 원칙
선별주의	한 사회에서 구성원들의 일부를 선별하여 그들에게만 급여를 제공하는 원칙
잔여주의	가족과 시장에 의하여 욕구가 충족되고 남은 나머지(residual) 사람들에 대하여 국가가 자산조사 등 욕구조사를 통하여 수급자로 포함하는 원칙

그런데 잔여주의와 선별주의의 개념을 구분하지 않고 선별주의를 잔여주의의 의미로 사용하는 경우도 종종 있다. 예를 들어, 길버트와 테렐(2013)은 선별주의를 잔여주의의 개념으로 제한적 의미로 사용하였다. 그들은 보편주의는 급여가 사회적 권리로서 모든 사람에게 주어져야 한다는 원리이고, 선별주의는 급여가 소득조사에 의해 욕구가 증명된 빈민들에게 제공되는 원리라고 제시하였다. 하지만 잔여주의와 선별주의를 구별하지 않고 사용하게 되면, 개념상의 혼란을 발생시키고 선별주의를 잔여주의와 동일시함으로써 왜곡된 평가를 하게 된다. 따라서 잔여주의와

선별주의의 개념은 구분하여 보다 정확하게 사용하는 것이 바람직하다.

보편주의와 선별주의 원리 간의 선택은 가치의 문제와 관련될 수 있다. 길버트와 테렐(2013)은 보편주의는 사회적 효과성을, 그리고 잔여주의는 효율성[4]의 가치를 반영한다고 주장했다. 잔여주의는 제한된 예산을 빈곤층에 집중하므로 적은 예산으로 빈곤을 줄이는 데 기여할 수 있다. 이에 비해 보편주의는 수급자들에 치욕감을 유발하지 않아 인간 존엄성의 유지라는 측면에서 효과적이고, 또한 빈곤층과 비빈곤층 간의 분열을 유발하지 않으므로 사회통합의 측면에서도 효과적이다. 그래서 효율성을 중시한다면 잔여주의의 할당원리가, 반대로 사회적 효과성을 중시한다면 보편주의의 할당원리가 적합하다.

그런데 이와 같은 가치의 측면에서의 보편주의와 선별주의의 할당원리에 대한 논의는 너무 추상적이고 이분법적이다. 추상적 차원에서 보편주의와 선별주의의 이분법적 논의를 넘어서서 그 두 가지 원리 사이에서 보다 구체적인 선택 대안들을 논의하는 것이 필요하다.

2) 중간적 수준에서의 수급자 선정 원칙: 귀속적 욕구, 보상, 진단적 구분, 자산조사

수급자 선정 원칙으로서의 보편주의와 선별주의의 이분법적 구분은 너무 추상적이다. 보편주의와 선별주의 사이에서 몇 가지의 대표적인 연속적 선택 대안들이 존재할 수 있다. 길버트와 테렐(2013)은 그 대안적 수급자 선정 원칙으로 귀속적 욕구, 보상, 진단적 구분 그리고 자산조사 네 가지를 제시하였다.

첫째, 귀속적 욕구(attibuted need) 원칙이다. 귀속적 욕구는 어떤 공통의 욕구를 가진 집단에의 소속을 기준으로 수급자를 선정하는 원칙이다. 집단은 지리적 차원에서 국가나 특정 지역 등으로 다양할 수 있고, 인구학적으로 연령 등에 따라 구분될 수도 있으며, 에이즈 환자와 같이 그 외의 특정 속성을 기준으로 구분될 수도 있다.

둘째, 보상(compensation) 원칙이다. 보상은 일정한 기여를 하거나 또는 사회로

---

[4] 이들은 효율성을 비용효과성이라고 불렀다.

부터 일정한 피해를 입은 집단의 구성원에 대하여 이들을 보상 차원에서 수급자로 선정하는 원칙이다. 우선, 사회보험료를 기여한 사람들을 수급자로 선정할 수 있다. 보험료 기여에 기반하여 수급자를 선정하는 사회보험이 여기에 해당된다. 다음으로, 보험료 외에도 사회에 일정한 기여를 한 사람들을 수급자로 선정할 수 있다. 특수직역연금에서는 공적 임무를 수행하고 퇴직한 퇴역 군인이나 공무원들을 수급자로 선정한다. 보훈급여에서는 국가 안보나 치안 유지를 위해 사망하거나 부상을 당한 사람들을 수급자로 선정한다. 그리고 사회로부터 불이익이나 차별을 받은 집단을 수급자로 선정하는 경우도 있다. 대표적으로 인종이나 성 등에 따라 차별을 받은 소수 인종이나 여성들을 우대하는 적극적 조치(affirmative action)가 있다. 적극적 조치의 예로서 대학 입학이나 직장 신규 채용 시 우대 조치 등이 있다.

셋째, 진단적 구분(diagnostic differentiation) 원칙이다. 진단적 구분은 전문가가 개인의 욕구를 진단하여 특정 급여의 수급자를 선정하는 원칙이다. 장애인복지나 장기요양서비스 수급자 선정에 있어서 전문가가 이들의 장애 특성과 필요한 급여를 판정하는 경우가 대표적 예이다.

넷째, 자산조사(means-test) 원칙이다. 자산조사는 대상자의 경제적 자원의 정도에 대한 조사를 통하여, 한 개인이 필요한 재화나 서비스를 구입할 능력이 없다는 증거에 기초하여 수급자를 정하는 원칙이다. 일반적으로 소득과 자산의 정도에 대한 조사에 기반하여 빈민 또는 저소득층을 선별한다.

이러한 원칙들을 한국의 주요 사회복지정책에 적용하면 〈표 10-2〉와 같다.

〈표 10-2〉 한국 주요 사회복지정책의 수급자 선정 원칙

수급자 선정 원칙	사회복지정책	대상집단
귀속적 욕구	아동수당	아동
	보편교육	학생
보상	사회보험	사회보험료 납부자
	특수직역연금	공무원, 군인, 사립학교 교직원 등 특수직역 종사자
	보훈제도	국방, 치안 등 임무 수행 중 사상자

진단적 구분	장기요양서비스	일상생활 수행능력 척도로 판정된 장애등급
	장애인복지	장애 판정
자산조사	국민기초생활보장제도	빈곤가구

이 네 가지 수급자 선정 원칙들을 제도적 복지와 잔여적 복지 관념의 측면에서 평가해 보면, 귀속적 욕구가 가장 제도적 복지에 가깝고, 그다음이 보상, 진단적 구분 그리고 자산조사적 욕구의 순으로 나타난다. 그 역순으로 잔여적 복지의 관념에 가깝다. 이 순서는 개인의 욕구가 사회의 문제에 기인하는지 아니면 개인적 문제에 기인하는지에 대한 평가에 기반한다. 귀속적 욕구는 개인의 문제가 아니라 집단 전체의 문제로서 그 문제의 원인이 개인에 있다기보다는 사회에 있다. 보상도 기여하거나 불이익을 받은 사람들에 대한 사회적 책임을 강조한다. 이에 비해 진단적 구분, 특히 자산조사는 개인적 결함을 명시하고 강조한다. [그림 10-1]은 이 네 가지 수급자 선정 원칙과 복지 관념의 관계를 순서대로 시각화하여 보여 준다.

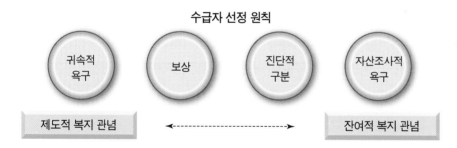

[그림 10-1] 수급자 선정 원칙과 복지에 대한 관념

출처: Gilbert & Terrell (2013/남찬섭 외 역, 2020: 207).

3) 제도적 차원에서의 수급자 선정 원칙

수급자 선정 원칙을 설정함에서 있어서 중간 정도의 추상 차원에서 귀속적 욕구, 보상, 진단적 구분, 자산조사의 네 가지 원칙으로 분류해 보았다. 그런데 이 또한 여전히 추상 수준이 높은 편이어서, 현실제도에서 직접적으로 사용되는 수급자 선정 기준은 아니다. 그래서 제도적 차원에서 사용되는 수급자 선정 기준 원칙들을 보다 구체적으로 살펴보는 것이 필요하다.

사회복지제도들에 있어서는 수급자 선정 기준으로 전 국민, 특정 서비스 욕구, 특정 인구학적 집단, 보험료 납부, 부유층(풍요조사), 저소득층(소득조사), 극빈층(자산조사) 등이 사용되어 왔다.

첫째, 욕구에 무관하게 국민이면 무조건적으로 수급자로 선정할 수 있다. 기본소득이 바로 이런 경우로, 국민이면 무조건 수급자로 선정하여 현금급여를 제공한다. 기본 소득은 아직 서구 복지국가들에서 국가 차원에서 도입되지는 않았다.

둘째, 국민 중에서 특정 서비스에 대한 욕구를 가진 경우 수급자로 선정하는 방식이다. 보편적 서비스의 경우에 특정 서비스에 대한 욕구를 가진 전체 국민을 수급자로 선정한다. 국민보건서비스(NHS), 의무교육, 보편보육서비스 등이 이에 해당된다. 국민보건서비스는 의료 욕구를 가진 모든 국민을 수급자로 포함한다. 의무교육은 교육 욕구를 가진 모든 사람을 수급자로 포함한다. 보편보육서비스는 보육 욕구를 가진 모든 사람을 포함한다.

셋째, 특정 인구학적 집단에 소속되면 수급자로 선정하는 방식이다. 보편적인 인구학적 수당으로서 전체 아동에 대한 보편적 아동수당제도나 전체 노인에 대한 보편적 기초연금제도가 여기에 해당된다.

넷째, 보험료를 납부한 사람들을 수급자로 선정하는 방식이다. 사회보험에서 이러한 방식으로 수급자를 선정한다. 한국의 경우에 국민연금, 건강보험, 산재보험, 고용보험, 장기요양보험 등이 여기에 해당된다. 보험료를 납부한 사람들만 해당 위험 발생 시 수급자로 선정된다.

다섯째, 풍요조사(affluence test)에 의해 부유층을 선별하여 수급자에서 제외하고 부유층이 아닌 사람들을 수급자로 선정하는 방식이다. 전형적인 자산조사가 빈민들을 선별하기 위한 것인데 비해, 풍요조사는 부유층을 선별하여 수급 대상에서 배제하기 위한 것이다. 풍요조사를 적용하는 대표적 제도로는 한국과 호주의 기초연금을 들 수 있다. 이 제도들은 전체 노인 중 소득과 재산이 많은 상위 약 1/3 정도의 노인들을 제외하고 나머지 하위 약 2/3의 노인들을 수급 대상으로 선정한다. 영국 아동수당제도의 경우에도 6만 파운드 이상의 소득을 가진 가구는 아동수당 수급 대상에서 제외하고, 6만 파운드 미만의 소득을 가진 나머지 가구의 아동을 수급 대상으로 선정한다.

여섯째, 연금조사(pension test)에 의해 수급자를 선정하는 방식이다. 최저연금보장제도가 이에 해당된다. 연금조사는 노인 한 개인의 소득이나 재산 등 다른 어떠한 조건과 무관하게 공적 연금의 수준만을 조사하여 공적 연금급여액이 최저연금 기준 이하이면 수급자로 선정하여 최저연금 수준까지의 차액을 보충해 주는 제도이다. 대표적으로 스웨덴 등 북유럽 국가들에서 이러한 최저연금보장제도를 운영하고 있다.

일곱째, 소득조사(income test)에 의해 저소득자를 수급자로 선정하는 방식이다. 최저소득보장제도가 여기에 해당된다. 소득조사는 한 개인(또는 가구)의 자산과 무관하게 소득만을 조사하여 그 소득이 최저 수준 이하이면 수급자로 선정하는 방식이다. 대표적 예로 밀턴 프리드먼(Milton Friedman)이 제기했던 부의 소득세(Negative Income Tax)와 같은 제도가 있다. 부의 소득세는 조세 체계를 통해 소득이 일정 수준 이하이면 수급자로 선정하여 그 수준까지 소득을 보충해 준다.

여덟째, 자산조사(means test)에 의해 빈곤층을 수급자로 선정하는 방식이다. 전통적 사회부조제도들이 여기에 해당된다. 자산조사는 한 가구의 소득뿐만 아니라 재산을 모두 조사하는 방식이다. 그래서 자산조사라고 부르기도 하고, 소득과 재산을 모두 조사한다는 의미에서 소득/자산 조사라고 부르기도 한다. 자산조사에 있어서 해당 가구뿐만 아니라 도와줄 확대가족이 있는지 포괄적으로 조사하기도 한다. 이러한 자산조사를 통하여 소득과 재산이 일정 수준 이하인 경우 수급자로 선정한다. 한국의 경우, 전통적 사회부조제도인 국민기초생활보장제도가 여기에 해당된다.

〈표 10-3〉은 수급자 선정 원칙들과 이에 해당되는 주요 제도 형태들을 정리하여 제시하고 있다. 수급자 선정 원칙들을 추상적 수준이 높은 이분법적 차원, 중간 정도 추상적 차원 그리고 제도적 차원으로 구분하여 각각 제시한다. 그리고 이에 부합하는 주요 제도 형태들을 제시한다. 각 제도 형태별로 수급자 선정 원칙들을 정리해 보면 다음과 같다.

기본 소득은 욕구에 무관하게 무조건적으로 전 국민을 수급자로 선정하는 제도로서 국가라는 집단에 속한다는 귀속적 욕구 원칙이 적용되고 제도적 개념의 성격이 가장 강하다. 보편적 서비스는 특정 국가의 국민이면서 해당 서비스를 필요로 하는 집단에 속한다는 측면에서 귀속적 욕구에 기반하고 보편주의적 성격이 강하다. 보편적 인구학적 수당도 특정 국가의 국민이면서 특정 인구학적 집단에 속한다

〈표 10-3〉 수급자 선정 원칙과 주요 제도 형태

구분		내용							
수급자 선정 원칙	추상적 이분법	보편주의 ←------------------------------------→ 선별주의							
	중간 차원	귀속적 욕구			보상	자산 조사			
	제도적 차원	전 국민 무조건	특정 서비스 욕구 가진 전 국민	특정 인구집단	보험료 기여	풍요조사	연금조사	소득조사	자산조사
제도 형태		기본 소득	보편적 서비스	보편적 인구학적 수당	사회보험	준보편적 프로그램	사회부조		
							최저 연금보장	최저 소득보장	전통적 사회부조

는 귀속적 욕구에 기반하고 보편주의적 성격이 강하다. 사회보험은 보험료 기여에 대한 보상 원칙이 적용되어, 보험료를 납부한 전 국민을 포함한다는 측면에서 보편주의적이지만 보험료를 납부하지 않은 사람은 수급 대상에서 제외한다는 점에서 보편주의적 성격이 저해된다. 준보편적 프로그램은 자산조사를 하되 부유층을 배제하기 위한 풍요조사를 실시하는 것으로서 보편주의와 선별주의가 결합되어 있다. 풍요조사에 의해 제외되는 사람들이 적을수록 보편주의적 성격이 더 강해진다고 할 수 있다. 사회부조는 기본적으로 빈곤층을 선별하므로 선별주의적 성격이 강하다. 하지만 이 중에서도 최저연금보장, 최저소득보장 그리고 전통적 사회부조는 각각 연금조사, 소득조사, 자산조사에 기반하는데, 그 순서대로 연금조사가 선별주의적 성격이 가장 약하고 자산조사가 가장 선별주의적 성격이 강하다고 할 수 있다.

2. 보편주의 대 선별주의 개념의 다차원성

앞에서 수급 대상 선정 기준을 선택함에 있어 대안적 원칙들로서, 가장 추상 수준이 높은 보편주의 대 선별주의로부터 가장 추상 수준이 낮은 제도적 차원에서의 구체적 기준까지 다양한 원칙에 대하여 살펴보았다. 보편주의 대 선별주의의 원리는 추상 수준이 높지만 할당의 성격을 잘 보여 주는 가장 기본적인 논의이다. 이 절에서는 보편주의 대 선별주의의 개념에 대하여 보다 자세하게 살펴보고자 한다. 앞에서는 보편주의 대 선별주의의 원리를 주로 수급자 선정의 차원에서 살펴보았다. 하지만 보편주의 대 선별주의의 원리는 수급자 선정 차원으로 제한되는 것이 아니라, 훨씬 더 다차원적인 개념이다.

1) 수급자 선정 차원에서의 보편주의 대 선별주의

지금까지 할당에서의 보편주의 대 선별주의 원리를 수급자 선정(who) 차원으로 한정하여 논의하였다. 사회복지 급여를 사회 구성원 모두에게 제공하는가 아니면 사회 구성원 중 일부를 선별하여 제공할 것인가의 이슈로 제한하여 살펴보았다. 이러한 논의를 통해 얻을 수 있는 기본적인 함의 중의 하나는 사회복지정책의 적용 범위를 저소득층으로 제한하여 잔여적 제도로만 구축하는 것은 바람직하지 않다는 것이다. 이러한 잔여적 방식은 빈곤층에 대해서만 급여를 제공하기 때문에 공적 자금을 효율적으로 사용할 수 있다는 장점이 있지만, 사회복지급여를 통해 낙인과 차별 그리고 분열을 야기한다는 측면에서 사회복지정책의 기본적 목표인 인간 존중과 시민권, 연대 등을 저해하는 근본적인 문제를 가진다. 그러므로 가급적 어떤 사회복지제도를 구축할 때 빈곤층으로만 제한하기보다는 전체 국민을 포괄하는 제도로 설계하는 것이 바람직하다. 그래서 이러한 관점에서 보면 사회부조는 좋지 못하고 보편적 인구학적 수당이나 보편적 서비스제도가 더 좋은 제도라고 평가할 수 있다.

그런데 보편주의와 선별주의의 원리는 단순한 수급자 선정에 대한 것으로 제한되지 않는다. 보편주의 대 선별주의의 원리는 수급자 선정의 차원을 넘어서, 하나의 제도가 무엇을 제공하는가 하는 급여 내용의 차원과 직접적으로 관련된다. 또한 더 나아가 한 사회에서 여러 복지제도가 결합되어 구축되는 복지 모델이 전체적으로 무엇을 제공하는가 그리고 이를 통해 복지의 이상과 목표를 얼마나 달성하는가 하는 이슈와 직접적으로 관련되어 있다. 다음에서는 이 두 가지 차원에서 보편주의 대 선별주의의 이슈에 대해 보다 자세하게 살펴본다.

2) 무엇을 제공할 것인가의 차원에서의 보편주의 대 선별주의

할당의 문제는 수급 대상 선정뿐만 아니라 수급자로 선정된 사람들에게 무엇 (what)을 제공할 것인가 하는 급여 내용의 이슈를 포함한다. 안토넨 등(Anttonen et al., 2012)은 보편주의를 정의함에 있어서 '보편적 포괄'과 '보편적 할당'의 측면을 구분하였다. 보편적 포괄(universal inclusion)은 수급 대상의 측면에서 모든 사람을 포함하는 것을 지칭하였다. 바로 우리가 지금까지 논의했던 수급자 선정 차원에서의 보편주의이다. 그리고 보편적 할당(universal allocation)은 급여의 측면에서 동일한 상황에 있는 사람을 동일하게 취급하는 것을 말한다고 하였다. 이것이 우리가 말하는 급여 내용 차원에서의 보편주의이다. 그런데 급여 측면에서 동일한 상황에 있는 사람을 동일하게 취급한다는 것이 어떤 의미일까?

구체적인 급여방식 측면에서 보편적 할당의 의미에 대해 여러 가지 해석이 가능하다. 안토넨 등(2012)은 보편적 할당과 관련하여 정액급여, 긍정적 차별 그리고 소득비례급여의 세 가지를 구분하였다. 이 책에서는 이를 부분 수정하여 사회복지정책에서의 주요한 급여방식을 정액급여, 욕구에 따른 급여 그리고 소득비례급여로 구분하고자 한다. 다음에서는 안토넨 등(2012)에 기반하여 이를 소개하면서 논의를 확장하여 전개한다. 세 가지 급여방식 각각이 어떠한 측면에서 보편적 할당의 성격을 가지는지, 즉 동일한 상황에 있는 사람을 동일하게 취급하는지를 살펴본다.

첫째, 정액급여(flat rate benefits) 방식이다. 이 방식에서는 모든 수급자에게 동일한 정액의 급여를 제공한다. 모든 사람에게 동일한 액수의 급여를 제공하기 때문에 모든 사람을 차별 없이 대한다는 측면에서 보편주의적이라고 할 수 있다. 이러한 측면에서 일부에서는 보편주의를 정액급여와 동일하게 취급하기도 한다. 최소한 하나의 제도 내에서는 모든 수급자가 똑같은 정액의 급여를 받기 때문에 계급이나 소득 수준과 무관하게 사람들을 동일하게 보편주의적으로 대한다는 것이다.

하지만 일반적으로 정액급여는 낮은 수준에서 설정되는 것이 보통이다. 예를 들어, 아동수당의 경우를 보면 모든 아동에게 정액의 아동수당이 보편적으로 지급되지만 그 급여 수준이 낮다. 모든 사람에게 동일한 액수의 급여를 지급하기 때문에 충분한 수준의 급여를 제공하기가 어렵다. 그런데 낮은 수준의 정액급여만으로는 빈곤과 불평등 완화에서 충분한 효과를 발휘하는 데 한계가 있다. 낮은 수준의 정액급여만으로는, 모든 사람에게 동일한 정액급여를 제공한다는 측면에서의 형식적 보편주의는 달성할 수 있겠지만, 빈곤 탈피와 평등 성취라는 보다 실질적인 측면에서의 보편주의를 달성한다는 데에는 상당한 한계가 있다.

둘째, 욕구에 따른 급여방식이다. 개인들의 욕구 정도에 따라 급여를 제공하는 방식이다. 동일한 욕구를 가진 사람들에 대하여 동일한 급여를 제공하기 때문에 보편주의적이라고 할 수 있다. 공적 의료서비스의 경우 대표적으로 욕구에 따른 급여 방식을 택하고 있다. 공적 의료서비스의 방식이 조세방식이건 보험방식이건 공적 의료서비스는 치료에 대한 욕구 정도에 따라 의료서비스가 제공된다. 다른 대표적인 예는 사회부조에서의 보충급여이다. 보충급여는 빈곤선과 개인의 소득 간의 차이를 보충해 주는 방식으로 개인들의 욕구가 클수록(즉, 소득이 작을수록) 더 많은 급여를 제공한다.

일부에서는 욕구에 따른 급여방식을 선별주의로 간주하기도 한다. 하지만 욕구에 따른 급여방식을 선별주의라고 간주하는 것은 무리가 있다. 마르크스는 고도의 공산주의 사회에서 능력에 따라 일하고 욕구에 따라 분배가 이루어질 것으로 상상했다. 또한 티트머스(1973)는 급여가 똑같이 분배되어야 하는가 아니면 더 큰 욕구를 가진 사람들에게 더 큰 혜택을 제공해야 하는가의 이슈에 있어서 더 큰 욕구를 가진 사람들에 대해서는 긍정적 차별(positive discrimination)을 통하여 더 큰 혜택을 제공해야 한다고 제시했다. 그리고 스코치폴(1991)은 보편주의 안에서의 표적화(targetting within universalism)의 개념을 제시하면서 자산조사에 의하여 저소득층만을 위한 공공부조를 하기보다는 보편주의 프로그램 내에서 빈민들에게 추가적 혜택을 제공하는 프로그램을 지지하였다. 티트머스와 스코치폴은 적용 대상 측면에서는 저소득층뿐만 아니라 노동자계급, 중산층 그리고 더 나아가서 고소득층까지도 포함하는 포괄적인 적용 범위에 기반하면서도, 급여방식에 있어서는 욕구 정도에 따라 빈민이나 장애인 등에게 추가적인 급여를 제공하는 보편주의 안에서의 긍정적 차별(positive discrimination within universalism)의 방식을 제안한 것이다.

이러한 논의들을 통해 알 수 있는 것은 사회복지정책이 저소득층만을 위한 잔여적 제도로 제한되는 것은 문제이지만, 보편적인 적용 범위의 체계 위에서 사회복지정책이 욕구의 차이를 반영하여 더 큰 욕구를 가진 사람들에게는 더 큰 혜택을 제공하는 것이 필요하다는 것이다.

셋째, 소득비례 급여방식이다. 소득비례 방식은 모든 사람에게 상실된 소득의 동일 비율을 보상한다는 측면에서 보편주의적이라고 할 수 있다. 대표적인 제도 형태는 소득비례 사회보험이다. 소득비례 사회보험의 경우 모든 가입자가 소득의 동일 비율을 보험료로 기여하고 소득의 동일 비율을 급여로 수급한다. 그래서 소득비례 사회보험은 위험 발생으로 소득을 상실한 모든 사람에게 상실된 소득의 동일 비율을 보상한다는 측면에서 보편주의적이라 할 수 있다.

한편, 소득비례 사회보험의 경우에는 소득의 정도에 따라 급여액이 설정되므로 소득계층에 따라 급여가 차등화된다. 게다가 소득이 없는 사람은 사회보험 가입에서 배제된다. 그러므로 소득비례 사회보험은 소득계층 간 차등적 급여에 의하여 계층적 차이를 유지시킨다는 점에서 보편주의적이라기보다는 선별주의적이라고 평가되기도 한다.

지금까지 살펴본 것처럼, 급여방식 측면에서 보편주의는 상당히 모호한 개념이다. 어떠한 급여방식이 보편주의적 방식인지가 명확하지 않다. 각 급여방식이 나름대로 동일 상황에 있는 사람들을 동일하게 취급함으로써 보편주의적 성격을 가진다. 정액급여는 모든 사람에게 정액의 똑같은 급여를 제공한다는 측면에서, 욕구에 따른 급여는 동일한 욕구를 가진 사람에게 동일한 급여를 제공한다는 측면에서, 그리고 소득비례급여는 소득을 상실한 사람들에게 소득 상실분의 동일한 비율에 해당하는 급여를 제공한다는 측면에서 보편주의적 성격을 가진다. 이와 같이 급여방식에 대한 검토를 통해 알 수 있는 것 중 하나는 보편주의가 정액급여방식과 동일시되지는 않는다는 것이다. 일부에서 보편주의를 정액급여와 동일시하는 경우들이 있기도 하지만, 이는 너무 제한적인 관점이다.[5]

3) 정책 모델 또는 이상으로서의 보편주의 대 선별주의

앞에서 살펴본 수급 대상과 급여방식의 선정에 있어서의 보편주의 대 선별주의의 이슈는 주로 하나의 제도를 설계할 때의 선택의 문제를 다룬다. 그러나 한 국가

---

5) 이와 같은 인식이 발생된 데에는 여러 가지 이유가 있겠지만, 그 이유 중 하나는 수급자 선정상의 보편주의와 무엇 (what)을 제공할 것인가의 문제를 혼동하였기 때문이다. 이와 관련하여 또한 사회복지정책의 형태를 구분함에 있어 사회부조, 사회보험 그리고 보편적 프로그램으로 구분하면서 주로 정액급여로 제공되는 인구학적 수당제도(아동수당과 기초연금)를 보편적 제도로 지칭해 온 것과도 관련이 있을 것으로 생각된다.

에서의 모든 개별 사회복지정책이 똑같은 방식의 제도로 설정되지는 않는다. 한 국가에는 다양한 종류의 복지정책들이 존재하고, 이 제도들이 결합하여 그 국가의 정책 모델(policy model) 또는 복지 모델을 형성한다. 정책 모델의 차원에서 한 국가의 복지 모델이 보편주의적일 수도 있고 선별주의적일 수도 있다. 안토넨과 시필라 (Anttonen & Sipilä, 2012)는 이 점을 강조하면서 보편주의가 정책 모델 또는 복지국가 유형의 특성을 지칭하는 개념으로 사용될 수 있다는 것을 제시하였다.

정책 모델의 차원에서 북유럽 복지국가들은 대표적인 보편주의적 복지 모델로 알려져 왔다. 북유럽 복지국가들은 전 국민에게 양질의 보편적 사회서비스(의료, 교육, 보육, 요양서비스)를 제공한다. 또한 소득비례 방식의 사회보험 급여와 거주에 기반한 급여(인구학적 수당이나 사회부조성 급여)의 결합에 의하여 전 국민에 대하여 상대적으로 관대한 현금급여를 제공한다. 이러한 제도들의 결합으로 이루어지는 북유럽 국가들의 복지체제는 평등과 사회 통합을 증진시키는 데 성공적인 보편주의 복지 모델로서 평가되어 왔다.

에스핑-앤더슨(Esping-Andersen)에 따르면 북유럽 국가들의 복지체제는 탈상품화 수준이 높고 계층화 수준이 낮은 사회민주주의 복지국가 유형이다. 이에 비해 시장에 대한 의존도가 높고 계층화 수준이 높은 자유주의 복지국가 유형과 집단별로 차등적인 소득비례 보험에 의존하여 계층화 수준이 높은 보수주의 복지국가 유형은 선별적 정책 모델로서의 성격이 강하다.

이와 같이 정책 모델로서의 보편주의는 한 국가에서 다양한 복지제도의 결합에 의한 복지체계가 얼마나 탈상품화와 평등을 성취하는가의 측면에서 평가된다. 바로 이 측면에서 정책 모델로서의 보편주의는 이상(ideal)으로서의 보편주의로 연결된다. 이상으로서의 보편주의는 어떤 정책(또는 정책 모델)이 성취하려고 하는 이상으로서, 평등과 사회 통합을 증진하는가의 측면에서 바라보는 것이다. 한 국가의 사회복지정책들이 평등과 사회 통합을 증진한다면 보편주의적이라고 평가된다. 이상 또는 결과로서의 보편주의 관점에서, 북유럽 국가들의 복지 모델이 보편주의적이라고 평가되어 왔다.

정책 모델 및 이상으로서의 보편주의에 대한 논의는 전 국민에게 하나의 정액급여를 제공해야 한다는 관점이 너무 형식주의적이고 경직적이라는 것을 시사한다. 그보다는 다양한 제도의 결합을 통하여 정책 모델의 차원에서 전 국민에게 포괄적 급여를 제공함으로써 평등과 사회 통합을 증진하는 것이 진정한 보편주의라는 것을 제시한다.

3. 영국과 북유럽 국가에서의 보편주의 개념의 역사적 사용

지금까지 보편주의의 개념이 단순한 적용 대상의 선정 범위의 문제가 아니라 상당히 다양한 차원에서 정의되는 복합적 개념이라는 것을 알 수 있었다. 보편주의 개념의 복합성은 역사적으로 여러 국가에서 보편주의의 개념이 다양하게 사용되었을 가능성을 제시한다. 실제로 보편주의의 개념은 영국과 북유럽 국가에서 상당히 다르게 사용되어 왔다. 안토넨과 시필라(2012)는 영국과 북유럽 국가의 사회정책 논의에서 보편주의의 개념 사용에 상당한 차이가 있다는 것을 제시하였다.[6]

역사적으로 19세기 말부터 20세기 초 사회보험제도가 도입되기 전에 사회복지 급여는 「빈민법」을 통하여 극빈층만을 선별하여 제공하거나, 또는 일부 직업 집단별로 공제조합을 통하여 그 구성원들에게만 선별적으로 보험을 제공하는 방식이었다. 이러한 상황에서 전 국민에게 사회적 급여를 제공하자는 보편주의는 사회정책에서 이전의 잔여주의 및 선별주의와 대비되는 급진적인 아이디어였다. 복지국가의 발달은 선별주의를 넘어서서 모든 사회 구성원에게 사회적 급여를 제공하는 보편주의적 방향으로 진행되어 왔다.

그런데 영국과 북유럽에서는 보편주의 개념을 역사적으로 상당히 다르게 사용해왔다. 영국에서는 보편주의를 제도의 할당차원(수급자 선정과 급여방식)에서 전 국민에게 정액급여를 제공하는 개념으로 주로 사용해 왔다. 영국의 페이비언주의자(Fabianist)들은 모든 사람에게 평등한 급여를 제공하는 보편적 복지급여를 주장하였다. 가난한 사람들만을 위한 자산조사에 의한 잔여적 사회서비스는 일등 시민과 이등 시민 간의 분열과 낙인을 조장하고, 낮은 수준의 제도로 저하될 것이라고 비판하였다. 이러한 문제의식에 기반하여 영국 복지국가의 청사진을 제시한 베버리지는 그 보고서에서 전 국민에게 정액급여를 제공하는 사회보장 설계를 제시하였

---

6) 다음에서는 안토넨과 시필라(2012)의 내용을 중심으로 설명한다.

다. 전후 영국은 이에 기반하여 최저생계보장 수준의 정액급여를 제공하는 사회보장제도를 구축하였다. 그런데 영국 복지국가가 성숙되고 발전되면서 정액급여 방식의 보편주의는 여러 가지 문제를 야기하였다. 국민보험의 급여 수준이 빈곤에 대응하기에는 불충분했고, 최저 수준에 대한 강조는 사람들의 선호를 무시하고 서비스의 획일화를 초래하였다. 사회가 번영하고 분화함에 따라 전통적인 영국적 보편주의 해석에 대한 정치적 지지가 감소하였다. 이러한 맥락에서 티트머스는 평등한 결과를 성취하기 위해서 모든 국민에 대한 정액급여라는 보편주의로는 부족하고 이와는 다른 접근이 필요하다고 주장하였다. 그래서 그는 지역이나 클라이언트 집단 등의 기준에 기반하여 긍정적 차별(positive discrimination)의 필요성을 제기하였다.

영국에서 전후 복지국가 정립기까지 보편주의는 주로 제도적 할당(즉, 수급자 선정과 급여방식) 차원에서 전 국민에 대한 정액급여를 요구하는 것이었다. 그러나 전 국민에 대한 정액급여 방식의 전후 영국 복지체계가 정립된 이후에는 보편주의(universalism)와 다양화(differentiation) 간의 새로운 조합이 요구되어 왔다. 그 결과, 최근에는 영국에서도 보편주의의 개념을 정액급여 차원을 넘어서서 이상 또는 목표 차원에서 사회적 권리의 성취 정도라는 측면에서 바라보는 경향이 증가하고 있다.

영국과 달리, 북유럽 국가의 경우에는 이전부터 보편주의를 평등을 증진하고 사회 통합을 증진하는 제도들의 포괄적 조합(정책 모델)을 지칭하는 것으로 사용해 왔다. 북유럽에서는 보편주의를 하나의 제도에서의 할당원칙(전 국민에 대한 정액급여)이라기보다는, 하나의 체제로서의 복지 모델을 지칭하는 것으로 사용해 왔다. 사실 북유럽 국가들에서는 국내의 정치적인 이유로 특정 정당의 명칭인 사회민주주의 복지국가라는 표현을 사용할 수 없었다. 대신 북유럽 복지국가 유형을 '보편주의적 북구 모델(the universal Nordic model)'로 불러 왔다. 그래서 보편주의는 정책 모델 또는 복지 모델 차원에서의 특징을 표현하는 개념으로 일반적으로 사용되었다.

또한 북유럽 국가에서는 보편주의를 평등과 사회 통합의 이상을 얼마나 성취하는가 하는 이상과 결과의 차원에서 사용하였다. 하나의 제도에서 굳이 정액급여를 고집하지 않았다. 그 급여가 소득비례 방식이건 저소득자들에 긍정적 차이를 두건 간에 이를 보편주의로부터의 일탈로 간주하지 않았다. 그보다는 이러한 제도들의 결합으로서 복지 모델이 얼마나 평등과 사회 통합의 이상을 성취하는 것에 기여하는

가를 보편주의의 핵심적 특성으로 보았다.

종합해 보면, 영국에서는 보편주의의 개념을 하나의 제도의 할당 차원에서 전 국민에게 정액급여를 제공하는 것으로 주로 사용해 온 반면, 북유럽 국가에서는 북유럽 복지 모델을 지칭하는 개념으로 또는 보다 일반론적으로 평등과 사회 통합의 이상을 증진시키는 복지 모델들을 지칭하는 개념으로 사용하여 왔다.

한국에서는 그동안 보편주의를 너무 영국식으로, 즉 하나의 제도에서 전 국민에 대해 정액급여를 제공하는 것으로, 제한적으로 사용해 왔다. 영국에서도 최근 이를 비판하면서 이상과 목표의 성취로서 보편주의의 개념을 강조하는 방향으로 발전해 왔다. 한국에서도 보편주의의 개념에 대한 과거의 제한적인 이해를 넘어서서 앞으로 보다 포괄적 접근이 필요하다.

4. 보편주의 대 선별주의 논의에서의 이슈

1) 보편주의와 선별주의는 조화될 수 있는가

보편주의와 선별주의 간 조화 가능성의 이슈를 몇 가지의 측면으로 구분하여 살펴볼 수 있다. 논리적 차원, 제도 원리적 차원, 중간 형태의 제도들 그리고 복지 모델의 차원에서 살펴보자.

첫째, 논리적 차원에서 보편주의와 선별주의의 조화 가능성에 대하여 살펴보자. 형식 논리 차원에서 보면 할당원칙으로서의 보편주의와 선별주의는 서로 조화되기 어렵다. 보편주의가 전 국민에게 정액급여를 제공하는 것이고, 선별주의가 욕구에 따라 대상자를 선별하여 차등적 급여를 제공하는 것이라고 할 때 이 두 가지는 서로 상극이다. 그래서 형식 논리 차원에서만 보면 두 가지 중 하나의 선택만이 있을 뿐 조화는 어렵다.

그런데 실제로 보편주의와 선별주의는 서로 불가분의 관계에 있다. 어떤 보편주의 정책도 사실은 선별주의의 성격을 포함하고 있다. 일반적으로 전형적인 보편주의적 제도는 전 국민을 수급 대상으로 포괄하는 제도이다. 그런데 전 국민을 포함하는 보편주의란 결국 그 나라 국민이라는 집단을 선별하여 수급자로 선정하는 것이다. 그래서 국가 단위의 보편주의도 궁극적으로는 특정 나라의 국민이라는 집단에 소속된 것에 기반하여 수급자를 선정하는 선별주의 방식이라고 할 수 있다.[7] 또한 반대편에서 전형적인 선별주의적 제도는 수급자를 빈민들로 제한하는 사회부조이다. 그런데 이 경우에도 빈곤집단에 속하는 모든 사람을 수급 대상으로 선정한다는 측면에서 보편주의적 측면이 있다. 그래서 보편주의와 선별주의 원리는 완전히 상반되는 것이 아니라, 실제 제도적 차원에서는 상대적인 것으로 서로 결합되어 공존한다.

둘째, 제도 원리적 차원에서 보편주의와 선별주의의 조화 가능성에 대하여 살펴보자. 그동안 제도 원리적 차원에서 보편주와의 선별주의가 서로 조화될 필요성이 꾸준하게 제기되어 왔다. 대표적으로 티트머스는 보편주의의 기반 위에서 '긍정적 차별(positive discrimination)'이 필요하다고 주장하였다. 스코치폴은 '보편주의 안에서의 표적화(targeting within universalism)'의 필요성을 주장하였다. 전 국민을 수급자로 포괄하는 보편주의 원리에 기반하되 욕구의 차이를 반영하여 욕구가 더 큰 사람에 대해서는 이들을 선별하여 추가적인 급여를 제공해야 한다는 것이다. 즉, 두 사람 모두 보편주의와 선별주의 간 조화의 필요성을 제안하였다.

그런데 이들은 긍정적 차별과 보편주의 안에서 표적화의 구체적 형태를 명확하게 제시하지는 않았다. 보다 추상적 원리 차원에서 보편주의와 선별주의의 조화 또는 결합의 필요성을 제시하였다. 그럼에도 불구하고, 이들이 제기한 보편주의와 선별주의의 결합이 제도적으로 어떠한 형태인지에 대한 약간의 실마리는 발견할 수 있다.

티트머스는 긍정적 차별을 제안할 때 소득/자산 조사에 의한 긍정적 차별보다는 어떤 인구집단이나 지역 등의 집단 범주에 따라 특정 집단에 긍정적 차별로서 추가적 급여를 제공하는 것을 제안하였다. 티트머스는 소득/자산 조사가 개인에게 치욕감을 부여한다는 점에서 이를 반대하였고, 대신 지표에 따라 욕구가 더 큰 집단을 선별하여 추가적 급여를 제공하는 것이 바람직하다고 생각하였다(Titmuss, 1976). 예를 들어, 장애인 집단, 연령에 따른 노인 또는 아동 집단 그리고 도시 슬럼 지역 주민 등의 더 큰 욕구를 가진 집단에 대한 추가적인 급여가 필요하다고 생각했다.

---

7) 설사 지구상의 전체 인류에게 급여를 제공한다고 하더라도, 역시 우주에서 지구에 거주하는 인류집단을 선별하여 급여를 제공하는 것이다.

이에 비해, 스코치폴이 제안한 보편주의 안에서의 표적화는 소득조사에 의한 욕구조사를 수용하는 것 같다. 어떤 제도에서 전 국민을 수급 대상으로 포괄하여 수급자 선정에서 형식적 보편주의를 지키되 그 안에서 소득조사 등을 통하여 욕구가 더 큰 사람에 대한 표적화가 필요하다고 생각하였다. 보편주의 안에서의 표적화에 해당되는 대표적인 예로는 프랑스의 아동수당제도를 들 수 있다. 프랑스는 전체 아동을 아동수당의 수급자로 포함하되 소득계층에 따라 아동수당 급여액을 차등화하고 있다. 또한 북유럽에서의 사회서비스들의 경우 전체 국민을 수급대상으로 포함하면서도 일부 본인 부담금의 경우 소득계층별로 차등화하고 있다. 그래서 '긍정적 차별'과 '보편주의 안에서의 표적화'는 공통적으로 보편주의와 선별주의의 조화의 필요성을 주장하면서도, 그 구체적인 방식에 있어서는 약간의 차이가 있다.

셋째, 보편주의와 선별주의의 양극단 사이에서 다양한 중간 형태가 있을 수 있다. 보편주의와 선별주의는 상반되는 선택지이기보다는 그 사이에서 다양한 성격의 혼합이 존재한다.

전 국민을 대상으로 사회복지제도를 운영하는 경우, 전 국민을 수급자로 포함하는 것은 아닐지라도 넓은 의미에서 보편주의적 성격을 가진다. 전 국민을 대상으로 하는 사회보험이나 사회부조의 경우 완전한 형태의 보편주의는 아니지만 보편주의적 성격을 가진 제도로 인식된다. 어떤 국민이든지 간에 모든 사람이 사회보험과 사회부조의 적용 대상이 되기 때문이다. 하지만 물론 엄격한 의미에서의 완전한 보편주의는 아니다. 사회보험의 경우에는 보험료 기여 경력이 없거나 짧은 사람을 수급자에서 배제하고, 사회부조의 경우에는 빈곤하지 않은 사람을 수급자에서 배제하기 때문이다.

사회보험과 사회부조의 경우 그 선별성을 완화시키는 형태의 제도 운영도 가능하다. 대표적으로 사회보험은 보험료를 납부하기 어려운 사람들에 대하여 정부가 보험료 일부를 지원하여 보험료 기여라는 선별성의 조건을 완화시켜 줄 수 있다.

사회부조는 자산조사의 엄격성을 대폭 완화시킴으로써 사회부조의 선별주의적 성격을 약화시킬 수 있다. 자산조사는 보편주의와 선별주의에 대하여 구체적으로 논의하고자 할 때 예민한 이슈이다. 자산조사가 치욕감과 분열을 야기한다고 볼 수도 있고, 욕구의 충족을 위해서는 욕구에 대한 정확한 파악이 필요하므로 자산조사는 필수적이라고 볼 수도 있다. 그런데 사실 자산조사는 다양한 형태를 띨 수 있고 따라서 치욕감과 분열을 야기하는 정도도 상당히 다를 수 있다.

욕구조사 방식은 그 대상이 되는 인적 범위 측면에서 그리고 물질적 자원의 측면에서 상당히 다양하다. 첫째, 인적 대상 범위가 해당 개인으로 제한될 수도 있고, 그 개인이 속한 가구로 확대될 수도 있으며, 더 나아가서 아주 포괄적인 혈연적 확대가족으로 넓게 설정될 수도 있다. 둘째, 조사 대상이 되는 물질적 자원의 종류 측면에서, 자산조사의 조사 대상이 공적 연금보험급여(연금소득)로 제한될 수도 있고, 전체 소득으로 확대될 수도 있고, 모든 자산으로 확대될 수도 있다. 조사 대상이 공적 연금액인 경우 연금조사(pension tests), 소득인 경우 소득조사(income tests), 자산인 경우 자산조사(means tests)로 부른다.

만일 자산조사가 포괄적인 확대가족에 대하여 모든 소득과 자산을 포함하는 포괄적인 물질적 자원에 대하여 실시된다면, 이는 아주 값비싼 행정비용을 치러야 하고 이에 따른 치욕감은 상당히 클 것이다. 하지만 반대로 해당 개인에 대해서만, 그것도 다른 소득이나 자산 등을 제외하고 공적 연금 수급액만을 조사한다면 이는 행정비용도 거의 들지 않고 치욕감도 거의 없을 것이다. 대표적으로 북유럽 국가에서 실시하고 있는 최저연금의 경우, 노인의 공적 연금만 조사(연금조사)하여 최저생계비와의 차액을 보충해 준다. 이 경우 과거의 「구빈법」에서 구빈원이나 작업장에 수용하여 강제 노동을 시키면서 급여를 제공하는 방식이나 그 이후의 전통적인 사회부조제도들에서의 부양 의무자들의 소득과 재산까지를 포함하는 포괄적인 자산조사 방식들과 비교하여 상당한 차이가 있다. 그래서 연금조사의 경우 선별주의에 기반하지만 행정적 비용이나 치욕감의 발생이 아주 미미하다.

또한 자산조사를 통한 선별의 방식에 있어서도 상당한 차이가 있을 수 있다. 자산조사를 통한 선별에 있어서, 극빈층을 선별하여 잔여적으로 급여를 제공할 수도 있고, 반대로 부유층을 선별하여 이들을 수급 대상에서 제외함으로써 부유층을 제외한 포괄적 대상에 대해 급여를 제공할 수도 있다. 전자가 전통적인 자산조사라면 후자는 일종의 풍요조사(affluence tests)이다. 그러므로 사회부조의 경우, 자산 조사를 하더라도 그 대상범위와 선별방식에 따라서 선별주의적 성격을 상당히 완화할 수 있다. 이러한 차원에서 티트머스(1976)도 낙인감을 최소화하면서도 욕구가 큰 사람들을 선별할 수 있는 방안들의 모색이 필요하다고 주장하였다.

넷째, 복지 모델의 차원에서 보편주의와 선별주의의 조화문제에 대하여 살펴보

자. 지금까지 개별제도 차원에서 보편주의와 선별주의의 조화문제를 살펴보았다. 그런데 개별제도를 넘어서서 복지 모델과 이상의 차원에서 보편주의의 개념을 생각하면 개별제도 차원에서의 보편주의와 선별주의의 대립은 큰 문제가 아니다. 오히려 사회보험과 사회부조 그리고 인구학적 수당 등의 다양한 제도가 결합하여 얼마나 불평등과 사회적 분열을 줄일 수 있는지가 문제가 된다. 그래서 개별제도 차원에서는 보편주의와 선별주의가 형식적으로 대립하는 것 같지만, 복지 모델 차원에서는 다양한 제도가 보완적으로 결합될 수 있다. 그러므로 개별제도 차원에서의 보편주의와 선별주의의 대립을 넘어서 이러한 제도들의 결합으로서 어떤 복지 모델을 구축하는가에 초점을 둘 필요가 있다.

2) 급여 충분성과 보편주의: '낮은 수준의 정액급여'는 보편주의의 원리를 충족시키는가

모든 사람에게 낮은 수준이지만 정액급여를 제공하는 것은 보편주의의 원리를 충족시키는가? 보편주의의 문제로 지적되는 것 중의 하나는 제한된 예산을, 욕구를 가진 사람 또는 욕구가 큰 사람이 아니라, 모든 사람에게 동일하게 나누어 주기 때문에 그 급여 수준이 낮을 가능성이 크다는 것이다. 예를 들어, 총 10명으로 구성되는 사회를 생각해 보자. 이 사회는 소득이 0원인 빈곤한 사람 2명과 소득이 월 200만 원인 빈곤하지 않은 8명으로 구성된다. 이 사회에서 월 100만 원의 예산으로 급여를 제공하고자 한다. 만일 빈곤자에게만 급여를 제공하면 1인당 월 50만 원씩을 제공할 수 있다. 그런데 형식적 보편주의에 따라 모든 사람에게 급여를 제공하면 1인당 월 10만 원씩의 급여를 제공하게 된다. 이 경우 모든 사람에게 1인당 월 10만 원의 소득을 제공하는 것이 보편주의의 원리를 충족시키는 것일까?

형식적 차원에서만 보면, 모든 사람에게 정액을 제공하기 때문에 보편주의의 원리를 충족시킨다고 말할 수 있다. 하지만 이상(ideal) 또는 목표(goal)로서의 보편주의에서 보면, 이러한 제도는 보편주의의 원리를 충족시키지 못한다. 빈곤 방지 목표의 측면에서 1인당 10만 원으로 빈곤을 방지할 수는 없다. 평등의 측면에서도 빈자들이 빈곤 상태에 빠져 있는 상황에서 10만 원의 급여만으로 평등의 목표를 달성하는 것은 요원하다.

물론 10만 원 수준만큼은 빈곤을 감소시키고, 불평등을 완화하고, 사회 통합을 증진시켰다고 말할 수 있다. 하지만 이것만으로는 빈곤을 방지하고 평등과 사회 통합을 실질적으로 증진시킬 수 없다. 급여의 충분성이 확보되지 않으면 형식적 보편주의에 기반한 사회복지정책은 이상으로서의 보편주의를 충족시키지 못한다. 모든 사람에게 낮은 수준의 급여를 제공하는 제도는 사회적 효과성의 측면에서 낮은 평가를 받을 수밖에 없다.

급여 충분성은 현금급여뿐만 아니라 사회서비스의 영역에서도 중요하다. 의료, 교육, 보육, 요양 등의 사회서비스의 경우 질이 낮은 서비스는 사회적으로 치욕감을 야기한다. 또한 낮은 질의 공적 서비스에 만족하지 못하는 사람들은 시장에서 양질의 민간서비스를 구매한다. 저소득층은 구매력이 약하여 시장에서 양질의 민간서비스를 이용할 수 없다. 그래서 사회서비스의 질이 얼마나 높은가, 즉 급여의 충분성이 필수적이다.

따라서 일부에서 형식적 보편주의에 기반한 제도는 사회적 효과성의 가치에 기반하고, 선별주의에 기반한 제도는 효율성의 가치에 기반한다고 주장하는 것(Gilbert & Terrell, 2013/남찬섭 외 역, 2020)은 적절하지 않다. 이 주장은 급여의 충분성이 전제될 경우에만 타당하다. 급여의 수준이 사회적 목표들, 즉 빈곤, 평등, 사회 통합을 달성하기에 충분한 수준일 경우에만 성립된다. 그렇지 못할 경우에는 선별주의와의 결합을 통해서 사회적 목표의 달성에 더 가까이 갈 수 있다. 그래서 북유럽에서는 형식적 보편주의보다는 제도들의 결합을 통해서 시장으로부터의 개인들을 얼마나 보호할 수 있는가, 즉 탈상품화를 얼마나 달성할 수 있는가를 보편주의의 기준으로 이해해 왔다.

3) 재분배 효과

보편주의와 선별주의 중 어느 원리에 따라 사회복지제도를 구축하는 것이 재분배 효과가 더 클까? 이 질문에 대하여 크게 세 가지의 주장이 제시되었다.

첫째, 선별주의적 사회복지제도가 보편주의적 제도보다 재분배 효과가 더 크다는 주장이다. 주어진 예산을 전제할 때, 동일한 예산을 자산조사에 의하여 빈민들에게 집중하는 선별주의적 제도가 모든 국민에게 그 예산을 분배하는 것보다 빈민들에게 돌아가는 몫이 더 크기 때문에 재분배 효과가 더 크다는 것이다. 이 주장은 사회복지에 지출될 수 있는 예산이 정해져 있는 경우 절대적으로 타당하다. 하지만 사회복지에 지출될 수 있는 예산의 규모는 가변적이다. 국민의 사회복지 지출에 대한 동의가 커지면 총 예산 규모는 증가될 수 있고, 반대로 사회복지 지출에 대한 국민 동의가 줄어들면 총 예산 규모도 감소될 수 있다.

둘째, 형식적 보편주의에 의하여 모두에게 정액급여를 제공하는 제도가 빈민에 대한 잔여적 제도보다 재분배 효과가 크다는 주장이다. 잔여적 제도의 경우에는 수급자와 비용 부담자 간의 분리로 인하여 갈등이 야기될 수 있다. 잔여적 사회복지 예산의 확대에 대한 비용 부담자들의 견제가 크다. 이에 비하여 형식적 보편주의 제도의 경우에는 모든 사람이 급여를 받기 때문에 사회복지 지출에 대한 지지가 커서 복지예산 증가가 쉽다.

그러나 보편주의적 제도에서 예산 증가가 용이하다는 이러한 주장에 대한 반대 의견도 제기되어 왔다. 피어슨(Pierson, 1994)은 1980년대의 영국 대처 정부 시기에 선별주의에 따른 사회부조보다는 보편주의적 제도들이 상당히 축소되었다는 사실에 주목했다. 저소득층에 대한 잔여적 제도들은 인간으로서의 기본생활을 보장하기 위한 불가피한 지출이기 때문에 큰 축소 없이 유지되었던 반면, 보편주의적 제도들은 중산층 이상 소득계층들에 있어서 급여의 필요성이 적으므로 오히려 주요한 축소의 대상이 되었다. 이러한 현상은 기존의 통념—즉, 보편주의적 제도는 중산층이 수급자이기 때문에 지지가 강하고 빈민층에 대한 잔여적 제도는 중산층이 수급자가 아니므로 정치적 지지가 약하다는 가정—에 반대되는 증거를 제시한다.

이처럼 상반되는 주장들을 종합해 볼 때, 모두에게 동일 급여를 제공하는 형식적 보편주의 제도가 정치적 지지가 더 크고 그래서 더 많은 예산을 동원할 수 있다는 주장은 그 근거가 강하지 않은 것 같다. 중산층들이 수급자로 포함되지만 그 급여에 대한 필요성이 상대적으로 작고 또한 그만큼 비용 부담이 증가되기 때문이다.

셋째, 전통적 표적화와 정액급여 방식보다 소득비례 사회보험이 재분배 결과에 핵심적 중요성을 가진다는 주장이다. 코르피와 팔메(Korpi & Palme, 1998)는 복지 모델들의 재분배 효과를 분석한 결과, 기초보장 모델(basic security model) 또는 표적화 모델(targeted model) 국가들에 비하여 소득비례 사회보험을 중심으로 하는 조합주의 모델(corporatist model)과 특히 기초보장과 소득비례 사회보험을 결합하는 포괄적 모델(emcompassing model) 국가들에서 사회복지 지출의 빈곤 및 불평등 감소 효과가 크다는 것을 발견하였다. 소득비례 사회보험이 소득이 더 높은 사람들에게 더 높은 급여를 제공함으로써 역진적일 것으로 생각되지만, 실제로는 재분배 효과가 더 높았다는 것이다. 이러한 통념과 반대되는 발견을 '재분배의 역설(paradox of redistribution)'이라고 불렀다.

코르피와 팔메(1998)는 이와 같은 재분배의 역설 현상이 발생된 이유를 표적화와 정액급여를 선호해 온 전통적인 주장들이 세 가지 측면을 간과했기 때문이라고 제시했다. 첫째, 재분배 예산 규모의 가변성을 고려하지 못했고, 둘째, 저소득층 표적화와 재분배 예산의 규모 간에는 상충관계(trade-off)가 있으며, 셋째, 시장 분배의 결과는 소득비례 사회보험의 분배결과보다 더 불평등하다. 이러한 요인들로 인하여, 재분배에 역행할 것으로 생각되는 소득비례 사회보험이 오히려 예산 규모의 증가를 가능하게 하여 최종적으로는 더 큰 재분배 효과를 발생시켰다. 이러한 측면에서 한 국가의 사회복지정책이 표적화와 정액급여에 집중할수록(즉, 표적화 모델 및 기초보장 모델) 재분배 효과가 작고, 대신 소득비례 사회보험을 중심으로 표적화와 정액급여를 결합하는 경우(즉, 북유럽 국가들의 포괄적 모델) 가장 큰 재분배 효과를 발생시킨다고 주장했다.

이러한 코르피와 팔메(1998)의 주장은 전형적인 복지 모델로서의 보편주의 주장을 보여 준다. 기초보장(사회부조 또는 정액급여)과 소득비례 사회보험제도를 결합하는 포괄적 모델이 보편주의의 이상 또는 목표인 빈곤 방지와 평등 증진을 가장 잘 달성할 수 있는 복지 모델이라는 것이다.

코르피와 팔메(1998)의 주장은 사회복지정책의 대안적 급여제도들에 대한 [그림 10-2]을 통해 보다 더 잘 이해될 수 있다. [그림 10-2]에서 (a)는 자산조사에 의해 수급 대상을 저소득층으로 제한하는 사회부조제도의 경우이다. (b)는 모든 사람에게 정액급여를 제공하는 제도이다. (c)는 소득비례 사회보험 급여를 제공하는 경우이다. (d)는 사회부조와 소득비례 사회보험급여를 결합한 경우이다. (e)는 정액급여와 사회보험급여를 결합한 경우이다.

[그림 10-2]에서 보이는 것처럼, (a), (b), (c)의 개별 제도만으로는 빈곤 방지와 평등 증진이란 목표를 달성하기에는 심각한 결함이 있다. (a)의 경우에는 대상과 급여 모두 너무 제한적이다. (b)의 경우에는 대상은 포괄적이지만 급여가 너무 제

한적이다. (c)의 경우에는 저소득층을 보호하지 못한다는 결정적 한계를 가진다. 그래서 (d)와 (e)와 같이 사회부조 및 정액급여가 소득비례 사회보험과 결합하는 경우에만 적용 대상의 포괄성과 급여 수준의 충분성을 확보할 수 있다.

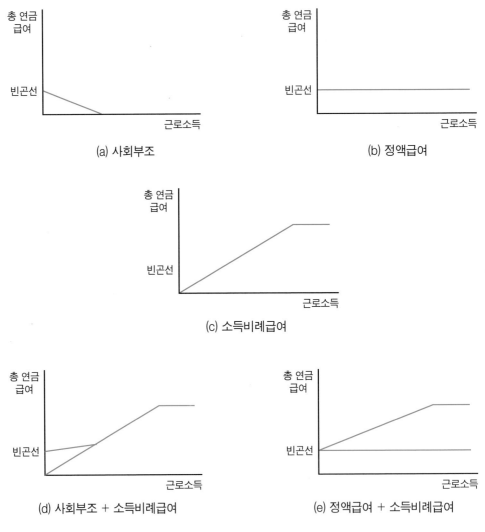

[그림 10-2] **사회복지정책의 대안적 급여구조**

(d)와 (e) 중에서 어떤 방식이 더 적합한지는 명확하지는 않다. (e)의 정액기초급여와 소득비례급여의 결합방식이 (d)의 사회부조와 소득비례급여의 방식보다 약간 더 효과적일 수 있다. 하지만 양자 간의 차이는 크지 않다. 더욱이 (d)의 사회부조

가 포괄적인 자산조사가 아니라 연금조사와 같은 아주 약한 수준의 욕구 조사방식일 경우에는 (d)와 (e) 간의 차이는 더 작다. 대표적인 예가 스웨덴 등 북유럽 국가에서의 1990년대 후반 이후 노후소득 보장방식의 변화이다. 스웨덴의 경우, 노후소득보장제도들은 1990년대 후반 개혁 이전까지 (e)와 같이 정액기초연금과 소득비례 노령연금보험을 결합하는 방식이었다. 그러다가 1990년대 후반 개혁을 통하여 (d)의 방식, 즉 최저연금과 소득비례 노령연금보험을 결합하는 방식으로 전환하였다. 정액급여를 보편주의 그리고 욕구조사에 기반한 사회부조를 선별주의라고 생각하는 시각에서는 이러한 변화를 보편주의로부터 선별주의로의 전환이라고 간주할 수 있다. 하지만 스웨덴의 노후소득보장제도는 여전히 빈곤 방지와 평등 제고의 목표를 잘 달성하고 있고, 스웨덴 복지국가가 여전히 보편주의적 복지국가의 대표적 모델이라는 데에는 별다른 이견이 없다.

4) 보편주의와 무조건성

그 외에도 보편주의가 무조건적인 급여를 지칭하는가 하는 이슈가 제기될 수 있다. 역사적으로 보편주의를 주장했던 복지국가 주창자들은 급여 대상을 빈곤층으로 제한하는 선별주의 방식이 아니라 욕구를 가진 모든 사람을 포괄하는 보편주의 방식을 제안하였다.

대표적으로 베아트리스 웹(Beatrice Webb)이나 스웨덴의 뮈르달 부부(Myrdal & Myrdal) 등에서 이러한 주장을 발견할 수 있다. 웹이 주도한 1909년 영국의 「빈민법」 개혁을 위한 소수파 보고서에서는 주요 위험과 욕구들에 대응하여 욕구를 가진 모든 사람을 위한 사회복지제도를 구축할 것을 주장하였다. 또한 스웨덴의 뮈르달 부부도 이러한 주장을 하였다.[8] 이들은 욕구가 있는 사람 중에서 빈자만을 구분하여 급여를 제공하기보다는 욕구가 있는 모든 사람에게 급여를 제공하고자 하였다. 그래서 욕구 발생과 무관하게 무조건적으로 모든 사람에게 급여를 제공할 것을 주장하지는 않았다.

---

8) Myrdal, A., & Myrdal, G. (1934). Kris i Befolkningsfragan(인구문제에서의 위기). Stockholm: Bonniers. Myrdal, G. (1936). Vad galler striden i befolkningsfragan?(인구문제를 둘러싼 투쟁은 무엇에 관한 것인가?) Stockholm: Frihets forlag. 신정완(2017)은 뮈르달 부부의 이러한 주장을 소개하였다.

최근 기본 소득이 주요한 사회복지정책의 대안 중 하나로 제기되면서 보편주의가 욕구 발생과 무관하게 모든 사람을 포괄해야 하는가 하는 점이 논점으로 제기되고 있다.

지금까지 복지자원의 할당에 있어서 보편주의와 선별주의의 원리 간의 선택의 문제에 대하여 검토해 보았다. 종합적으로 정리하면, 보편주의를 모든 사람에 대한 정액급여로 정의하는 것은 너무 형식적이고 제한적이어서 실제로는 보편주의의 이상과 목표를 성취하지 못한다. 보편주의를 다양한 제도의 결합에 의해 구성되는 복지 모델 차원에서 바라보고, 실질적으로 보편주의의 이상과 목표를 성취하는 것이 필요하다. 특히 표적화 및 정액급여 제도들과 함께 핵심 제도로서의 소득비례 사회보험제도를 결합한 포괄적 모델이 현재까지 보편주의의 이상에 가장 부합되는 보편주의 복지 모델이라고 할 수 있다.

제11장 사회복지정책의 차원 분석 2: 급여 형태

이 장에서는 사회복지정책 차원 분석의 두 번째로 급여 형태의 차원에 대해 살펴본다.

1절에서는 급여의 주요 형태들에 대해 살펴본다. 급여 형태는 크게 두 가지로 현금급여와 현물급여로 구분할 수 있다. 또는 급여 형태를 보다 세분화하여 기회, 서비스, 재화, 증서, 현금, 권력으로 구분할 수 있다.

2절에서는 주요 급여 형태인 현물급여와 현금급여의 특성에 대한 이론적 논의들을 살펴본다. 효과성, 효율성 그리고 정치적 지지의 측면에서 그 특성을 검토한다. 그리고 현금급여 대 현물급여의 선택이 양자택일의 문제인지를 검토한다.

3절에서는 사회복지정책에 있어서 급여 형태의 구성에 대하여 살펴본다. 주요 제도들에 있어서 현금급여와 현물급여 중 어떠한 형태의 급여를 제공하는지를 살펴본다.

4절에서는 급여 형태의 선택과 관련한 이슈들에 대하여 살펴본다. 국가 차원에서 현물급여의 비중을 높이는 것이 필요한지, 또한 개별 제도 영역들에서 급여 형태를 둘러싼 주요 이슈들에 대하여 살펴본다.

제10장에서는 사회복지정책 분석의 첫 번째 차원으로 할당의 이슈를 살펴보았다. 할당(allocation)은 사회적 급여를 누구에게(who) 제공할 것인가의 문제로 국한되지 않고, 무엇을(what) 제공할 것인가의 문제를 포함하고 있다. 그래서 할당원리로서의 보편주의 대 선별주의의 이슈를 논의할 때 수급 대상 선정의 문제에 국한시키지 않고 급여 방식의 문제를 포함하여 종합적으로 검토하였다. 이 장에서는 사회복지정책 분석의 두 번째 차원으로 급여 형태의 이슈를 살펴본다.

사실 급여는 다양한 측면을 포함하므로, 각 측면에서 다양한 종류로 구분될 수 있다. 급여를 영역별로 구분하면, 노령급여, 유족급여, 장애급여, 건강보장급여, 가족급여, 실업급여, 주거급여 등으로 나눌 수 있다. 급여를 그 구조에 따라 구분하면, 앞장에서 살펴보았던 것처럼, 소득비례급여, 정액급여, 보충급여, 욕구에 따른 급여 등으로 구분할 수 있다. 급여 제공의 시기에 따라 구분하면, 정기급여와 부정기적 일시금(lump-sum)으로 구분할 수 있고, 정기급여의 경우에도 연, 월, 격주, 주급여로 구분할 수 있다. 또한 급여의 수준에 따라 구분하면 빈곤 구제 수준의 급여와 이전 생활 유지 수준의 급여로 구분할 수 있다. 그리고 급여의 형태에 따라 현금, 현물, 바우처 등으로 구분할 수 있다. 이 장에서는 이 중에서 급여 형태의 선택 이슈에 대해 살펴보고자 한다.

〈표 11-1〉 급여 종류에 대한 구분

구분 방식	급여 종류
영역별	노령급여, 유족급여, 장애급여, 건강보장급여, 가족급여, 실업급여, 주거급여 등
구조별	소득비례급여, 정액급여, 보충급여, 욕구에 따른 급여
제공 시기별	정기급여(연, 월, 격주, 주 급여), 부정기적 일시금
급여 수준별	빈곤 구제 수준의 급여, 이전 생활 유지 수준의 급여
급여 형태별	현금, 현물, 바우처 등

1. 급여의 주요 형태

1) 이분법: 현금급여 대 현물급여

급여의 형태는 기본적으로 현금급여(cash benefits) 대 현물급여(in-kind benefits)로 구분할 수 있다. 급여는 현금으로 제공될 수도 있고 현물로 제공될 수도 있다. 현금(cash)은 화폐 그리고 화폐와 즉각적으로 교환될 수 있는 화폐 동등물(equivalent)들로서 재화나 서비스와 쉽게 교환할 수 있다는 특징을 가진다. 현물(in-kind)은 화폐가 아니고 화폐 단위로 측정되지도 않는 재화(goods)나 서비스(services)를 말한다.

현대 사회복지정책에 있어서 현금급여는 실제로 지폐나 동전과 같은 화폐로 제공되지는 않는다. 일반적으로 현금급여는 수급자의 은행 계좌에 일정한 금액을 입금하는 방식으로 제공된다. 현물급여의 경우에도 현대 사회복지정책에서 직접 식료품이나 의복 등의 재화를 제공하는 경우는 거의 없다.[1] 현대 사회복지정책에서 현물급여는 주로 의료, 교육, 보육, 요양 등의 서비스 형태로 제공된다. 그래서 '현금급여 대 현물급여'의 이분법을 '소득보장(income maintenance) 대 서비스(services)'로 표현할 수도 있다.

〈표 11-2〉 **급여 형태의 종류1: 현금 대 현물**

종류	정의	대표적 예	특성
현금	화폐와 그 동등물	소득보장 프로그램	자유로운 이전 가능
현물	재화와 서비스	사회서비스 프로그램	이전 가능성 제한

2) 보다 세분화된 급여 형태: 기회, 서비스, 재화, 증서, 현금, 권력

급여 형태를 현금 대 현물로 구분하는 이분법에서 벗어나서, 급여 형태를 좀 더 확장하고 세분화하여 분류할 수도 있다. 길버트와 테렐(Gilbert & Terrell, 2013)은 급여 형태를 보다 세부적으로 이전 가능성(transferbility)[2] 정도에 따라 기회, 서비스, 재화, 바우처(증서), 현금, 권력의 여섯 가지로 분류하였다. 이전 가능성이란 소비자에게 선택의 여지를 주는 정도를 지칭하는 것으로서, 보다 구체적으로 사람 간에 급여의 이전이 가능한 정도나 급여 형태 간에 이전(즉, 교환이나 선택)이 가능한 정도 등을 말한다.

첫째, 기회(opportunity)는 개인에게 어떤 목적을 성취할 수 있도록 유도하고 허용하는 것들을 말한다. 기회는 이전 가능하지 않다. 개인이 해당 경우에만 사용할 수 있을 뿐 다른 사람에게 이전하거나 다른 급여 형태로 전환하여 사용할 수 없다. 기회를 제공하는 대표적 예로 입학에서 취약계층을 위한 특별전형, 「장애인차별금

---

[1] 물론 사회복지실천의 차원에서 도시락 배달이나 연탄 배달, 의복 제공 등을 하는 경우가 있지만 이는 전체 사회복지정책에서 차지하는 비중이 아주 작다.

[2] 이전 가능성이란 소비자에게 선택의 여지를 주는 정도를 말한다.

지법」, 장애인을 위한 특별 모집이나 의무고용 등이 있다. 이러한 제도들은 대상자들이 사회에 참여하여 자기 성취를 이룰 수 있도록 허용하고 유도하는 역할을 한다.

둘째, 서비스(service)는 사람에 의해 제공되는 제반 활동이다. 서비스는 이전 가능하지 않다. 한 수급자는 자신이 받을 서비스를 다른 사람에게 이전하거나 다른 급여 형태로 전환할 수 없다. 의료, 교육, 보육, 요양 등의 서비스들이 대표적이고, 그 외에 상담, 사례관리 등을 포함하는 다양한 사회복지서비스가 여기에 해당된다.

셋째, 재화(goods)는 사람들의 욕구를 충족시켜 주는 물품들로서, 예를 들어 식료품, 연료, 의복, 장비 및 도구 등을 포함한다. 재화는 제한적인 이전 가능성을 가진다. 재화는 다른 사람에게 이전될 수 있지만 무겁거나 깨지기 쉽거나 상하기 쉬운 경우 운반과 전달에 제한이 크다. 또한 재화는 다른 급여 형태로 전환될 수 있지만 역시 일정한 제한이 있다. 특정 재화를 현금이나 서비스 등의 다른 급여 형태로 교환할 수 있지만 그 교환 자체나 가치 유지 측면에서 제한이 크다. 예를 들어, 재화로 받은 도시락을 다른 급여 형태로 바꿀 수도 있지만 위생상의 문제로 교환을 꺼려서 교환 자체도 쉽지 않고 제 값을 받고 다른 형태로 교환하기도 어렵다.

넷째, 바우처(voucher)는 특정한 범위 내에서 재화나 서비스와 교환할 수 있는 가치를 보증하는 것이다. 과거에는 주로 종이 문서나 쿠폰 등의 증서를 사용했었는데, 최근에는 전자카드를 많이 사용한다. 바우처는 특정 범위로 사용이 제한되지만, 그 범위 내에서는 재화나 서비스들에 대한 선택이 허용된다. 특정한 범위 내에서는 재화나 서비스에 대한 선택이 가능하다는 점에서 재화나 서비스에 비해 이전 가능성이 높다. 하지만 그 선택이 특정 범위 내로 제한된다는 점에서 이전 가능성에 일정한 제한이 있다. 대표적 예로, 일정한 범위 내의 필수적인 식료품을 구입할 수 있는 식품권(food stamp)이나 일정한 범위 내의 학교 중에서 선택할 수 있도록 하는 교육 바우처(education voucher) 등이 있다. 문화 바우처(culture voucher)는 영화나 공연 등의 문화행사에 한하여 사용할 수 있다. 그 외에도 다양한 바우처가 있다.

다섯째, 현금(cash)은 개인에게 화폐와 그 동등물을 제공하는 것으로서, 무제한적 이전 가능성을 제공한다. 현대 사회복지정책에서 소득보장 프로그램들은 대부분 현금급여를 제공한다. 그 현금급여로 무엇을 구입하고 어떻게 사용할 것인가는 전적으로 개인에게 달려 있다.

여섯째, 권력(power)은 자원을 통제할 수 있는 영향력을 제공하는 것이다. 대표적 예는 복지사업의 결정 과정에 수급자들이 참여하여 영향력을 행사할 수 있도록 하는 것이다. 수급자들이 복지사업의 결정 과정에 참여할 수 있게 되면, 급여의 대상이나 수준, 형태 등을 결정할 수 있게 된다. 그래서 권력은 수급자들에게 상당히 다른 차원에서 폭넓은 자율성을 부여한다.

〈표 11-3〉 급여 형태의 종류 2: 세부적 구분

종류	정의	대표적 예	특성
기회	개인이 어떤 목적을 성취할 수 있도록 허용하고 유도하는 것	취약계층 특례 입학, 「장애인차별금지법」, 장애인 의무고용	이전 가능하지 않음
서비스	클라이언트를 위해 사람들에 의해 제공되는 제반 활동	의료, 교육, 훈련, 요양, 보육, 상담, 사례관리 등	이전 가능하지 않음
재화	사람들의 욕구를 충족시켜 주는 물품	식료품, 연료, 의복, 장비 및 도구 등	이전 가능성이 제한적
바우처	특정한 범위 내에서 재화나 서비스와 교환할 수 있는 가치를 보증하는 것	식품권, 교육 바우처, 돌봄 바우처, 문화 바우처 등	특정 목적과 범위 내에서 이전 가능성이 허용
현금	화폐와 그 동등물	소득보장 프로그램들의 현금급여	이전 가능성이 무제한
권력	자원 통제에 대한 영향력	사회적 급여의 결정 과정에 수급자 참여	급여 형태나 수준 등을 선택할 수 있는 자율성 부여

2. 현물급여 대 현금급여의 특성: 이론적 논의

앞서 사회적 급여가 다양한 형태로 제공될 수 있고, 그중에서도 가장 기본적인 형태는 현물급여와 현금급여라는 것을 살펴보았다. 이 절에서는 현물급여와 현금급여 중 어떠한 급여 형태가 바람직한지, 그 급여 형태 선택을 둘러싼 이론적 논의들에 대하여 살펴보고자 한다. 이러한 급여 형태를 둘러싼 논의들은 사회정책학과 후생경제학의 두 학문 분야에서 제시되어 왔다. 사회정책학에서는 대표적으로 티트머스(Titmuss, 1967), 뮈르달(Myrdal, 1968, 1938), 길버트와 테렐(2013) 등의 논의들이 제시되어 왔다. 그리고 후생경제학 쪽에서도 다양한 논의가 이루어졌는데, 커리와 가바리(Currie & Gahvari, 2008)이 이 논의들을 정리하여 제시하였다. 다음에서는 이러한 논의들에 기반하여 급여 형태들의 특성을 욕구 충족에서의 효과성, 효율성 그리고 정치적 지지의 세 가지 측면에서 검토해 본다.

1) 효과성

사회복지 급여 형태의 선택에 있어서 가장 중요한 기준은 욕구 충족에서의 효과성이다. 현물급여와 현금급여 중 어떤 형태가 사회 구성원들의 욕구를 효과적으로 충족시킬까? 두 가지 차원의 욕구로 구분될 수 있다. 하나는 사회적 차원에서 정의되고 대응되는 사회적 욕구이다. 다른 하나의 차원은 개인의 고유한 특성이나 취향에 따른 개인적 차원의 욕구이다. 그 동안의 이론적 논의들을 보면 대체로 현물급여는 사회적 차원의 욕구를 충족시키는 데 효과적이고, 현금급여는 개인적 차원의 욕구를 충족시키는 데 효과적이다.

(1) 사회정책학에서의 논의

사회정책학에서의 현금급여 대 현물급여를 둘러싼 대표적 논의들로 티트머스(1967), 뮈르달 부부의 논문들 그리고 길버트와 테렐(2013/남찬섭 외 역, 2020)을 살펴보자.

① 티트머스의 평가: 사회적 욕구 충족의 효과성 대 소비자 이해

티트머스(1967)는 현금급여와 현물급여를 '사회적 욕구 충족에서의 효과성(effectiveness)'과 '소비자 이해(consumer interest)'의 두 기준에 따라 평가하였다. 현금급여는 소비자 이해의 측면에서, 그리고 현물급여는 효과성의 측면에서 장점이 있는 것으로 평가하였다.

우선, 효과성의 측면에서 살펴보자. 효과성은 특정 급여가 정책목표를 달성하는 정도를 말한다. 어떤 정책이 효과적이기 위해서는 사회적 위험에 처한 개인들의 욕

구를 명확하게 파악하여 서비스를 최대한으로 공급해야 한다.[3] 그런데 개인의 욕구 파악이 항상 쉬운 것은 아니다. 의료서비스의 경우처럼 개인이 스스로 진단할 수 없는 욕구들도 있고, 또한 욕구를 느끼더라도 개인의 무지나 관료주의에 대한 두려움 때문에 표현하지 못하는 경우들도 있다.

효과성의 측면에서 현금급여는 개인적인 접촉(personal contact) 없이 현금을 통장에 입금하고 끝나 버리기 때문에 잠재적 수급자들의 욕구 파악에 약점이 있다. 이에 비해 현물급여는 개인적인 접촉을 통하여 제공되므로 그 과정에서 수급자의 미충족된 욕구를 발견하고 어떠한 서비스가 필요한지를 파악할 수 있다는 장점이 있다. 그래서 티트머스는 효과성의 측면에서 현금급여보다 현물급여가 더 효과적이라고 평가하였다.

다음으로, 소비자 이해의 측면에서 살펴보자. 소비자 이해의 기준은 어떤 급여가 소비자로서의 개인의 관심과 이익을 충족시키는 정도를 말한다. 소비자 이해는 지식(knowledge), 선택(choice), 권리(rights) 그리고 참여(participation)의 네 가지의 요소를 포함한다. 소비자는 어떤 급여들이 이용가능한지 알고, 다양한 재화나 서비스들에 대해 선택할 수 있고, 권리로서 급여를 받으며, 그리고 정책의 결정과 전달 과정에 참여할 수 있기를 원한다.

소비자 이해의 측면에서 현금급여는 개인이 원하는 급여의 방식을 선택할 자유를 제공한다는 점에서 장점이 있다. 이에 비해 현물급여는 소비자 이해의 측면에서 개인이 원하는 방식으로 자유롭게 사용할 수 없다는 점에서 약점이 있다.

② 뮈르달 부부의 평가: 정책 효과성 대 개인 취향

뮈르달 부부[4]는 스웨덴의 아동급여를 중심으로 현물급여와 현금급여 간 선택의 문제를 논의했다. 이들은 티트머스와 유사하게 '정책 효과성' 대 '개인취향'의 두 측

---

3) 이를 최대화의 원칙(the principle of maximization)이라고 한다.

4) 뮈르달 부부는 부인 알바 뮈르달(Alva Myrdal)과 남편 군나르 뮈르달(Gunnar Myrdal)을 말한다. 알바 뮈르달은 아동양육과 여성의 사회 참여 분야에서 업적을 남겼고 노벨 평화상을 수상했다. 군나르 뮈르달은 경제학자로서 스웨덴 사민당의 경제정책 방향 설정에 기여했고 노벨 경제학상을 받았다. 뮈르달 부부의 주장은 다음의 자료들을 참고하여 정리하였다.
  - 길버트와 테렐(2013)에 소개된 Myrdal, A. (1968). Nation and Family. MIT Press. 의 내용.
  - 신정완(2017)에 소개된 Myrdal, G. (1938). Kontanta eller i natura i socialpolitiken(사회정책에서 현금이냐 현물이냐). Nationalekomisk tidskrift 76.; Myrdal, A. & Myrdal, G. (1934). *Kris i Befolkningsfragan*(인구문제에서의 위기). Stockholm: Bonniers. 의 내용.

면에서 현금급여와 현물급여의 특성을 평가했다. 우선, 정책 효과성의 측면에서 현물급여가 현금급여보다 두 가지 점에서 더 장점이 있다고 주장했다.

첫째, 현물급여는 수혜집단에게 정확히 전달될 수 있기 때문에 아동복지 증진이라는 정책목표 달성에 더 효과적이다. 아동급여를 현금으로 지급하면 부모가 다른 목적을 위해 그 돈을 사용할 수 있는 데 비해, 현물급여를 지급하면 소비 단계에서의 통제력이 높아서 아동에게 서비스를 정확하게 전달할 수 있다.

둘째, 전문가들에 의하여 전문적 서비스를 공급하는 것이 사회적으로 더 좋은 효과를 낳는다. 아마추어인 부모보다 의사, 심리학자, 교사 등 전문가들이 전문적인 서비스를 제공함으로써 아동의 양육과 교육 그리고 건강 관리에 더 도움이 된다. 특히 부모가 지식이 부족하고 좋지 않은 생활습관에 젖어 있거나 신경과민 등의 경우에는 전문적 서비스의 공급이 아동복지 증진에 더 효과적이다(Myrdal & Myrdal, 1934; 신정완, 2017에서 재인용). 또한 개인의 소비 선택은 광고에 의존하여 형성되기 때문에 실제로는 그렇게 자유롭지 않다고 보았다(Myrdal, 1938; 선정완, 2017에서 재인용).

다음으로, 개인적 취향의 반영의 측면에서는 현금급여가 현물급여보다 더 장점이 있다고 보았다. 예를 들어, 의복의 경우 개인의 취향이 다른데 모든 아동에게 표준화된 옷을 입도록 하는 것은 바람직하지 않다. 개인들의 취향의 다양성이 중요한 경우에는 현금급여가 더 장점이 있다.

하지만 기본적 욕구 충족을 목표로 하는 사회정책의 경우 개인적 취향이 크게 다르지 않으므로 개인의 소비 선택의 자유보다는 정책목표 달성이 더 중요하다. 그러므로 이러한 사회정책의 경우에는 현금급여보다는 현물급여가 더 바람직하다고 보았다. 특히 전문적 사회서비스의 공급 확대를 통한 아동의 복지 증진이 필요하다고 보았다.

③ 길버트와 테렐(2013)의 평가: 사회 통제 대 선택의 자유

길버트와 테렐(2013)은 '사회 통제'와 '선택의 자유'의 두 가지 기준으로 현물급여와 현금급여 간 선택의 이슈를 논하였다. 사회 통제의 측면에서는 현금급여보다 현물급여가 이 가치를 잘 반영한다. 현물급여의 경우에는 급여의 소비 시점에서 소비 행위를 통제할 수 있기 때문에 집합적 선을 위해 사회적 통제를 부과할 수 있다. 선택의 자유의 측면에서는 현물급여보다 현금급여가 이 가치를 잘 반영한다. 현금급여는 소비자에게 소비 시점에서 선택의 자유를 제공함으로써 개인의 자기결정권을 보장하고 소비자 개인의 효용을 최대화할 수 있다.

길버트와 테렐은 현금급여와 현물급여 간의 선택에 있어서 기본적으로는 소비자 선택의 자유를 보장하는 것이 바람직하지만, 사회복지 대상자 중에는 스스로의 자기결정 능력이 부족한 사람들이 있으므로 이들에 대해서는 현물급여가 필요하다고 보았다. 그리고 현금급여 대 현물급여 중 어느 하나만을 택하기보다는 소비자 주권과 사회 통제가 서로 다른 정도로 보장될 수 있도록 급여 형태를 다양하게 제공해야 한다고 제시했다.

(2) 후생경제학에서의 논의: '가부장주의와 상호의존적 선호' 대 '수급자 효용'

후생경제학(Welfare Economics)에서는 기본적으로 개인이 자신이 원하는 곳에 소비를 함으로써 개인의 효용(만족)을 최대화할 수 있다고 보기 때문에 수급자 효용의 측면에서 현금급여가 바람직하다고 간주한다. 그런데 후생경제학의 기본적 입장과 달리, 현실에서는 사회복지 급여의 거의 절반이 현물급여로 제공되어 왔다. 왜 이렇게 현물급여가 많이 제공될까? 후생경제학자들은 그 이유를 설명하기 위해 고민해 왔다. 커리와 가바리(2008)는 그동안의 후생경제학자들이 현물급여의 선택 논리로 제시해 온 설명들을 정리하였다. 현물급여가 제공되는 이유에 대한 후생경제학에서의 가장 주류적 견해는 가부장주의와 상호의존적 선호의 논리이다.

가부장주의(paternalism)의 논리에 따르면, 가부장적 국가는 개인들에게 소비를 맡기기보다는 국가가 바람직하다고 생각하는 방향으로 소비하기를 원하기 때문에 현물급여를 선호한다. 재화나 서비스 중에는 사회적으로 바람직하지만 개인의 선택에 맡겨 놓았을 때 충분히 공급되지 않는 것들이 있다. 머스그레이브(Musgrave, 1959)는 이러한 재화를 가치재라고 불렀다. 가치재(merit goods)는 사회적으로 바람직하지만 긍정적 외부효과[5]나 개인의 구매력 부족 또는 무지 등으로 인하여 시장에서의 사적 구입에만 맡겨 놓았을 때에는 사회적으로 바람직한 수준까지 소비되지 않는 재화를 말한다. 대표적으로 의료나 교육 서비스의 경우가 여기에 해당

---

5) 시장에서 그 재화나 서비스를 구입한 사람만 그 혜택을 누리는 것이 아니라 제3자도 혜택을 누리게 되는 현상을 말한다.

된다. 이러한 가치재의 경우, 국가는 개인에게 현금을 지급하여 시장에서 자유롭게 소비하게 하기보다는 직접 의료서비스나 교육서비스를 공급하여 이 서비스들의 소비를 증가시키고자 한다.

상호의존적 선호(interdependent preferences)의 논리는 개인의 후생이 기부자와 수급자 간에 상호의존적이어서 수급자의 소비가 기부자의 후생에도 영향을 미친다는 것이다. 수급자의 소비는 외부성을 발생시켜서 본인의 후생을 증가시킬 뿐만 아니라 기부자의 후생도 증가시킨다. 수로우(Thurow, 1974)는 이러한 긍정적 외부성의 부분을 후생함수 측면에서 개념화하고자 시도하였다. 그는 개인들이 개인적 선호와 구분되는 사회적 선호를 가진다고 개념화하고, 현물급여는 개인의 사회적 선호에 영향을 미친다고 주장하였다. 보다 일반론적으로 후생경제학에서는 개인의 후생이 개인 자신의 소비에 따른 후생과 다른 사람들의 가치재 사용에 의해 자신에게 발생되는 후생의 두 가지 부분으로 구성된다고 보았다.

이러한 가부장주의와 상호의존적 선호의 논리에 따르면, 현물급여를 제공하여 가치재의 소비를 사회적으로 바람직한 수준으로 증가시키는 것은 그 가치재를 직접 소비하는 사람뿐만 아니라 다른 사람들의 후생을 증가시켜 전체적으로 사회의 총 후생을 증가시킨다. 이에 비해 현금급여는 개인에게 소비를 맡김으로써 사회 전체적으로 가치재의 과소 소비를 초래하고, 그 결과 개인 후생 중에서 다른 사람의 가치재 소비로부터 발생되는 후생 부분(긍정적 외부효과)이 형성되지 못하여 사회의 총 후생 수준이 낮게 된다. 그러므로 사회 총 후생의 측면에서 가치재의 경우에는 가부장적 국가가 직접 현물급여를 공급하는 것이 바람직하다고 주장한다.

〈글상자 11-1〉 사회후생함수로 표현한 가부장적 논리와 상호의존적 논리

후생경제학에서는 사회의 총 후생(total welfare)을 사회후생함수를 통해 표현한다. 일반적으로 사회후생함수는 개인들의 후생의 합으로 설정된다. 가치재의 공급은 사회의 총 후생을 증가시킬 것으로 기대된다. 후생경제학자들은 가치재의 소비에 의한 후생 증가를 사회후생함수에 포함시키고자 하였다. 여기에 두 가지 방법이 제시되어 왔다. 한 가지 방법은 사회후생함수에 개인의 후생 이외에 별도로 사회적 차원에서 가치재의 소비량에 따른 사회적 효용 부분을 포함하는 것이다. 그래서 사회의 총 후생을 개인들의 후생의 합과 사회적 차원에서의 가치재 소비량에 따른 후생의 합으로 구성된다고 설정하였다.

그런데 전통적 후생경제학에서는 사회후생함수를 개인들의 후생의 합으로서 설정해 왔기 때문에 사회적 차원에서 별도의 후생 증가분을 설정하는 것이 이질적으로 생각되었다. 그래서 그 이후에는 별도의 어떤 사회적 차원의 효용이라는 이질적인 부분을 개인 차원의 후생으로 녹여 내려 하였다. 이에 가치재 소비에 따른 후생 증가를 표시하기 위한 두 번째 방법으로 비개인적인 사회적 효용을 개인 차원에서 설명하고자 하는 시도들이 제기되었다. 가치재의 공급이 이를 직접 소비하는 수급자의 효용을 증가시킬 뿐만 아니라 긍정적 외부효과를 발생시켜 비수급자 개인들의 효용도 증가시켰다는 것이다. 그래서 가치재의 소비가 수급자와 비수급자를 포함하는 모든 개인의 후생함수에 영향을 미치고 이것을 종합하는 방식으로 대안들이 제시되었다. 이러한 맥락에서 상호의존적 선호의 논리가 제시되었다.

후생경제학의 논리에 익숙하지 않은 경우에는 이러한 논리 전개가 상당히 어색하게 느껴질 수 있다. 후생경제학에서의 이러한 논리는 사회후생함수에 대한 수식 표현을 봄으로써 더 명확하고 쉽게 이해될 수 있다. 후생경제학에서는 일반적으로 사회후생함수를 다음과 같은 수식으로 표현해 왔다.

$$SW = W_1 + W_2 + \cdots\cdots + W_n$$

여기에서 SW는 사회 총 후생(Social Welfare), W_i는 i번째 개인의 후생이다. 즉, 사회의 총 후생(SW)은 개인들의 후생(W_i)의 합이다.

가치재로부터 발생되는 사회적 후생이 개인들의 후생이 아니라 별도의 사회적 차원의 후생으로서 포함되는 경우, 이를 다음과 같이 수식으로 표현할 수 있다.

$$SW = W_1 + W_2 + \cdots\cdots + W_n + (SW_{merit\ goods})$$

여기에서 $SW_{merit\ goods}$는 가치재로부터 발생하는 사회적 차원의 후생이다. 이 요소를 개인 차원의 후생으로 복귀시켜 설명하고자 하는 시도가 상호의존적 선호의 논리라고 할 수 있다.

$$SW = W_{n1} + W_{n2} + \cdots\cdots + W_{nn},\ where\ W_{ni} = W_{own\_i} + W_{externality\_i}$$

여기에서 W_{ni}은 i번째 개인의 새로운 후생으로서, 이것은 자신의 소비로부터 발생되는 후생(W_{own_i})과 타인의 가치재 소비로부터 발생되는 긍정적 외부성 중에서 자신이 얻게 되는 효과($W_{externality\_i}$)의 합으로 구성된다.

〈표 11-4〉 효과성 차원에서의 현물급여 대 현금급여에 대한 논의

	학자	현물급여의 장점	현금급여의 장점
사회 정책학	Titmuss (1967)	사회적 욕구 충족에서의 효과성	소비자 이해
	Myrdal(1938, 1968)	정책 효과성	개인적 취향
	Gilbert & Terrell (2013)	사회 통제	선택의 자유
후생 경제학	Currie & Gahvari (2008)	가부장주의 상호의존적 선호	수급자 효용

(3) 효과성 측면에서의 현금급여 대 현물급여에 대한 종합적 평가

지금까지 효과성의 측면에서 현물급여와 현금급여의 특성에 대하여 이루어져 온 사회정책학과 후생경제학에서의 이론적 논의들을 살펴보았다. 이러한 논의들로부터 효과성의 측면에서 현물급여와 현금급여의 장점들을 종합적으로 정리해 보면 다음과 같다.

현물급여는 사회적 욕구 충족이라는 정책 목표를 달성하는 데 효과적이다. 그 이유는 현물급여가 소비 단계에서의 통제성이 높아서 정책이 목표로 하는 사회적 욕구를 직접적으로 충족시키기 때문이다. 이러한 장점은 몇 가지 측면에서 발생된다. 첫째, 대상자 측면에서 현물급여는 수급자에게만 제공되기 때문에, 급여를 욕구를 가진 사람에게 집중할 수 있다. 다른 사람들이 이 급여를 사용하기는 어렵다. 예를 들어, 보육이나 교육서비스의 경우 해당 아동만이 이용할 수 있다. 가구 내 다른 사람들이 그 서비스를 이용할 수가 없다. 그러나 현금급여의 경우 가구 내의 다른 사람들이 그 현금을 사용할 수 있다.

둘째, 현물급여는 정책이 목표로 하는 욕구를 직접적으로 충족시킨다. 예를 들어, 현물급여로서의 보육이나 교육서비스의 경우 아동의 보육 및 교육 욕구를 직접 충족시킨다. 그런데 현금의 경우 다른 욕구들의 충족을 위해 자유롭게 사용될

수 있다. 예를 들어, 음주나 흡연, 도박, 마약 등의 부정적인 욕구의 충족을 위해 사용될 수 있다. 이러한 부정적 소비를 하는 개인은 일시적으로는 이러한 중독적 욕구가 충족되어 만족스러울 수 있다. 하지만 이러한 소비는 장기적으로는 그 사람을 파괴한다. 그러므로 사회적으로 이러한 소비는 바람직하지 않다. 현물급여는 이러한 부정적 소비를 피하고, 사회적으로 바람직한 소비 또는 정책이 목표로 하는 욕구를 직접적으로 충족시킨다는 장점이 있다.

셋째, 현물급여의 경우 전문가에 의한 전문적 서비스를 제공할 수 있다. 현물급여로서의 보육, 교육, 의료, 요양 서비스는 각 해당 분야에서의 전문가들에 의해 전문적인 서비스로 제공된다. 일반 가구원들에 비교하여 전문가들이 과학적 지식에 기반한 전문적 서비스를 제공함으로써 더 양질의 안전한 서비스를 제공할 수 있다. 그래서 현물급여가 전문적 서비스를 제공함으로써 욕구 충족에 더 효과적이다.

넷째, 현물급여는 전문가의 진단과 서비스 제공 과정에서 수급자들의 욕구를 발굴하고 정확하게 파악할 수 있다. 현금급여는 수급자에게 현금을 통장에 입금하고 끝나 버리기 때문에 개인적인 접촉 과정이 없다. 이에 비해 현물급여의 경우에는 서비스 제공 과정에서 개인적인 접촉과 관계 형성을 통하여 전문가에 의한 수급자의 욕구 진단 과정이 포함된다. 이 과정을 통하여 수급자들의 잠재적 욕구를 발견하고 명확하게 표현할 수 있다.

이에 비해 현금급여는 효과성 측면에서 다음과 같은 장점을 가진다.

첫째, 현금급여는 수급자의 효용 및 만족감을 극대화할 수 있다. 개인의 욕구를 가장 잘 아는 사람은 자기 자신이므로, 개인은 현금을 이용하여 자기의 욕구를 충족시킬 수 있는 소비를 함으로써 자신의 효용 및 만족감을 최대화할 수 있다. 여기에는 물론 수급자 개인이 합리적이라는 전제가 있다.

둘째, 현금급여 소비자의 자유를 증진시킨다. 현금급여는 소비 단계에서의 결정권을 수급자 개인에게 제공하므로, 수급자 개인이 주체로서 소비의 항목과 양 그리고 질을 결정할 수 있다. 이에 비해 현물급여는 특정 재화나 서비스를 제공함으로써 수급자의 소비에서의 자유 선택을 제약한다. 즉, 현금급여는 수급자 개인의 소비자 주권과 자유 제공이라는 측면에서 장점이 있다.

셋째, 현금급여는 인간 존엄성 유지에 유리하다. 현금에는 꼬리표가 붙어있지 않고 낙인이 찍혀 있지 않다. 그래서 현금급여는 수급자에게 치욕감을 발생시키지 않고 인간 존엄성을 유지하는 데 장점이 있다. 이에 비하여 현물급여는 수급자에게 꼬리표를 붙인다. 특히 현물급여가 빈곤층 등 취약계층에 대하여 제한하여 잔여적으로 제공될 경우 낙인이 부여된다. 그래서 현물급여의 경우에는 동일 욕구를 가진 전 국민에 대해 서비스를 제공하는 보편적 급여가 중요하다.

<표 11-5> 효과성 측면에서의 현금급여 대 현물급여의 특성 비교

	현물급여의 장점	현금급여의 장점
효과성	• 정책 목표 달성에 효과적 　− 수급자(욕구 가진 사람)에게 급여 제공 　− 목표 욕구 충족에 집중: 부적절 소비(술, 도박 등) 통제 　− 전문가에 의한 전문적 서비스 제공 　− 개인적 접촉 과정을 통한 욕구 파악	• 개인의 만족 최대화 • 소비자의 선택의 자유 • 낙인감 없음

2) 효율성

지금까지 효과성의 측면에서 현물급여와 현금급여의 특성에 대해 살펴보았다. 이제 효율성의 측면에서 현물급여와 현금급여의 장점에 대하여 살펴보자. 현물급여는 효율성의 측면에서 다음과 같은 몇 가지의 장점들을 가진다.

첫째, 현물급여는 대량 생산과 대량 소비로 인한 규모의 경제 효과가 크다.[6] 공적으로 표준화된 현물급여를 공급할 경우 대량 생산과 대량 소비가 가능하여 단위당 생산비용을 낮출 수 있다. 알바 미르달(Myrdal, 1968; Gilbert & Terrell, 2013에서 재인용)은 공공기관이나 정부가 어떤 재화나 서비스를 대량 생산하고 중앙화된 통제하에서 분배하는 것이 더 효율적이므로, 현물급여의 경우 더 많은 급여를 더 적은 비용으로 공급할 수 있다고 주장했다.

둘째, 불완전한 정보하에서 현물급여는 자기표적화(self-targetting)를 통해 욕구를 가진 사람들을 더 잘 표적화할 수 있다(Currie & Gahvari, 2008). 개인의 욕구 상황에 대하여 개인 자신은 충분한 정보를 가지고 있는 반면, 정부는 개인들의 욕구

---

[6] 규모의 경제 효과란 생산의 규모가 커짐에 따라 단위당 생산 비용이 감소되는 효과를 말한다.

상황에 대한 구체적인 정보를 충분히 가지지 못한다. 정부가 개인의 욕구에 대한 불완전한 정보를 가진 상황에서, 개인들은 자신의 욕구를 위장하여 급여를 받을 수 있다. 그런데 현금급여와 달리 현물급여의 경우에는 이전 가능성이 제한적이어서 다른 욕구 충족을 위해 자유롭게 소비될 수 없다. 더욱이 취약계층에 대한 현물급여의 경우에는 치욕감이 수반되기 때문에, 욕구가 없거나 약한 사람들은 급여 신청을 기피하게 되고, 욕구가 큰 경우에만 현물급여를 신청하게 된다. 이러한 자기표적화 현상에 의해 현물급여에서는 현금급여에서 발생될 수 있는 급여 오용과 남용의 문제를 상당히 줄일 수 있다.

셋째, 현물급여는 사회복지 급여에 따른 미래 투자 감소 등의 부정적 효과를 감소시킬 수 있다(Currie & Gahvari, 2008). 현금급여가 권리로서 제공될 경우 수급자들은 계속 자신이 급여를 받을 수 있다는 것을 알고, 적극적 구직이나 직업훈련 등의 자립을 위한 투자를 소홀히 하고 복지에 의존할 수 있다. 그런데 현물급여의 경우에는 미래 위험 감소를 위한 투자로서 구직 준비나 직업훈련 등의 서비스를 직접 제공함으로써 이러한 문제를 최소화할 수 있다.

한편, 효율성의 측면에서 현금급여가 장점을 가지는 측면들도 있다.

첫째, 현금급여는 사람들이 원하는 소비를 할 수 있게 함으로써 제한된 자원을 가장 효율적으로 사용할 수 있다. 현물급여의 경우 개인의 취향에 맞지 않거나 개인의 욕구에 정확히 부합되지 않는 경우에는 제공된 현물급여가 제대로 사용되지 않고 낭비될 수 있다. 일반적으로 노인들은 생일이나 명절 등에 자녀들로부터 선물보다는 현금을 받는 것을 더 좋아한다고 한다. 왜냐하면 선물이 마음에 들지 않을 경우 그 선물은 제대로 사용되지도 않고 장롱이나 창고에 처박혀 있을 것이기 때문이다. 현금의 경우 자신이 원하는 것을 구매할 수 있으므로 낭비가 없고 효율적으로 사용될 수 있다.

둘째, 현금급여는 행정 비용이 적게 든다. 현물급여의 경우에는 재화나 서비스의 관리와 전달 과정에 비용이 많이 든다. 하지만 현금급여의 경우에는 계좌에 입금만 하면 된다. 그래서 행정 비용 측면에서 현금급여가 비용이 적게 든다.

〈표 11-6〉 효율성 측면에서의 현금급여 대 현물급여의 특성 비교

	현물급여의 장점	현금급여의 장점
효율성	• 규모의 경제 • 불완전한 정보와 자기표적화 • 부정적 효과 축소: 미래 위험 감소활동에 직접 투자	• 개인 취향에 따른 효율적 소비(취향에 맞지 않는 현물급여는 사용되지 않아 낭비 초래) • 낮은 행정 비용

3) 정치적 지지

효과성 및 효율성의 측면에 이어서 여기에서는 정치적 지지의 측면에 있어서 현물급여와 현금급여의 특성을 살펴보자. 정치적 지지의 측면에서는 일반적으로 현물급여가 장점이 있다고 한다. 현물급여의 경우 재화나 서비스를 공급하는 공급자들로부터의 강한 지지가 있다. 현물급여의 도입 시뿐만 아니라 그 축소가 시도될 때 이 공급자 집단들이 현물급여의 유지를 주장하는 강력한 지지 세력이 된다. 또한 조세 부담자들의 경우에도 현금급여보다는 현물급여를 지지하는 경향이 강하다. 조세 부담자들의 경우 자신들이 납부한 세금이 어디에 사용되는지를 보다 명확하게 확인할 수 있고, 또한 자신들이 바람직하다고 생각하는 방향으로 지출과 소비를 통제할 수 있기 때문에 현물급여를 선호한다.

이에 비해 현금급여의 경우에는 수급자들이 선호가 크다. 잔여적 급여의 경우에는 이들 수급자의 숫자나 권력이 작아서 수급자들의 목소리가 큰 영향력이 없을 수 있다. 하지만 보편적 급여의 경우에는 수급자들의 숫자나 권력이 확대될 수 있다.

〈표 11-7〉 정치적 지지 측면에서의 현금급여 대 현물급여의 특성 비교

	현물급여의 장점	현금급여의 장점
정치적 지지	• 납세자 선호 • 공급자 및 관료 선호	• 수급자 선호

4) 현금급여 대 현물급여의 선택은 양자택일의 문제인가

지금까지 현금급여와 현물급여의 특성을 효과성, 효율성 그리고 정치적 지지의 측면에서 검토해 보았다. 그런데 현물급여와 현금급여는 상호갈등적인가? 현물급여는 사회적 목표 및 효과성을 증진하는 한편, 현금급여는 소비자 개인의 자유와 주권을 증진한다는 점에서, 두 급여 형태는 상호갈등적이고 대체적인 관계로 인식된다.

하지만 현물급여와 현금급여의 이러한 특징이 반드시 상호갈등적으로만 나타나는 것은 아니다. 티트머스는 현물급여와 현금급여의 조화 가능성을 주장하였다. 그는 현물급여와 현금급여 중 하나를 선택하기보다는 다양한 조합 중 어떤 유형이 잠재적 욕구의 발견과 충족에 효과적일 것인지를 중심으로 사고하였다. 그래서 잠재된 욕구를 발견해 내고 발견된 욕구를 충족시키기 위하여 다양한 조합 중 적합한 유형을 선택하는 것이 필요하다고 보았다. 그래서 현물급여도 욕구의 발견하고 충족시키는 과정에서 적절하게 사용된다면, 사회통제를 강화하는 것이 아니라 개인의 자유를 현저히 증진시킨다고 보았다.

> **〈글상자 11-2〉 현물급여와 현금급여의 조화 가능성에 대해 티트머스가 제시한 예: 노인의 시각 상실 예방**
>
> 티트머스(1967)는 현물급여와 현금급여의 조화 가능성을 주장하였다. 그는 노인의 시각 상실을 예방하는 문제의 예를 통해 그 조화 가능성을 제시하였다. 노인들의 시각 상실 예방을 위해서는 조기진단과 조기치료가 중요하다. 그런데 노인들은 무력하고 두려워하고 신체적 제한을 운명으로 받아들이기 때문에 행동을 취하지 않는다.
>
> 1966년 영국에서 발간된 보건부의 한 보고서에서 노인들의 시각 상실 감소에 기여한 두 가지 요인을 제시했다. 하나는 국민보건서비스(NHS)에 의해 무상 의료 및 병원 서비스를 이용할 수 있게 되었다는 것이었다. 다른 하나는 조기 예방행동으로서 노인들이 조기에 시각문제에 대한 도움을 받도록 의뢰(reference)를 제공한 것이었다. 그 의뢰의 주요 주체는 공공부조위원회였다. 이 위원회에서 수급자 선정을 위하여 가정 방문을 통해서 자산조사를 하는 과정에서 노인들의 시각장애문제를 조기에 발견하

고 병원에 의뢰하였다.

티트머스는 이 예를 통해 접근하기 어려운 취약집단들을 찾아가기 위해서는 개인적 접촉과 관계가 중요하고, 이것이 자유의 원천이라고 보았다. 이 예에서 현금급여를 위한 가정방문 자산조사 과정에서 욕구를 찾아내고 현물급여로서의 국민보건서비스를 통하여 치료를 제공함으로써 시각 상실을 예방할 수 있었다. 그리고 시각상실의 예방으로 개인의 자유를 신장할 수 있었다는 것이다.

그러므로 현금급여 대 현물급여의 선택을 절대적 양자택일의 문제로 보기보다는 다양한 조합의 유형을 고려하는 것이 필요하다. 그리고 이러한 다양한 조합 중에서 다음과 같은 일정한 조건들을 고려하여 선택할 필요가 있다.

첫째, 수급자의 합리적 선택능력을 고려해야 한다. 수급자들의 합리적 선택능력이 약한 경우에는 재화나 서비스를 공적으로 직접 공급하는 것이 수급자들의 욕구 충족에 부합될 수 있다. 반대로 수급자들의 합리적 선택능력이 강한 경우에는 현금급여를 제공하는 것이 더 효과적이고 효율적일 수 있다.

둘째, 개인 취향의 차이를 고려해야 한다. 수급자 간에 개인의 취향이 다양하고 그 차이가 개인에게 중요한 의미가 있는 경우에는 현금급여가 바람직하다. 하지만 개인 취향 차이가 크지 않거나 개인 취향에 상당한 차이가 있더라도 그 차이가 개인에게 중요한 의미가 있지 않는 경우에는 현물급여를 통하여 표준적인 재화나 서비스를 공급하는 것이 적합할 수 있다.

셋째, 기본적 욕구 정도를 고려해야 한다. 어떤 욕구가 인간으로서 기본적으로 충족해야 할 욕구에 해당된다면 그 욕구는 반드시 충족되어야 한다. 예를 들어, 의료보호는 기본적 욕구이다. 그러므로 의료보호의 경우에는 개인에게 현금을 지급하고 개인이 알아서 소비하기보다는 의료서비스 자체를 공급하는 것이 적합하다. 또 다른 예로 주거보장의 경우를 보자. 사회 구성원들이 주거보장을 기본적 욕구라고 평가할수록, 개인에게 현금을 제공하여 원하는 대로 그 돈을 쓰도록 하기보다는 그 예산을 주택 공급이나 주거 바우처 등으로 공급하여 직접 주거에 사용하도록 할 것이다.

넷째, 정부의 능력 정도를 고려해야 한다. 정부의 능력이 우수할수록 현물급여가 잘 작동된다. 정부가 투명하고 유능하며 효율적으로 작동되는 경우 현물급여의 공급이 원활하게 이루어진다. 하지만 정부가 부패하고 무능하며 비효율적으로 작동되는 경우에 공적인 현물급여의 공급은 적절하게 이루어지기 어렵다. 정부가 현물급여를 직접 공급하는 경우나 또는 정부가 규제를 통해 민간에서의 공급을 관리하는 경우에도 정부의 능력이 전제조건으로 필요하다.

3. 사회복지정책에서의 급여 형태의 구성

한국의 사회복지정책의 주요 제도들은 현물과 현금 중 어떠한 형태의 급여를 제공하고 있을까? 우선 사회보험제도들의 경우를 보자. 국민건강보험의 경우, 현물급여로서 요양급여를 제공한다. 질병으로 인한 소득 단절에 대응하는 현금급여인 상병수당은 아직까지 제공하지 않고 있다.[7] 국민연금의 경우, 현금급여로서 노령연금, 장애연금, 유족연금을 제공한다. 고용보험은 현금급여로서 실업급여를 제공하고, 현물급여로서 고용안정사업과 직업능력개발사업을 실시한다.[8] 고용보험에서는 또한 출산과 양육을 위한 휴직기간 동안 소득을 제공하는 현금급여로서 산전후휴가와 육아휴직 급여를 제공한다. 산재보험은 현금급여로서 산업재해로 인한 소득 단절에 대응하여 휴업급여 및 장해급여를 제공하고, 현물급여로서 의료서비스로서의 요양급여를 제공한다. 장기요양보험은 요양서비스 이용에 소요되는 지원하는 현물급여 프로그램으로서, 재가급여, 시설급여 그리고 복지용구 공급서비스를 제공한다. 장기요양보험에서 요양보호사 자격을 가진 가족이 가정에서 요양서비스를 제공할 경우에 현금을 지급하지만 이 또한 요양서비스의 제공에 초점이 있다.

공공부조의 경우에는 국민기초생활보장제도의 경우 생계급여는 현금급여이고, 의료급여, 주거급여, 교육급여는 의료, 주거, 교육의 제공을 위한 것으로서 현물급여에 해당된다. 근로장려세제는 저소득 취업가구에 현금급여를 제공한다. 국민취업지원제도는 고용보험의 적용을 받지 못하는 실업자에게 현금급여로서 구직수당을 제공하고, 동시에 현물급여로서 취업지원서비스를 제공한다.

---

7) 정부에서는 2020년 한국형 뉴딜정책의 일부로 상병수당의 도입 계획을 발표하였다.
8) 고용안정사업의 경우 일자리를 제공하는 것이 주목적이고, 직업능력개발사업은 훈련을 제공하는 프로그램이다.

〈표 11-8〉 한국 주요 사회복지정책에서의 급여 형태

사회복지정책의 종류		현금급여	현물급여
사회보험	국민건강보험	상병수당	요양급여
	국민연금	노령연금, 장애연금, 유족연금	
	고용보험	구직급여(실업급여), 산전후 휴가 및 육아휴직급여	고용안정, 직업능력개발
	산재보험	휴업급여 및 장해급여	요양급여
	장기요양보험	특별현금급여(가족요양비)	재가급여, 시설급여, 복지용구
공공부조	국민기초생활보장제도	생계급여	의료급여, 주거급여, 교육급여, 자활급여
	근로장려세제	근로장려금	
	국민취업지원제도	구직촉진수당	취업지원서비스
보편적 프로그램	아동수당	아동수당	
	기초연금	기초연금	
	보육서비스	양육수당(가정보육 경우)	보육서비스
	교육		초·중·고 교육

보편적 프로그램의 경우에는 아동수당과 기초연금은 현금급여로서 제공된다. 보육서비스와 초·중·고등학교 교육서비스는 현물급여로서 제공된다. 보육서비스의 경우, 어린이집 등 보육기관을 이용하지 않고 가정에서 양육하는 경우에는 현금급여로 양육수당을 지급한다. 하지만 이 또한 기본적으로 보육서비스의 제공에 대한 보상으로서 현물급여로서의 보육서비스 제공에 초점이 맞추어져 있다.

그래서 대체로 현물급여와 현금급여의 형태 구분이 명확하다. 하지만 고용보험의 산전후휴가 및 육아휴직 급여, 장기요양보험의 특별현금급여, 국민기초생활보장제도의 주거급여, 보육서비스에서의 양육수당 등의 경우에는 현물급여와 현금급여로의 구분이 약간 모호한 측면이 있다. 참고로 OECD에서는 〈표 11-9〉와 같이 사회지출을 현물급여와 현금급여로 분류한다.

〈표 11-9〉 OECD 사회지출 데이터에서의 현금급여 대 현물급여 구분

구분	현금급여	현물급여(서비스)
노령	연금, 조기퇴직연금, 기타 현금급여	돌봄서비스/가사보조서비스/기타 현물급여
유족	연금, 기타 현금급여	장례비용, 기타 현물급여
근로 무능력	장애연금, 연금(산업재해), 유급상병휴가(산업재해), 유급상병휴가(기타 상병수당), 기타 현금급여	돌봄서비스/가사보조서비스, 재활치료서비스, 기타 현물급여
보건	–	현물급여
가족	가족수당, 산전후휴가 및 육아휴직, 기타 현금급여	보육/가사보조서비스, 기타 현물급여
적극적 노동시장정책	–	고용서비스 및 행정, 노동시장훈련, 청년고용지원, 고용지원, 장애인고용지원
실업	실업수당/해고수당, 노동시장으로 인한 조기퇴직	현물급여
주거	–	주거비 지원, 기타 현물급여
기타	소득 지원, 기타 현금급여	공공부조, 기타 현물급여

출처: OECD (2007); 김태완 외(2013)에서 재인용.

4. 급여 형태 선택과 관련된 이슈

1) 국가차원: 현물급여의 비중을 높이는 것이 필요한가

국가차원에서 현물급여와 현금급여 간에 비중을 어떻게 설정해야 하는가? 현재 한국의 상황에서는 현물급여와 현금급여 간에 어떤 급여 형태의 비중을 늘려야 하는가?

서구 복지국가들에서는 1990년대 이후 사회투자 전략이 강조되면서 사회서비스 중심의 현물급여를 증가시켜야 한다는 주장이 제기되어 왔다. 전통적인 사회보장이 현금급여를 제공하는 소극적인 소득보장 중심으로 이루어져 온 데 비하여, 보다 적극적으로 인적 자본에 투자하고 그 활용을 증진시키는 방향으로의 전환이 필요

하다는 것이다(Giddens, 1998/한상진, 박찬욱 역, 2014). 구체적인 사회투자 프로그램
으로서 아동과 여성 친화적인 보육, 교육, 훈련, 요양 등의 사회서비스들과 실업자
등을 노동시장으로 통합시키기 위한 적극적 노동시장정책이 강조되었다. 과거 현
금급여 중심의 소극적 복지가 복지 의존 등을 야기하였다는 비판에 대응하여, 사회
투자 전략은 사회서비스를 통하여 사회 구성원들의 적극적인 경제활동 참여를 지
원하는 데 초점을 두었다.

이러한 사회투자 전략의 입장은 서구 복지국가들의 현실 정책에서 보육, 요양,
적극적 노동시장정책 등 사회서비스를 확대를 가져왔다. 그 결과, 서구 복지국가들
의 총 사회지출 중에서 현금급여의 비중이 감소되고 현물급여의 상대적 비중이 증가
되었다. 〈표 11-10〉에 제시된 것처럼, 공적 사회지출 대비 현물급여 지출의 비중이
OECD 국가들의 경우 평균적으로 1990년 33.9%에서 2017년 40.2%로 증가하였다.

〈표 11-10〉 한국과 OECD 국가의 공적 사회지출과 현물지출의 비중

국가	시기	공적 사회지출(GDP 대비 비중)	현금지출(GDP 대비 비중)	현물지출(GDP 대비 비중)	공적 사회지출 대비 현금지출 비중	공적 사회지출 대비 현물지출 비중
한국	1990	2.6	1.0	1.6	38.5	61.5
	2017	10.1	4.0	5.8	39.6	57.4
OECD 평균	1990	16.5	10.6	5.6	64.2	33.9
	2017	19.9	11.5	8.0	57.8	40.2

출처: OECD SOCX, 2021. 6. 5. 추출.

한국에서도 사회투자국가 전략에 대한 관심이 증가하면서 현금급여보다는 사회
서비스 중심의 복지국가 전략이 필요하다는 주장들이 제기되었다. 이러한 입장에
따르면, 국가적 차원에서 현금급여보다 사회서비스의 공급을 증가시키는 것이 다
음의 몇 가지 점에서 더 장점이 크다(안상훈, 2007, 2011). 첫째, 현금급여에 비하여
사회서비스가 고용 창출에 보다 직접적인 효과를 창출한다. 사회서비스는 인간에
의해서만 전달되므로 일자리 창출효과가 크다. 사회서비스를 통해서 사회복지사,
보육시설 교사, 학교 교사, 직업상담사, 요양보호사, 간호사 및 의사 등의 사회서비

스 일자리들이 직접적으로 대량으로 공급된다. 둘째, 사회서비스는 인적 자본의 향상과 활용을 증진시킨다. 사회서비스는 아동, 여성, 실업자 등 수급자들의 인적 자본을 향상시키고 취업 알선 등을 통하여 인적 자본의 활용도를 증가시킨다. 셋째, 사회서비스는 경제 성장에 직접적으로 기여한다. 사회서비스 확대에 의한 고용 창출과 인적 자본 증진은 경제성장에 기여한다. 더욱이 적극적 노동시장정책 등은 노동수급을 직접적으로 조정하여 산업구조 조정을 촉진한다. 그래서 현금급여보다는 사회서비스가 한 국가의 경제 성장에 더 긍정적인 영향을 미친다. 넷째, 사회서비스는 여성의 경제활동 참여 증가에 기여한다. 사회서비스는 돌봄의 사회화를 통해 여성의 가정 내 돌봄 부담을 감소시켜 여성들의 경제활동 참여를 증가시킨다.

사회서비스 중심의 복지 전략은 국제적으로도 사회서비스를 포괄적으로 제공하는 북유럽 국가들의 우수한 경제적·사회적 성과에 의해 뒷받침되어 왔다. 북유럽 국가들은 소득보장과 함께 보편적 사회서비스를 포괄적으로 제공한다. 이에 비해 유럽 대륙 국가들은 소득보장 중심적 구조를 가지고, 영미 중심의 자유주의 국가들은 소득보장과 사회서비스 모두 규모가 작다. 서구 복지국가 중에서 보편적 사회서비스를 실시하는 북유럽 복지국가들이 경제적 및 사회적 측면에서 우수한 성과를 보여 왔다.

한국의 상황을 서구 복지국가들과 비교해 보면, 두 가지의 뚜렷한 특징이 나타난다.

첫째, 한국은 현물급여의 비중이 압도적으로 크다. OECD 국가 간에 현물급여의 비중을 비교해 보면, [그림 11-1]에서 보이는 것처럼, 한국은 전체 OECD 국가 중에 칠레 다음으로 현물급여의 비중이 높다. 즉, 한국은 OECD 국가들에 비해 현금급여의 비중이 낮고 압도적으로 현물급여의 비중이 높은 국가이다.

둘째, 그런데 한국은 현금급여와 현물급여 모두 그 지출 규모가 OECD 국가들에 비해 아주 낮다. 〈표 11-10〉에서 제시된 것처럼, 한국은 2017년 현금급여의 GDP 대비 비중이 4%로 OECD 평균 11.5%에 비하여 현저하게 낮다. 현물급여의 경우에도 한국은 5.8%로 OECD 평균 8%에 비해 훨씬 낮았다. 즉, 한국은 강한 현물급여 중심의 국가임에도 불구하고 현물급여 지출이 서구 국가들보다 낮다.

한국 사회의 경우, 아직은 현물급여과 현금급여 모두 규모가 작다. 그러므로 현물급여와 현금급여를 대체적인 관계보다는 경쟁적으로 확대되어야 하는 관계로 보는 것이 적절하다.

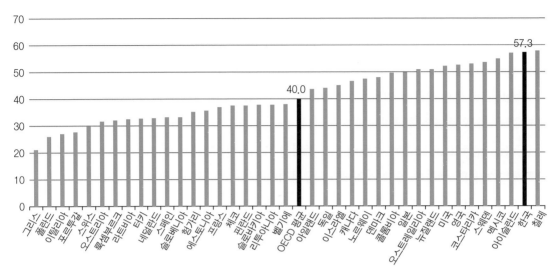

[그림 11-1] OECD 국가들의 공적 사회지출 중 현물급여 지출의 비중(2017)

출처: OECD SOCX, 2021. 6. 6. 추출.

2) 개별 제도 영역들에서의 급여 형태를 둘러싼 이슈

앞에서는 국가적 차원에서 현물급여와 현금급여의 선택의 이슈에 대하여 살펴보았다. 다음에서는 개별 제도 영역들에서 제기되어 온 급여 형태를 둘러싼 주요 이슈들에 대하여 몇 가지의 사례를 살펴본다.

(1) 공공부조에서의 현금급여 대 사회서비스: 전문가 지원 대 소비자 주권의 순환

역사적으로 공공부조의 급여 형태에 대한 이슈는 오래전부터 제기되어 왔다. 산업화 이전의 전통사회에서는 주로 현물급여를 제공하였다. 영국 「구빈법」의 경우, 전통적으로 작업장이나 구빈원에 수용하여 현물급여를 제공하는 형태가 주였다. 이후 「스핀햄랜드법」이 등장하여 현금급여가 제공되었다. 이 법에서는 저임금 근로자가구에 대해 최저생계비에 미달하는 부족분을 현금으로 지급하였다. 하지만 근로 의욕 저하 등의 비판이 제기되면서 「스핀햄랜드법」에 의한 현금급여는 폐지되었다. 그리고 현대적 공공부조가 등장할 때까지 구빈원 및 작업장 수용 보호가 이루어졌다. 작업장 수용 보호는 빈민들을 통제하고 낙인감을 부여하는 것으로 비판받았다.

  제2차 세계대전 이후 현대 공공부조에서는 작업장 수용 보호를 폐지하고 현금급여 방식으로 전환하였다. 그러나 1970년대 복지국가 위기 이후 현금급여는 또 다시 수급자들의 복지 의존을 야기하는 것으로 비판받았다. 이를 반영하여 1980년대 이후에는 현금급여만 제공하기보다는 근로연계복지(workfare)의 방향으로 변화하여, 현금급여와 함께 수급자의 근로 관련 활동에의 참여를 요구하고 근로 활동 지원을 위한 각종 서비스를 결합하여 제공하였다. 근로연계복지는 두 가지의 측면을 동시에 포함한다. 한편에서는 근로 관련 활동에 참여하지 않으면 현금급여를 축소 또는 중단하겠다는 징벌적 측면이다. 다른 한편에서는 수급자들에게 필요한 서비스를 제공하여 이들의 자립을 지원한다는 측면이다. 그래서 현대 공공부조에서는 현금급여 중심으로부터 현금급여와 서비스의 결합 방식으로의 급여 형태의 변화가 발생하였다.

  최근에는 근로연계복지의 사회통제적 성격에 대한 비판들이 제기되면서 기본 소득과 같이 근로 관련 활동에의 참여를 조건으로 하지 않고 무조건적으로 현금급여를 제공하여야 한다는 주장들이 제시되고 있다.

〈글상자 11-3〉 미국 공공부조 역사에서의 현금 대 현금현물병행 급여 간의 순환적 교체 현상

  미국의 현대 공공부조 역사에서도 유사한 현금급여 대 현금현물병행급여 간의 순환적 교체 현상이 발생해 왔다. 길버트와 테렐(2013)은 미국 공공부조에서의 이러한 순환적 교체 경험을 다음과 같이 정리하여 제시하였다.

  1960년대에는 사회서비스의 중요성이 강조되었다. 공공부조 수급자들은 단순한 현금부족의 문제만이 아니라 그 이상의 인간적인 문제를 가지고 있는 것으로 보였다. 그러므로 단순히 현금급여만 제공하는 것만으로는 빈곤을 퇴치할 수 없고, 장기적으로 바람직한 결과를 얻기 위해서는 직접 상담을 통해서 수급자 개개인이 처한 상황에 대한 관심과 이해가 필수적인 것으로 평가되었다. 그래서 이 시대에는 현금급여와 함께 사회복지사들에 의한 사회서비스 제공이 강조되었다.

  1960년대 말 1970년대 초반 미국의 공공부조는 현금 위주 전략으로 전환하였다. 좌파는 현금급여를 시민의 기본적 권리로 보았다. 우파는 현금급여를 수급자의 선택

의 폭을 확대하고 관료주의의 비효율성을 피할 수 있는 방식이라고 보았다. 그래서 좌우파 모두에서 현금급여에 대한 광범위한 합의가 형성되었다. 이러한 맥락에서 밀턴 프리드먼(1962)에 의해 부의 소득세 방식이 제시되었고, 닉슨 행정부에서 실제 정책으로 가족지원계획(Family Assistance Plan: FAP)[9]이 추진되었다.

1980년대 이후에는 미국 공공부조에서 다시 사회서비스 전략이 강조되었다. 공화당은 소비자 효용을 극대화하는 현금급여 방식을 포기하고 근로와 책임성을 강조하면서 과거의 가부장주의로 회귀하였다. 민주당에서도 수급자들의 빈곤 탈피와 자립을 지원하기 위한 사회서비스의 제공을 강조하였다. 그 결과, 클린턴 행정부하에서 1996년 복지개혁 입법이 통과되었다. 이후 복지개혁을 통하여 공공부조 수급자들에게 구직활동, 취업 준비, 직업훈련, 공공근로 등의 근로 관련 활동들에 참여할 것을 의무화하였고, 동시에 근로활동을 지원하기 위하여 아동보육서비스나 취업지원서비스 등의 사회서비스를 확대하였다. 다시 현금급여 중심에서 현물급여를 결합하는 방식으로 전환이 이루어진 것이다.

하지만 현물급여를 결합하는 방식의 효과성을 둘러싸고 비판도 제기되고 있다. 수급자들이 취업하더라도 불안정하고 낮은 질의 일자리에 취업하였고 취업을 유지하기 어려웠으며 다시 실업에 빠지는 과정이 반복되었다는 것이다. 또한 이 방식은 수급자들에 대해 너무 통제적이고 징벌적이라는 비판들이 제기되었다.

종합해 보면, 공공부조에서 현금급여만으로 빈곤문제가 해결된다고 보기는 어렵다. 빈곤 현상에 대응하여 현금급여를 제공하여 최저 생활을 보장함과 함께 빈곤의 원인을 파악하여 빈곤을 벗어날 수 있도록 사회적 서비스를 동시에 제공하는 노력이 필요하다.

(2) 한국에서의 사회서비스 바우처 사업과 개인예산제도

전통적으로 한국에서 사회서비스는 저소득 취약계층을 시설에 수용하여 현물급

---

9) 아동을 부양하는 모든 빈곤가구에 대해 최저생활 수준을 보장하는 현금급여를 제공하는 제도이다. 하지만 가족지원계획(FAP)은 의회에서 입법화되지 못했다.

여를 제공하는 방식이었다. 그러다가 2007년 이후 사회서비스 바우처 사업이 시작되면서 상당한 변화가 발생되었다.[10] 사회서비스 바우처 사업은 사회서비스의 급여 형태를 과거의 시설 수용에 의한 현물급여 방식에서 바우처 방식으로 전환하였다. 사회서비스 바우처 사업은 몇 가지 측면에서 사회서비스 공급에 상당한 변화를 가져왔다. 첫째, 사회서비스의 공급량을 대폭 확대시켰다. 사회서비스가 일부의 취약계층에 대한 현물지원으로 제한적으로 이루어지던 상황에서, 바우처 사업을 통하여 공급량이 확대되었다. 둘째, 사회서비스 바우처 사업은 그 대상을 저소득 취약계층에서 사회서비스 욕구를 가진 일반 국민으로 확대시켰다. 셋째, 사회서비스 공급기관을 비영리기관 중심에서 영리기관을 포함하도록 대폭 확대하였다. 넷째, 수급자들의 선택의 자유를 확대시켰다. 바우처는 특정 종류의 서비스로 한정되기는 하지만, 과거의 특정 현물급여로 제한되던 상황을 벗어나서 이용자가 원하는 기관이나 급여를 선택할 수 있도록 함으로써 수급자들의 선택권을 대폭 확대시켰다.

최근에는 사회서비스 바우처 사업을 넘어서 사회서비스 개인예산제도의 도입 주장들이 제기되고 있다. 사회서비스 개인예산제도는 수급자 개인에게 일정한 예산을 지급하고 그 예산의 범위 내에서 수급자가 자유롭게 사회서비스를 구입하여 이용하는 제도이다. 개인예산제도하에서 수급자는 할당된 예산으로 원하는 종류의 서비스를 필요한 양만큼 구입하여 사용할 수 있다. 그래서 사회서비스의 직접 공급이나 바우처에 의한 특정 사회서비스 구입에 비교하여 개인예산제도는 소비자 주권이나 소비자의 선택의 자유 측면에서 장점이 있다.

개인예산제도는 특히 장애인복지 분야에서 많이 제기되어 왔다. 장애인의 자기결정권 이념에 따라 장애인의 선택과 통제권을 증가시키기 위한 목적으로 주장되어 왔다. 과거의 현물급여 중심에서 그동안 바우처 중심으로 그 중심이 옮겨진 상황에서 더 나아가 개인예산제도를 도입함으로써 장애인의 자기결정권을 강화시키고자 하는 것이다. 그러나 개인예산제도가 장애인 복지의 총 규모의 확대를 저해하

---

10) 사회서비스 전자 바우처 사업은 장애인 활동 지원, 지역사회에서의 아동, 장애인, 노인 등에 대한 지역사회서비스 투자, 산모신생아 건강관리 지원, 가사간병 방문 지원, 발달장애인 지원, 임신 출산 진료비 지원, 기저귀 조제 분유 지원, 에너지 바우처, 아이돌봄 지원, 여성 청소년 생리대 지원 등의 다양한 분야에서 필요한 물품과 서비스를 구입하는 데 사용되고 있다.

거나[11] 또는 가족 특히 여성에 의한 돌봄 현상을 심화시킬 것[12]에 대한 우려도 제기되고 있다.

(3) 아동양육을 위한 급여 형태

아동양육을 지원하기 위한 급여의 형태는 크게 현금, 서비스, 시간의 세 가지를 포함한다. 아동양육을 위한 급여 형태에 있어서는 일반적인 현금과 현물 이외에도 아동양육을 위한 시간을 공급한다는 점에서 특징적이다. 아동양육을 위한 급여 형태들에 대하여 자세하게 살펴보면 다음과 같다.

첫째, 현금급여는 아동양육을 위해 필요한 재화나 서비스를 구매할 수 있도록 현금을 지급한다. 대표적으로 아동수당제도가 있다. 일반적으로 아동수당제도는 보편적으로 모든 아동에게 정액의 급여를 제공한다. 하지만 영국처럼 일정 소득 수준 이상의 가구에 대해서는 아동수당을 제공하지 않거나, 프랑스처럼 모든 아동을 대상으로 하되 소득 수준에 따라 급여수준을 차등화하기도 한다. 또한 아동수당 외에 아동세액공제(Child Tax Credit) 등을 통해 저소득 및 중하위 가구 아동들에 대하여 추가적인 급여를 제공하는 제도도 많이 실시되고 있다. 한국의 경우에도 보편적인 아동수당과 저소득층에 대한 추가급여로서 자녀장려세제를 실시하고 있다.

둘째, 서비스 형태로 보육서비스를 제공한다. 보육서비스는 취학 연령 이전의 영유아 아동들에 대하여 보육 및 교육을 제공하는 것이다. 북유럽 국가들에서는 보육서비스를 보편적으로 모든 아동에 대해 제공하고 있는 반면, 영미권의 자유주의 국가들은 보육서비스를 저소득층으로 제한하여 제공한다. 한국의 경우에는 보편적 보육서비스를 제공하고 있다.

셋째, 아동양육을 위한 시간을 공급한다. 산전후휴가제도나 육아휴가제도의 경우에는 부모가 직접 아동을 양육할 수 있도록 직장으로부터의 휴가를 통하여 육아를 위한 시간을 공급한다. 부모가 휴가를 사용할 경우 이 기간 동안의 소득보장이 필요하다. 이러한 시간 확보 욕구에 대응하여 산전후휴가 및 육아휴가 제도에서는

---

11) 장애인들에 대한 현물급여의 확대에 대해서는 정치적 지지가 큰 반면, 현금급여의 확대에 대해서는 정치적 지지가 상대적으로 작다는 판단에 기반한 우려이다.

12) 개인예산을 가족에 의한 돌봄서비스 제공에도 사용할 수 있도록 허용하는 경우 가족 내 여성의 돌봄 부담이 증가될 수 있다.

사회보험을 통하여 휴가기간에 소득보장을 제공함으로써 아동양육을 위한 시간을 확보할 수 있도록 한다.

한국의 경우, 2010년대 중반까지는 현물급여로서의 보육서비스와 현금급여로서의 아동수당을 둘러싸고 보육서비스에 정책의 우선 순위를 두었다. 그러나 그 이후에는 현금급여로서의 아동수당 및 자녀장려세제와 시간을 공급하는 육아휴가의 확대가 주요 정책과제가 되어 왔다.

제12장 사회복지정책의 차원 분석 3: 재정

이 장에서는 사회복지정책의 세 번째 차원 분석으로 재정에 대하여 살펴본다.

1절에서는 복지지출에 대하여 살펴본다. OECD와 비교하여 한국의 복지지출의 규모를 알아본다. 현재뿐만 아니라 미래의 복지지출 전망에 대하여 살펴본다. 그리고 노령, 유족, 장애, 보건, 가족, 적극적 노동시장정책, 실업, 주거, 기타의 복지 부문별로 복지지출의 구성을 살펴본다.

2절에서는 복지재원에 대하여 살펴본다. 복지재원의 종류로서 민간재원의 경우 이용자 부담, 기부금, 기업복지, 기타 비공식 부문 재원이 있고, 공적 재원의 경우 사회보험료와 조세가 있다. OECD 국가들과 비교하여 한국의 복지재원의 구성에 대하여 검토해 본다. 그리고 한국에서의 복지재원 확보 전략에 대해 논의한다. 주요 전략으로 직접세로서의 사회복지세 도입, 간접세로서의 부가가치세 인상, 단계적 누진적 보편증세 전략 그리고 죄악세 인상에 대하여 검토해 본다.

복지재정은 크게 지출과 수입의 두 부분으로 구분된다. 먼저, 복지지출에 대하여 살펴보고, 이어서 수입으로서의 복지재원에 대하여 살펴본다.

1. 복지지출

1) 복지지출의 규모

한 국가에서 정부의 지출 규모 또 그 중에서 공적 복지지출의 규모는 어느 정도로 이루어져야 하는가? 이에 대한 명확한 기준은 없는 것 같다. 시대에 따라 적절한 공적 복지지출의 규모에 대한 견해는 상당히 달라질 수 있다. 과거 공산주의국가들의 붕괴 경험에 비추어 보면, 정부의 규모가 지나치게 커지는 것은 바람직하지 않다. 하지만 과거 자유방임주의 시절의 경험에서 볼 수 있었던 것처럼, 정부의 규모가 너무 작으면 공공재나 가치재 등 사회적으로 필요한 자원의 공급이 제대로 이루어지지 않아서 또한 바람직하지 않다. 그러므로 정부의 지출 규모 또는 정부의 공적 복지지출 규모에는 어떤 적절한 범위가 있다고 생각할 수 있다. 그런데 그 적정 규모가 어떤 범위에 있는지는 정확하게 알려져 있지는 않다.

유럽 복지국가들의 경험을 보면, 대체로 전체 GDP의 약 절반 정도를 정부의 공적 지출로 사용한다. 〈표 12-1〉에서 보여 주듯이, GDP 대비 정부지출의 비중을 보면 프랑스의 경우 50% 후반대의 정부지출 비중을 보이고 있고, 스웨덴의 경우 약 50%를 정부지출로 사용하고 있으며, 독일과 영국은 40% 초반 그리고 미국은 40%에 약간 못 미치는 정도의 정부지출 비중을 보이고 있다. OECD 평균적으로는 약 40% 정도의 비중을 보이고 있다. 한국의 경우에는 약 30% 초반 정도의 정부지출 비중을 보이고 있다. 대체로 유럽의 복지국가들이 전체 GDP의 약 절반 정도를 정부의 공적 지출로 사용하고 있는 반면, 한국의 경우 전체 GDP의 약 1/3을 정부의 공적 지출로 사용하고 있다.

〈표 12-1〉 주요 국가의 정부 공적 지출 및 사회지출의 GDP 대비 %(2017년)

	일반정부지출	사회지출
프랑스	56.46	31.5
스웨덴	49.44	26.0
독일	43.93	25.4
영국	40.98	20.5
미국	37.95	18.4
OECD	40.40	19.9
한국	32.44	10.1

출처: OECD National Accounts Statistics, OECD SOCX.

사회지출의 규모를 보면, [그림 12-1]에서 보이는 것처럼, GDP 대비 비중이 OECD 국가 평균으로 약 20% 정도를 지출하고 있다. OECD 국가 평균 사회지출 규모가 GDP 대비로 1980년 14.5%, 1990년 16.5% 그리고 2019년 20.0%로 증가해 왔다. 한국의 경우에는 1990년 2.6%에서 2019년 12.2%로 급속하게 성장하였다. 그러나 여전히 OECD 국가 평균에 비해 사회지출이 낮은 상황이다.

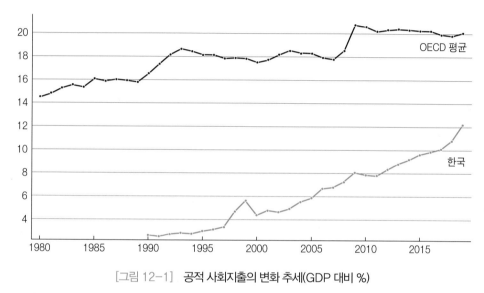

[그림 12-1] 공적 사회지출의 변화 추세(GDP 대비 %)

주: 한국은 1990년 2.6%에서 2019년 12.2%로 급속한 성장, OECD 평균은 1980년 14.5%, 1990년 16.5% 그리고 2019년 20.0%로 증가

출처: OECD (2021). Social spending (indicator). doi: 10.1787/7497563b-en (Accessed on 06 February 2021)

대략적으로 종합하자면, 스웨덴과 독일 등 유럽 국가들의 경우 GDP의 약 절반을 정부 지출로 사용하고, 그중 절반을 사회지출로 사용한다. 그래서 이러한 국가들의 경우 사회지출이 GDP의 약 1/4, 즉 25% 정도를 차지한다. 그리고 OECD 평균적[1]으로는 GDP의 약 2/5를 정부 지출로 사용하고, 그중 절반 정도를 사회지출로 사용한다. 그래서 OECD 평균 사회지출이 GDP의 약 1/5인 20% 정도를 차지한다. 이에 비해 한국의 경우에는 GDP의 약 1/3을 정부지출로 사용하고, 이 중 1/3 정도를 사회지출로 사용한다. 그래서 한국의 사회지출은 GDP 대비 1/9, 약 11~12% 정도를

---

1) OECD 회원국에는 서유럽 국가들뿐만 아니라 동유럽, 남미, 아시아의 다양한 국가가 포함되어 있다.

차지한다. 한국은 유럽 국가들이나 OECD 평균에 비해 사회지출의 규모가 약 절반에 불과한 상황이다.

정부지출의 분야별 구성을 살펴보자. 〈표 12-2〉는 한국과 OECD의 정부 분야별 지출의 GDP 대비 비중을 보여 준다. 한국은 OECD 평균과 비교하여 다른 분야의 경우에는 큰 차이가 없는 반면, 보건과 사회보호의 경우 그 지출 비중이 절반에 불과하다. 이는 한국의 정부지출 비중이 OECD 평균보다 작은 것은 바로 보건과 사회보호 지출이 OECD 평균의 절반에 불과하기 때문이라는 것을 제시한다.

정부의 총 지출이나 사회지출의 적정 규모를 알기는 어렵지만 서구 주요 국가들의 경우에 비추어 볼 때, 정부의 총 지출은 GDP 대비 약 40~60%, 사회지출은 약 20~30%의 범위에 있다고 할 수 있다. 한국은 정부지출 분야 중 사회지출의 비중을 증가시키는 것이 필요하다.

〈표 12-2〉 일반정부 기능별 재정지출(2017, GDP 대비 %)

	일반 행정	국방	공공 질서	경제 사업	환경 보호	주택	보건	오락 문화	교육	사회 보호
한국	5.2	2.5	1.3	4.9	0.8	0.8	4.3	0.8	5.2	6.6
OECD	5.4	2.1	1.8	3.8	0.5	0.6	7.8	0.7	5.1	13.3

출처: OECD National Accounts Statistics (database).

즉, 현재 한국의 복지지출 규모는 서구 국가들에 비하여 현저하게 작다. 현재의 시점에서 복지지출의 규모로만 보면, 복지지출의 대대적 확대가 필요하다.

그런데 한국의 복지지출에 있어서의 문제는 장기적으로 복지지출이 급속하게 증가할 것이라는 점이다. 현재의 복지제도들을 유지하더라도 장기적으로 복지지출의 규모가 OECD 평균 이상 수준으로 확대될 예정이다. 그 이유는 인구구조의 급속한 고령화 때문이다. [그림 12-2]에서 보이는 것처럼, 통계청의 장래인구 추계결과에 따르면, 65세 이상의 노인인구의 비중이 2017년 13.8%에서 2067년이 되면 46.5%가 될 것으로 예측되고 있다. 노인인구의 비중이 증가하면서 노인인구가 주로 사용하는 복지 분야, 즉 보건과 노령연금의 지출이 급속하게 증가한다. 그 결과, 〈표 12-3〉에 제시된 것처럼, 현재의 복지제도를 유지하더라도 인구구조 변화로 인해 복지지출이 2020년 12.1%로부터 2060년에는 28.6%로 증가할 것으로 추정되고 있다. 유럽연합(EU) 28개국의 복지지출이 2020년 24.8%에서 2060년 26.8%로 증가할 것으로 추정되고 있는 것과 비교해 보면, 2060년이 되면 한국의 복지지출은 EU 28개국의 지출 수준을 약간 능가하는 것으로 나타난다.

이러한 예측 결과는 동전의 양면에 해당되는 두 가지 측면에서의 문제를 제기한다. 첫째, 상대적으로 규모가 작아진 경제활동 연령세대들이 그 규모가 급증한 노인세대들을 부양할 수 있겠는가 하는 문제이다. 즉, EU 28개국 평균을 능가하는 복지지출을 부담할 수 있겠는가 하는 점이다. 둘째, 노인세대의 복지는 적정하게 보장될 수 있는가 하는 문제이다. 한국의 노인인구의 비중은 서구 국가들에 비하여 훨씬 더 높을 것으로 예측되고 있다. 한국의 전체 노인인구에 대한 복지지출의 규모는 커지지만, 노인 1인당 복지지출은 서구 복지국가들에 비해 낮을 것으로 예상된다. 한국의 경우에 장기적으로 복지지출의 부담문제와 1인당 복지급여의 수준문제가 동시에 발생할 것으로 우려된다. 한편에서는 복지지출을 충당하기 위한 재정부담이 힘겨운데, 다른 한편에서는 1인당 복지급여 수준이 낮은 상황이 발생할 가능성이 높다.

이러한 문제는 노인들에 대해 소득보장을 제공하는 국민연금의 경우 가장 심각하게 제기되고 있다. 국민연금 장기재정 추계결과에 따르면, 2070년경 국민연금기금이 다 소진되고 난 이후의 부과 방식하에서의 보험료는 약 30%에 이를 것으로 예측되었다(국민연금재정추계위원회, 2018). 일반적으로 서구 국가들의 경우 공적 노령연금에 대한 보험료 상한 수준을 약 20%로 잡고 있는 것에 비추어 보면, 30%에 이르는 보험료를 부담할 수 있을지에 대한 우려가 크다. 하지만 다른 한편, 한국의 공적 연금의 총 지출액 규모는 서유럽 국가들과 유사하거나 약간 높은 수준이 될 것으로 예상된다.[2] 한국의 노인인구 규모가 서구 국가들보다 훨씬 더 클 것이라는

---

2) 국민연금의 GDP 대비 지출 비중은 약 9% 초반 정도이고(이 수치는 국민연금재정추계위원회의 2018년 국민연금장기재정추계 결과임), 또한 기초연금이 약 2.5%*가 될 것으로 예측되고 있어 총 약 12% 수준의 지출 규모가 될 것으로 보인다. 유럽 주요 국가들이 현재 공적 노령연금으로 약 11% 정도의 공적 연금지출 수준을 보이고 있다. 이러한 점을 고려하면 한국의 공적 연금지출의 규모가 장기적으로 서구 국가들과 유사하거나 약간 높은 수준이 될 것으로 예상된다.

* 신화연(2017)에서 기초연금 최대급여 20만 원인 당시 제도를 전제로 추계 시 2060년 GDP 대비 1.7%(5년마다 급여를 물가상승률에 따라 조정)로 추정했다. 그런데 기초연금이 30만 원으로 인상되는 점을 고려하여 1.5배를 곱하면 기초 연금지출 규모가 2.55%가 된다.

〈표 12-3〉 장기적 공적 사회지출 추계(GDP 대비 %)

	2020년	2030년	2040년	2050년	2060년
한국	12.1	16.3	20.8	25.3	28.6
EU 28개국 평균	24.8	25.7	26.8	26.9	26.8

출처: 사회보장위원회(2019).

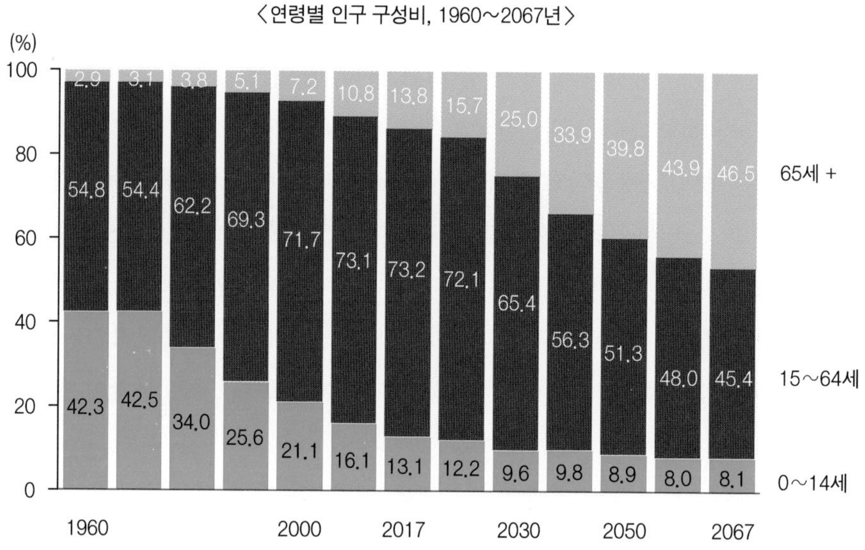

〈연령별 인구 구성비, 1960~2067년〉

[그림 12-2] 장기 인구구조 변화

출처: 통계청(2019).

점을 고려하면 1인당 공적 연금 수준은 오히려 낮을 것으로 예상된다. 그래서 한편에서는 과도한 공적 연금 재정 부담에 대한 우려가 다른 한편에서는 노인들의 낮은 공적 연금 급여 수준에 대한 우려가 동시에 제기되고 있다.[3]

2) 복지지출의 구성

복지지출의 구성을 복지 부문별로 노령, 유족, 장애, 보건, 가족, 적극적 노동시

---

3) 또한 건강보험과 장기요양보험의 보험료율이 2060년경 각각 24%와 6%로 이 두 가지를 합쳐 약 30%가 될 것으로 예측되고 있다(김용하, 중앙일보 인터뷰, 2021년 2월 25일자 기사). 국민연금을 합하면 장기적으로 부과방식 보험료율이 60% 정도가 된다는 것이다. 서구 국가들의 경우 암묵적으로 국민연금, 건강보험, 장기요양보험을 합하여 보험료율을 약 40% 수준에서 통제해야 한다는 합의가 형성되어 있다고 한다.

장정책, 실업, 주거, 기타로 구분하여 살펴보자. 일반적으로 이 복지 부문 중 노령과 보건에 대한 지출이 가장 크다. 〈표 12-4〉에서 보여 주듯이, OECD 평균적으로 복지지출 중 각 복지 부문별 비중이 노령 37.4%, 보건 28.3%로 둘을 합하여 65.7%이다. 사회지출의 약 2/3가 노령 및 보건 부문에 지출되고 있다. 여기에 유족과 장애 부문을 합하여 보면, 전체 사회지출의 80.1%가 노령, 유족, 장애 그리고 보건에 지출되고 있다는 것을 알 수 있다. 이 부문들을 제외하고 나면 나머지 20% 중 절반이 가족 부문에 지출되고, 나머지가 적극적 노동시장정책, 실업, 주거 등에 지출되고 있다.

〈표 12-4〉 복지국가 유형들에서의 복지지출 중 부문별 비중(2017, %)

		노령	유족	장애	보건	가족	ALMP*	실업	주거	기타
복지지출 중 비중	한국	26.4	3.2	5.9	40.8	10.9	2.9	2.8	0.6	6.4
	OECD 평균	37.4	4.2	10.2	28.3	10.6	2.3	2.9	1.6	2.6
GDP 대비 비중	한국	2.7	0.3	0.6	4.1	1.1	0.3	0.3	0.1	0.6
	OECD 평균	7.4	0.8	2.0	5.6	2.1	0.5	0.6	0.3	0.5

*ALMP(Active Labor Market Policy)는 적극적 노동시장정책을 말한다.
출처: OECD Social Expenditure Statistics.

한국의 경우에도 노령과 보건 부문의 지출이 가장 크다. 이 두 부문을 합하여 67.2%로 사회지출의 약 2/3가 노령과 보건 부문에 지출되고 있다. 그리고 여기에 유족 및 장애 부문까지 합하면 76.3%로, 사회지출의 약 80%가 노령, 유족, 장애, 보건에 지출되고 있다. 그래서 OECD와 한국 모두에서 노령과 보건 지출이 전체 사회지출의 약 2/3 그리고 노령, 보건에 유족 및 장애 부문 지출까지 합하면 전체 사회지출의 약 4/5를 차지한다.

그런데 한국과 OECD 국가들에서의 각 부문별 상대적 지출 비중을 보다 세부적으로 비교해 보면, 한국의 경우 상대적으로 전체 사회지출 중에서 보건 부문 지출의 비중이 아주 크고, 대신 노령, 유족, 장애, 주거 부문 지출이 작다는 것을 알 수 있다. 가족, 적극적 노동시장정책, 실업의 경우에는 그 비중이 OECD 국가들과 비숫했다.

그런데 한국에서 다른 부문에 비해 보건지출의 상대적 비중이 큰 것은 보건지출의 절대적 규모가 큰 것이 아니라 다른 부문의 지출 규모가 더 작기 때문이다. 〈표 12-4〉에서 각 부문별 복지지출의 GDP 대비 비중을 보면 OECD 국가 평균에 비해 보건을 포함하여 모든 부문에서 한국의 절대적 지출 규모가 작다는 것에 유의할 필요가 있다.

한국에서 노령, 유족, 장애 부문의 지출 비중이 다른 부문들에 비해 상대적으로 작은 것은 국민연금에서 노령연금이 여전히 성숙되지 못했고 유족 및 장애 연금이 엄격하기 때문이다. 또한 주거 영역에 대한 사회지출이 너무 제한적이다.

가족, 적극적 노동시장정책, 실업 부문은 OECD 국가들에 비해 지출 규모는 작지만 전체 사회지출 내에서의 상대적 비중 측면에서는 OECD 국가 평균과 유사하였다.

이러한 복지 부문별 구성으로 보면, 한국은 노령, 유족, 장애, 주거 부문에 대한 지출이 우선적으로 증가될 필요가 있음을 시사한다. 하지만 모든 복지 부문의 지출 규모가 OECD 평균에 비해 작은 상황에 있으므로, 어떤 부문의 지출 증가가 다른 부문의 지출과 대체적 관계에 있다기보다는 상호경쟁적으로 지출 증가가 필요한 상황이다.

2. 복지재원

1) 복지재원의 종류

(1) 공적 재원 대 민간재원

복지지출을 충당하기 위한 복지재원은 크게 공적 재원과 민간재원으로 구분할 수 있다. 공적 재원으로는 조세와 사회보험이 있고, 민간재원으로는 이용자 부담, 기부, 기업복지 그리고 기타 비공식 부문 재원들이 있다. 사회복지정책은 주로 정부의 복지지출로 이루어지므로 복지재원에 있어서 공적 재원이 주가 되고 민간재원이 공적 재원을 보완한다. 여기에서는 우선 민간재원의 종류와 그 한계에 대하여 살펴보고, 다음으로 공적 재원에 대하여 본격적으로 살펴본다.

민간재원의 종류와 그 특성들에 대하여 살펴보면 다음과 같다.

첫째, 이용자 부담(user fee)이다. 이용자 부담은 서비스를 이용할 때 수급자가 일정한 비용을 부담하도록 하는 것이다. 한국의 의료서비스의 경우 그 비용을 기본적으로 건강보험공단에서 부담하지만 일부는 본인이 부담한다. 장기요양서비스의 경우에도 장기요양보험에서 그 비용을 부담하면서 일부의 비용은 본인이 부담하도록 한다. 이러한 이용자 부담은 서비스 남용을 억제하고 서비스에 대한 권리 의식을 증가시킨다는 점에서 장점이 있다. 하지만 소득계층에 따라 서비스 이용에 불평등을 발생시키는 문제를 초래한다. 고소득층의 경우에는 큰 부담 없이 서비스를 충분히 이용할 수 있지만, 저소득층의 경우에는 이용자 부담으로 인하여 서비스 이용을 못하거나 과소 소비하게 된다.

둘째, 자발적 기부금이다. 자발적 기부금은 민간에서 선의로 이루어지는 것이므로 사회 구성원들의 선한 관계를 증진한다. 하지만 자발적 기부금은 그 규모가 작다. 역사적으로 자선에 의해서는 자본주의 시장경제에서의 각종 사회적 위험들에 대응하기에 역부족이었기 때문에 국가에 의한 사회복지정책이 등장하였다. 또한 자발적 기부금은 개인들의 자발적 의사에 기반하기 때문에 기부자들의 상황에 따라 불안정성이 크다. 그래서 자발적 기부금은 그 규모가 작고 불안정해서 사회적 위험에 대응하기에는 뚜렷한 한계가 있다.

셋째, 기업복지 재원이다. 기업복지 재원은 기업에서 종사자들의 복지 향상을 위해 지출하는 재정으로서, 대표적으로 기업에서 제공하는 의료, 연금 및 퇴직금, 주거, 교육비 지원 등이 있다. 기업복지는 자본주의 사회에서 노동자들의 생활 안정에 중요한 역할을 담당한다. 특히 국가에 의한 사회복지정책이 충분하지 못한 경우 이를 보완한다. 하지만 기업복지는 주로 대기업을 중심으로, 그중에서도 정규직 근로자들을 주된 대상으로 제공된다. 그래서 고용이 안정되고 임금 수준이 높은 사람들이 주로 혜택을 받고, 고용이 불안하고 임금 수준이 낮은 사람들은 혜택에서 제외되는 문제가 발생한다.

넷째, 기타 비공식 부문의 재원이다. 가족, 친지, 이웃 등을 통해 각종 현금 및 현물 등의 지원이 제공된다. 비공식 부문의 재원은 위험에 대응하여 신속하고 직접적으로 지원을 제공할 수 있다는 장점이 있다. 하지만 현대사회에서 이러한 비공식 부문의 재원은 그 규모가 작고 불안정하다. 또한 비공식 부문 재원은 불평등하게 분포되어 있다. 일반적으로 취약계층들은 비공식 부문 재원이 거의 없거나 작은 반면, 고소득층들은 비공식 부문 재원도 풍부한 경우가 많다.

이와 같이 민간재원들은 기본적으로 그 규모가 작고 불안정하거나 계층별로 역진적으로 분포되어 있어 불평등하다는 문제가 있다. 그래서 자본주의 시장경제 사회에서 민간재원으로는 사회 구성원들을 각종 사회적 위험으로부터 보호할 수 없다. 이러한 한계로 인해서 정부에 의하여 공적 재원을 마련하여 사회적 급여를 제공하는 사회복지정책이 등장하였다.

공적 재원은 조세와 사회보험료로 구분할 수 있다. 조세는 민간 부문의 재원과 비교하여 안정적으로 대규모의 재정을 확보할 수 있다는 장점이 있다. 조세는 국가에 의해 법률에 기반하여 전 국민에 대해 강제로 징수되기 때문에 대규모의 재정을 안정적으로 확보할 수 있다. 하지만 그 사용 또한 법률의 규정에 의하여 이루어지므로 그 지출이 자유롭게 이루어질 수가 없어 위험에 신속하고 유연하게 대응하는 데에는 제한이 있다.

사회보험료 역시 전 국민에 대해 강제적으로 징수되고 그 사용처가 사회보험으로 명확하기 때문에 안정적으로 대규모의 재정을 확보할 수 있다는 장점이 있다.

〈표 12-5〉 복지재원의 종류와 특성

		장점	단점
민간재원	이용자 부담	• 서비스 남용 억제 • 권리의식 증가	• 소득계층별 서비스 이용 불평등
	기부금	• 사람들의 선의를 함양	• 규모 작고 불안정
	기업복지	• 기업 내 근로자의 복지 증진	• 불평등 강화
	기타 비공식 부문 재원	• 신속하고 직접적 지원 제공	• 규모 작고 불안정 • 불평등
공적재원	조세	• 대규모의 안정적 재원 확보 • 소득 재분배	• 사용상의 경직성
	사회보험료	• 대규모의 안정적 재원 확보 • 위험에 대응한 높은 급여	• 사용상의 경직성 • 계층별 차이 유지 • 취약계층 배제

하지만 그 사용이 법률에 의하여 정해진 항목에 대해서만 지출이 이루진다는 경직성을 가진다. 또한 사회보험의 경우 조세와 달리 불평등을 유지시킨다는 한계도 있다. 취약계층들은 사회보험 가입에서 제외되는 경우가 많고, 또한 급여에 있어서도 소득비례 사회보험의 경우 소득이 높은 사람이 더 많은 급여를 받기 때문이다.

(2) 공적 재원

① 사회보험료

사회보험 급여는 사회보험료에 의하여 재정이 조달된다. 사회보험에 대해 국가가 보조금을 지급하기도 하지만 기본적으로는 사회보험료가 가장 주요한 재원이다.

사회보험료의 경우 보험료 설정에 있어서 몇 가지의 세부적 이슈가 제기된다.

첫째, 사회보험료를 개인의 경제적 자원 중에서 어떤 자원에 부과할 것인가 하는 이슈가 있다. 사회보험료를 개인의 소득에 부과하여야 하는가, 아니면 재산에도 부과하여야 하는가? 만일 소득에만 부과한다면 근로소득에만 부과하여야 하는가, 아니면 다른 종류의 소득에도 부과하여야 하는가?

사회보험료를 소득과 재산 중 어디에 부과하여야 하는가의 이슈에 있어서, 일반적으로 서구 국가들의 경험을 보면 대체로 사회보험료는 소득에 대해 부과해 왔다. 재산은 매각하지 않으면 현금 흐름이 발생되지 않기 때문에 재산을 팔아서 사회보험료를 납부하도록 하는 것이 너무 가혹할 수 있기 때문이다. 예를 들어, 노령 등으로 소득이 줄거나 상실된 경우에 재산을 팔아서 사회보험료를 납부하도록 요구하는 것은 가혹할 수 있다. 그래서 재산보다는 소득에 기반하여 사회보험료를 납부하도록 하는 것이 일반적이었다.

그런데 소득 중에서 어떤 소득에 보험료를 부과할 것인가? 사회보험의 급여종류가 현금인지 서비스인지에 따라 일련의 차이가 있다. 현금급여를 제공하는 보험의 경우에는 주로 근로소득이나 사업소득을 포함하는 획득소득(earnings)에 보험료를 부과하는 것이 일반적이다. 임금노동자들에 대해서는 근로소득에, 그리고 자영자 등 사업자에 대해서는 사업소득에 보험료를 부과한다. 재산이나 자산소득은 보험료 부과 대상에 포함하지 않는다. 현금급여를 제공하는 사회보험의 목표가 노동자나 자영자의 근로 및 사업 소득 단절에 대응하여 그 일부를 제공하는 것이기 때문이다. 즉, 재산이나 자산소득의 상실에 대하여 급여를 제공하는 것이 아니기 때문이다.

이에 비해 사회보험 중에서 사회서비스를 제공하는 건강보험이나 장기요양보험의 경우에는 보험료 부과에 있어서 근로 및 사업 소득뿐만 아니라 이자나 배당과 같은 자산소득을 포함하기도 한다. 이 보험들의 경우에는 보험료와 급여 간에 직접적 관계가 없다. 급여가 상실된 소득을 보상하는 것이 아니라 의료 욕구나 요양 욕구를 충족시키는 것이기 때문이다. 그래서 현금급여를 제공하는 사회보험들에 비해서 훨씬 더 포괄적인 소득 종류에 대하여 보험료를 부과[4]하는 경향이 있다.

한국의 경우, 현금급여를 제공하는 국민연금, 고용보험, 산재보험은 근로소득과 사업소득, 즉 획득소득에 기반하여 보험료를 부과하고 있다. 이에 비해 서비스를 제공하는 건강보험과 노인장기요양보험은 사업장 가입자의 경우에 근로소득과 사업소득뿐만 아니라 이자나 배당 등의 자산소득을 포함하여 보험료를 부과하고, 지역 가입자의 경우에는 소득뿐만 아니라 재산 정도를 고려하여 보험료를 설정하고 있다.

하지만 이러한 현재의 구분은 절대적인 것이 아니다. 일부에서는 국민연금 등의 경우에도 획득소득(근로소득, 사업소득)을 넘어서서 자산소득 등을 포함하여 포괄적인 종합소득에 대해 보험료를 부과해야 한다고 주장하고 있다. 또한 건강보험의 경우에는 지역 가입자에 대한 재산 기반 보험료 부과방식을 폐지하고 소득기반 보험료 부과방식으로 전환해야 한다는 주장이 제기되고 있다.

둘째, 사회보험료 부과 대상소득에서 상한선과 하한선의 설정문제이다. 사회보험료를 소득에 부과할 경우 전체 소득에 부과할 것인지 아니면 일정 소득 이상 일정 소득 이하의 범위에 있는 소득으로 제한하여 부과할 것인지의 이슈이다. 일반적으로 보험료 부과 대상소득에 최저 한도를 설정하여 일정 수준 이상의 소득이 있는 경우에 보험료를 부과한다. 소득 수준이 너무 낮은 경우에는 본격적인 소득활동을 했다고 보기 어렵고 자칫 행정 비용만 많이 소요되기 때문이다. 그래서 보험료 부과 대상소득에 하한선을 설정하는 경우가 많다. 하지만 하한선이 너무 높으면 그 이하의 소득을 가진 사람들이 보험에 가입하지 못하게 되는 문제가 발생한다.

과거에는 사회보험이 주로 노동시장에서 정규직 근로자들을 대상으로 하였기 때

---

4) 또는 재산에 부과하기도 한다. 한국의 건강보험의 경우 지역가입자는 소득뿐만 아니라 재산에 보험료를 부과하고 있다.

문에 보험료 부과 대상소득의 하한선이 높은 편이었다. 하지만 하한선이 높으면 저임금의 불안정 노동자들은 사회보험 가입에서 배제되게 된다. 대표적으로 경력 단절 여성들의 경우 저임금 불안정 일자리에 취업하는 경우들이 많아 사회보험 가입에서 배제되는 문제가 발생된다. 그래서 최근에는 하한선을 낮추고자 하는 경향이 있다.

또한 보험료 부과 대상소득에는 일반적으로 상한선 제한이 있다. 사회보험료는 모든 소득이 아니라 일정 수준 이하의 소득에 대해서만 부과된다. 소득비례 현금급여를 제공하는 경우 보험료 부과 대상소득에 상한선이 없으면 급여가 너무 높아질 수 있다. 사회보험에서 제공하는 현금급여는 기본적 욕구를 보장하는 데 초점이 있으므로 너무 호화로운 생활을 제공하는 수준으로 제공될 필요는 없다. 그래서 현금급여를 제공하는 사회보험의 경우 보험료 부과 대상소득에 상한선을 설정한다.

사회서비스를 제공하는 사회보험의 경우에는 이런 문제는 없다. 하지만 이 경우에도 개인에게 필수적인 의료와 요양을 제공하는 데 목적이 있으므로 이를 훨씬 넘어서는 수준의 보험료를 징수하는 데에는 일정한 부담이 있다. 그래서 서비스를 제공하는 사회보험의 경우에도 보험료 부과 대상소득에 일정한 상한선이 설정되어 있다.

그런데 현금급여를 제공하는 사회보험의 상한선은 상당히 낮은 편인 반면, 사회서비스를 제공하는 사회보험의 상한선은 아주 높다. 현금급여 사회보험의 경우에는 급여가 소득에 연계되기 때문에 보험료 부과 대상소득의 상한선이 높아지면 급여도 연계되어 높아져 급여지출이 높아지는 데 비하여, 서비스를 제공하는 사회보험의 경우에는 급여와 보험료 부과 대상소득 간에 관계가 없기 때문에 보험료 부과 대상소득 상한선을 높여도 급여지출의 증가가 없다. 그래서 서비스를 제공하는 사회보험의 경우에는 재정 확보와 재분배 증진효과를 위해서 보험료 부과 대상소득의 상한선을 높게 설정하고 있다. 한국의 경우 2021년 현재 국민연금의 보험료 부과대상 소득 상한선은 약 500만 원 정도인 반면, 건강보험의 보험료 부과 대상소득 상한선은 약 1억 원 수준으로 상당한 차이가 있다.

한국의 경우를 보면, 국민연금에서 하한선과 상한선을 둘러싼 다양한 논의가 제기되어 왔다. 국민연금의 보험료 부과 대상소득 하한선을 낮추어 여성과 불안정 노동자들의 국민연금 가입을 증가시켜야 한다는 주장이 제기되는 한편, 이 경우 연금급여 수준이 너무 낮아질 것에 대한 우려도 제기되고 있다. 국민연금의 보험료 부과 대상소득 상한선을 높여서 국민연금 급여 수준을 높이는 것이 필요하다는 의견도 있다. 하지만 이 경우 국민연금 지출 증가에 대한 우려와 연금소득 불평등에 대한 우려도 제기되어 왔다. 또한 국민연금의 보험료 부과 대상소득의 상한선은 올리면서 별도로 급여 상한을 두어 급여 인상은 통제하자는 주장도 제기되었다. 이 경우 재정 확보와 재분배 효과를 증진시킬 수 있다는 것이다. 하지만 보험 원리와의 충돌이나 가입자 반발 등에 대한 우려가 제기되었다.

또한 고용보험의 실업급여에서 하한선과 상한선의 차이가 크지 않아 정액급여와 유사하게 운영되는 것에 대한 문제 제기가 있어 왔다. 실업급여가 사실상 정액급여와 유사하여 소득비례급여에 의한 이전 생활 수준 보장의 역할을 제대로 수행하지 못한다는 것이다. 하지만 실업급여 수준이 높아질 경우 근로 비유인에 대한 우려 등도 제기되어 왔다.

셋째, 고용주와 근로자 간의 보험료 분담의 이슈이다. 임금근로자들의 경우 보험료를 고용주와 근로자 간에 분담한다. 일반적으로 유럽 복지국가들의 경우 고용주의 분담 비율이 높고 근로자의 분담 비율이 작다. 하지만 독일의 경우에는 고용주와 근로자 간의 분담 비율을 50 대 50으로 균등하게 설정하고 있다. 이러한 독일의 전통이 미국과 일본을 거쳐 한국에 들어와서 우리도 절반씩 부담하고 있다.[5]

근로자에 대한 보험료 중 고용주가 부담하는 보험료 부분이 최종적으로 누구에게 귀착되는 것인가에 대해서는 논란이 있다. 명목상으로는 고용주가 부담하지만, 이 고용주 부담분은 임금 인상 억제와 연계되어 있어 결국에는 노동자 부담이라고 볼 수도 있다. 또는 고용주 부담 보험료가 노동 비용으로서 상품의 가격으로 전가되어 결국에는 상품을 구입하는 소비자가 최종 부담자라고 볼 수도 있다. 고용주가 부담하는 보험료 부분이 최종적으로 누구에게 귀착하는지를 파악하기는 쉽지 않다.

한편, 순수한 형태의 임금근로자가 아닌 경우 어떻게 보험료를 부담할 것인가를 둘러싸고 논란이 제기되어 왔다. 자영자들의 경우에는 일반적으로 자영자 스스로 보험료를 전액 부담한다. 그러나 자영자의 보험료 부담의 과중에 대한 문제 제기가 있어 왔고, 정부가 보험료를 보조하는 경우도 있다.

또한 순수한 형태의 임금근로자가 아닌 특수 형태 고용노동자나 플랫폼(platform) 노동자 등 비정형적 노동자들의 경우에는 이들의 노동력을 이용하는 사

---

[5] 단, 산재보험의 경우에는 업무와 관련되는 특수성으로 인해 고용주가 전액 부담한다.

업주와 비정형적 노동자 간에 보험료 분담을 둘러싼 논란이 있다. 이들을 노동자로 간주한다면 임금노동자에 준하는 보험료 분담 비율이 적용되어야 하고, 자영자로 간주한다면 자영자에 준하는 보험료 분담 비율이 적용되어야 한다. 그리고 이들을 임금노동자도 아니고 자영자도 아닌 제3의 유형을 간주한다면 이에 상응하는 별도의 보험료 분담 비율이 필요하다. 이들의 경우 임금노동자에 준하여 보험료를 분담하는 것이 일반적인 것 같다. 한국에서도 고용보험의 경우 특수 형태 고용노동자들에 대하여 임금노동자와 같이 50 대 50의 보험료 분담 비율을 적용한다.

② 조세

조세는 일반적으로 소득과세, 재산과세, 소비과세의 세 가지로 구분한다.[6] 이 세 가지 조세 종류에 대하여 보다 자세하게 살펴보자.

먼저, 소득과세에는 소득세와 법인세가 있다. 소득세는 개인이 획득한 소득에 부과하는 조세이다. 개인이 임금노동자로 일하여 획득한 근로소득이나 사업자로 일하여 획득한 사업소득에 대하여 부과한다. 법인세는 기업의 소득에 대해 부과하는 조세이다. 소득과세의 세율은 단일세율을 적용할 수도 있고, 소득 구간에 따라 누진세율을 적용할 수도 있다. 누진세율의 경우 소득의 구간을 나누어 소득 구간이 높아질수록 높은 세율을 적용한다. 일반적으로 개인에 대한 소득세는 누진세율이 적용된다. 기업 등 법인에 대한 법인세는 누진세율이 적용되는 경우가 많지만 단일세율이 적용되는 경우도 있다.

한국의 경우, 〈표 12-6〉에서 제시된 바와 같이, 개인에 대한 소득세와 법인에 대한 법인세 모두 소득 구간에 따라 높은 소득 구간에 대해서는 더 높은 세율이 부과되는 누진세율 방식이 적용되고 있다.

---

6) 이 외에도 조세 분류는 과세주체, 세수의 용도 그리고 다른 조세에 부가되는지의 여부에 따라 구분될 수 있다. 과세주체에 따라 국세와 지방세로 구분된다. 세수의 용도에 따라 보통세와 목적세로 구분한다. 보통세는 조세 수입의 사용처를 특별히 정하지 않고 정부의 일반예산으로 사용한다. 목적세는 조세 수입의 사용처를 특별히 정해 놓고 그 경우에 대해서만 조세를 사용한다. 그리고 조세가 다른 조세에 부가되어 부과되는지의 여부에 따라 독립세와 부가세(sur tax)로 구분된다. 부가세는 특정 조세에 부가하여 징수하는 조세이다.

〈표 12-6〉 한국의 소득과세 세율(2021년)

	소득 구간	세율
소득세	1,200만 원 이하	6%
	1,200~4,600만 원	15%
	4,600~8,800만 원	24%
	8,800~1억 5천만 원	35%
	1억 5천~3억 원	38%
	3~5억 원	40%
	5억 원 초과	42%
법인세	2억 원 이하	10%
	2~200억 원	20%
	200~3,000억 원	22%
	3,000억 원 초과	25%

재산과세는 재산보유세, 자본이득세, 상속세, 증여세 등이 있다. 재산보유세는 보유하고 있는 재산에 대해 부과하는 조세이다. 한국의 경우, 지방자치단체에서 징수하는 재산세와 국가에서 징수하는 종합부동산세가 재산보유세에 해당된다. 자본이득세(capital gain tax)는 자본을 판매하여 최초 구입 비용을 제한 후에 이득이 생겼을 때 그 이득에 대해 부과하는 조세이다. 주식이나 부동산 등을 판매하여 현금화했을 때 적용된다. 한국의 양도세가 여기에 해당된다. 상속세와 증여세는 각각 재산의 상속 및 증여의 경우 부과되는 조세이다.

소비과세에는 일반소비세와 개별소비세가 있다. 일반소비세는 상품이나 서비스를 소비할 때 일반적으로 부과되는 조세이다. 한국의 경우, 일반소비세로서 부가가치세가 10% 부과된다. 개별소비세는 특정 품목에 대해 별도의 세율을 적용하는 조세이다. 예를 들어, 필수품의 경우 특별히 낮은 세율을 적용할 수 있고, 사치품 등의 경우 특별히 높은 세율을 적용한다.

2) 복지재원의 구조

우선, 공적 재원의 총 규모를 살펴보자. 공적 재정 수입의 총 규모는 조세부담률과 국민부담률로 측정한다. 조세부담률은 조세수입이 GDP에서 차지하는 비중이다. 국민부담률은 조세와 사회보험료를 합한 수입이 GDP에서 차지하는 비중이다. 조세부담률은 국민의 조세부담 정도를, 그리고 국민부담률은 조세와 사회보험료를 합한 국민부담 정도를 측정한다.

〈표 12-7〉에서 보여 주듯이 조세부담률의 경우, OECD 평균은 GDP의 약 1/4 정도이고 프랑스나 이탈리아 등 일부 유럽 국가들은 GDP의 약 30%에 달한다. 조세에 사회보험료를 합한 국민부담률의 경우, OECD 평균은 GDP의 약 1/3 정도이고, 프랑스나 이탈리아 등 일부 유럽 국가들은 GDP의 약 1/2 정도에 달한다. 한국의 경우에는 조세부담률과 국민부담률 모두 OECD 평균에 훨씬 못 미치는 수준이다. 유럽의 부담률이 높은 국가들에 비해서는 약 절반을 조금 넘는 수준이다.

〈표 12-7〉 OECD 주요국의 조세 및 국민부담률(GDP 대비 %, 2018)

구분	한국	미국	영국	프랑스	이탈리아	독일	스웨덴	OECD 평균
조세부담률	19.96	18.4	26.6	29.9	28.9	24.0	34.3	24.9
국민부담률	26.8	24.4	32.9	45.9	41.9	38.5	43.9	33.9

출처: OECD (2020).

다음으로, 공적 복지재원들의 최고 세율을 보면 〈표 12-8〉에 제시된 바와 같다. OECD 평균은 최고 세율이 소득세의 경우 약 45%, 법인세 약 25%, 부가가치세 약 20% 그리고 사회보험료의 경우 약 30% 정도에 이른다. 사회보험료의 분담에 있어서는 고용주가 종업원의 약 2배를 부담한다. 한국의 경우, 소득세율과 법인세 최고 세율은 OECD 평균과 유사한 편이다. 하지만 부가가치세 최고 세율이 OECD 평균의 약 절반에 불과하고, 또한 사회보험료율, 특히 그중에서도 고용주의 부담률이 낮다. 즉, 최고 세율의 측면에서 보면 한국은 부가가치세와 사회보험료의 인상이 우선적으로 필요하다고 할 수 있다.

〈표 12-8〉 공적 재원들의 최고 세율 (%)

	개인소득세 (2016)	법인세 (2017)	부가가치세 (2018)	사회보험료(2016)		
				합계	종업원	고용주
한국	41.8	24.2	10.0	18.8	8.4	10.4
OECD	43.3	24.2	19.2	28.8	10.9	17.9

출처: OECD Tax Database. 강병구(2018)의 자료를 수정하여 제시함.

〈글상자 12-1〉 소득세 최고 세율의 변화

소득세의 경우, 최고 세율은 역사적으로 상당한 변화를 겪었다. 다음에 제시된 [그림]에서 알 수 있듯이, 소득세 최고 세율은 1900년대 초반에는 낮았지만, 1910년대에 제1차 세계대전을 거치면서 증가하였고, 이후 1940년대 제2차 세계대전 이후 급증하여 1970년대까지 최고 세율이 가장 높은 수준으로 형성되었다. 1980년대 이후 최고 세율은 급격하게 축소되어 현재에 이르고 있다. 영국의 경우, 1970년대까지 최고 세율이 100%에 육박하는 수준으로까지 설정되었다가 1980년대 이후 하락하여 2010년대에는 약 40~50% 정도의 수준을 형성하고 있다.

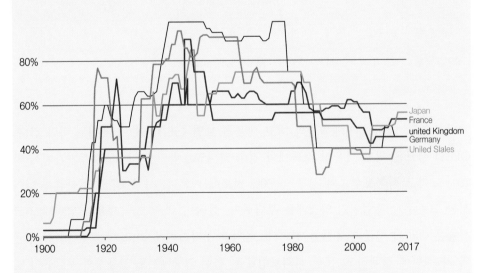

[그림 12-3] 주요 국가의 소득세 최고 세율(1900~2017년)

출처: Alvaredo et al. (2018).

　　공적 재원 간의 재정수입 구조를 살펴보자. 〈표 12-9〉에서 보여 주듯이, OECD 평균은 소득과세 수입이 GDP의 약 10%를 차지했고, 재산과세가 약 2%, 소비과세가 약 10% 그리고 사회보험료가 약 9%를 차지했다. 달리 말하면, 대략적으로 소득과세, 소비과세 그리고 사회보험료가 각각 GDP의 약 10% 정도씩을 차지하고 있다고 할 수 있다.

　　한국의 경우를 보면, 소득과세가 GDP의 7.6%, 재산과세가 2.8%, 소비과세가 6.6%, 사회보험료가 5.9%를 차지했다. OECD 평균에 비하여 재산과세의 규모는 큰 편이지만, 소득과세, 소비과세, 사회보장기여금의 규모가 작은 것으로 나타났다. 보다 세부적으로 살펴보면, 소득과세에 있어서 개인소득세가 OECD 평균의 약 절반에 불과하고, 소비과세에서는 일반소비세가 약 절반에 불과하고, 사회보험료도 특히 고용주 부담분이 약 절반 정도로 낮았다.

　　개인소득세의 경우, 한국의 최고 세율은 OECD 평균과 유사한데, 그 규모가 작은 것은 지하경제 규모가 크고 각종 조세공제로 인하여 실효세율이 낮기 때문이다. 일반소비세의 경우에는 유럽 국가들의 부가가치세율이 대체로 20~25%인 데 비해, 한국은 부가가치세율이 10%로 낮기 때문이다. 그리고 사회보험료 규모는 사회보험료율 특히 고용주의 부담률이 낮기 때문이다. 그래서 각 재원별 수입 규모의 측면에서 보면, 개인소득세의 경우 소득 파악률을 높이고 조세공제 규모를 축소하여 실효세율을 높이는 것이 필요하고, 부가가치세와 사회보험의 경우에는 세율 인상이 필요하다.

〈표 12-9〉 공적 재원들의 재정수입 비중(GDP 대비 %, 2015년)

	소득과세		재산과세		소비과세		사회보험료	
	개인소득세	법인소득세	부동산보유세	금융자본거래세	일반소비세	개별소비세	종업원	고용주
한국	4.3	3.3	0.8	2.0	3.8	2.8	2.8	3.1
OECD 평균	8.4	2.8	1.1	0.4	6.9	3.2	3.3	5.2

출처: OECD. Stat (http://stats.oecd.org). 강병구(2018)의 자료를 수정하여 제시함.

304 ● 제12장 사회복지정책의 차원 분석 3: 재정

2) 한국에서의 복지재원 확보 전략

한국의 경우, 현재에는 작은 복지지출과 작은 공적 재정수입으로 인하여 저복지-저부담의 구조를 탈피하지 못하고 있다. 하지만 장기적으로 인구 고령화 등으로 인하여 복지지출 규모가 급증할 것으로 예상되고 있다. 또한 사회적 위험에 대응하여 복지 확대에 대한 욕구도 큰 상황이다. 이러한 상황에서 복지 확대를 위하여 어떻게 복지재원을 확보할 것인가가 주요 의제로 제기되고 있다.

(1) 사회보험료 인상
사회보험은 기본적으로 각 사회보험제도별로 독립적으로 재정을 운영하고 있다. 그래서 각 제도에서 사회보험 급여지출이 증가되면 이에 상응하여 보험료의 인상이 필요하다. 국민연금을 제외한 나머지 사회보험제도들의 경우 매년 보험급여 지출을 충당하기 위한 보험료 수준을 설정한다. 그러므로 향후 보험급여 지출의 증가에 따라 자동적으로 보험료 수준이 증가될 것으로 예상된다. 이에 비해 국민연금의 경우에는 보험료를 납부한 후 급여가 나중에 발생되는 장기적인 보험이다. 현재에는 국민연금이 흑자재정으로 기금을 쌓아 놓고 있지만 장기적인 재정 안정이 문제가 되고 있다. 장기적으로 미래에 국민연금 보험료가 급등하는 것을 예방하기 위해서는 사전에 보험료를 점진적으로 인상시켜 나가는 것이 필요하다.

사회보험의 경우, 보험료율 인상의 문제도 있지만 고용주 부담분의 문제가 있다. OECD 국가들과 비교하여 한국은 고용주의 사회보험료 부담 규모가 작다. 고용주들의 경우 세 가지 종류의 조세를 부담한다. 기업 차원에서 부담하는 법인세와 사회보험료 그리고 개인 차원에서 부담하는 개인소득세이다. 기업 차원에서 부담하는 법인세와 사회보험료를 합하여 보면 고용주의 총 부담 규모가 작다. 한국의 개인소득세의 실효세율이 낮다는 점을 고려하면, 고용주의 총 부담은 더 작다. 고용주에게 부과되는 법인세, 사회보험료 그리고 개인소득세를 합하여 고용주의 총 부담분의 적정 수준에 대한 고민이 필요하다.

(2) 복지재원 확보를 위한 증세 전략

① 증세 관련 이슈와 증세 전략의 유형

복지재원 확보를 위해 정부의 조세수입을 증가시키기 위한 증세 전략이 필요하다. 증세의 전략과 관련하여 크게 두 가지 차원의 이슈가 제기된다.

첫째, 증세된 조세수입의 지출 용도에 관한 선택의 이슈이다. 증세된 조세수입의 지출 용도를 사회복지지출로 제한하여 사회복지 목적세를 부과할 수 있다. 또는 지출 용도 제한이 없이 일반세로 할 수도 있다. 사회복지 목적세의 경우 국민의 복지 욕구가 큰 상황에서 증세에 대한 동의를 얻기가 용이하다는 장점이 있다. 하지만 증가된 조세수입의 용도가 사회복지지출로 특정되어 있기 때문에 상황에 변화에 따라 조세수입의 용도를 유연하게 활용할 수 없다는 점에서 재정당국 등에서는 부정적 입장을 보여 왔다. 전반적으로 재정당국 등에서는 자신들의 재량으로 예산을 사용하기를 원하겠지만, 국가적 차원에서 국민의 복지 욕구 충족을 위한 복지재원 확보라는 측면에서는 사회복지 목적세의 부과가 장점이 더 크다고 할 수 있다.

둘째, 어떤 종류의 조세를 증가시킬 것인가의 이슈이다. 소득과세, 재산과제 그리고 소비과세 중 어떤 조세를 인상할 것인지를 둘러싸고 논의가 전개되어 왔다. 소득과세와 재산과세의 경우 누진세로서 직접적인 재분배 효과를 발생시킬 수 있다는 장점이 있다. 하지만 부정적 영향에 대한 우려도 크다. 경제적 차원에서 보면, 법인세나 재산과세에 높은 누진율을 적용하게 되면, 자본의 해외 도피와 자본 투자 저하로 인해 기업활동을 위축시킬 수 있다. 개인소득세의 인상도 국민의 근로 의욕 등에 부정적 영향을 미칠 수 있다. 즉, 경제 성장의 주요 투입요소인 자본과 노동의 투입 감소로 인하여 경제 활력과 경제 성장을 저하시킬 가능성이 있다. 정치적 차원에서 보면, 계급 및 계층 간의 관계에서 자본가계급과 고소득층의 반발과 저항을 야기할 수 있다.

이에 비해 소비과세의 경우에는 재분배 측면에서 역진적이라는 단점이 있다. 특정 상품의 한 단위 소비 시에 소득 수준에 관계없이 모든 사람이 동일한 액수의 조세를 부담하기 때문에 소득 여력이 약한 저소득층이 고소득층에 비해 상대적으로 부담이 크다. 예를 들어, 소득이 100만 원인 사람에게 1만 원은 1%의 부담이지만 소득이 1억 원인 사람에게 있어서의 1만 원은 0.01%의 부담이다. 그래서 개인소득에서의 부담 정도에 100배의 차이가 난다. 이러한 역진적 성격으로 인해서 조세 저항이 발생할 가능성도 있다. 또한 소비세의 인상은 상품의 가격을 직접적으로 인상시켜 인플레이션을 발생시킬 수 있다. 하지만 소비과세의 경우에는 자본 유출이나 자본 투자 감소 그리고 근로 의욕 감소와 같은 부정적 영향이 적다.

일반적으로 복지를 잔여적으로 할 경우에는 복지지출의 규모가 작으므로 자본가 계급과 고소득층에 대한 누진적 직접세를 통해 재정 조달이 가능하다. 하지만 복지를 보편적으로 할 경우에는 복지지출의 규모가 크므로 일부 계급이나 계층의 부담으로 하기는 어렵고, 전체 사회 구성원이 보편적 부담을 하는 것이 필요하다. 소비세는 모든 사람이 소비지출을 하면서 부담을 하므로 보편과세, 보편 부담의 성격을 가진다. 그래서 보편복지에는 보편 부담을 하는 소비세가 정합성이 크다고 할 수 있다.

증세에서의 조세 용도 차원(일반세 대 목적세)과 조세 종류 차원(소득 및 재산에 대한 직접과세 대 소비에 대한 간접과세)의 선택을 조합해 보면, 〈표 12-10〉과 같이 크게 네 가지의 증세 전략을 구분할 수 있다.

〈표 12-10〉 복지재원 확보를 위한 증세 전략의 유형

		조세용도	
		일반세	목적세
조세 종류	직접세(소득/재산과세)	직접세 증세	사회복지 직접세
	간접세(소비과세)	소비세 증세	사회복지 소비세

② 한국에서의 주요 증세 방안

그동안 제기되어 온 주요한 증세 방안을 살펴보면 다음과 같다.

첫째, 목적세로서 사회복지에만 지출하는 사회복지세를 직접세(소득/재산과세)에 부과하자는 주장이다. 즉, 사회복지 직접세(소득/재산과세)를 도입하자는 주장이다. 한국에서 기존의 소득세 등 직접세에 부가세(surtax)[7] 방식으로 부과하고 그 조세수입을 사회복지에만 제한하여 사용하자고 하는 사회복지세 도입 주장들이 제기되

---

7) 부가세는 어떤 세금에 일정한 비율을 덧붙여 부과하는 세금을 말한다.

어 왔다. 예를 들어, 소득에 과세하는 소득세 및 법인세, 재산에 과세하는 상속증여세 및 종합부동산세에 대해 기존 조세 납부액의 20%를 추가하여 이를 사회복지세로 부과하는 방식이다. 추가하는 부가세의 세율은 소득 구간 등에 따라 차등화할 수도 있다. 이러한 제안들은 누진세율을 적용하는 직접세에 부가세를 추가하는 방식을 적용하므로 자동적으로 고소득층이 더 높은 부담을 하게 되고, 사회복지로 그 용도를 제한하므로 형평성과 수용성이 높을 수 있다는 장점이 있다. 하지만 중상위층과 고소득층의 조세 저항을 유발할 가능성도 있다.

사회복지 직접세와 관련하여 흥미로운 경우가 프랑스에서의 일반사회보장세(CSG)의 도입이다. 프랑스에서는 각 소득 종류별로 누진세가 아니라 단일세율로 부과하는 사회복지소득세로 일반사회보장세를 도입하여 운영하고 있다. 한국에서 그동안 제시되었던 사회복지직접세 방식이 누진세율에 기반한 기존의 직접세에 대한 부가세 방식이었던 데 비해, 프랑스의 일반사회보장세는 각 소득 종류별로 단일세율을 부과한다는 차이가 있다.

〈글상자 12-2〉 한국에서의 사회복지세 제안

- 진보신당 조승수 의원 안(2010) (이상이, 2010에서 재인용)
  - 소득세, 법인세, 상속증여세, 종합부동산세 납세 의무자에 대해 해당 납세액의 15~30%를 가산하는 방식의 사회복지세 신설
  - 소득세와 법인세의 경우 소득 수준에 따라 부가세를 차등화. 소득 수준이 낮은 경우는 부가세율 0%, 그다음 소득 구간에서는 15%, 가장 높은 소득 구간에서는 30%의 부가세율을 적용
  - 사회복지세는 복지 확충을 위한 재원으로 제한

- 정의당 박원석 의원 안(2013) (이종수, 2013에서 재인용)
  - 소득세, 법인세, 상속증여세, 종합부동산세 납세 의무자에 대해 납세액의 10~20%를 추가로 부과하는 사회복지세 신설
  - 초기 2년간은 고소득 구간에 대해서만 사회복지세 20%를 부과하고, 3년 이후부터 낮은 소득 구간에 대해서도 사회복지세 10%를 부과

- 오건호 안(2014)
  - 소득세, 법인세, 상속증여세, 종합부동산세에 20% 단일세율의 부가세 부과하는 사회복지세 도입
  - 사회복지세의 용도를 보편적 사회서비스와 사회수당으로 제한

- 평가
  - 조승수 안과 박원선 안은 소득 수준에 따라 고소득자 및 고자산가에게 부담을 집중하여 조세 부담자와 수혜자가 확연히 구별되어 조세 저항을 야기할 가능성에 대한 우려가 제기되었음
  - 오건호 안은 이를 고려하여 20%의 단일 부가세율을 제안하였고, 보편적 복지에만 제한하여 사용할 것을 제안하였음

출처: 이상이(2010), 이종수(2013), 오건호(2014).

둘째, 소비세 인상 주장이다. 한국의 경우에는 일반소비세인 부가가치세율을 인상해야 한다는 주장이다. 소비세의 인상은 다음과 같은 몇 가지 측면에서 제안되어 왔다. 한국의 경우, 부가가치세 세율이 10%로 OECD 평균의 약 절반에 불과하기 때문에 소비세의 인상 여력이 있다. 또한 보편복지의 확대를 위해서는 그 재원도 보편 부담하는 소비세가 적합할 수 있다. 반면, 부가가치세 인상에 대한 반대는 주로 부가가치세의 역진적 성격 측면에서 제기되어 왔다. 부가가치세의 인상에 따른 부담이 고소득층에 비하여 저소득층에게 더 클 수 있다는 것이다.

소비세는 지출 용도 제한 없이 인상될 수도 있고, 또는 사회복지 목적으로 지출을 제한할 수도 있다. 부가가치세의 역진성문제가 있기 때문에 용도 제한 없이 부가가치세를 인상하는 것은 정치적 수용성이 낮다. 그러므로 부가가치세를 인상할 경우 사회복지로 지출 용도를 한정하는 사회복지 부가가치세의 도입이 필요하다는 주장들이 제기되고 있다.

셋째, 누진적 보편증세 방향에서의 단계적 증세 전략이다. 한국에서 보편주의와 선별주의 복지제도가 결합되는 복지체제에 조응하는 증세 전략으로 누진적 보편증세가 필요하다는 것이다. 이를 위해서 단계적 접근으로, 우선 자산과 소득에 대한 과세를 강화하여 부와 소득의 불평등을 개선하고, 그 다음 사회보험료를 인상하고,

최종적으로 소비과세를 확대해야 한다는 제안이다(강병구, 2018). 먼저 부유층과 고소득층에 높은 세율을 적용하고, 그 다음에 소비세를 인상해야 공정성을 확보한 상태에서 역진적인 소비세에 대한 수용성을 높일 수 있다는 것이다.

넷째, 소비세 인상과 관련하여 일반소비세가 아니라 개별소비세 차원에서 환경세, 주세, 담배세, 도박세 등의 죄악세를 인상하여 복지재원으로 활용해야 한다는 주장이다. 이미 담배세의 경우 국민건강증진기금으로 포함되어 건강보험의 재원으로 활용되고 있고, 복권에 대한 조세의 경우 복권기금으로 포함되어 복지 관련 활동에 사용되고 있다. 그리고 미세먼지나 지구온난화 문제 등과 관련하여 환경세를 징수하여 이를 복지재원으로 활용하여야 한다는 주장들이 제기되고 있다. 이러한 개별소비세 차원에서 죄악세를 복지재원으로 활용할 수 있다. 죄악세는 사회적으로 바람직하지 않은 활동을 통제할 수 있다는 점에서 장점이 크다. 하지만 여기에는 서민층의 부담 증가의 문제가 있고, 또한 이를 통해 확보되는 재원 규모에 제한이 있다. 더욱이 탄소세나 담배세 등은 장기적으로 탄소 배출량의 감소와 흡연 인구의 감소로 인해 그 재원 규모가 줄어들 가능성이 높다. 그래서 단기적로는 이러한 재원들을 적극적으로 활용하되, 장기적으로 이러한 죄악세들이 안정적 복지재원으로 기능하기를 기대하기는 어렵다.

제13장 사회복지정책의 차원 분석 4: 전달 체계

이 장에서는 사회복지 급여를 수급자들에게 공급하고 관리·운영하는 전달 체계에 대해 검토해 본다.

1절에서는 사회복지 전달 체계의 주체들의 종류와 특성에 대해 살펴본다. 사회복지 전달 체계는 공적 전달 체계의 경우 중앙정부와 지방정부, 민간 전달 체계의 경우 비영리 민간기관과 영리 민간기관으로 구분할 수 있다.

2~4절에서는 사회복지 전달 주체의 선택을 둘러싼 이슈들에 대하여 살펴본다. 2절에서는 공공기관 대 민간기관 간 선택의 이슈를 살펴본다. 이 이슈는 그동안 주로 민영화의 이슈로서 제기되어 왔다.

3절에서는 민간기관 중에서 영리기관 대 비영리기관 간 선택의 이슈에 대해 살펴본다. 이 이슈는 주로 상업화의 이슈로 제기되어 왔다.

4절에서는 공적 전달 체계 중에서 중앙정부 대 지방정부 간 선택의 이슈에 대해 살펴본다. 주로 분권화와 지방화의 이슈로 제기되어 왔다. 이 이슈에서는 보다 세부적으로 복지에서의 지방분권의 의미를 살펴보고, 복지에서의 역할분권과 재정분권의 방식에 대하여 살펴보며, 그리고 한국에서의 복지분권의 상황과 방향에 대해 검토해 본다.

1. 전달 주체의 종류와 특성

사회복지 급여를 전달하는 전달 체계는 크게 공적 전달 체계와 민간 전달 체계로 구분할 수 있다. 공적 전달 체계는 다시 중앙정부와 지방정부로 구분할 수 있고, 민간 전달 체계는 비영리 민간기관과 영리 민간기관으로 구분할 수 있다. 다음에서는 중앙정부, 지방정부, 비영리기관, 영리기관의 네 가지 주요 주체의 장단점에 대하여 살펴본다.

1) 공적 전달 체계 1: 중앙정부

중앙정부 차원의 전달 체계는 주로 행정부의 복지와 관련되는 주요 부처들과 그소속 전달 체계들을 지칭한다. 한국의 경우, 보건복지부, 고용노동부, 여성가족부등이 주요 부처들이다. 건강보험공단, 국민연금공단, 근로복지공단 등 사회보험 관리공단들의 경우 행정부의 관리 · 감독하에서 전국적 차원에서 운영된다는 점에서중앙정부 전달 체계의 부분으로 간주할 수 있다.

중앙정부는 사회복지 재화나 서비스를 제공함에 있어서 다음과 같은 장점들을가진다.

첫째, 사회복지 재화나 서비스를 욕구를 가진 모든 사람에게 보편적으로 제공하는 데 유리하다. 중앙정부의 행정 범위는 전국의 모든 지역과 그 구성원들을 포괄하므로 욕구를 가진 모든 사람에게 서비스를 제공할 수 있다. 그래서 구매력이 없는 사람들에 대해서도 보편적으로 급여를 제공하여 평등을 제고할 수 있다.

둘째, 재화나 서비스의 전달에 있어서 안정성과 지속성이 높다. 중앙정부는 전국적 차원에서 조세를 부과하여 재원을 마련하므로 재원의 확보와 유지에서의 안정성이 높다. 또한 프로그램이 전국적 차원에서 운영되어 프로그램의 변화가 많은 사람에 영향을 미치게 된다. 그래서 프로그램의 변화가 쉽지 않고 안정적 운영이 중시된다.

셋째, 중앙정부는 전국적 차원에서 운영되므로 지역 및 부문 간 조정능력이 강력하다. 그래서 사회복지급여의 전달에 있어서 보다 통합적이고 효율적이고 중복이나 누락 등을 최소화할 수 있다.

하지만 중앙정부는 전달 체계로서 다음과 같은 단점들을 가진다.

첫째, 전국적 차원의 프로그램을 운영하기 때문에 지역별 · 부문별 욕구의 차이에도 불구하고 동일한 프로그램을 운영한다. 그래서 지역별 · 부문별로 수급자들의다양한 욕구를 반영하는 데 한계가 있다.

둘째, 독점으로 인하여 비효율성이 발생할 수 있다. 중앙정부는 국가에 유일한하나의 조직이므로 경쟁이 없이 독점적 지위를 가진다. 그 결과, 경쟁에 의하여 더 양질의 서비스를 더 값싸게 제공하는 메커니즘이 작동되지 못한다. 즉, 독점으로 인하여 서비스의 질과 가격이 개선되지 못하고 정체되는 문제가 발생할 수 있다.

셋째, 관료주의로 인하여 전문가 자율성이 제한된다. 사회서비스는 개인의 상황과 욕구가 다양하여 전문가가 자율성을 가지고 개인의 상황과 욕구 변화에 따라 유연하게 대응하는 것이 필요하다. 하지만 중앙정부는 개인의 욕구에 대응함에 있어서 전국적으로 적용되는 규정에 따라 프로그램을 운영하므로 전문가들의 자유재량을 제한하게 된다.

넷째, 수급자 선택의 자유 반영이 어렵다. 전국적 차원에서 획일적 프로그램을 운영하므로 수급자들의 다양한 욕구에 대응하여 다양한 선택 대안을 제공하는 데 한계가 있다.

2) 공적 전달 체계 2: 지방정부

지방정부는 광역의 지역별로 별도의 지방정부를 구성하고 있고, 또 하나의 지역 내에서 또 하위 지방정부들을 구성하고 있다. 한국의 경우, 광역 차원에서 광역시와 도 차원의 지방정부가 있고, 각 광역 차원의 지역 내에서 다시 하위 차원으로 시 · 군 · 구가 있다. 또 그 밑의 하위 차원으로 읍 · 면 · 동이 있다.

지방정부는 사회복지 전달 체계로서 다음과 같은 장점을 가진다.

첫째, 지방정부 전달 체계는 지역 특성에 따른 욕구에의 대응성이 높다. 지방정부는 해당 지역의 욕구 특성에 대해 다른 주체들에 비해 더 많은 정보를 가지고 있다. 또한 이러한 지역 특수적 욕구에 대한 대응 책임성도 크다. 그래서 지방정부는 지역의 욕구 특성에 잘 대응할 수 있다.

둘째, 지방정부 간의 경쟁을 통해 더 효율적으로 서비스를 제공할 수 있다. 지방정부는 다른 지방정부와의 경쟁을 통해 더 양질의 서비스를 더 저렴하게 제공하고자 하는 노력을 기울인다. 이러한 경쟁을 통해 서비스 공급의 효율성을 제고할 수 있다.

셋째, 지역 차원의 창의적 정책실험을 활성화할 수 있다. 사회적 위험에 대응하기 위한 다양한 대안적 프로그램이 제기될 수 있다. 새로운 복지 프로그램의 효과가 불확실한 상황에서 중앙정부가 전국적 차원에서 새로운 프로그램을 도입하여 시행하는 것은 상당한 부담이 있다. 이에 비해 지방정부는 새로운 복지개혁 프로그램들을 기획하고 실험할 수 있는 능력을 가지고 있고, 또한 새로운 프로그램의 실시에 따른 영향이 전국이 아니라 그 지역으로 제한되므로 실험에 용이하다.[1]

넷째, 지방정부 전달 체계의 경우 지역주민들의 참여를 제고할 수 있다. 지방정부의 경우 상대적으로 그 단위가 작아 지역주민들의 정책 결정 및 환류 과정에의 참여가 용이하다. 그래서 프로그램의 결정과 시행 과정에서 관료주의를 완화하고 지역주민들의 민주적 참여와 소통을 활성화할 수 있다.

하지만 지방정부 전달 체계는 다음과 같은 단점을 가진다.

첫째, 지역 간 불평등을 야기할 수 있다. 지역 간에는 재정과 인력, 복지 욕구 등에서 상당한 차이들이 있다. 대도시의 고소득층 밀집 지역과 지방의 쇠퇴하는 저소득 지역 간에는 차이가 크다. 대도시 고소득층 밀집 지역의 경우에는 재정이 풍부한 반면, 복지 욕구가 작다. 이에 비해 지방의 저소득 쇠퇴 지역의 경우에는 재정이 부족하고 복지 욕구가 크다. 지방정부 전달 체계의 경우에는 이러한 지역 간 차이의 한계 내에서 작동된다. 그 결과, 지역 간 불평등을 완화하지 못하고 지역 간 복지 대응에서 불평등이 유지·심화되는 문제가 발생할 수 있다.

둘째, 각 지역별로 프로그램이 단편적으로 시행되고, 지역 간의 조정이 어렵다. 지방정부 전달 체계에서는 각 지방정부별로 서로 다른 프로그램들을 도입 시행하여 지역 간의 편차가 발생한다. 하지만 지방정부 간에 또한 지역 내에서도 하위 지방정부들과의 관계에서 조정은 복잡하고 어려운 문제이다. 그 결과, 각 지방정부의 단편적 프로그램들이 조정되지 못하여 중복과 누락 문제 등이 발생하기 쉽다.

셋째, 지역의 재정이 취약이 경우 프로그램의 안정성과 지속성이 취약하다. 지역 간에 재정능력에 격차가 큰 상황에서, 재정이 취약한 지방의 경우에는 프로그램의 안정적 운영에 어려움이 크다.

---

1) 미국의 1990년대에 복지개혁 실험들은 주로 주 정부 차원에서 진행되었다. 중앙정부는 주 정부에 상당한 자율권을 부여함으로써 이러한 주정부 차원의 복지개혁 실험들을 위한 기반을 조성하였다. 한국의 경우에도 무상급식, 무상교복, 청년배당, 청년수당 등의 다양한 복지실험이 지방정부들에 의해 진행되어 왔고, 전국적 복지 논의와 제도 발전에 큰 영향을 미쳤다.

⟨표 13-1⟩ 공적 전달 체계: 중앙정부와 지방정부의 특성

	장점	단점
중앙정부	• 보편적 제공 • 안정성, 지속성 • 조정능력이 강하여 지원의 중복이나 누락 최소화	• 수급자의 다양한 욕구 반영 제한 • 독점으로 인하여 비효율성 • 관료주의로 인한 전문가 자율성 제한 • 수급자 선택의 자유 반영 어려움
지방정부	• 지역 특성에 따른 욕구에 대응력 높음 • 지방정부 간의 경쟁 • 지역 차원의 정책실험 가능 • 지역주민들의 정책 참여	• 지역 간의 불평등 • 프로그램이 지역별로 단편적이고, 지역 간의 조정 부족 • 재정 취약한 경우 안정성 및 지속성 저하

3) 민간 전달 체계 1: 비영리기관

비영리기관은 이윤을 목적으로 하지 않고 자발적으로 활동하는 공식적 조직이다. 비영리기관은 공공 전달 체계의 경직성과 영리기관의 사익 추구의 한계를 동시에 극복할 수 있는 대안으로 주목받아 왔다.

비영리기관 전달 체계는 다음과 같은 장점을 가지고 있다.

첫째, 자율적 운영으로 욕구에 유연하게 대응한다. 공적 전달 체계가 관료주의적 경직성으로 욕구 변화에 유연하게 대응하지 못하는 반면, 비영리기관은 민간기관으로서 자율적으로 활동하므로 욕구 변화에 유연하게 대응할 수 있다.

둘째, 신뢰성과 윤리적 책임성이 높다. 영리조직과 달리 비영리조직은 이윤 추구가 아니라 자선적 동기에 의해 운영되므로, 이윤 획득을 위해 사회서비스 수급자들을 수탈하는 문제가 적다.

셋째, 혁신적이고 실험적 프로그램 개발과 제공이 용이하다. 비영리기관은 일반적으로 소규모 민간기관으로서 욕구에 대응하여 창의적이고 혁신적인 프로그램을 개발하기에 유리하다.

넷째, 자선 동기에 기반하여 자원봉사와 기부행위를 활성화함으로써 사회적 연대성 제고에 기여한다. 공적 전달 체계가 강제적 조세 징수에 기반하고 영리기관이 이윤 추구행위에 기반하는 반면, 비영리기관은 자선적 동기에 기반하여 자발적으

로 원조를 제공하므로 사회에 선한 행위를 고양하고 구성원 간의 연대감을 증진시킨다.

하지만 비영리기관은 다음과 같은 단점들을 가진다.

첫째, 기관의 목적에 따라 특정 집단에만 봉사한다. 비영리기관들은 대체로 특정 대상의 특정 욕구에 봉사하고자 하는 목적을 가진다. 기부자들의 경우 특정 목적을 달성하기 위해 용도를 제한하여 기부하는 경우가 많다. 그래서 많은 경우 비영리기관들은 그 활동의 대상을 특정한 경우로 제한하고, 그 결과 연대의 범위가 좁게 제한되어 배제와 형평성의 문제가 발생된다.

둘째, 비영리기관 전달 체계는 안정성과 지속성이 낮다. 비영리기관은 기부자와 기부금이 감소하면 그에 따라 운영하는 프로그램도 축소 또는 중단될 가능성이 높다. 비영리기관에 대한 자선적 기부금의 규모가 제한적이라는 점을 고려하면 조직과 프로그램의 안정성이 낮다.

셋째, 비영리기관 전달 체계는 단편적이고 통합성이 낮다. 비영리기관들은 각자 자체적인 별도의 목적을 가지고 별도의 프로그램들을 운영하므로 프로그램들이 단편적이고 다른 기관의 프로그램들과의 통합적 연계성이 약하다. 비영리기관 프로그램들은 상호 유기적인 연계 조정이 이루어지지 못하여 중복과 누락의 문제에 취약하다.

넷째, 재원을 정부에 의존할 경우 정부에 종속될 수 있다. 비영리기관은 재원마련에 어려움이 있기 때문에 재원을 정부에 의존하는 경우가 많다. 그런데 이 경우 국가가 재정을 공급하고 복지기능을 위임하면서 비영리기관의 활동을 감시하고 통제할 수 있다. 그 결과, 비영리기관이 자체의 자율성을 상실하고 정부에 종속화될 가능성이 있다.

4) 민간 전달 체계 2: 영리기관

영리기관은 시장에서 이윤을 목적으로 활동하는 조직이다. 영리기관들은 사회적 서비스의 제공에 있어서 주요한 역할을 담당하고 있다. 한국의 경우에도 요양서비스와 보육서비스 등의 경우 영리기관이 서비스 공급에 중요한 역할을 담당하고 있다.

사회복지 재화와 서비스를 전달함에 있어서 영리기관은 다음과 같은 장점을 가진다.

첫째, 영리기관들은 경쟁을 통해 효율성을 증진시킬 수 있다. 영리기관들은 서비스를 공급함에 있어 소비자들의 선택을 받기 위하여 더 좋은 질의 서비스를 더 값싼 가격으로 제공하고자 경쟁한다. 이러한 경쟁을 통하여 서비스 공급에서의 효율성을 증진시킬 수 있다.

둘째, 소비자의 욕구에 유연하게 대응하여 소비자 선택권을 향상시킨다. 영리기관들은 시장에서 소비자들의 선택을 받아야 하므로 소비자의 욕구를 충족시키는 서비스를 제공하는 데 집중한다. 다수의 영리기관이 소비자들의 욕구를 충족시키기 위하여 다양한 서비스를 제공함으로써 소비자들의 선택권을 증진시킨다.

셋째, 서비스 공급기관을 단시간 내에 증가시킬 수 있다. 소비자들에게 서비스 구매를 위한 정부보조금이 지급될 경우, 서비스 공급에 영리기관들의 참여를 허용하면 시장에서 다수의 영리 사업자가 서비스 공급에 참여할 수 있다. 그래서 일정한 수익이 확보될 수 있는 경우, 서비스 공급에 영리 사업자들이 대규모로 참여하여 단시간 내에 서비스 공급을 확보할 수 있다.[2]

하지만 영리기관은 다음과 같은 단점을 가진다.

첫째, 영리기관은 지불능력이 없는 사람을 배제한다. 영리기관은 이윤을 목적으로 서비스를 제공하기 때문에 구매력이 있는 사람에 대해서만 비용을 받고 서비스를 제공한다. 그래서 지불능력이 없는 취약계층들은 영리기관의 서비스 대상에서 배제된다.

둘째, 영리기관들은 사회적으로 필요한 서비스인 경우에도 이윤이 낮다면 투자하지 않는다. 예를 들어, 인구가 적은 농어촌 지역들의 경우 병원이나 교육 및 보육 서비스 등은 꼭 필요한 필수 서비스들이다. 하지만 이러한 지역에 서비스를 공급하는 영리기관들이 거의 없다. 이러한 지역에서는 상대적으로 이윤 확보가 어렵기 때문이다.

---

2) 한국의 경우, 전체 아동에 대한 보육서비스와 노인 장기요양보험을 실시하면서 영리사업자들의 서비스 공급 참여를 허용하였다. 보육서비스의 경우에는 정부 예산이, 그리고 요양서비스의 경우에는 노인장기요양보험에 의하여 재정이 공급되어 영리사업자들이 일정한 수익을 확보할 수 있는 기반이 형성되었고, 그 결과 영리사업자들이 대규모로 서비스 공급에 참여하게 되었다. 이로써 한국은 단기간 내에 보육 및 요양서비스 공급 체계를 확보할 수 있었다.

셋째, 서비스 공급자 수가 작을 경우 독점화 현상이 발생된다. 한 지역에 서비스 공급자 수가 제한되어 있는 경우, 영리기관 간의 경쟁이 없고 독점화 현상이 발생된다. 이러한 경우 독점화로 인해 과잉 이윤 추구현상과 가격 상승 등의 부작용이 발생하고 소비자 선택권도 보장되지 못한다.

넷째, 영리기관들의 경우, 소비자들의 판단능력이 취약한 경우에는 이윤 추구를 위해 수급자들을 착취하는 문제를 야기할 수 있다. 사회서비스의 대상자들은 영유아나 거동이 불편한 노인 등과 같이 소비자로서의 합리적 판단능력이 부족한 경우가 많다. 이러한 경우에는 영리기관들이 수급자들의 약점을 이용하여 질 낮은 서비스를 제공하고 이윤만 추구하는 문제가 발생할 가능성이 크다.

〈표 13-2〉 **민간 전달 체계: 비영리기관과 영리기관의 주체별 특성**

	장점	단점
비영리기관	• 자율적 운영으로 욕구에 유연하게 대응 • 신뢰성과 공적 책임성 높음 • 혁신적 실험적 프로그램 개발 • 자원봉사와 기부행위 활성화로 사회연대성 제고	• 기관의 목적에 따라 특정 집단에만 봉사 • 안정성 및 지속성 낮음 • 통합성 낮음. 중복이나 누락 문제 발생 • 재원을 정부에 의존 시 자율성 상실
영리기관	• 경쟁 통하여 효율성 향상 • 소비자 욕구에 유연하게 대응하여 소비자 선택권 향상 • 서비스 공급기관의 급속한 증가	• 지불능력 없는 사람 배제 • 사회적으로 필요한 경우에도 이윤이 낮으면 투자하지 않음 • 서비스 공급자 수가 작을 경우 독점화 • 이윤 추구 위해 합리적 능력 취약한 수급자 착취 가능성

지금까지 공적 전달 체계로서의 중앙정부와 지방정부 그리고 민간 전달 체계로서의 비영리기관과 영리기관의 기본적인 특성에 대하여 각각 살펴보았다. 이러한 각 주체들의 기본적 특성에 대한 이해에 기반하여, 이제 보다 구체적으로 전달 주체 간의 선택의 이슈들에 대하여 살펴보자. 전달 주체 간의 선택의 이슈는 크게 세 가지 차원에서 제기된다.

첫째, 공적 전달 체계 대 민간 전달 체계 간 선택의 이슈이다. 서구 사회복지정책의 역사에 있어서 공적 전달 체계가 중심이 되어 있었기 때문에, 20세기 후반 이후이 선택의 문제는 공적 전달 체계의 역할을 민간 전달 체계로 이전하는 민영화의이슈로 제기되어 왔다.

둘째, 민간 전달 체계 간 선택의 이슈이다. 민간 전달 체계로서의 비영리기관과영리기관 간 선택의 문제이다. 역사적으로 사회복지 공급에 있어서 민간 전달 체계는 비영리기관이 중심이 되어 왔기 때문에, 20세기 후반 이후 이 선택의 문제는 현대 사회복지정책에서 영리화의 이슈로 제기되어 왔다.

셋째, 공적 전달 체계 내에서 중앙정부와 지방정부 간의 선택의 이슈이다. 이 이슈는 주로 복지분권화 또는 지방화의 이슈로 제기되어 왔다.

다음에서는 이 세 가지 선택의 문제에 대하여 하나씩 살펴본다.

2. 전달 주체 간 선택 이슈 1: 공공 대 민간의 선택(민영화의 이슈)

사회복지급여를 전달함에 있어서 그 공급과 관리·운영을 공적·기관이 담당할것인지 아니면 민간기관이 담당할 것인가의 선택의 문제가 있다. 역사적으로 복지국가 정립과 성장의 시기에 사회복지정책은 주로 공적 전달 체계에 의해 제공되었다. 과거에 민간 전달 체계의 한계가 뚜렷했기 때문이다. 비영리기관의 경우에는사회적 급여를 안정적이고 체계적으로 전달하는 데 한계가 있었고, 영리기관들은이윤 추구를 목적으로 하므로 취약계층의 욕구를 충족시킬 수 없었다. 그래서 정부에 의해 안정적이고 체계적으로 사회복지급여를 전달하고자 하였다. 하지만 1980년대 이후 정부의 공적 전달 체계는 독점과 관료적 경직성으로 인하여 욕구의 다양성과 변화에 대응하는 데 한계가 있다는 비판을 받았다. 우파에서는 경쟁적 시장의 장점을 강조하며 복지 전달에 있어서 민영화를 주장하였다. 좌파에서는 관료주의에 대응하여 시민 참여와 역량 강화를 강조하며 민간의 참여 확대를 주장하였다. 그 결과, 1980년대 이후 급진 우파 정권이 등장하면서 대대적 민영화가 시도되었다. 민영화정책에 따라 경제 영역에서 국영기업들이 대대적으로 민간에 매각되었다. 하지만 사회복지 부문의 경우에는 그 성격상 전달의 책임을 공공기관에서 민간기관으로 전면적으로 넘기기는 어려웠다. 그래서 정부가 사회복지 급여 제공의 기본적인 책임을 유지한 채 민간의 공급을 결합하는 정부와 민간의 혼합 체계가 확산되었다.

정부와 민간기관 간의 혼합 체계는 다양한 형태가 있을 수 있다. 정부가 민간 부문의 서비스 제공에 많이 개입할 수도 있고, 개입을 최소화할 수도 있다. 혼합 체계의 형태로 크게 두 가지가 대표적이다.

첫째, 정부의 민간기관과의 위탁계약이다. 정부가 민간기관에 일정한 재정 보조를 하고, 그 대신 민간기관에 일정한 서비스를 공급할 것을 요구하는 계약을 맺는 형태이다. 이때 정부가 민간 부문의 프로그램의 세부적 내용까지 상당히 많은 규제를 할 수도 있고, 또는 정부가 포괄적인 서비스의 제공을 요구할 뿐 세부적 규제는 거의 하지 않을 수도 있다.

둘째, 바우처 방식이다. 바우처 방식은 정부가 수급자들에게 특정 종류의 서비스를 구매할 수 있는 바우처를 제공하고 수급자들이 이 바우처를 이용하여 서비스를 구매하도록 하는 방식이다. 정부의 민간기관 위탁계약 방식이 정부가 민간기관에 직접 재정을 지원하는 반면, 바우처 방식은 정부가 서비스 공급기관이 아니라 수급자에게 직접 재정을 지원한다는 차이가 있다.

〈표 13-3〉 정부와 민간 부문 간의 혼합 형태

혼합 형태	특징
정부와 민간기관 간의 위탁계약	정부가 민간기관에 재정을 제공하고 서비스 공급을 위탁
바우처 방식	정부가 이용자에 재정을 제공하고 서비스를 민간기관으로부터 구입하도록 함

위탁계약 방식과 바우처 방식의 장단점과 그 실현 조건을 살펴보면 다음과 같다(Savas, 1994: 161-172; 정경희 외, 2007: 106에서 재인용). 위탁계약은 다음과 같은 장점들을 가진다. 첫째, 위탁계약을 통해 서비스를 공급함에 있어서 서비스 공급자 간에 경쟁이 형성된다. 둘째, 정부가 직접 소유하지 않은 전문기술을 활용할 수 있다. 셋째, 사업계획의 규모를 수요 및 재정 환경의 변화에 따라 유연하게 조정할 수 있다. 넷째, 새로운 사업계획의 실험이 용이하고 민간 부문의 연구를 자극할 수 있다.

하지만 위탁계약은 다음과 같은 단점들을 가진다. 첫째, 자격 있는 공급자가 부족하면 의미 있는 경쟁이 결여된다. 둘째, 정부지출을 위한 로비와 계약 과정에서 부패관행이 발생할 수 있다. 셋째, 계약 관리와 업적 점검에 비용이 소요된다. 넷째, 규모의 경제를 실현할 기회가 제한된다. 다섯째, 계약은 계약업자에 대한 바람 직하지 않은 의존을 조장한다. 계약업체 직원들의 파업이나 회사의 파산에 대중을 취약하게 한다.

위탁계약이 장점을 극대화하고 단점을 최소화하기 위해서는 다음과 같은 실현 조건이 잘 충족되어야 한다. 첫째, 과업이 명확하게 구체화되어야 한다. 둘째, 다 수의 잠재적 공급자들과의 경쟁적 분위기가 존재해야 한다. 셋째, 정부가 계약자의 성과를 평가할 수 있어야 한다. 넷째, 계약 문건에 계약 조건이 명시되고 시행 여부 가 감독되어야 한다.

바우처 방식은 생산자에게 보조금을 주는 위탁계약 방식보다 시민의 선택권을 제고할 수 있다. 하지만 바우처는 현물서비스를 제공하는 것보다 통제하는 것이 쉽 지 않다. 바우처를 현금화하여 다른 용도로 사용하는 등의 오용문제가 제기될 가능 성이 있다.

〈표 13-4〉 위탁계약과 바우처 방식의 장단점

형태	장점	단점	실현 조건
위탁계약	• 공급자 간 경쟁 형성 • 민간의 전문기술 활용 • 환경 변화에 따른 사업의 유연한 조정 • 새로운 실험과 연구	• 공급자 부족 시 경쟁 결여 • 로비와 부패 • 계약 및 업적 평가 비용 • 규모경제 제한 • 계약업자에 대한 의존성 증가	• 과업이 명확하고 구체적 • 다수의 공급자 간 경쟁 존재 • 성과 평가 용이 • 계약 조건 감독 용이
바우처	• 시민의 선택권 제고	• 직접 서비스나 현물 제공 시보다 통제가 어려움	• 서비스에 대한 소비자 선호의 차이 클 때 • 소비자의 현명한 구매 가능할 때 • 서비스에 대한 충분한 정보 • 경쟁적 공급자 시장 존재

바우처 방식의 장점을 최대화하고 단점을 감소시키기 위해서는 다음의 실현조건들이 충족되는지가 중요하다. 첫째, 바우처는 서비스에 대한 소비자 선호에서의 차이들이 클 때 효과적이다. 둘째, 소비자가 현명하게 구매할 수 있어야 한다. 셋째, 서비스의 비용과 질, 구입 장소 등 시장 상황에 대한 충분한 정보를 가져야 한다. 넷째, 경쟁적인 공급자가 많이 있거나 또는 시작 비용이 낮아서 수요가 있으면 추가적인 공급자들이 시장에 쉽게 진입할 수 있다. 다섯째, 서비스가 비교적 값싸고 빈번하게 구매되어 이용자가 경험으로부터 서비스에 대한 정보를 체득할 수 있다.

과거의 공적 전달 체계에 비해, 정부와 민간 부문의 혼합 체계는 개인의 다양한 욕구에 대한 대응성, 전문가 자율성, 실험성, 경쟁, 선택의 자유 등과 같은 민간 부문의 장점들을 더 잘 살릴 수 있다는 이점이 있다.

하지만 그동안의 혼합 체계 실시 결과로 여러 가지 한계가 발생했다(Hall & Eggers, 1995; 이현주, 정익중, 2012에서 재인용).

첫째, 서비스의 질이나 성과에 기반한 계약에 의하여 민간서비스 제공자들의 경쟁을 유도하는 것이 어려웠다. 특히 대인서비스의 경우 성과 측정이 쉽지 않으므로 성과에 기반한 계약이 어렵다.

둘째, 경쟁의 결과로 인한 퇴출을 기대하기 어려웠다. 특정 사회서비스를 제공하는 데 있어서 지역에서 대안적 공급자들이 존재하지 않는 경우가 많다. 또는 서비스의 연속성을 보장하기 위하여 공급자를 교체하기가 어려운 경우가 많다. 그리고 오랜 기간 서비스를 공급하면서 협력관계를 형성해 온 비영리 공급자를 퇴출시키는 것도 쉽지 않다. 이러한 이유들로 인해서 서비스 공급에 있어서 이상적인 경쟁 환경이 형성되지 못하고 지역적 독과점이 형성되는 경우가 많았다.

셋째, 서비스 공급에 있어서 욕구가 가장 큰 집단이 배제되는 문제가 발생했다. 성과에 기반한 계약에서 성과목표를 달성하기 위해, 목표 달성이 용이한 대상자에게 서비스 공급을 집중하고, 목표 달성이 어려운 대상자는 서비스 공급에서 제외시키는 문제가 발생했다. 예를 들어, 고용 지원서비스를 제공하는 공급자의 경우 취업성과목표를 달성하기 위하여 서비스 제공 대상자를 주로 취업이 용이한 상대적으로 양호한 조건을 가진 사람들로 선정하고, 취업이 어려운 불리한 조건에 있는 사람들은 서비스 제공 대상자로 선정하지 않는 현상이 발생하였다. 또는 등록된 대상자들 중에서 취업이 용이한 사람들에 서비스를 집중하고, 취업이 쉽지 않은 취약한 조건의 대상자에 대해서는 서비스 제공을 소홀히 하는 경향이 발생하였다. 이러한 문제를 크리밍(creaming) 문제라고 부른다.

넷째, 서비스 질 보증에 실패하는 문제가 발생하였다. 정부의 예산 지원이 제한된 상황에서 특히 영리 사업자들의 경우에 이윤 확보를 위하여 서비스의 질을 저하시키는 문제가 발생하였다. 성과 측정이 어려운 경우에 서비스 공급자들이 낮은 질의 서비스를 공급하는 문제가 발생하기 쉽다.

〈표 13-5〉 혼합 체계의 실시 결과로 나타난 한계

혼합 체계의 한계	• 서비스 질이나 성과 평가가 어려워 성과 기반 계약이 어려웠음 • 경쟁으로 인한 퇴출을 기대하기 어려웠음 • 욕구가 가장 큰 집단이 서비스에서 배제되었음 • 서비스 질 보증에 실패하였음

3. 전달 주체 간 선택 이슈 2: 영리기관 대 비영리기관의 선택 (상업화의 이슈)

지금까지 정부와 민간기관 간의 혼합 체계에 대하여 살펴보았다. 그런데 혼합 체계를 형성할 때, 민간기관 중에서 영리기관 대 비영리기관 중에서 선택을 해야 한다. 과거에는 정부와 민간기관 간의 혼합 체계가 주로 비영리기관의 서비스 공급을 통하여 이루어졌다. 그러나 현대 사회서비스의 공급에 있어서 영리기관의 참여가 대폭 증가되었다. 한국의 경우, 특히 보육과 요양서비스 공급 분야에 있어서 영리기관이 공급기관의 다수를 점하고 있다. 그런데 사회서비스의 공급에 있어서 영리기관의 참여에 대해서는 영리기관의 이윤 추구적 속성 때문에 그 윤리성이나 효과성 측면에서 우려가 크다.

영리기관과 비영리기관 각각의 장단점에 대해서는 앞에서 이미 살펴보았다. 여기에서는 영리기관 대 비영리기관 간의 선택을 함에 있어서 고려할 조건들에 대하여 살펴보고자 한다(Gilbert & Terrell, 2013).

첫째, 표준화된 서비스의 경우에는 영리기관이 장점을 가질 수 있다. 표준화된 서비스의 경우에는 영리기관의 경영상의 기술과 동기가 효과적으로 작동할 수 있고, 또한 서비스의 남용 가능성에 대한 감시도 용이하다. 하지만 사례별로 개별적 욕구 맞춤형의 비표준화된 서비스의 경우에는 서비스 전달상의 남용 등의 문제에 대한 감시가 어렵다. 그래서 표준화된 서비스의 경우에는 영리기관이, 그리고 비표준적 서비스의 경우에는 이윤 추구 목적이 없는 비영리기관이 서비스 전달을 담당하는 것이 적합하다.

둘째, 클라이언트가 합리적 판단능력을 충분히 갖추지 못한 경우에는 비영리기관이 적합하다. 아동, 지적장애인, 치매노인 등의 경우처럼 클라이언트의 판단능력이 취약한 경우에는 영리기관의 이윤 추구 행위에 착취대상이 되기 쉽다. 이들은 서비스 공급자들로 하여금 양질의 서비스를 제공하도록 견제할 능력이 없다. 그러므로 이러한 경우에는 이윤 추구로부터 벗어나서 공적 책임성과 자선적 윤리에 기반하는 비영리기관이 서비스 공급을 담당하는 것이 적합하다.

셋째, 서비스를 제공함에 있어 강제성이 개입되는 경우에는 비영리기관이 적합하다. 아동학대로부터의 보호나 보호 관찰서비스의 경우처럼 공적 강제력이 개입되는 경우에는 개인의 자유를 제약하게 되므로 공적 책임성과 도덕적 윤리성이 확보되어야 한다. 이윤 추구의 목적을 위하여 개인의 자유를 침해하는 것은 사회적으로 용인하기 어렵다. 그러므로 서비스에 강제력이 개입되는 경우에는 영리기관보다는 비영리기관이 서비스 공급을 담당하는 것이 적절하다.

넷째, 규제가 효과적으로 이루어지기 어려운 경우에는 비영리기관이 적합하다. 클라이언트의 보호와 기준 준수에 대한 관리·감독이 효과적으로 이루어질 수 있는 경우에는 영리기관이든 비영리기관이든 큰 차이는 없을 수 있다. 하지만 일반적으로 사회서비스의 전달 과정에 있어서는 이러한 규제의 적용에 제한점이 많다. 그러므로 효과적인 규제에 한계가 있는 경우에는 영리기관보다는 비영리기관이 적합하다.

〈표 13-6〉 영리기관 대 비영리기관 간의 선택에서의 고려 조건

고려 조건	• 표준화된 서비스는 영리기관이 장점을 가짐 • 클라이언트 합리적 판단 능력 부족한 경우 비영리기관이 적합 • 서비스 제공 시 강제성 개입되는 경우 비영리기관이 적합 • 규제가 효과적으로 이루어지기 어려운 경우 비영리기관이 적합

그러므로 사회서비스의 상업화에 있어서는 영리기관이 잘 작동할 수 있는 환경에서 효과적인 감독을 통해 양질의 서비스를 견제할 수 있는지에 대한 주의 깊은 검토가 필요하다. 한국의 경우, 보육과 요양 등의 영역에서 상업화가 상당히 진행된 상황이다. 그러므로 한국의 사회서비스에서의 공공성의 확보가 중요하다. 공공성의 차원에서 다음과 같은 요소들이 확보되어야 한다.

첫째, 사회서비스의 전달 과정이 투명해야 한다. 사회서비스의 전달 과정이 불투명하면 공급자가 이윤 추구를 위한 부정과 부패가 발생하기 쉽다. 사회서비스의 전달 과정을 이용자와 지역사회에 투명하게 공개해야 한다.

둘째, 사회서비스 전달 과정에서 모든 이용자가 차별 없이 자신의 권리를 보장받을 수 있어야 한다. 사회서비스의 전달 과정에서 일부의 이용자들에게 특혜를 제공하거나, 또는 일부의 이용자들을 차별하여 서비스 제공에 불이익을 제공하는 일이 있어서는 안 된다. 모든 사람이 차별 없이 자신의 수급권리와 선택권리를 보장받을 수 있도록 해야 한다.

셋째, 서비스가 효율적이고 통합적으로 제공되어야 한다. 이용자들이 서비스를 어디에서나 쉽게 접근하고 저렴하게 이용할 수 있도록 서비스를 표준화하고 효율화하는 노력이 있어야 한다.

넷째, 사회서비스의 질을 일정 수준 이상으로 유지하여야 한다. 이용자들이 양질의 서비스를 이용할 수 있도록, 서비스의 질 관리가 중요하다, 이를 위하여 서비스의 품질 기준을 제시하고 이를 평가하는 정부의 품질 관리 노력이 중요하다.

4. 전달 주체 간 선택 이슈 3: 중앙정부 대 지방정부 간의 선택 (분권화 · 지방화의 이슈)

앞에서 전달 주체 간 선택의 이슈로 공공기관 대 민간기관의 선택의 이슈에 대하여 살펴보고, 민간기관 중에서 비영리기관 대 영리기관의 선택의 이슈에 대해 살펴보았다. 이 절에서는 공공기관 중에서 중앙정부 대 지방정부의 선택의 이슈에 대해 살펴본다. 중앙정부 대 지방정부 간의 선택의 이슈는 일반적으로 분권화 또는 지방화의 이슈로 제기되어 왔다.

1) 지방분권과 복지

중앙화와 지방화 간에는 상호갈등적이면서도 상호타협하여 공존할 수 밖에 없는 기본적 성격이 있다. 중앙화가 극단적으로 이루어지면 지역의 특수한 상황과 지역 주민들의 특수한 욕구들이 무시될 가능성이 높다. 반면, 지방화가 극단적으로 이루어지면 국가가 해체되어 버리고 지역 간의 격차와 갈등이 극심해질 수 있다. 그래서 국가마다 그 양상은 차이가 있지만 중앙화의 경향과 지방화의 경향은 상호 타협하여 나름대로의 균형을 형성하고 있다.

사회복지정책에 있어서도 중앙화와 지방화 간의 갈등을 둘러싸고 국가마다 일정한 타협을 이루어 왔다. 한편에서는 사회복지정책에 있어서 중앙화의 경향으로 중앙정부에 의한 사회복지 책임과 개입을 강조하는 경향이 있어 왔다. 이미 앞에서 살펴본 것처럼, 중앙정부는 전 국민에 대해 사회적 급여를 보편적이고 안정적이며 통합적으로 제공할 수 있다. 하지만 사회복지정책의 중앙화는 지역 특수적 욕구에 대한 대응력이 낮고, 지방의 자율성과 지역주민들의 참여를 저하시킨다. 이러한 점에서 지방화, 즉 복지 분권화에 대한 주장이 제기되어 왔다. 그런데 복지 분권화는 또한 역으로 복지 축소와 지역 간 불평등 그리고 지역 간 조정 부재로 인한 파편화 등의 문제를 발생시킬 것으로 우려되어 왔다.

역사적으로 보면, 서구 복지국가들에서 복지국가의 정립과 성장의 시기에는 중앙정부에 의해 사회복지정책의 도입과 운영이 주도되었다. 서구 복지국가들에서 공적 복지의 발전은 지역적으로 또한 부문별로 산재되어 있던 복지제도들을 전국적으로 통합하여 보편적으로 적용하는 과정을 통해 이루어졌다. 그러나 1980년대 이후 신자유주의의 흐름이 등장하면서 복지국가 축소 시도와 함께 복지분권화의 시도가 이루어졌다.

신자유주의의 흐름이 강했던 미국의 경우 이러한 경향이 뚜렷하게 나타났다. 미국에서는 1980년대 이후 신연방주의(new federalism)의 모토하에 지방분권화가 시도되었다. 대표적으로 미국에서 복지분권화는 연방정부가 어떤 포괄적 목적(예: 저소득층 지원)하에 일정한 정액의 예산을 주정부에 할당하고 주정부의 자율에 맡기는 방식으로 진행되었다. 이러한 복지분권화는, 한편에서는 지방정부의 자율성과 지역주민의 복지 욕구에 대한 대응성을 높인다는 장점이 있는 것으로 주장되었지만, 동시에 연방정부가 주정부에 복지 책임을 떠넘기고 장기적으로 예산을 축소하기 위한 시도라고 비판을 받았다. 그래서 복지분권에 대해서 복지 축소를 야기할 가능성에 대한 강한 우려의 의심이 존재한다.

하지만 다른 한편에서 지방자치와 복지분권에 대한 지방으로부터의 욕구가 크다. 지역의 문제에 지역 차원에서 주도권을 가지고 대응하고자 하는 것은 자연스러운 욕구이다. 서구 복지국가의 경험을 보더라도 지방분권과 복지국가 간에는 뚜렷한 관계가 없다는 주장도 제기되어 왔다(신진욱, 서준상, 2016). 가장 대표적인 예로, 스웨덴 등의 북유럽 국가들의 경우 가장 큰 공적 복지를 이루면서도 지방분권화 정도가 높다. 또한 독일이나 오스트리아 등의 유럽 대륙국가들의 경우에도 연방제를 실시하면서 지방분권화 정도가 높으면서도 큰 복지국가를 구축하고 있다. 이처럼 서구 복지국가들의 경험을 보면 지방분권과 복지국가의 두 마리 토끼를 다 잡은 국가들이 상당히 있다. 그래서 복지 확대와 복지분권은 반드시 서로 충돌되는 것이 아니라 동시에 추구할 수 있다고 보는 견해도 강하다.

셀러스와 리드스트룀(Sellers & Lidström, 2007)은 지방정부의 역량 정도와 중앙정부의 감독 정도라는 2개의 기준에 따라 지방자치의 유형을 구분하였다. 북유럽 국가들은 지방정부의 역량 정도가 높으면서 중앙정부의 감독 수준이 중간 정도로 나타났다. 중부 유럽 국가들은 지방정부 역량은 중간 정도이면서 중앙정부 감독 정도가 높게 나타났다. 나폴레옹형[3]은 지방정부 역량은 중하 정도이면서 중앙정부 감독 정도가 높게 나타났다. 그리고 영미형은 지방정부의 역량과 중앙정부 감독 모두 낮은 것으로 나타났다. 〈표 13-7〉과 [그림 13-1]은 셀러스와 리드스트룀의 지방자치 유형과 복지국가 유형의 관계를 보여 준다. 이러한 분류에서 볼 수 있는 것처럼, 북유럽 국가들의 경우 지방정부의 역량도 높고 중앙정부의 감독도 중간 정도로서 지방화와 중앙화를 잘 결합하고 있는 것으로 보인다. 한국의 경우에는 지방정부의 역량이 낮고 중앙정부의 감독 정도가 높아 전형적인 중앙화의 경향을 보이고 있다.

---

3) 라틴권 국가로 프랑스, 이탈리아, 스페인, 포르투갈, 그리스 등을 지칭한다.

〈표 13-7〉 샐러스와 리드스트룀의 지방자치 유형과 복지국가 유형

지방자치 유형	지방정부 역량	중앙정부 감독	복지국가 유형
북유럽형	높음	중간	사민주의 복지국가
중부 유럽형	중간	높음	보수주의 복지국가
나폴레옹형	중하(약간 낮음)	높음	보수주의 및 남유럽형 복지국가
영미형	낮음	낮음	자유주의 복지국가
한국	낮음	높음	한국

출처: 남찬섭(2016)의 내용을 수정하여 제시함.

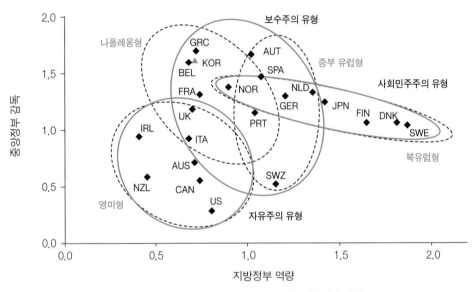

[그림 13-1] 지방자치 유형과 복지국가 유형 간의 관계

출처: 남찬섭(2016).

2) 복지분권의 방식

(1) 복지역할 분담의 기준과 모형

중앙정부와 지방정부 간에 복지역할을 어떻게 분담해야 할 것인가, 또는 달리 말하면 복지 사무를 어떻게 배분해야 할 것인가는 항상 이슈가 된다. 중앙정부와 지방정부 간에 복지 역할 분담을 어떻게 해야 하는가와 관련하여 몇 가지 기준이 제

시되어 왔다. 그리고 이 기준들을 조합하여 몇 가지 복지역할 분담 모형이 제시되어 왔다.

먼저, 중앙정부와 지방정부 간의 복지역할 분담을 위해 고려해야 할 몇 가지 기준들에 대하여 알아보자. 그 기준들로서 사회적 위험의 범위, 사회적 급여의 공공재적 성격 및 외부성의 범위, 지역 간 복지의 형평성 그리고 복지정책의 보편성 등이 제시되어 왔다(구인회 외, 2009; 김승연, 2019; 정홍원 외, 2019).

첫째, 사회적 위험의 범위이다. 위험이 전국적으로 발생되는 것인가, 아니면 보다 지역 특수적 성격을 가지는가 하는 측면이다. 위험이 전국적이라면 중앙정부가 이를 담당하고, 지역 특수적 성격이 강한 위험의 경우에는 지방정부가 담당하는 것이 적절하다.

둘째, 사회적 급여의 공공재 및 외부성의 범위이다. 사회복지정책에 의해 공급되는 사회적 급여가 전국적 공공재인가, 아니면 지방적 공공재인가의 기준이다. 사회적 급여가 전국적 공공재로서 그 편익, 즉 긍정적 외부 효과의 범위가 전국에 걸쳐 나타나는 경우에는 중앙정부가 담당하는 것이 적절하다. 이에 비해 사회적 급여가 지방적 공공재로서 그 긍정적 외부 효과가 지역으로 제한되어 나타는 경우에는 지방정부가 이를 담당하는 것이 적절하다.

셋째, 형평성의 기준이다. 지역 간에는 원래의 위험 정도가 균일하지 않고 또한 복지 공급의 역량에도 차이가 있다. 그 결과 지역 간 복지 정도에 상당한 격차가 발생될 수 있다. 이러한 격차가 심각하게 발생되는 경우에는 중앙정부에 의한 조정이 필수적이다. 지역 간의 복지 불평등의 정도가 심할수록 이를 완화하기 위하여 형평성 차원에서 중앙정부의 역할이 더 필요하다.

넷째, 사회복지정책의 보편성 정도이다. 사회복지정책의 성격이 보편적 보장을 제공하는 경우에는 중앙정부에서 담당하고, 선별적 성격이 강한 경우에는 지방정부에서 담당하는 것이 적합하다. 보편적 제도의 경우에는 전국적으로 동일하게 적용하므로 중앙정부에서 담당하는 것이 적합하다. 이에 비해 선별성이 강한 제도의 경우에는 보다 구체적으로 개별적 상황에 대한 평가가 필요하므로 지방정부가 담당하는 것이 필요하다.

다음으로, 복지역할 분담 모형들에 대하여 검토해 보자. 앞에서 살펴보았던 복지역할 분담의 기준들을 조합하여 사회복지분권의 모형들이 제시되어 왔다. 여기에서는 대표적 예로 구인회 등(2009), 김승연(2019), 정홍원 등(2019)에서 제시되었던 복지분권 모형들을 소개한다.

구인회 등(2009)은 공공재적 성격의 범위와 형평성의 원칙에 따라 사회복지사업을 국가사무, 공동사무, 자치사무의 세 가지로 구분하였다. 첫째, 국가사무의 경우이다. 전국적 공공재로서의 성격이 강하고 지역 간 불평등 완화가 중요한 경우에는 국가사무로서 중앙정부가 책임을 지는 것이 바람직하다. 둘째, 공동사무이다. 외부 효과가 전국적이지는 않지만 지역의 범위를 넘는 경우 그리고 형평성 측면에서 중앙정부의 일정한 조정 기능이 필요한 경우에는 공동사무로서 지방정부와 중앙정부가 공동으로 복지사업을 수행하는 것이 적절하다. 셋째, 자치사무이다. 지역적 공공재의 성격이 강하고 지역 간 복지 격차가 심각하게 대두되지 않는 경우에는 자치사무로서 지방정부가 책임을 지도록 한다.

그 외에도 〈글상자 13-1〉에서 김승연(2019)과 정홍원 등(2019)이 제시한 기타 복지분권 모형들을 참고할 수 있다.

〈표 13-8〉 공공재적 성격의 범위와 형평성의 기준에 따른 복지분권 모형

복지분권 모형	특성
국가사무	전국적 공공재이고, 지역 간 평등이 중요한 경우
공동사무	전국적 공공재는 아니지만 외부 효과가 지역 범위를 넘고, 지역 간 형평성이 중요한 경우
자치사무	지역적 공공재이고 지역 간 복지 격차가 심각하게 대두되지 않는 경우

〈글상자 13-1〉 기타 복지분권 모형

김승연(2019)은 사회적 위험을 전국적 사회위험과 지역적 사회위험으로 구분하고, 또한 정부 대응을 보편적 대응과 선별적 대응으로 구분하여 그 조합을 통해 네 가지의 복지분권 유형을 구분하였다. 사회위험의 성격이 전국적이고 정부 대응이 보편적인 경우에는 중앙정부의 역할로, 반대로 사회위험의 성격이 지역적이고 정부 대응이 선별적인 경우에는 지방정부의 역할로 구분하였다. 사회위험이 전국적이지만 보장의 성격이 선별적인 경우에는 중앙이 기획하고 지방이 집행하는 중앙주도 공동사무

로 구분하였다. 사회위험이 지역적이고 보장의 성격이 보편적인 경우에는 지방이 공동으로 기획하고 지방이 집행하는 지방주도 공동사무로 구분하였다.

〈표 13-9〉 **사회위험의 범위와 정부 대응의 성격에 따른 복지분권 모형**

		사회적 위험의 범위	
		전국적	지역적
보장의 성격	보편적	중앙정부 (사회보험, 보편수당)	지방주도 공동사무 (돌봄서비스)
	선별적	중앙주도 공동사무 (공공부조)	지방정부 (청년수당, 지역사회복지관 등)

출처: 김승연(2019)의 내용을 수정하여 제시함.

정홍원 등(2019)은 복지사업의 공공재적 성격과 복지사업의 목표의 두 가지 기준에 따라 네 가지로 복지분권 모형을 설정하였다. 복지급여의 공공재 성격에서는 국가적 공공재와 지방적 공공재로 구분하였다. 복지사업의 목표에 있어서는 형평성 및 적절성을 추구하는 경우와 유연성 및 대응성을 추구하는 경우로 구분하였다. 어떤 복지사업이 형평성 및 급여 적절성을 지향하는 경우에는 중앙정부의 역할로, 그리고 유연성 및 대응성의 추구가 필요한 경우에는[4] 지방정부의 역할로 규정하였다.

〈표 13-10〉 **공공재적 성격과 복지목표에 따른 복지분권 모형**

		복지목표	
		형평성/적절성	유연성/대응성
공공재 성격	국가적 공공재	유형 1 (소득보장/의료보장)	유형 2 (고용지원 및 일자리/ 장애인 복지서비스)
	지방적 공공재	유형 3 (아동수당/ 장애수당 및 장애인연금)	유형 4 (돌봄서비스/가족지원/복지시설 운영)

출처: 정홍원 외(2019).

---

[4] 지역주민의 특수한 욕구에 대한 유연한 대응이 필요하고, 그 대응에 있어서 서비스의 종류와 절차가 복잡하여 중앙정부가 이를 담당하기 어려운 경우를 말한다.

지금까지 중앙정부와 지방정부 간의 복지역할 분담에 대한 모형들을 살펴보았다. 아직 이론적으로 명확한 기준과 분류들이 제시되었다고 보기는 어렵다. 기존의 복지분권 모형에서 사용된 공공재의 성격과 형평성 등의 원칙들은 여전히 실제에 적용하기에는 상당히 추상적이고 모호하다. 중앙정부와 지방정부 간의 역할 분담을 위한 어떤 절대적 기준이라기보다는 논의를 위한 참고자료로 활용하는 것이 적절하다고 생각된다.

서구 복지국가들의 경험을 보면, 대체로 사회보험이나 보편적 수당 등은 중앙정부에서 담당하는 것이 일반적이다. 공공부조의 경우에는 국가에 따라 중앙정부와 지방정부의 공동사업으로 하는 경우도 있고, 지방정부의 사업으로 운영하는 경우도 있다. 그리고 사회서비스의 경우에는 지방정부의 사업으로 운영하는 경우들이 일반적이다. 사회서비스 중에서 보건서비스는 주로 광역 지방정부에서 담당하는 경우가 많고, 요양이나 보육 등의 사회복지서비스는 기초 지방정부에서 담당하는 경우가 일반적이다.

(2) 복지재정분권 방식

앞에서는 주로 복지급여의 공급과 관련된 복지분권의 문제에 대하여 살펴보았다. 그런데 복지분권의 문제는 복지급여 공급의 측면에서뿐만 아니라 재정의 측면서도 제기된다. 중앙정부와 지방정부 간의 재정분권의 문제는 크게 두 가지 차원에서 제기될 수 있다.

먼저, 중앙정부와 지방정부 간에 조세권을 어떻게 분배할 것인가의 차원이다. 즉, 어떤 종류의 조세에 대해 어느 정도로 중앙정부가 지방정부가 각각 징수권을 가질 것인가 하는 이슈이다. 지방정부의 자치 역량을 강화하기 위해서는 지방정부의 조세권을 확대가 필요하다. 지방정부의 조세수입의 확대는 지방정부의 자체적 복지 공급 역량을 현저하게 강화시킬 수 있다. 하지만 지방정부의 조세권 강화는 지방들의 재정능력 차이로 인해 지역 간의 격차를 심화시킬 가능성이 크다. 그래서 중앙정부와 지방정부 간의 조세권 분배는 자치역량 강화와 지역 간 격차 완화를 모두 고려하면서 조정되어야 한다.

다음으로, 일단 어떤 조세권에 따라 조세가 징수된 이후 중앙정부와 지방정부 간에 징수된 조세수입을 어떻게 분배할 것인가 하는 차원에서의 문제가 있다. 일반적으로 현대 국민국가들에서는 중앙정부의 조세권이 더 크기 때문에, 중앙정부와 지방정부 간의 조세수입의 분배는 중앙정부로부터 지방정부로 조세수입액을 이전하는 방식을 통해 이루어져 왔다. 그런데 중앙정부가 지방정부로 재정을 이전할 때 이전되는 재정의 사용에 있어서 지방정부에 어느 정도의 자율성을 허용할 것인가 하는 선택의 문제가 있다. 중앙정부가 상당한 통제를 행사할 수도 있고, 지방정부에 상당한 자율성을 허용할 수도 있다.

중앙정부가 지방정부에 재정을 이전하는 방식은 크게 세 가지로 구분할 수 있다. 첫째, 일반보조금(general grant) 방식이다. 중앙정부가 지방정부에 일정한 재정을 이전하고 지방정부가 자율적으로 사용하도록 하는 방식이다. 이 경우 지방정부가 자율적으로 사업을 기획하고 일반보조금으로 이전된 재정을 사용할 수 있으므로, 지방정부의 자율성이 매우 크다. 하지만 지방정부의 자율성이 큰 만큼 지방정부들이 그 재정을 복지가 아닌 교량 건설 등 다른 부문에 자유롭게 사용할 수 있다. 그래서 기존에 중앙정부가 개입하던 복지사업 부문을 일반보조금 방식으로 지방정부에 이전할 경우 복지 축소의 우려가 제기된다.

둘째, 포괄보조금(block grant) 방식이다. 중앙정부가 포괄적 범위에서 용도를 설정하고 그 범위 안에서 지방정부가 자율적으로 재정을 사용할 수 있도록 허용한다. 중앙정부가 포괄적으로 설정되는 일정한 기능의 수행을 보증하면서도 지방정부로 하여금 지역의 특수한 욕구에 대응하여 지역 특수적 프로그램들을 운영할 수 있도록 허용하는 방식이다. 미국의 저소득층 지원사업인 TANF 포괄보조금(Temporary Assistance to Needy Families Block Grant)이 대표적 예 중의 하나이다. TANF 포괄보조금은 저소득층 지원이라는 포괄적 용도로 제한된 정액보조금을 주정부에 제공하고 주정부가 저소득층 지원을 위해 이 보조금을 어떻게 사용할지는 자율적으로 알아서 진행하는 방식이다.

이와 같은 포괄보조금 방식은 일정한 범위 내에서 지방정부에 자율성을 허용함으로써 복지 축소 우려를 완화하면서도 지방정부의 자율성을 제고할 수 있다는 장점이 있다. 하지만 이 방식은 상당히 넓은 복지의 일정 영역을 중앙정부가 지방정부에 떠넘겨 버리고 그 책임을 회피하는 수단이 될 수도 있다. 그래서 포괄보조금 방식이 장기적으로는 복지 축소로 귀결될 가능성에 대한 우려들이 제기되어 왔다. 예를 들어, 중앙정부가 정액의 예산을 지방정부에 일단 이전하게 되면, 그 이후에는 그 금액의 인상 없이 원래의 예산액만을 계속 포괄보조금으로 이전함으로써 결과적으로는 복지예산이 축소되는 문제가 발생할 수 있다.

셋째, 특정보조금(specific grant; categorical grant) 방식이다. 중앙정부가 기획한 특정한 사업에 대해 지방정부가 집행하도록 하면서 중앙정부가 지방정부에 해당 사업에 제한하여 사용하도록 보조금을 지급하는 방식이다. 특정보조금의 사용 용도가 특정 사업으로 엄격하게 제한된다. 이 사업의 운영을 위하여 일반적으로 중앙정부가 총 사업비의 일정한 비율을 특정보조금으로 제공하고 지방정부가 총 사업비의 일정 비율을 분담하는 정률보조금(matching grant) 방식으로 운영된다. 특정보조금 방식은 중앙정부의 특정 복지사업에 대한 책임성이 유지되고 지방정부에 대해서도 일정한 비율의 부담을 지도록 함으로써 복지의 확대와 유지에 유리하다. 또한 어떤 복지사업에 있어서 지방정부가 그 사업의 적용을 확대하면 그에 따라 자동적으로 중앙정부로부터의 매칭에 의하여 정률보조금이 지급되므로 지방정부 차원에서도 복지 확대의 유인이 있다. 그래서 특정보조금 사업은 복지 축소의 유인이 적다는 점에서 장점을 가진다. 하지만 특정보조금 사업은 한 복지사업에 대한 정책 결정권을 중앙정부가 가지면서 지방정부로 하여금 재정부담과 집행의 책임을 부과하므로 지방정부의 자율성을 축소시킨다는 문제가 있다.

3) 한국의 복지분권의 상황과 방향

한국은 복지분권의 측면에서 중앙정부의 통제성이 아주 강한 특성을 가지고 있다. 중앙정부가 복지역할과 재정의 두 가지 차원 모두에서 강한 통제력을 가지고 있다. 우선, 복지역할 배분의 측면에서 중앙정부가 복지사업에 대한 책임을 지고 복지사업을 기획하고 정책을 결정한다. 지방정부가 자체적으로 기획하고 결정하여 책임을 지는 복지사업의 비중이 아주 작다. 지방정부는 대체로 중앙정부가 기획하고 결정한 복지사업에 대해 집행을 담당하고 있다.

이러한 복지역할의 배분은 재정의 측면에서의 분권화 방식과 밀접하게 관련되어 있다. 한국은 재정의 측면에서 중앙정부가 조세권을 장악하고 있어 중앙 집중화가 강하고 지방정부의 조세권은 취약하다. 재정분권화는 주로 중앙정부가 징수한 조세수입을 지방정부로 이전하는 방식으로 이루어지고 있다. 그런데 이때 이전

방식이 지방정부에 자율성을 허용하는 일반보조금 방식이 아니라 중앙정부의 통제가 강한 특정보조금 방식을 채택하고 있다. 즉, 중앙정부가 복지사업들을 기획하고 결정하고 이 사업들을 집행함에 있어서 지방정부에 특정 사업별로 제한되는 특정보조금을 중앙정부가 지급하고 그 복지사업의 집행을 지방정부에 위임하는 방식이다. 한국에서 일반보조금 방식으로는 지방교부세(특히 보통교부세)가 해당되고, 특정보조금 방식으로는 보조금(특히 국고보조금)이 해당된다.

〈글상자 13-2〉 한국 지방자치단체의 복지재원

한국의 경우, 지방자치단체의 복지재원은 자체재원과 이전재원 그리고 지방채로 구성된다. 이전재원에는 지방교부세, 조정교부금, 보조금, 지역상생발전기금이 있다. 이 중 일반보조금으로는 지방교부세, 특히 보통교부세가 해당되고, 특정보조금으로는 보조금, 특히 국고보조금이 해당된다.

〈표 13-11〉 지방자치단체의 사회복지재정 조달 체계

구분	주요 항목	세부 항목	재원
자체재원	지방세		지방세
	세외수입		세외수입
이전재원	지방교부세	보통교부세	내국세
		특별교부세	내국세
		부동산교부세	종합부동산세
		소방안전교부세	담배부과 개별소비세수
	조정교부금	시 · 군조정교부금	광역시 · 도세, 지방소비세
		자치구조정교부금	특별 · 광역시 보통세
	보조금	국고보조금	정부예산(국고)
		시도비보조금	시 · 도 예산
		지역발전특별회계	국세수입
	지역상생발전기금		수도권 지방소비세 수입
지방채	직접 · 간접 차입, 국내 · 국외 차입		

출처: 임성일(2015)의 내용을 수정하여 제시함.

한국의 지방자치단체(이하 지자체)의 사회복지사업 구성을 보면, 주로 특정보조금 방식인 국고보조사업으로 이루어지고 자체사업은 거의 미미한 상황이다. 지자체의 사회복지사업 중 90% 이상이 특정보조금 방식인 국고보조사업이고, 지자체 자체사업은 10% 미만이다. 한국에서 국고보조사업으로 기초생활보장제도, 기초연금, 보육서비스 그리고 가족 및 여성 부문에 속하는 사업 등이 수행되고 있다. 국고보조사업의 재정 부담은 2018년의 경우 중앙정부가 부담하는 국고보조금이 약 2/3, 그리고 지방정부가 부담하는 지방비가 약 1/3을 차지하고 있다(행정안전부, 2018).

지자체들의 경우 국고보조사업의 지방정부 정률 부담분을 지출해야 하기 때문에, 지방정부 자체 예산과 지방교부세 재원[5]을 국고보조사업의 지자체 정률 부담분 지출을 위해 사용하고 있다. 그 결과, 한국의 지자체들은 자체 사업이 거의 없이 중앙정부에서 기획한 국고보조사업을 집행하는 데 그 조직과 재정을 사용하고 있다. 국고보조사업의 경우 사업의 계획에 있어서 지방정부의 영향력이 거의 없기 때문에, 권한은 없고 의무만 부과한다는 불만이 지방정부들에서 제기되고 있다.

한국은 정부 간 재정할당에 있어서 지방정부 자체 조세 재원을 할당하기보다는 재정이전제도에 아주 치중하는 국가이다(임성일, 2015). 지방정부의 자체 조세 재원이 작기 때문에 지방정부의 과세권과 조세 자율성을 확대하자는 주장도 있다. 하지만 이 경우, 지자체 간의 불평등이 심화될 수 있다는 우려도 제기되고 있다.

그래서 현재로서는 주로 중앙정부로부터의 재정 이전을 중심으로 복지사업이 실시되고 있다. 재정 이전도 포괄보조금 방식보다는 특정보조금 방식으로 중앙정부의 사업 통제력이 강하다. 일부에서는 재정 이전 방식을 특정보조금 방식을 넘어서서 포괄보조금 방식을 증가시켜 지방정부의 자율성을 제고할 것을 주장하고 있다. 하지만 이 경우 중앙정부가 정액의 포괄보조금을 지방정부에 제공하면서 중앙정부의 복지 책임을 떠넘겨 버리는 복지 축소의 문제와 지방의 자율성이 증가되면서 지방 간 복지 격차가 확대될 가능성에 대한 우려들도 제기되고 있다.

---

5) 지방정부가 자율적으로 사용할 수 있도록 일반보조금으로 중앙정부로부터 이전된 보조금이다.

참고문헌

구인회, 양난주, 이원진(2009). 사회복지 지방분권 개선방안 연구. 사회복지연구, 40(3), 99-124.

국민연금재정추계위원회(2018). 국민연금장기재정추계.

강병구(2018). 한국의 조세ㆍ재정개혁 과제. 한국재정학회 학술대회 논문집, 2018(1), 1-19.

김상균(1987). 현대사회와 사회정책. 서울: 서울대학교출판부.

김승연(2019). 지방분권시대 중앙ㆍ지방간 복지사업 역할분담 재정립 방안. 서울연구원 정책리포트, 271, 1-24.

김종일(2009). 사회복지정책론. 경기: 학현사.

김태완, 김문길, 윤상용, 송치호, 김성아, 이주미(2013). 저소득층 현금 및 현물서비스 복지지출의 사회경제적 영향분석. 한국보건사회연구원.

김현수(2005). 디즈레일리의 보수주의: 정책수행과정을 중심으로. 현상과 인식, 가을호, 11-28.

남찬섭(2016). 지방자치와 복지국가 간의 관계와 복지분권에의 함의. 한국사회정책, 23(4), 3-33.

다케가와 쇼고(2004). 일본의 사회정책과 복지국가론. 김성원 역. 서울: 인간과복지.

박성진(2016). 새로운 자유주의(New Liberalism)의 개인과 시민. 미래정치연구, 6(1), 47-63.

박종현(2016). 신자유주의와 복지: 하이에크와 프리드먼. 김윤태 엮음. 복지와 사상. 경기: 한울아카데미, 157-179.

사회보장위원회(2019). 제3차 중장기 사회보장 재정 추계.

서병훈(1996a). 공동선 자유주의: 토마스 힐 그린의 정치사상. 한국정치학회보, 29(4), 89-114.

서병훈(1996b). 사회적 자유주의: 홉하우스의 사회적 조화론. 사회비평, 16, 155-181.

서정훈(1995). 홉슨(J. A. Hobson)의 신자유주의: 국가간섭원리의 형성을 중심으로. 서양 사론, 47, 1-39.

서정훈(2004). 홉슨(J. A. Hobson)의 생애와 사상. 역사와 경계, 51, 165-197.

송다영(2016). 페미니즘과 복지. 김윤태 역음. 복지와 사상. 경기: 한울아카데미, 277-325.

신정완(2017). 1930년대 스웨덴 인구문제 논쟁에서 제시된 뮈르달 부부의 가족정책 구상의 이론적 철학적 기초. 스칸디나비아 연구, 19, 51-96.

신진욱(2018). 민주주의와 복지국가의 관점에서 본 분권지상주의의 문제와 과제. 월간 복지동향, 236.

신진욱, 서준상(2016). 복지국가, 지방분권, 지방정치: 역사 · 비교론적 관점에서 본 한국의 복지 분권화의 특성. 한국사회정책, 23(4), 61-89.

신화연(2017). 인구구조 변화와 사회보험 장기재정전망(Ⅱ). 한국보건사회연구원.

안상훈(2007). 세계화 시대, 생산적 보완성이 높은 복지전략에 관한 비교사회정책연구: 사회서비스형 복지국가 전략의 경제적 성과를 중심으로. 사회복지연구, 32, 131-159.

안상훈(2011). 사회서비스형 복지국가전략의 지속가능성. 경제논집, 50(3), 263-293.

오건호(2014), 복지재원 증세 방안 검토. 비판과 대안을 위한 사회복지학회 학술대회 발표논문집, 227-259.

우노 시게키(2018). 보수주의란 무엇인가: 반프랑스 혁명에서 현대 일본까지. 류애림 역. 경기: 연암서가.

윤조덕(1983). 독일 산업화 과정에서의 사회정책학파의 역할. 농촌경제, 6(4), 39-53.

윤홍식(2019). 한국복지국가의 기원과 궤적 1: 자본주의로의 이행의 시작-18세기부터 1945년까지. 서울: 사회평론아카데미.

원석조(2013). 사회복지정책론. 경기: 양서원.

이상은(2021). 보편주의 대 선별주의: 개념의 다차원성, 역사적 사용, 그리고 이슈들. 사회과학논총, 24, 161-185.

이상은, 권혁창, 김기태, 김정근, 남현주, 손동기, 윤상용, 정인영, 정찬미, 정창률, 최유석 (2019). 사회보장론: 제도의 원리와 형태. 서울: 학지사.

이상이(2010). 역동적 복지국가와 복지재정. 비판과 대안을 위한 사회복지학회 춘계학술대회자료집.

이정우(2008). 세계화, 불평등과 복지국가. 사회경제평론, 30, 157-190.

이정우(2013). 사회복지정책론. 서울: 학지사.

이종수(2013). 복지재원 확대, 사회복지세로 시작합시다. 월간 복지동향, 180, 23-27.

이현주, 김진, John Hudson, Stefan Kühner, 전지현(2018). 현금지원과 현물지원 정책의 구성과 효과. 한국보건사회연구원.

이현주, 정익중(2012). 아동복지서비스 전달 체계의 복지혼합과 공공의 역할 재구축. 한국사회정책, 19(1), 65-94.

이혜경(2004). 추천의 글. 다케가와 쇼고 저. 김성원 역. 일본의 사회정책과 복지국가론. 서울: 인간과 복지.

임성일(2015). 사회복지재정의 중앙·지방간 재정관계 재정립. 2015 사회정책연합 공동학술대회 자료집.

정홍원, 김보영, 민효상, 이정원(2019). 사회복지사업 지방이양 추진의 쟁점과 제도적 보완. 한국보건사회연구원.

조영훈(2017). 복지국가의 사회이론: 고전이론부터 현대이론까지. 경기: 공동체.

전남진(1987). 사회정책학 강론: 복지정책의 수립과 분석. 서울: 서울대학교출판부.

최영태(2007). 사회적 자유주의와 민주적 사회주의 비교. 역사학연구, 31, 217-248.

홍성수(2015). 복지국가에서 법에 의한 자유의 보장과 박탈: 하버마스의 비판과 대안. 법철학연구, 18(1), 157-186.

통계청(2019). 장래인구특별추계.

행정안전부(2018). 2018년도 지방자치단체 통합재정 개요.

Akerlof, G. (1970). The Market for 'Lemons': Quality Uncertainty and the Market Mechanism. *Quarterly Journal of Economics, 84*(3), 488-500.

Alcock, P. (2001). A commentary on the subject of social policy. In Pete Alcock and Howard Glennerster, Ann Oakley and Adrian Sinfield (Eds.), *Welfare and Wellbeing: Richard Titmuss's contribution to Social Policy*. Bristol: Policy Press.

Alcock, P. (2012). The Subject of Social Policy. In Peter Alcock, Margaret May and Sharon Wright (Eds.), *The Student's Companion to Social Policy*. Fourth Edition. Chichester: Wiley-Blackwell.

Alcock, P., Glennerster, H., Oakley, A., & Sinfield, A. (Eds.) (2001). *Welfare and Wellbeing: Richard Titmuss's contribution to Social Policy*. Policy Press.

Alvaredo, F., Chancel, L., Piketty, T., Saez, E., & Zucman, G. (Eds.) (2018). *World*

Inequality Report 2018. Cambridge: Harvard University Press.

Anttonen, A., Häikiö, L., Stefánsson, K., & Sipilä, J. (2012). Universalism and the Challenge of Diversity. In Anneli Anttonen, Liisa Häikiö, and Kolbeinn Stefánsson (Eds.), *Welfare State, Universalism and Diversity*. Cheltenham: Edward Elgar, 1-15.

Anttonen, A., & Sipilä, J. (2012). Universalism in the British and Scandinavian Social Policy Debates. In Anneli Anttonen, Liisa Häikiö, and Kolbeinn Stefánsson (Eds.), *Welfare State, Universalism and Diversity*. Cheltenham: Edward Elgar, 16-41.

Baldock, J., Manning, N., & Vickerstaff, S. (2007). *Social Policy* (3nd ed.). Oxford: Oxford University Press.

Barr, N. (2004). *Economics of the Welfare State*. (4th ed.). Oxford: Oxford University Press.

Baumol, W. (1967). The Macroeconomics of Unbalanced Growth. *American Economic Literature, 57*(3), 415-426.

Berlin, I. (1968). *Four Essays on Liberty*. Oxford: Oxford University Press. (박동천 역. 2014. 이사야 벌린의 자유론. 아카넷).

Beveridge, W. (1942). Social Insurance and Allied Services. H.M.S.O. Cmd, 6404.

Bonoli, G. (1997). Classifying Welfare States: a Two-dimension Approach. *Journal of Social Policy, 26*(3), 351-372.

Bonoli, G (2006). New Social Risks and the Politics of Post-Industrial Social Policies. In Klaus Armingeon and Giuliano Bonoli (Eds.), *The Politics of Post-Industrial Welfare State: Adapting Post-War Social Policies to New Social Risks*. London: Routledge, 3-26.

Boulding, K. (1967). The Boundaries of Social Policy. *Social Work, 12*(1), 3-11.

Bowles, P. & Wagman, B. (1997). Globalization and the Welfare State: Four Hypotheses and Some Empirical Evidence. *Eastern Economic Journal*, 23(3), 317-336.

Brennan, G., & Buchanan, J. (1980). *The Power to Tax: Analytical Foundations of a Fiscal Constitution*. Cambridge University Press.

Bulmar, M., Lewis, J., & Pichaud, D. (1989). Social Policy: Subject or Object? In Martin Bulmar, Jane Lewis, and David Pichaud (Eds.), *The Goals of Social Policy*. London: Unwin Hyman, 3-24.

Burke, E. (1968). *Reflections on the Revolution in France*. Harmondsworth: Penguin. (이태숙 역. 2008. 프랑스 혁명에 관한 성찰. 한길사).

Castles, F. (1994). The Wage Earner's Welfare State Revisited: Refurbishing the Established Model of Australian Social Protection, 1983-1993. *Australian Journal of Social Issues, 29*(2), 120-145.

Cohen, G (2008). *Rescuing Justice and Equality*. Cambridge: Harvard University Press.

Currie, J., & Gahvari, F. (2008). Transfers in Cash and Ink-Kind: Theory Meets the Data. *Journal of Economic Literature, 46*(2), 333-383.

Donnison, D. (1994). By What Authority? Ethics and Policy Analysis. *Social Policy and Administration, 28*(1), 20-32.

Doyal, L., & Gough, I. (1991). *A Theory of Human Needs*. London: The Macmillan Press.

Dworkin, R (2000). *Sovereign Virtue: The Theory and Practice of Equality*. Cambridge: Harvard University Press. (염수균 역. 2005. 자유주의적 평등. 한길사).

Ebbinghaus, B., & Manow, P. (2001). *Comparing Welfare Capitalism: Social Policy and Political Economy in Europe, Japan and the USA*. London: Routledge.

Esping-Andersen, G. (1985). *Politics Against Markets. The Social Democratic Road to Power*. Princeton: Princeton University Press.

Esping-Andersen, G. (1990). *Three Worlds of Welfare Capitalism*. Cambridge: Polity. (박시종 역. 2007. 복지자본주의의 세 가지 세계. 성균관대학교 출판부).

Esping-Andersen, G. (1999). *Social foundations of postindustrial economies*. Oxford: Oxford University Press. (박시종 역. 2006. 복지체제의 위기와 대응: 포스트 산업경제의 사회적 토대. 성균관대학교 출판부).

Estévez-Abe, M., Iversen, T., & Soskice, D. (2001). Social Protection and the Formation of Skills: A Reinterpretation of the Welfare State. In David Soskice and Peter Hall (Eds.), *Varities of Capitalism: The Institutional Foundations of Comparative Advantage*. Oxford: Oxford University Press, 145-183.

Ferrera, M. (1993). *Modelli di Solidarieta[Models of Solidarity]*. Bologna: Il Mulino.

Fraser, N. (1997). *Justice Interruptus*. London: Routledge.

Friedman, M. (1962). *Capitalism and Freedom*. Chicago: University of Chicage Press. (심

준보 · 변동열 역. 2007. 자본주의와 자유. 청어람미디어).

Fitzpatrick, T. (2001). *Welfare Theory: An Introduction*. Basingstoke: Palgrave Macmillan. (남찬섭, 김병철 역. 2013. 사회복지사를 위한 정치사회학. 나눔의 집).

Furniss, N., & Tilton, T. (1977). *The Case for the Welfare State*. Bloomington: Indiana University Press. (김한주, 황진수 역. 1983. 현대복지국가론. 고려원).

George, V., & Wilding, P. (1985). *Ideology and Social Welfare*. London: Routledge and Kegan Paul. (남찬섭 역. 1994. 이데올로기와 사회복지. 한울아카데미).

Giddens, A. (1994). *Beyond Left and Right: The Future of Radical Politics*. Cambridge: Polity.

Giddens, A. (1998). *The Third Way: The Renewal of Social Democracy*. Cambridge: Polity. (한상진, 박찬욱 역. 2014. 제3의 길. 책과함께).

Gilbert, N., & Terrell, P. (2013). *Dimensions of Soical Welfare Policy* (8nd ed.). Boston: Pearson. (남찬섭, 조성은, 김기태, 민기채, 김수정 역. 2020. 사회복지정책론: 분석틀과 선택의 차원. 지식공동체).

Gilmour, I. (1978). *Inside Right: Conservatism, Policies, and the People*. London: Quartet Books.

Glennerster, H. (1988). A Requiem for the Social Administration Association. *Journal of Social Policy, 17*(1), 83-83.

Gough, I. (1979). *The Political Economy of the Welfare State*. London: Macmillan. (김연명, 이승욱 역. 1990. 복지국가의 정치경제학. 한울).

Green, T. H. (1991). *Liberal Legislation and Freedom of Contract*. In David Miller (Eds.), Liberty. Oxford: Oxford University Press.

Hall, J., & Eggers, W. (1995). Health and Social Services in the Post-Welfare State: Are Vouchers the Answer? *Policy Study, 192*. Washington: Reason Foundation.

Hayek, F. A. (1978). *The Constitution of Liberty*. Chicago: The University of Chicago Press. (김균 역. 2016. 자유헌정론. 자유기업원).

Hayek, F. A. (1982). *Law, Legislation and Liberty: A New Statement of the Liberal Principles of Justice and Political Economy*. London: Taylor & Francis Group. (민경국, 서병훈, 박종운 역. 2008. 법, 입법 그리고 자유. 자유기업원).

Hudson, J., Kühner, S., & Lowe, S. (2008). *The Short Guide to Social Policy*. Bristol:

The Policy Press. (김보영 역. 2010. 복지국가를 향한 짧은 안내서: 국제적 관점으로 쉽게 쓴 사회정책입문. 나눔의 집).

Huber, E., & Stephens, J. (2001). *Development and Crisis of the Welfare State: Parties and Policies in Global Markets*. Chicago: University of Chicago Press.

Immergut, E. (1992). *Health Politics: Interests and Institutions in Western Europe*. Cambridge: Cambridge University Press.

Immergut, E., Anderson, K., & Schulze, I. (2007). *The Handbook of West European Pension Politics*. Oxford: Oxford University Press.

Iversen, T. & Soskice, D. (2006) 'Electoral Institutions, Partres, and the Politics of Coalitions: Why Some Democracies Redistribute More than Others', *American Political Science Review*, *100*(2), 165-181.

Iversen, T., & Wren, A. (1998). Equality, Employment, and Budgetary Restraint: The Trilemma of the Service Economy. *World Politics, 50*(4), 507-546.

Jensen, C. (2014). *The Right and the Welfare State*. Oxford: Oxford University Press.

Jones, K. (2000). *The Making of Social Policy in Britain: From Poor Law to New Labour*. London: The Athlone Press. (엄영진, 이영찬 역. 2003. 영국 사회정책 현대사. 인간과 복지).

Kaufmann, F. (2005). Sozialpolitik und Sozialstaat: Soziologische Analysen (2nd ed.). Wiesbaden: WS-Verlag.

Kersbergen, K., & Kremer, M. (2008). Conservatism and the Welfare State: Intervening to Preserve. In Wim van Oorschot, Michael Opielka, and Birgit Pfau-Effinger (Eds.), *Culture and Welfare State: Values and Social Policy in Comparative Perspective*. Cheltenham: Edward Elgar.

Korpi, W. (1983). *The Democratic Class Struggle: Swedish Politics in a Comparative Perspective*. London: Routledge and Kegan Paul.

Korpi, W. (1989). Power, Politics and State Autonomy in the Development of Social Citizenship: Social Rights During Sickness in Eighteen OECD Countries Since 1930. *American Sociological Review, 54*(3), 309-328.

Korpi, W., & Palme, J. (1998). The Paradox of Redistribution and Strategies of Equality: Welfare State Institutions, Inequality, and Poverty in the Western Countries. *American Sociological Review, 63*(5), 661-687.

Kuhnle, S., & Sander, A. (2010). The Emergence of the Western Welfare State. In Francis G. Castles, Stephan Leibfried, Jane Lewis, Herbert Obinger, and Christopher Pierson (Eds.), *The Oxford Handbook of the Welfare State*. Oxford University Press.

Le Grand, J., Propper, C., & Smith, S. (2008). *The Economics of Social Problems* (4th ed.). Basingstoke: Palgrave Macmillan.

Macmillan, H. (1966). *The Middle Way: A Study of the Problems of Economic and Social Progress in a Free and Democratic Society*. London: Macmillan.

Mare, I. (2001). Firms and the Welfare State: When, Why, and How Does Social Policy matter to Employers. In David Soskice and Peter Hall (Eds.), *Varities of Capitalism: The Institutional Foundations of Comparative Advantage*. Oxford: Oxford University Press.

Marx, K. (1987[1867]). Capital. Vol I. New York: International Publishers. (김수행 역. 2015. 자본론 1-하. 비봉출판사).

Mays, J., Forder, A,. & Keidan, O. (1975). *Penelope Hall's Social Services of England and Wales*. London: Routledge and Kegan Paul.

Mead, L. (1986). *Beyond Entitlements: The Social Obligation of Citizenship*. New York: The Free Press.

Meltzer, A., & Richard, S. (1981). A Rational Theory of the Size of Government. *Journal of Political Economy, 89*(5), 914-927.

Midgley, J. (2009). The Definition of Social Policy. In James Midgley and Michelle Livermore (Eds.), *The Handbook of Social Policy* (2nd ed.). Thousand Oaks: Sage Publications, 3-20.

Midgley, J., & Livermore, M. (Eds.) (2009). *The Handbook of Social Policy* (2nd ed.). Thousand Oaks: Sage Publications.

Milesi-Ferretti, G., Perotti, R. & Rostagno, M. (2002). Electoral Systems and Public Spending. *Quarterly Journal of Economics*, 117(2), 609-657.

Mishra, R. (1981). *Society and Social Policy:* Theories and Practice of Welfare. London: The Macmillan Press. (남찬섭 역. 2011. 복지국가의 사상과 이론. 한울).

Mishra, R. (1989). The Academic Tradition in Social Policy: The Titmuss Years. In Martin

Bulmar, Jane Lewis, and David Pichaud (Eds.), *The Goals of Social Policy*. London: Unwin Hyman, 64-83.

Murray, C. (2006). *In Our Hands: A Plan to Replace the Welfare State*. Washington, D.C.: American Enterprise Institute Press.

Musgrave, R. (1959). *A Theory of Public Finance: A Study in Public Economy*. New York: McGraw-Hill.

Myrdal, A. (1968). *Nation and Family*. Cambridge: MIT Press.

Myrdal, A., & Myrdal, G. (1934). Kris i Befolkningsfrågan(인구문제에서의 위기). Stockholm: Bonniers.

Myrdal, G. (1936). Vad gäller striden i befolkningsfrågan?(인구문제를 둘러싼 투쟁은 무엇에 관한 것인가?) Stockholm: Frihets förlag.

Myrdal, G. (1938). "Kontanta eller i natura i socialpolitiken" (사회정책에서 현금이냐 현물이냐), Nationalekomisk tidskrift 76.

Nozick, R. (1974). *Anarchy, State, and Utopia*. Oxford: Blackwell.

Nullmeier, F., & Kaufmann, F. (2010). Post-War Welfare State Development. In Francis G. Castles, Stephan Leibfried, Jane Lewis, Herbert Obinger, and Christopher Pierson (Eds.), *The Oxford Handbook of the Welfare State*. Oxford: Oxford University Press.

Nussbaum, M. (2011). *Creating Capabilities: The Human Development Approach*. Cambridge: Harvard University Press. (한상연 역. 2015. 역량의 창조: 인간다운 삶에는 무엇이 필요한가. 돌베개).

Obinger, H., Leibfried, S., & Castels, F. (Eds.) (2005). *Federalism and the Welfare State: New World and European Experiences*. Cambridge: Cambridge University Press.

O'Connor, J. (1973). *The Fiscal Crisis of the State*. New York: St. Martin's Press.

O'Connor, J., & Robinson, G. (2008). Liberalism, Citizenship and the Welfare State. In Wim van Oorschot, Michael Opielka, and Birgit Pfau-Effinger (Eds.), *Culture and Welfare State: Values and Social Policy in Comparative Perspective*. Cheltenham: Edward Elgar.

OECD (2007). The Social Expenditure Database: An Interpretive Guide SOCX 1980-2003.

OECD (2020). Revenue Statistics 2020.

Offe, C. (1984). *Contradictions of the Welfare State*. Cambridge: MIT Press.

Orloff, A., & Skocpol, T. (1984). Why Not Equal Protection?: Explaining the Politics of Public Social Spending in Britain 1900-1911 and the United States, 1890s-1920. *American Sociological Review, 49*(6), 726-750.

Pampel, F., & Williamson, J. (1989). *Age, Class, Politics and the Welfare State*. Cambridge: Cambridge University Press.

Persson, T. & Tabellini, G. (1999). The Size and Scope of Government: Comparative Politics with Rational Politicians. *European Economic Review, 43*(4-6), 699-735.

Persson, T. & Tabellini, G. (2003). *The Economic Effects of Constitutions*. Cambridge: MIT Press.

Pierson, P. (1994). *Dismantling the Welfare State? Reagan, Thatcher, and the Politics of Retrenchment*. Cambridge: Cambridge University Press.

Pierson, P. (1995). Fragmented Welfare States: Federal Institutions and the Development of Social Policy. *Governance, 8*(4), 449-478.

Piketty, T. (2019). *Capital and Ideology*. Cambridge: Harvard University Press. (안준범 역. 2020. 자본과 이데올로기. 문학동네.)

Platt, L. (2018). Beatrice Webb, William Beveridge, Poverty, and the Minority Report on the Poor Law. Retrieved February 23, 2018, from. https://blogs.lse.ac.uk/lsehistory/category/people/the-webbs/

Quality Assurance Agency for Higher Education (2000). Social Policy and Social Work. Gloucester: QAAHE. www.qaa.ac.uk/crntwork/benchmark/socialwork.pdf

Rehm, P. (2009). Risks and Redistribution: An Individual-Level Analysis. *Comparative Political Studies, 42*(7), 855-81.

Rehm, P. (2016). *Risk Inequality and Welfare States: Social Policy Preferences, Development, and Dynamics*. Cambridge: Cambridge University Press.

Reiss, J. (2021). "Public Goods". Edward N. Zalta (Ed.), The Stanford Encyclopedia of Philosophy (Fall 2021 Edition). https://plato.stanford.edu/archives/fall2021/entries/public-goods/

Rieger, E., & Leibfried, S. (2003). *Limits to Globalization: Welfare States and the World*

Economy. Cambridge: Polity.

Rimlinger, G. (1971). *Welfare Policy and Industrialization in Europe, America, and Russia.* New York: John Wiley and Sons. (비판과 대안을 위한 사회복지학회 역. 2011. 사회복지의 사상과 역사: 유럽, 미국, 러시아의 사회정책을 중심으로. 한울).

Rodrik, D. (1998). Why do More Open Economies Have Bigger Governments? *Journal of Political Economy, 106*(5), 997-1032.

Rohrlich, G. (1971). Social Policy and Income Distribution. In N.A.S.A. *Encyclopedia of Social Work, 2*(16), 1385-1386.

Rowntree, S. (1901). *Poverty: A Study of Town Life.* London: Thomas Nelson & Sons.

Samuelson, P. (1954). The Pure Theory of Public Expenditure. *The Review of Economics and Statistics, 36*(4), 387-389.

Savas, E. (1987). *Privatization: The Key to Better Government.* Chatham: Chatham House Publishers. (박종화 역. 1994. 민영화의 길: 보다 나은 정부를 향하여. 한마음사.)

Scharpf, F. (1988). The Joint-Decision Trap: Lessons from German Federalism and European Integration. *Public Administration, 66*(3), 239-278.

Schmidt, M. (2010). Parties. In Francis G. Castles, Stephan Leibfried, Jane Lewis, Herbert Obinger, and Christopher Pierson (Eds.), *The Oxford Handbook of the Welfare State.* Oxford: Oxford University Press, 211-226.

Sellers, J., & Lidström, A. (2007). Decentralization, Local Government, and the Welfare State. *Governance: An International Journal of Policy, Administration, and Institutions, 20*(4), 609-632.

Sen, A. (1984). *Resources, Values and Development.* Oxford: Basil Blackwell.

Sen, A. (1985). *Commodities and Capabilities.* Amsterdam: North-Holland.

Skocpol, T. (1985). Bringing the State Back In: Strategies of Analysis in Current Research. In Peter Evans, Dietrich Rueschemeyer, and Theda Skocpol (Eds.), *Bringing the State Back In.* Cambridge: Cambridge University Press.

Skocpol, T. (1991). Targeting Within Universalism: Politically Viable Policies to Combat Poverty in the United States. In Christopher Jencks and Peterson (Eds.), *The Urban Underclass.* Washington: The Brookings Institution, 411-36.

Skocpol, T., & Amenta, E. (1986). States and Social Policies. *Annual Review of*

Sociology, 12, 131–157.

Smith, G. (1988). A Paean for the Social Policy Association: A Response to Glennerster. *Journal of Social Policy, 17*(3), 375–379.

Symhoney, A. (2001). T. H. Green's Complex Common Good: Between Liberalism and Commutarianism. In Avital Simhoney and David Weistein (Eds.), *The New Liberalism: Reconciling Liberty and Community*. Cambridge: Cambridge University Press.

Stjernø, S. (2008). Social Democratic Values in the European Welfare State. In Wim van Oorschot, Michael Opielka, and Birgit Pfau–Effinger (Eds.), *Culture and Welfare State: Values and Social Policy in Comparative Perspective*. Cheltenham: Edward Elgar.

Taylor, G. (2007). *Ideology and Welfare*. Basingstoke: Palgrave Macmillan. (이태숙 역. 2008. 이데올로기와 복지. 신정).

Taylor–Goodby, P. (Eds.) (2004). *New Risks, New Welfare: The Transformation of the European Welfare State*. Oxford: Oxford University Press.

Thurow, L. (1974). *Cash Versus In–Kind Transfers. The American Economic Review, 64*(2), 190–195.

Titmuss, R. (1967). The Relationship Between Income Maintenance and Social Service Benefits: An Overview. *International Social Security Review, 20*(1), 57–66.

Titmuss, R. (1969). *Essays on the Welfare State*. Boston: Beacon Press.

Titmuss, R. (1970). *The Gift Relationship*. London: George Allen & Unwin.

Titmuss, R. (1974). *Social Policy: An Introduction*. London: George Allen & Unwin.

Titmuss, R. (1976). *Commitment to Welfare* (2nd ed.). London: George Allen & Unwin.

Walker, R. (2005). *Social Security and Welfare: Concepts and Comparisons*. Maidenhead: Open University Press.

White, S. (2006). *Equality*. Cambridge: Polity Press. (강정인, 권도혁 역. 2016. 평등이란 무엇인가. 까치).

White, S. (2010). Ethics. In Francis G. Castles, Stephan Leibfried, Jane Lewis, Herbert Obinger, and Christopher Pierson (Eds.), *The Oxford Handbook of the Welfare State*. Oxford: Oxford University Press.

Wilensky, H., & Lebeaux, C. (1958). *Industrial Society and Social Welfare.* New York: Russell Sage Foundation.

Wikipedia contributors. (2020. 2. 2.). 'One-nation conservatism'. In Wikipedia, The Free Encyclopedia. Retrieved February 25, 2020, from https://en.wikipedia.org/w/index.php?title=One-nation_conservatism&oldid=938881805

찾아보기

저자 소개

이상은(Lee Sang Eun)

University of Wisconsin-Madison, Social Welfare(Ph. D.)
현 숭실대학교 사회복지학부 교수

〈저서〉
사회보장론: 제도의 원리와 형태(공저, 학지사, 2019)
사회복지학개론(공저, 학지사, 2022)

〈논문〉
한국에서의 노인소득보충급여 도입방안(공동, 사회복지연구, 2017)
한국의 낮은 아동빈곤과 저출산의 역설 그리고 정부 가족지출(공동, 사회보장연구, 2017)
4차 산업혁명과 사회보장(단독, 사회보장연구, 2018)
한국의 위험분포와 사회보장 지지도(공동, 한국사회복지정책, 2019)

사회복지정책론
-기초, 이론 그리고 분석-
Social Welfare Policy
--Basics, Theories, and Analyses-

2022년 2월 25일 1판 1쇄 발행
2024년 3월 25일 1판 3쇄 발행

지은이 • 이 상 은
펴낸이 • 김 진 환
펴낸곳 • ㈜ 학지사

04031 서울특별시 마포구 양화로 15길 20 마인드월드빌딩 5층
대표전화 • 02) 330-5114   팩스 • 02) 324-2345
등록번호 • 제313-2006-000265호

홈페이지 • http://www.hakjisa.co.kr
인스타그램 • https://www.instagram.com/hakjisabook

ISBN 978-89-997-2624-8 93330

정가 19,000원

출판미디어기업 **학지사**

간호보건의학출판 **학지사메디컬** www.hakjisamd.co.kr
심리검사연구소 **인싸이트** www.inpsyt.co.kr
학술논문서비스 **뉴논문** www.newnonmun.com
원격교육연수원 **카운피아** www.counpia.com
대학교재전자책플랫폼 **캠퍼스북** www.campusbook.co.kr